冰心全传

陈恕 著

中国青年出版社

目 录

第一章

福州、上海、烟台的童年生活

一、出生于福州隆普营

福建裁缝的后代

冰心，原名谢婉莹，1900年10月5日（农历庚子年八月十二日）出生在福州城内隆普营的一个海军军官家庭，祖籍福建长乐。

冰心曾祖父以达公，是福建长乐县横岭乡的一个普通农民。因为天灾以达公逃到福州城里以裁缝为业。那时做裁缝的一年三节，即春节、端午节、中秋节，才可以到人家里要账。这年春节，曾祖父到人家里要钱的时候，因为不识字，被人家赖了账，他两手空空垂头丧气地回到家里。曾祖母听到这不幸的消息，就含泪出去在墙角的树上自缢！幸好曾祖父及时发现，把她解救下来。他们俩抱头痛哭，在寒风中跪下对天立誓：将来如蒙上天赐一个儿子，拼死拼活也要让他读书识字……但是从那以后她的曾祖母却一连生了四个女儿，第五胎才来了一个男孩，还是难产。这个难得出生的男孩，就是婉莹的祖父谢銮恩（子修）先生。而婉莹的祖姑母们，仅仅因为是女孩子，就被剥夺了读书识字的权利。

婉莹把祖父讲的这段故事告诉她堂哥时，堂哥劝她不要把这件事告诉别人，婉莹对他的“忘本”和“轻农”十分不满，为此她在填写任何表格的籍贯时，不再是祖父“进学”地点的“福建闽侯”，而是“福建长乐”。

婉莹记得1911—1912年间住在福州的时候，横岭乡有几位父老，来邀她父亲谢葆璋回去一趟。他们说横岭乡小，总是受人欺负，如今族里出了一名军官，应该带几名兵勇回去夸耀夸耀。谢葆璋恭敬地说：他可以回去祭祖，但不可能带兵去。父老们还送给谢葆璋一个红包做见面礼，那是一百个银角子，相当于十个银元。谢葆璋把这个红包退了回去，只跟父老们到横岭去祭了祖。

1900年，冰心出生在福州市内的隆普营。

冰心的出生之地：福州隆普营。

福州隆普营

冰心在《我的故乡》中，对她的出生地福州隆普营的一所宅院有这样的回忆：“这所祖父租来的房子里，住着我们的大家庭。院子里有一个池子，那时福州常发大水，水大的时候，池子里的金鱼都游到我们的屋子里来。”

20世纪90年代初，吴青和我去福州参加冰心研究会组织的活动时，到过隆普营，谢家大院已不复存在，只见到一堵防火墙，据说这堵墙是那座大院的后花园。我们抚摸着墙体，沿着墙旁的台阶登上顶层，上面有个后人建起的平台。2006年，我试图再看一看这条隆普巷，拍几张照留作资料，但由于旧城改造，整条巷子已经夷为平地。

婉莹的出生给全家带来了欢乐。祖父谢銮恩高兴地说：园里今年第一次开了三蒂莲花，我们谢家今年添了三个女孩子，应了花瑞。婴儿出生的第三天，按照福州的传统风俗，要给孩子做“三旦”，亲戚们都来送礼祝贺。当时还有一个习惯，就是拿着孩子的八字去算命，因为八字里缺火，二伯父谢葆珪（穆如）按女孩子的排行给她取名婉瑩（“瑩”是“莹”的繁体字）。因为上面有堂姐婉珠、婉榕、婉聪。

婉莹的祖父谢大德，字銮恩，号子修，1834年生，举人出身，是谢家第一个读书识字的人。福州城内有个光禄坊，坊内的“道南祠”，是为祭祀宋儒阳时、朱熹而建。谢銮恩就在道南祠内开设书馆，授徒为业。他广收闽县、侯官、闽清及邻里儒生。得意门生有萨镇冰、黄乃裳、李文彬等，经常参与亲友林琴南、严复、郭柏荫等聚会，研讨诗文，相互教益。民国后被推举为福建省兴文社社长（崇孔会会长）。1921年逝世，著有《处世要诀》《游记诗钞》《栽种抒情》等，惜大多不存。

谢銮恩的三个儿子都在馆内就学。一天，严复来到道南祠，在一班学子中发现谢銮恩的第三个儿子谢葆璋——这位17岁的英俊青年聪颖过人，应试成绩很好，决定收他为水师学堂的学生。谢葆璋后来终生从事海军事业。

婉莹的父亲谢学朗，字葆璋，号镜如，生于1865年1月21日（同治四年乙丑十二月四日），排行第三，其长兄谢学廉（字葆琨，号耿如）、次兄谢学清（字葆珪，号穆如）、四弟谢学浚（字葆球，号哲如）。婉莹的父亲自幼在光禄坊道南祠祖父开的书馆读书。1881年（光

冰心的父亲谢葆璋1913年的照片，时任中华民国海军部军学司司长。

冰心与父亲谢葆璋的合影。

绪七年），天津水师学堂总教习严复回闽招生，推荐谢葆璋北上应试，考入该学堂第一届驾驶班肄习。谢葆璋在校勤奋学习，毕业时，名列第一。1884年学成毕业，派登“威远”舰实习。实习期满，进入北洋舰队服役。1887年（光绪十三年）年初，清廷在英、德两国订购的“致远”、“靖远”、“经远”、“来远”4艘巡洋舰竣工，直隶总督兼北洋大臣李鸿章派员出洋接带。谢葆璋随管带邱宝仁赴德国接带“来远”舰，翌年春顺利驶抵天津大沽。谢葆璋因接舰有功，获清廷奖赏，留在“来远”舰任职。1889年年初，李鸿章为北洋海军拣员补署要缺，谢葆璋升署右翼左营守备，充“来远”舰驾驶二副。署缺三年实授。1884年，中日甲午战争爆发。8月18日，北洋海军主力与日本联合舰队在黄海展开激战。开战不久，日舰“赤城”被击成重伤，转舵驶逃。谢葆璋协助帮带大副驾驶“来远”

舰，立即尾追攻击，进一步重创“赤城”，迫使其逃离作战海域。战至下午3时20分，日本第一游击队“吉野”等4舰集中火力进攻“来远”、“靖远”。两舰以寡敌众，苦战多时，均受重伤。“来远”舰中弹200多颗，引起猛烈火灾，“延烧房舱数十间”。在此危急时刻，谢葆璋奉命驾舰冲出日舰的包围，驶至大鹿岛附近灭火施救。海战结束后，其与管轮人员密切配合，将已受重伤的“来远”安全驶归旅顺基地。“驶回旅顺口之际，中西各人见其伤势沉重，而竟安然返旋，无不大奇之。”1895年2月6日凌晨，日本鱼雷艇潜入港内偷袭，“来远”舰中雷翻转，露出红色舰底，顷刻沉没。谢葆璋落入冰冷刺骨的海水中，拼命游上刘公岛，得以死里逃生。北洋海军全军覆没后，清廷将幸存官兵全部遣散，谢葆璋这才得以回到福州。（刘传标：《近代中国海军大事编年》上卷、中卷，海风出版社，2008年）

二、上海寿昌里的三年

福州—上海

冰心自幼儿时代到青年时代居住地的变更，都同她父亲在海军部门的调动和升迁有着密切的关系。

父亲谢葆璋在家乡赋闲几年后，1901年5月就被福建籍将领萨镇冰招去当“海圻”巡洋舰的副舰长（该舰属北洋水师）。萨镇冰（1859—1952），字鼎铭，福州人，中国海军史上一位卓越的人物。他一生扶贫济困，广造福祉，被称为“活菩萨”。冰心在1937年写的《记萨镇冰先生》中，描述说：

> 萨镇冰先生，永远是我崇拜的对象，从六七岁的时候，我就常常听见父亲说：“中国海军的模范军人，萨镇冰一人而已。”从那时起，我总是注意听受他的一言一行，我所耳闻目见的关于他的一切，无不加增我对他的敬慕。时至今日，虽然有许多儿时敬仰的人物，使我灰心，使我失望，而每一想到他，就保留了我对于人类的信心，鼓励了我向上生活的勇气。（《冰心全集》，第三卷，第135页）

甲午海战失败后，清政府先后从德国购买“海荣”、“海筹”、“海琛”三艘巡洋舰；从英国订购“海天”、“海圻”两舰。“海天”、“海圻”是当时中国最大的军舰。“海圻”有4300余吨，配有21门大炮，火力很强。1899年，清政府命令前北洋海军副将叶祖珪统

冰心两岁时与祖父和老姨太在上海的合影。

领新建北洋海军，萨镇冰为帮统，兼任“海圻”号巡洋舰管带，谢葆璋被起用为“海圻”舰大副。父亲当时很难有机会开到福建的马尾港，而上海是个大港口，巡洋舰无论开到哪里，都要经过这里停泊几天，所以父亲决定接祖父、老姨太和婉莹母女到上海常住。

父亲4岁丧母，祖父一直没有续弦，老姨太是祖父老了以后才娶的，这位继祖母是做衣服的好手，她能做出极好看的小衣服来装扮这个小孙女。夏天，她用雪白的洋纱，给婉莹缝制背心或衣裤，再缝上黑色拷绸的边，看上去既凉快又淡雅醒目。只是那时婉莹太小，老姨太又去世得早，婉莹不记得老姨太的模样；长大后，看到老姨太的肖像照是一位穿缀着宽边的上衣、下穿青纱裙的老太太。

上海寿昌里

母亲杨福慈，14岁时父母相

继去世，跟着叔父颂岩先生生活，19岁嫁到谢家，夫妻感情很好。只是头两胎生了两个儿子，没几天就夭折了。她盼望生个女儿，长大了能帮她照顾弟妹。后来，谢葆璋把全家接到上海，把他们安排住在上海的昌寿里。

在上海的两三年中，谢葆璋每隔几个月就可以回来一次。每逢他返航归来休假，就是一家人最快乐的日子。夏日黄昏，父亲还带着小婉莹和母亲到黄浦滩去兜风。婉莹是父母膝下唯一的女儿，虽然母亲也生过一个妹妹，但不几天就夭折了。母亲一边忍受着离别之苦，一边与老姨太一起抚育着婉莹。

和母亲从福州同来上海的还有乳母吴嫂，她是连江县人，婉莹就是喝她的乳汁长大的。关于婉莹这段时间的生活，母亲后来曾经向她追述过：

> 有一次你病的重极了，地上铺着席子，我抱着你在上面膝行，正是暑月，你父亲又不在家；你断断续续说的几句话，都不是三岁的孩子所能够说的，因着你奇异的智慧，增加了我无名的恐怖，我打电报给你父亲，说我身体和灵魂都已不能支持。忽然一阵大风雨，深忧的我，重病的你，和你疲乏的乳母，都沉沉的睡了一大觉，这一番风雨，把你又从死神的怀抱里，接了过来。（《寄小读者·通讯十》，《冰心全集》，第二卷，第99页）

冰心常依偎在母亲身边，听母亲讲述祖母的故事。母亲喜欢女儿与她亲近。冰心最怕母亲凝神不动，每当母亲凝视窗外，或者稍稍发呆的时候，她就会跑过去，摇撼母亲的身体，呼唤她：“妈妈，你的眼睛怎么不动了？”有时母亲想让女儿过来抱住她，就故意地凝神不动。她们经常这样亲密相依。母女之间这种感情的交流，培育和丰富了冰心的内心世界。母亲对她的关爱，在她童年的心中积淀了许多倾诉不完的思绪。这种纯洁的情愫在冰心创作时就会自然地奔泻出来。在冰心的作品中，有许多讴歌母爱的篇章，它们深深地打动了读者的心。因为，冰心歌颂的母爱是人人珍视的纯洁情感，是高尚而无私的感情，它是永存的。

关于自己的母亲，冰心在成年之后，曾在《寄小读者》中这样写道：

小朋友，可怪我告诉过你们许多事，竟不曾将我的母亲介绍给你。——她是这么一个母亲，她的话句句使做儿女的人动心，她的字，一点一划都使做儿女的人下泪！

我每次得到她的信，都不曾预想到有什么感触的，而往往读到中间，至少有一两句使我辛酸泪落。这样深浓，这样沉挚，开天辟地的爱情呵！愿普天下一切有知，都来颂赞！

（《寄小读者·通讯十二》，《冰心全集》，第二卷，第108页）

母亲，你是大海，我只是刹那间溅跃的浪花，虽暂时在最低的空间上，幻出种种的闪光，而在最短的时间中，即又飞进母亲的怀里。

（《寄小读者·通讯二十八》，《冰心全集》，第二卷，第323页）

我挚爱恩慈的母亲。她最初也是最后我所慕恋的一个人。我提笔的时候，总有她的颦眉和笑脸涌现在我的眼前。她的爱，使我由生中求死——要负担别人的痛苦；使我由死中求生——要忘记自己的痛苦。

（《寄小读者四版自序》，《冰心全集》，第二卷，第337页）

母亲！……除了你，谁是我永久灵魂之归宿？

（《寄小读者·通讯二十八》）

冰心对母亲的讴歌当然远不止于此，如在《南归》中，她对母爱的讴歌更是达到了淋漓尽致的地步。

巴金在《冰心传·序》中，这样写道：

我们喜欢冰心，跟着她爱星星，爱大海，我这个孤寂的孩子在她的作品里找到了温暖，找到失去的母爱。

三、与大海结缘

随父亲到烟台

天津的北洋水师学堂在八国联军攻陷京津时被毁，为了继续培养海军人才，恢复水师，1902年，清政府在山东烟台设立海军练营，调谢葆璋任管带，兼任练营内附设的海军学堂监督。1903年，谢葆璋奉命来到烟台，任海军训练营长，开始筹建水师学堂。全家从上海迁到了烟台，祖父和老姨太又回福州去了。婉莹一家先住在市内的海军采办厅，所长叶茂蕃让出一间北屋给他们住。南屋一排三间的客厅，是谢葆璋会客和办公的地方。客厅里挂着一副长联：

此地有嵩山峻岭茂林修竹

是能读三坟五典八索九丘

长联语见《左传·昭公十二年》，“三坟”、“五典”、“八索”、“九丘”，都是传说中的古代书名。这一副对联成了冰心开始识字的课文！父亲那时正忙于拟定筹建海军学校的方案，而她却时刻缠在他的身边，说这问那，父亲就停下笔指着对联说：“你也学着认认字好不好？你看那对子上的山、竹、三、五、八，就这几个字不都很容易认得吗？”于是她就拿起一支笔，坐在父亲身边一边学认一边学写，这样她把对联上的22个字都学会了。

不久，他们又搬到烟台东山北坡上一所海军医院内寄住。这时来帮她父亲做文书工作的舅舅杨子敬从福州把家也搬来了，他们两家就住在医院的三间正房里。海军医院坐落在一个陡坡上，从廊上东望就能看见大海。冰心从这一天起，就和大海结下了不解之缘。她常常心里想着它，嘴里谈着它，笔下写着它，当她 “忧从中来，无可告语的时候”，“一想到大海，心胸就开阔起来，宁静了下去！”（《我的童年》，《冰心全集》，第三卷，第235页）

谢葆璋1903年任水师训练营营长。

1924年她在美国威尔斯利女子学院攻读文学硕士时，曾托她的舅舅请梁任公（启超）写了一副“集龚”的对联：

世事沧桑心事定

胸中海岳梦中飞

1903年，谢葆璋到烟台筹建水师学堂。这是当时的办公楼。

1924年，梁启超为冰心书写的对联。

婉莹白天认字读书，母亲、舅舅都是她的老师，母亲教她认“字片”，舅舅教她读课本。

后来，他们搬到东山东边的海军练营旁新盖好的房子里。房子盖在山坡挖出来的一块平地上，是个四合院，住着筹备海军学校的职员们。这时练营里已住进了一批新招来的海军学生，但也住有练勇。婉莹常常跑到营门口去和站岗的练勇谈话。

住在海军练营旁边，是她在烟台八年中离海最近的一段时光。这房子北面的山坡上有一座旗台，是和海上军舰通旗语的地方。旗台的西边有一条山坡路通到海边的炮台，炮台上装有三门大炮，炮台下面的地下室还有几枚鱼雷。这里还驻有一支穿白色军装的军乐队，她常常跟父亲去听他们演奏。炮台的西边有一个小码头，父亲的舰长朋友们来接送他的小艇就停泊在这码头上。码头的前方就是崆峒岛、扁担岛。这营房、旗台、炮台、码头，和周围的海边山上，是婉莹童年初期活动的舞台。

> 我童年活动的舞台上，从不换布景……在清晨我看见金盆似的朝日，从深黑色、浅灰色、鱼肚白色的云层里，忽然涌了上来，这是太空轰鸣，浓金泼满了海面，染透了诸天……在黄昏我看见银盘似的月亮，颤巍巍地捧出了水平，海面变成一层层一道道的有浓黑而银灰渐渐地漾成光明闪烁的一片……这个舞台，绝顶静寂，无边辽阔，我既是演员，又是剧作者。我虽然单生独自，我却感到无限的欢畅与自由。（《海恋》，《冰心全集》，第六卷，第123页）

婉莹和父亲在一起的时间特别多，白天在家塾附学，放了学父亲也从营里回来，就教她打枪、骑马、划船，夜里就指点她看星星。每逢过节，父亲带她到烟台市去，参加天后宫里海军军人的聚会，或到玉皇顶去看梨花，到张裕酿酒公司的葡萄园去吃葡萄，更多的时候，就是带她到进港的军舰上去看朋友。

婉莹虽从4岁开始就跟母亲认字，但对文字却不感兴趣，总喜欢到野外去，在海隅山陬奔游，不过那时她已认得二三百字了。

1906年，婉莹的大弟谢为涵出世，婉莹的老师已不是母亲，而只是她的舅舅杨子敬先生了。舅舅等她功课做完，吃完晚饭后，总给她讲故事，头一部书讲的便是《三国志》，晚上听得入神，都舍不得睡觉，每夜都得乳母哄着，才能上床。舅舅是有公务的人，一忙，讲书往往就中断了，最终她只得自己拿起《三国志》来看，这时她才7岁。她囫囵吞枣，一知半解，连猜带蒙地往下看，越看越有劲，一口气看完了《三国志》，接着是《水浒传》和《聊斋志异》。

那时，她父亲的朋友们知道她会看《三国志》，会讲“董太师大闹凤仪亭”，觉得很有趣。父亲每次带她到船上去，总把她抱坐在圆桌子当中，叫她讲《三国志》。这时她也偷偷地写小说。第一部是白话的《落草山英雄传》，一部“介乎《三国志》《水浒传》中间的一种东西”。（《冰心全集·自序》三卷本，北新书局，1932年；《我的文学生活》，《冰心全集》，第三卷，第6页，海峡文艺出版社，1994年）写到第三回，便停止了，因为“金鼓齐鸣，刀枪并举”，重复了几十次，写得没劲了。她又换了《聊斋志异》的体裁，用文言写了一部《梦草斋志异》：“某贤者，多行不道”，等等，后来也没有写下去。

婉莹从此开始博览群书，从《孝女耐儿传》（今译《大卫·科波菲尔》，查尔斯·狄更斯著）等书后面的“说部丛书”目录里，挑出价洋一角的小说，每早送信的马夫下山的时候，便托他到芝罘市唯一的新书店“诚文信”书局去买。那时她正学造句，作短文。作得好时，先生便批上“赏小洋一角”。她为了买小说，便努力作文。

她看书着了迷，手不释卷，海边也不去了，头也不梳，脸也不洗；看完书，自己嬉笑，自己流泪。

冰心10岁时，从南方来了一位表舅王逢逢先生，接替了杨子敬先生的职务，成为冰心的第二任启蒙教师，他对冰心最重要的教诲是：“读书当精而不滥。”（《我的文学生活》，《冰心全集》，第三卷，第7页）这样，在王先生的指导下，冰心开始学习《国文教科书》，以及《论语》《左传》《唐诗》《班昭女诫》《饮冰室自由书》，等等。

舅舅是老同盟会会员。常常有朋友从南边、从日本寄来革命书信，还有一些禁书，如《天讨》之类。《天讨》是同盟会机关刊物《民报》的临时增刊，上面登载了许多激烈的反清政府的言论，如章太炎的《讨满洲檄》和吴樾的《暗杀时代》等，这些书籍常带有一些偏激的种族情绪，却揭露了清王朝的腐败，充满了革命激情。看这类书，如被政府发现，轻则逮捕入狱，重则被杀头。成年人只能彼此偷偷地传看。

表哥们也怂恿冰心偷着看。她也学着他们，在夜里无人时偷看，渐渐地对国事也关心了。那时他们看的报有上海的《神州日报》《民呼报》。

到了11岁，冰心已看完了全部“说部丛书”，以及《西厢记》《水浒传》《天雨花》《再生缘》《儿女英雄传》《说岳全传》《东周列国志》等。

冰心爱看书，还注意一切的字。人家堂屋的对联，天后宫、龙王庙的匾额、碑碣，包裹果饵的招牌纸，香烟画片后面格言式的短句子，她都记得烂熟。

1908年婉莹二弟谢为杰出世后，他们又搬到海军学校后面的新房子里。这所房子有东西两个院子，西院一排五间是他们和舅舅一家合住的。谢葆璋在尽东头面海的一间屋子上面又盖了一间楼房，登上这间楼房，能望见大海。这间望海的楼房是冰心常去的地方。“我最喜在风雨之夜，倚栏凝望那灯塔上的一停一射的强光，它永远给我以无限的温暖快慰的感觉！”

这时，她上学的时间长了，看书的时间也多了，主要的还是因为离海远些了，父亲也忙些了，她要好些日子才到海滩去一次。因为少到海滩上去，那间望海的楼房就成了她常去的地方。

在烟台的生活十分丰富多彩。每逢年假，婉莹的好几个堂哥、表哥回家来住。父亲会给他们买些乐器，如锣、鼓、二胡之类，让他们演奏，也买些鞭炮焰火。婉莹不会演奏，也怕放炮，只捡几根“滴滴花”来放。滴滴花是一个小纸捻，里面卷一点火药，在手里抡起来，就放出一点点四散的金星，既没有大声音，又很好看。那时的风俗，从初一到十五，是禁止屠宰的。因此，母亲在过年前，就买些肘子、猪蹄、鸡、鸭之类煮好，用酱油、红糟和许多作料腌起来塞在大坛子里，还磨好多糯米粉，做红白年糕。那些东西很好吃，一直吃到元宵节。

除夕夜，他们点起蜡烛烧起香，办一桌很丰盛的酒菜来供祖宗。他们依次磕头，供菜撤下来，就是他们的年夜饭了。

初一，他们一早就穿起新衣服，对父母长辈磕头拜年，拿到包着红纸的压岁钱，里面是锃亮的一块墨西哥“站人”银元。

这一天婉莹最盼望的是附近几个村落“耍花会”的到来。“耍花会”都是村里人办的，有跑旱船的，有扮王大娘锔大缸的，扮女的都是村里的年轻人，搽粉描眉，十分漂亮。锣鼓前导，后面跟着许多小孩子，闹闹嚷嚷地来到他们家门口，很快就会围上一大圈人，“耍花会”的人便停下来演唱，唱词很滑稽，四周笑声不断。这时家人会拿出烟酒点心，来慰劳他们。这一个花会走了，那一个花会又来了。最先来的总是金沟寨的“花会”。

烟台金沟寨

金沟寨是东山脚下山坳里的一个村落，是离海军学校最近的村子。海校在它的西南面，一条石板铺成的斜坡路和村子相连。清朝光绪年间该村曲氏家族出了个副榜，这就是曲凤翼，村子里就数曲家最有声望了。于是在他家门口和祠堂前立了两对很高的旗杆，又在海边修建了一座魁星阁。

曲副榜与谢葆璋常有书信往来，他给谢葆璋的一封信中写道，沿海不靖，要请几名兵士保护乡村，“……足下乃今日之大树将军也，小草依依，尚其庇之”，足见军民的鱼水之情。曲副榜写得一手好字，东炮台的正门上方，“表海风雄”几个大字就出自他的手笔。“表海风雄”确切地表达了建在24米高的岿岱山上凭临大海的东炮台的雄姿。

谢葆璋和曲副榜关系甚笃，逢年过节，总相互拜望。演唱社戏时，曲凤翼常常邀请谢葆璋去看戏。父亲也就带着婉莹去。在村里婉莹结交了一个叫六一的乡下女孩，六一是她爷爷61岁那年生的，所以叫做六一，比婉莹大三岁，她的母亲是菩提的乳母——菩提是婉莹父亲朋友的儿子，和他们家是近邻——菩提出世后的第三天，六一的母亲就带六一来。以后六一三天两头地来看母亲。婉莹和六一见面的机会就很多。她们常在一起嬉戏游玩。水天相连的海隅，可玩的材料很少，然而她们总能找到一些新鲜玩意儿来玩。有时拾些卵石放在小铜锣里，当鸡蛋煮。她们俩形影不离，难分难舍，婉莹的奶妈看见，就不愿让她和一个乡下孩子玩，婉莹气愤地说：“乡下孩子也是人呀！我母亲都不说我，要你来管做什么？”菩提断了乳，六一的母亲便带六一走了，一直到婉莹11岁那年，到金沟寨看社戏，才又见到她一面。这段童年美好的回忆，多年来始终萦绕在婉莹的心头。

谢葆璋往往利用下班时间下山去村里练习骑马。一次，婉莹听说父亲在骑马，就去找父亲让她学骑马。父亲只好跳下马来，扶她上马。这时董起山叔叔走过来，拉着辔头，缓缓地走着，婉莹觉得让大人牵着马走，不算自己的本事，就央求叔叔放手，让她自己骑马跑几圈。董起山哪敢轻易放手，就笑着说：“这马野得很，姑娘管不住，我快些走就得了。”马越走越快，婉莹只觉得耳边风嗖嗖的，她止不住地笑。父亲怕她受惊，从一旁走过来，劝她就此打住，以后再骑。

每当父亲从海军练营或水师学堂办公室下班回来，婉莹总是央求着父亲带她去骑马，慢慢地，她也能独立地骑马了。父亲总让她骑老实的白马，自己骑那匹调皮的小黄马。一次，婉莹坐在马上，忽然一家门里走出一个刚会走路的小娃娃，一直闯到白马的肚子底下，那匹白马竟从从容容地横着走向一边。大家都松了口气，父亲走上来，把孩子抱起来，问她是哪家的孩子，孩子的母亲羞涩地答道她是曲家的。孩子平安无事了，父亲特地走上前去，轻轻地拍了拍马的长脸。回家后，母亲听说此事，真感到有些后怕，大夸这匹通人性的大白马。

童年是生命中最深刻的一段，总使人充满了向往。许多印象，许多习惯，深固地刻画在婉莹的人格及气质上，而影响她的一生。童年的环境把婉莹造就成了一个“野孩子”。海军学校的环境中没有和她同龄的女伴，她没有玩过“娃娃”，没有学过针线，没有搽过脂粉，没有穿过鲜艳的衣服，没有戴过花。她整天跟在父亲的身边，参加他的种种工作与活动，得到了一般男子都得不到的经验。旗台、炮台、海军码头、火药库、龙王庙，都是她的游乐场。

她常常一个人走到山上、海边去，对那里的一草一木，一沙一石，都十分熟悉。父亲常带她去参观军舰，指点给她军舰上的一切，她只觉得到处都是整齐、清洁、光亮、雪白，心里总有说不出的赞叹羡慕。她也常能接近父亲的许多好友，如萨镇冰先生、黄展侯先生、民国第一任海军部长黄钟瑛上将——他们都是极严肃，同时又是十分慈蔼，生活是那样有序，那样恬淡。

冰心在成年以后，在一篇名为《海上》的短篇小说中，表述了两对父女之间的深情，那位穿着深黑色军服，袖子上缀着几圈金线的海军军官，无疑就是谢葆璋的化身，而那个第一人称的“我”的小姑娘，对她父亲的崇拜和依恋之情，正是冰心对她父亲亲情的再现。这是冰心专门讴歌父爱的华篇。在烟台的八年，在这位爱国的海军将领父亲的关怀下，让耳濡目染的冰心，从小就种下了热爱祖国的种子。

一次，父亲带她漫步到海边，冰心和父亲说："爹，你说这小岛上的灯塔不是很好看吗？烟台海边就是美，不是吗？"由此引出父亲和女儿下面的一段对话：

父亲："中国北方好看的港湾多的是，何止一个烟台？你没有去过就是了。比如威海卫、大连湾、青岛，都是很好很美的……"

女儿："爹，你哪时也带我去看一看。"

父亲："现在我不愿意去！你知道，那些港口现在都不是我们中国人的，威海卫是英国人的，大连是日本人的，青岛是德国人的，只有，只有烟台是我们的，我们中国人自己的一个不冻港。"

父亲接着说："为什么我们把海军学校建设在这海边偏僻的山窝里？我们是被挤到这里来的呵……将来我们要夺回威海卫、大连、青岛，非有强大的海军不可。现在大家争的是海上霸权呵！"

父亲又谈到他参加过中日甲午海战，开战的那一天，站在他身边的战友就被敌人的炮弹打穿了腹部，把肠子都打溅在烟囱上！炮火停歇以后，父亲把在烟囱上烤焦的肠子撕下来，放进这位战友的遗体里。父亲说："这些事，都像今天的事情一样，永远挂在我的眼前，这仇不报是不行的！我们受着外来强敌的欺凌，死的人，赔的款，割的地还少吗？"

冰心回忆道，父亲和她这样长的谈话还是第一次。在这次长长的谈话中，她记得最牢、印象最深的，就是"烟台是我们的"。关于甲午海战，冰心也是记忆犹深，在甲午海战100周年来临之际，冰心决定要写一篇纪念文章，她几次动笔都没能写成。因为当时海军官兵英勇抗击日寇的壮烈场景都历历在目，催她泪下，她泣不成声，无法写下去。

冰心随父母居住在烟台期间，正是孙中山领导的资产阶级民主革命运动蓬勃发展的年代。1894年孙中山在檀香山建立以“驱除鞑虏，恢复中华，创立合众政府”为纲领的第一个资产阶级革命团体兴中会，随后筹划广州起义、三洲田起义等武装暴动。虽然遭到失败，但革命思想影响日益扩大。1905年，兴中会与华兴会、光复会联合成立中国同盟会（简称同盟会），以“驱除鞑虏，恢复中华，建立民国，平均地权”为纲领，发表《同盟会宣言》《革命方略》等文件，在国内外各地建立组织，从1906年起先后发动了黄冈起义、六女湖起义、镇南关（今友谊关）起义等多次起义。民主革命战士邹容1903年在上海撰写的《革命军》对宣传革命思想产生了重大影响，连幼时的冰心读了都为之激动。冰心回忆说：“那时正是辛亥革命前夕，我读到邹容写的《革命军》和孙中山先生发起的同盟会的刊物，如《天讨》之类，都是抨击清政府腐败无能和警惕帝国主义国家瓜分中国的危险等。读了使我悲愤激昂，使我从小就认为我们祖先传给我们的大好河山，必须牢牢保住，而且要使它富强起来。”（《书给了我快乐和益处》，《冰心全集》，第七卷，第294页）

1910—1911年间，推翻满清政府统治的革命风暴进入高潮。两年来海军学校汉满族学生间蕴积的一些矛盾表面化了。1911年（宣统三年）的春季运动会上，从北京贵族学校派来的满族学员为争夺一个锦标，矛盾激化，引发了学潮。这场风波闹得很凶，谢葆璋给双方做了许多工作，才使风潮暂时平息下来。这年冬天，海军学校进行大考，海军部派郑汝成来监考。一等参谋官郑汝成回北京复命时，对海校的情况加以诬告，海军部就派他查办这个案件，并任命他为校长兼警备队统带，事后兼任学堂监督。谢葆璋调海军部任二等参谋官，但他没有接受。郑汝成受命后，要求先赴英美各国考察彼国办教育规则课程、章制等，藉以借鉴，海军部允之。郑汝成于5月结束考察回国，并要求撤换烟台海军学堂教务长江中清之后，才正式到任。郑汝成是谢葆璋天津海军学校驾驶班第一届毕业的同学。谢葆璋获第一名，郑汝成第二名。郑汝成背地里告诉谢，说是这几年来一直有人在北京告谢是“乱党”，并举出海校学生中有许多同盟会会员，其中就有萨镇冰老人的侄子萨福昌……而且学校图书室订阅的都是《民呼报》之类替同盟会宣传的报纸为证，等等，他劝谢葆璋立即辞职，免得落个“撤职查办”。谢葆璋同意了，他的几位同事也和他一起递了辞呈。就在这一年的秋天，在烟台海军学堂第六届驾驶班毕业后，谢葆璋离开了他一手创办的海军学校。婉莹也告别了她耳鬓厮磨的大海，和全家乘轮船离开烟台到上海。

四、福州——父母之乡

还 乡

就在他们回福州的途中，在上海虹口小住一个多月时，振奋人心的辛亥革命于1911年10月10日爆发了。报上刊登了黎元洪将军（谢葆璋的同班同学）签署的从湖北武昌发出的起义电报（据说是饶汉祥先生的手笔），写得慷慨激昂，篇末以“黎元洪泣血叩”收尾。武昌起义后，这篇檄文在烟台东山海军学堂的学生中引起很大反响，他们在通衢大街上张贴标语，呼吁同胞速举义旗援助起义军逐出满清。（宋玉娥：《辛亥革命在烟台》，《山东文献》，中研院，1981年）这时大家纷纷捐款劳军，婉莹也把攒下的十块压岁钱，送到申报馆去捐献，报馆还发给她一张收条，上面写着“幼女谢婉莹君”字样。

随后，他们继续南下，从水路返回福州。冰心在《我的父母之乡》（《冰心全集》，第七卷，第288页）一文中这样写道：“从严寒枯黄的北方归来，看到展现在我眼前的青山碧水，红花绿叶，使我惊讶于欢喜！我觉得我的生命的风帆，已从蔚蓝的海，驶进了碧绿的江。”冰心最突出的印象就是，“江水实在比海水安静温柔的多！”她还写过一首短诗，来描写故乡碧绿的闽江。

清晓的江头，
　白雾蒙蒙；

是江南天气，

雨儿来了——

我只知道有蔚蓝的海，

却原来还有碧绿的江。

这是我父母之乡！

（《还乡杂记》，《冰心全集》，第四卷，第329页）

福州地处闽江下游，离海不到40公里，属南亚热带海洋性气候，年平均温度19.6摄氏度，即便是1月北国冰封的时候，这里的平均气温还保持在10.5摄氏度。所以冰心冬天回到福州，仍到处可见三角梅盛开的红花和翠绿的榕树。福州自古有“榕城”之称。这座城市建于汉高祖五年（公元前202年），初名冶城，东汉时改为侯官，隋代改为闽县，到唐玄宗开元十三年（725年），因西北部有座福山，改为福州。清代又恢复侯官县名，并与闵县分为两县，同属福州府。附近的马尾港不仅是良港，也是早期中国造船和海军建设的重要基地。

福州城与闵侯县、长乐县是东西相邻，连在一起，属闽江下游的平原和丘陵地区，向来文化上没有什么差异，都算福建省经济文化较发达之地，历史文化遗产极为丰富，历代名人辈出，仅清代后期就出了举世皆知的林则徐、严复、林纾。

林则徐（1785—1850），与冰心的曾祖父是同一代人。林则徐禁烟，抗击英国侵略者，威震中外。稍后出现的严复和林纾更与冰心家有着直接关系。严复和林纾与冰心的祖父是同一代人，而且同在一个县城内，严复的故居和冰心祖父的故居只有一步之遥。严复和林纾（又名琴南，1854—1921）与冰心的祖父都是很好的朋友。后来成为文学家、翻译家的林纾以他的译著把冰心引进更广阔的文学世界。

林则徐

严复

林纾故居

林觉民故居

南后街86号谢家大院

1911年冬，以孙中山为临时大总统的南京临时政府即将成立之时，婉莹随父母回到阔别十年的福州老家，住进“福州城内南后街杨桥巷口万兴桶石店后”的南后街86号。（《我的故乡》，《冰心全集》，第七卷，第15页）这是一所大宅院，原来是《与妻书》的作者林觉民的家。林觉民为辛亥革命捐躯，成为黄花岗七十二烈士之一。1911年4月林觉民被清廷杀害后，林氏家族为了逃避株连，很快从这里搬走，将这所宅院卖给了谢子修老先生。新中国成立后，市政府文物局把这所宅院立为林觉民故居和辛亥革命纪念馆。

2004年岁末，福州文物局在恢复名人故居的统筹安排下，对该宅作了调整，把辛亥革命纪念馆迁出，决定增设冰心故居。

这所大宅院，“具有很典型的福州民宅特点，除中轴建筑外，左右两旁还有许多自成院落的房屋，北院两旁还横亘着一列

坐西朝东的双层楼房，楼房之西为花园”。（曾毅、王铁山：《灵气独钟的福州南后街八十六号——记林觉民、谢冰心故居》）

这里住着大家庭的四房人——祖父、伯父母、父母、叔父母。祖父和父亲这一房住在大厅堂的两边。冰心一家六口住在一边的前后房，祖父的前后房只有他一个人，和满屋满屋的书架。这所房子有好几个院子，在一排或一进屋子的前面，有一个长方形的“天井”，每一个“天井”里都有一口井，这是福州房子的特点。这所大房子里，除了住人的以外，就是客房和书房。几乎所有的厅堂和客室、书房的柱子上以及墙壁上都有贴着或挂着的书画。如祖父母居住的东院厅堂的楹联：

海阔天高气象

风光月霁襟怀

又如西院客室楼上有祖父自己写的：

知足知不足

有为有弗为

这两副对联，对婉莹教育极深。后一副楹联是祖父的自勉词。“知足”就是对有的事情应当知足，如对生活上物质的追求应该知足。衣、食、住可以简陋朴素一点，而在操行、学识等追求上，要永远“知不足”。“有为”，就是对有益世道人心的事，就应当勇往直前地去做。婉莹牢牢记住了祖父的自勉词，晚年给朋友题词，仍十分喜欢引用。

这个大家庭是几个小家庭很松散的组合。每个小家庭都是各住各的，各吃各的，各自有各自的亲戚朋友，如各自有自己的“外婆家”！父亲有一个姐姐，四个弟兄。这五个小家庭，逢年过节便都有独自的或共同的亲戚，应酬来往。尤其在大年初一到元宵这半个月之间，更是热闹非凡。1912年大年初一的那天早上，在他们家大厅堂向祖父拜年的，除了冰心的堂兄弟姐妹之外，厅廊上还站着一大群等着给祖父鞠躬的各个小家庭的表兄表姐们。这一天从祖父手里散放出来的压岁钱的红纸包，便不知有多少！冰心在这里前后待过两年多。

儿童时代的结束，少女时代的开始

冰心回到故乡，生活起了很大的变化。在散文《梦》中她曾这样描述："十岁回到故乡去，换上女孩子的衣服，在姐妹群中，学到了女儿情性：五色的丝线，是能做成好看的活计的；香的，美丽的花，是要插在头上的；镜子是装束完时要照一照的；在众人中间坐着，是要说些很细腻很温柔的话的；眼泪是时常要落下来的。女孩子是总有点脾气，带点娇贵的样子的。"（《梦》，《冰心全集》，第一卷，第287—288页）

冰心虽脱下男装，但她仍然保持着童年时代生活在性格上留下的印记和培养出的个性，冰心在步入中年后（1942年），在四川重庆的歌乐山上曾这样归纳童年形成的性格：

> 第一是我对于人生态度的严肃，我喜欢整齐、纪律、清洁的生活，我怕听放诞、散漫、松懈的一切。
>
> 第二是我喜欢空阔高远的环境，我不怕寂寞，不怕静独，我愿意常将自己消失在空旷辽阔之中……
>
> 第三是我不喜欢穿鲜艳颜色的衣服，我喜欢的是黑色、蓝色、灰色、白色……
>
> 第四是喜欢爽快、坦白、自然的交往。我很难勉强我自己做些不愿意做的事，见些不愿见的人，吃些不愿意吃的饭！
>
> 第五是我一生对于军人普遍的尊敬，军人在我心中是高尚、勇敢、纪律的结晶。关系军队的一切，我也都感到兴趣。
>
> 说到童年，我常常感谢我的好父母，他们养成我一种恬淡，

"返乎自然"的习惯，我们给我一个快乐情节的环境，因此，在任何环境里都能自足，知足。我尊敬生命，宝爱生命，我对于人类没有怨恨，我觉得许多缺憾是可以改进的，只要人们有决心，肯努力。（《我的童年》，《冰心全集》，第三卷，第235—239页）

全家迁回福州的第二年，即1911年的秋天，11岁的冰心以第一名的成绩考上在当时颇有名气的协和女子师范学校预科。学校位于福州城内的花巷，原是一所旧家宅第，有一个很大的院子，院子里有一口很大的池塘，池塘上有一道石桥，桥的两旁还有两处亭馆，冰心的课堂旁边就有一个小池子，池旁种着芭蕉。

1911年12月29日，南京临时政府成立，孙中山被选为临时大总统，从此两千多年的封建帝制宣告结束。蔡元培任临时政府的教育部长，大力推行教育改革措施，重视女子教育。这所女子师范就是在原女子职业学校的基础上建立起来的。校长由黄花岗七十二烈士之一方声洞的姐姐方君英担任。

冰心第一次步入学校生活，有些不习惯，曾经也暗暗地流过泪，但逐渐地就适应了，开始接受现代科学知识的教育，学校课程较多，但她很用功，学习成绩很优异。

校长和教师们对聪慧好学的冰心非常喜欢，国文教员林步瀛对冰心的作文特别欣赏，在作文本上画了许多赞许的红圈圈，有两次分别在作文上批了"雷廷震睿，冰雪聪明"、"柳州风骨"，这是林先生对学生最高的评语。

在学校里，她交上了许多要好的小朋友，其中就有后来成了她的良友之一的王世瑛。

冰心在这所学校里只读了三个学期，家庭又有了一次大搬迁。

第二章

初到北京的日子

一、铁狮子胡同中剪子巷

从福州到北京

1913年（民国二年），谢葆璋被北洋政府海军部电召进京。他立即受命，只身起程赴北京报到。

当年，谢葆璋被授予海军上校、少将，调任海军部军学司司长。1917年，谢葆璋任海军部参事；1926年，任海军次长；1927年，谢葆璋被授予海军中将，同年，谢葆璋任海道测量局局长暨海岸巡防处处长。次年，被南京国民政府任命为海道测量局局长兼海岸巡防处处长。1931年，谢葆璋辞去一切职务，闲居北平。（刘传标：《近代中国海军大事编年》上卷、中卷，海风出版社，2008年）

几个月后，冰心随同母亲和三个弟弟，在舅舅杨子敬的陪护下，也起程北上了。这次旅程仍然是取道水路，先去上海，继续北上去塘沽，然后由天津坐火车直达北京。一下了火车，他们就见到前来迎接的父亲，全家短暂分离后再一次团聚，又是多么高兴！父亲已安排好了马车，大家乘上马车就向东城的铁狮子胡同中剪子巷14号的寓所进发了。

一路上，首先映入冰心眼帘的是高厚的城墙，沙尘飞扬的黄土铺成的大道，匆忙而又迂缓的行人和汗流浃背奔走的人力车夫。这古老北国的秋色，在少女冰心的心灵上留下了淡淡的暗影。

中剪子巷14号

马车进入一条宽敞的大胡同，这条胡同就是铁狮子胡同。由这条胡同向北斜插进去，还有一条曲里拐弯的小胡同，这就是中剪子巷。马车拐进这条小巷子的南口，停在了14号的门前。

14号院有一个不大的院子，是一所典型的中等人家的宅第，齐家是这所宅子的房东。房东是旗人，原来姓祈，到了民国，旗人多改汉姓，祈家就改成齐姓。户主齐老太太年轻时做过和敬公主府的“奶子”，即奶妈。公主府的后门就在14号门的旁边，而大门则开在铁狮子胡同。

铁狮子胡同中剪子巷14号（今张自忠路中剪子巷33号）。

在大门口，谢葆璋加了一个壁影，上面有电灯，旁边可放花盆。还有个小空场，谢葆璋在那里架了秋千供孩子玩，是儿童小乐园。

齐、谢两家合住在这所宅子里。进院门往右边走，有两扇门通向房东齐家的住处。往左走过一个小小的长方形外院，从朝南的四扇门进去，是个不大的三合院，这是谢家的住处。

三合院里有三间正房，正房前面有廊子，里面东西两边还各有一个套间，每个套间里都盘着砖炕。这五间北房，就是谢葆璋夫妇和四个孩子的卧室。

五间北房里，除去东西两个套间之外，三间正房两明一暗，有玻璃的后窗，还有雕花的隔扇，隔扇上的每一个小木框里，都嵌着一幅画，有些画上还题有诗句，这是冰心在烟台或福州的房子里所没有的装饰。框里的诗多半是冰心看过的《唐诗三百首》里的句子，其中有一首七律，冰心觉得很有哲理，一直还记在心里：

飘然高唱入层云，
风急天高忽断闻。
难解乱丝唯勿理，
善存余焰不教焚。
事当路口三叉误，
人便江头九派分。
今日始知吾左计，
枉亲书剑负耕耘。

除去正房之外，还有三间东厢房，两明一暗，这是谢葆璋的书房兼客厅。东厢房对面是西厢房，也是两明一暗，用作冰心舅舅的卧室，兼作冰心弟弟们的书房。从这个三合院正房廊前的东边过去，还有一个很小的院子，这是厨房和厨师的住所。

原先谢家住的中剪子巷的老门牌14号已改成现在的新门牌33号。如今，小空场、壁影、小小楼都不见了，只有旁院还在，而且正院、旁院内都加盖了小房。（参考舒乙《冰心旧居寻访记》）

冰心住在中剪子巷，念了中学，念了大学，写了“问题小说”，写了《春水》《繁星》短诗集。

冰心一生四海为家，在福州、烟台，甚至江阴，都有她的家，那么多个家！冰心在梦里常常“回家”，可她偏偏梦见了中剪子巷，唯独中剪子巷最让她怀念。

她在《我的家在哪里？》中这样写道：

只有住着我的父母和弟弟们的中剪子巷才是我灵魂深处永久的家。连北京的前圆恩寺，在梦中我也没有去找过，更不用说美国的娜安壁迦楼，北京的燕南园，云南的默庐，四川的潜庐，日本东京麻布区，以及伦敦、巴黎、柏林、开罗、莫斯科一切我住过的地方，偶然也会在我梦中出现，但都不是我的“家”！

前天下午我才对一位年轻朋友戏说，“我这人真是‘一无所有’！从我身上是无‘权’可‘夺’，无‘官’可‘罢’，无‘级’可‘降’，无‘款’可‘罚’，无‘旧’可‘毁’；地道的无顾无虑，无牵无挂，抽身便走的人。万万没有想到我还有一个我自己不知道的，牵不断，割不断的朝思暮想的‘家’！”（《我的家在哪里？》，《冰心全集》，第八卷，第558页）

谢葆璋身居要职，却无所事事

辛亥革命虽然推翻了帝制，但在封建军阀的压力下，孙中山被迫辞去临时大总统的职务。辛亥革命的果实落入袁世凯手中。在袁世凯就任临时大总统之后不久，就开始阴谋恢复封建帝制。1913年3月，他派亲信在上海刺杀了民主革命家、孙中山的亲密战友和得力助手宋教仁，疯狂镇压革命派。1913年6月，为复辟帝制和他日后登基制造舆论，他利用手中的职权，通令各省尊孔祀孔。

谢葆璋到北京后，虽担任海军部要职，看到政局这样混乱，海军的教育和建设根本无从谈起。冰心都感到：“父亲到北京之后，似乎消沉多了，他当然不会带我上‘衙门’，其他的地方，他也不爱去。”下了班，他就在院子里种种花，浇浇水。院里的一个葡萄架就是他搭起来的，葡萄秧还是从烟台寄来的。后来，他的花园渐渐扩大到大门以外，他在门口种了些野茉莉、月季、蜀葵之类容易生长的花。他还在院里立了个秋千架。周围的孩子常来看花、打秋千，人们把这个院子称做“谢家大院”。

在五四运动发生后不久，冰心曾写了一篇描写辛亥革命北京衙门情况的小说《去国》。（《冰心全集》，第一卷，第43页）小说中的人物朱衡是同盟会里的重要人物，为了辛亥革命捐出了父亲留下的财产，不辞劳苦，终于盼来了革命的胜利。然而，辛亥革命以后的中国，官场依然腐败不堪。这样的局面使朱衡十分寒心。他的心理状态，就有一点当时谢葆璋的影子。

谢葆璋一次下班回来和冰心说，“现在衙门里，没有多少公事可办。就连那些外国回来的留学生也是全日闲着，看看报纸，攀谈攀谈，他们也很苦恼”。谢葆璋的情况无疑为冰心的《去国》提供了重要的素材和启示。

初到北京，冰心也感到陌生而乏味，因为活动范围要比烟台和福州小得多，大部分时间都待在家里，出门很少，同母亲在一起的时间自然就多起来。她学会了帮母亲梳头，也做一些家务，还要给弟弟们讲故事，带弟弟们做游戏，这样也加深了对母亲的感情和姐弟之爱。

冰心的母亲出身于书香门第，除了操持家务之外，还爱看书。她订阅了商务印书馆出版的《妇女杂志》《小说月报》《东方杂志》等刊物。冰心自然而然也成为这些刊物的热心读者，从中吸取了许多新知识。从这些刊物里，她最先接触到词这种诗歌形式，并且开始爱上了它。

二、进入贝满女中

1914年秋季，冰心通过舅舅杨子敬的联系，了解到在东城灯市口的一所基督教公理会办的贝满女子中学。这所学校又叫“贝满中斋”，其含义带有中西合璧的意味。“贝满”两字是捐款创办这所学校的美国人Bridgeman的译音，“贝满”既简洁又有中国韵味。“斋”是中国传统对学校的一种称呼，“中斋”就是中学的意思。那时中学称中斋，大学称书院，小学称蒙学。这所学校就建在灯市口公理会大院的西北角，它是一组曲尺形的楼房，在楼的转折处，东南面的墙壁上，有横写的四个金字——“贝满中斋”。学校“已有五十年历史，最早是女子小学，二十年

贝满中斋教学楼现貌。

前就成立了四年制的女子中学，校舍是十多年前新建的，又设大学课程”。（《我入了贝满中斋》，《冰心全集》，第七卷，第458页）

冰心在舅舅的带领下，来到这所离家不远的学校，走进楼道左边的一间办公室，见到一位美国中年女教士，这就是贝满女中的校长裴老师。她把冰心领到一间教室里，让她坐下，并给她一道中文老师出的作文题，叫做“学然后知不足”。冰心一看，心里暗自欢喜，因为在家塾里附读时，老师曾经出过这个题目，当时老师对她的那篇文章就有好评。今天又拿到这个试题，她就不费思索，一挥而就，把试卷交了上去。裴校长为冰心如此迅速地完成作文感到惊讶，也对她写作的内容感到满意。裴校长同意让冰心插入一年级。冰心从此当上了走读生，每天早出晚归，中午在学校吃饭。

冰心在这所四年制学校读了四年。除了起初因在福州未上过代数，数学一科成绩不太好以外，其他各科成绩几乎都在95分以上，作文往往是100分，还加20分。冰心由于自然科学知识基础差，她就把精力集中在数理化上。她后来回忆道：“我在学校里，对于理科的功课，用的力气最大的就是代数、几何、三角、物理、化学、生物以至于天文、地质，我争取学好考好，那几年我是埋头苦读，对于其他一切，几乎是不闻不问。”（《从“五四”到“四五”》，《冰心全集》，第七卷，第35—41页）冰心埋头理科，还有一个原因，就是“因为我父亲是学航海的，他常常告诉我，对于学航海的人，三角、几何都非常重要，所以我也就很喜欢这些学科”。

冰心这时幻想着当医生：“我是从入了正式的学校起，就选定了医生这个职业，主要的原因是我的母亲体弱多病，我和医生接触较多，医生来了，我在庭前阶下迎接……那时女医生又少，我就决定长大要学医，好为我母亲看病。父亲很赞成我的意见，说：‘古人说，“不为良相，必为良医”，东亚病夫的中国，是需要良医的，你就学医吧！’”（《从“五四”到“四五”》，《冰心全集》，第七卷，第36页）

在正课外，学校还向学生传授宗教思想，如教授《圣经》。《圣经》中的博爱思想给冰心很多启迪，使她以善意和爱的眼光对待人和对待世间的任何事物。这种思想，待她长大成人之后，就逐渐形成冰心特有的一种处世哲学，她自己称之为“爱的哲学”，这种对人生的看法和憧憬，支配了她的一生，决定了她对事物的看法和态度，由此产生她对世态的彷徨与惆怅。在她的作品中，这些思想在不同程度上都有所反映。

回烟台短住

1916年6月，复辟称帝的袁世凯，在反复辟的声讨浪潮中下台，终于表面上恢复了共和体制。然而封建主义的思想意识仍有市场，封建势力的代表、军人张勋试图把已被辛亥革命废除了的末代皇帝溥仪推上台。他在徐州集结人马进军北京。在这种形势下，谢葆璋决定，先把妻子和儿女送去烟台，暂避这场风浪。但张勋复辟的丑剧只演了十几天就草草收场了，辫子兵被赶出了北京，北京又恢复了平静。以冯国璋为代理总统、段祺瑞为国务总理的北洋军阀政府掌握了政权。这样，冰心在烟台没有住多久就又回到北京。

升入协和女大预科

1918年8月，冰心以全班的最高分，从贝满中斋毕业，并按照贝满中斋的惯例，以第一名的身份，编写了“辞师别友”的歌词，并在毕业典礼上作了“辞师别友”的演讲。毕业班的18位学生中，有14位分别回到原来的母校（升入贝满中斋前的另一所教会学校）去教书，只有冰心与另外三位同学，升入了协和女子大学预科。

当时知识妇女就业的路子很窄，除了做教师，就是当医生。冰心因为母亲体弱多病之故，决心学医。

北京协和女子大学是美国基督教会办的女子大学。校长是麦美德小姐（Miss Miner）。学生人数为全国女子大学之冠。冰心升入大学后，上的第一堂课是化学。管叶羽先生就成了她大学的启蒙老师。管先生是一位非常严谨的人，讲课采用启发式的教学方法，仪容严肃而慈祥，是一位严师，又像一位严父，给冰心留下了难忘的印象。日后，冰心在文章中就详细地描述了这位老师。（《我的老师——管叶羽先生》，《冰心全集》，第七卷，第602页）

冰心就这样开始了大学生活。也就在这所协和女大里，冰心迎来了震撼全国，乃至震撼全世界的五四运动。五四运动影响和改变了她一生的生活道路。

三、五四运动把冰心“震上”创作的道路

五四运动

1919年，震惊中外的五四运动爆发了。这场具有划时代意义的运动，不仅改变了中国的历史进程，也改变了一代知识分子的命运。五四运动也是中国现代历史上启蒙主义思潮的开端。启蒙主义要求人们从封建主义的精神枷锁中摆脱出来，反对专制和愚昧，争取平等和自由。

辛亥革命结束了帝制，但不久就发生了袁世凯称帝、张勋复辟的事件，这都说明，要清除封建主义的思想意识，比推翻封建主义的专制制度更难。近代史上的著名人物康有为和严复，曾向中国的知识分子传播过大量的西方资产阶级的思想和学说，给腐朽的封建制度以巨大的冲击，但他们又与封建统治阶级有着千丝万缕的联系，并带有他们本身的软弱性和妥协性。到五四运动前后，他们竟然狂热地鼓吹起尊孔和崇儒来，堕落成典型的保皇派和复辟派。五四运动的有识之士充分地认识到这一点。他们从启蒙思想入手，发动了这场声势浩大的思想运动。

五四运动的触发原因，却是第一次世界大战后巴黎和会上对山东问题的处理，这使中国知识分子感到极度的失望和愤怒。北京的学生最先把这种愤怒化为行动。这些大学生把巴黎和会上中国代表团的惨败归结为中国政府腐败，从而把这些不满和愤怒直接指向腐败的北洋军阀政府。

五四爱国运动。

《新青年》封面。

二十一日聽審的感想

女學生謝婉瑩投稿

二十一日早晨，我以代表的名義，去到審判廳去聽北大學生案件的公判。我們一共有十一個人，是四個女校的代表。那時已經有九點多鐘，審判廳門口已經有許多的男學生，只得隨後跟著進來了好些。

冰心正式发表的第一篇文章《二十一日听审的感想》。

火烧赵家楼事件

5月1日至3日，北京的学生讨论决定举行一次示威游行，来表达他们的不满。5月3日晚上，由北京大学发起，在沙滩附近北河沿的北大法科，召开北大学生代表的临时紧急会议，决定在第二天中午12点半，举行群众大会和游行，抗议政府屈辱的外交政策，同时选派代表到除日本以外的各国公使馆，陈述对青岛问题的态度。5月4日下午两点左右，学生队伍从天安门广场出发，向东交民巷公使馆前进。但在进入东交民巷使馆区的时候，警察拦住了去路。他们只好派四位代表先到美国公使馆，但没有见到公使内恩施。学生后来又派了六名代表先后到英国、法国和意大利使馆，大使馆的官员接见了他们，并表示了同情。学生们退出了东交民巷，转向东长安街、东单。下午4点左右，学生大队人马来到曹汝霖家的大门口，要求曹出来。守卫的警察不但不理睬学生的要求，反而强迫学生后退。学生的愤怒达到了极点，他们高喊“打倒卖国贼”的口号，有的学生捡起石头，向曹家的院子里抛去，五个学生勇敢地爬上曹家的院墙，跳进院子里，搬走堵在大门的石头和木棍，把曹家的大门打开。于是，学生们就冲了进去。他们以为曹汝霖、章宗祥等三名亲日分子正在客厅开秘密会议，但没有想到，狡猾的曹汝霖在听到学生向院子里扔石块的时候，就从家里的后门逃出。学生找不到曹汝霖，无法排解心中的怒火，就把他的房子放火烧了。这就是火烧赵家楼事件。

积极投入五四运动

冰心当时正在协和女子大学预科读书。5月初，大学生酝酿举行示威游行的时候，她正陪二弟为杰住在东交民巷东口的德国医院里，二弟为杰得了猩红热后，做了耳部手术。所以不知道学校和社会上发生的事情。谢家的女佣张妈来探望，把路上所见所闻告诉她，“今天街上有好几百学生，打着白旗游行，嘴里不断地喊着口号”。张妈从铁狮子胡同到东单，再从东单到东交民巷东口，就是学生游行所经过的地方。当天黄昏时分，正在京汉医院任职的表兄来了，向冰心介绍北大学生开会的时候，“有个学生当场撕破衣襟，咬破手指，用鲜血写了‘还我青岛’四个大字”。冰心听得又高兴，又气愤。她送走表兄后，心里怎么也平静不下来了。她回想起自己在贝满中斋读书时，到中山公园社稷坛参加反日讨袁爱国集会的情景；想起童年时代，在烟台，听她父亲讲述青年时代参加甲午海战的经历，以及帝国主义列强瓜分中国沿海港口的情况，这使她对今天的卖国贼感到无限轻蔑和愤慨。

第二天早晨，冰心就和二弟谢为杰商量决定出院。回家把事情安排好以后，她就匆忙返校销假。协和女大这所教会学校再也无法抵挡汹涌澎湃的时代潮流，昔日的宁静不复存在。学生们的爱国热情已被激发起来，他们情绪激昂，积极投入了这场运动。这时，北京的女子大学和女校联合成立了女学界联合会，并参加了北京女学界联合会。协和女大也组织了自己的学生会。冰心因为擅长写作，被选为协和女大自治会的“文书”，成为女学界联合会宣传股中的活跃分子。女学界联合会宣传的内容包括：抵制“二十一条”，反对日本帝国主义的侵略等。女大学生们为了慰问、救援被捕的同学，到处去募捐，冰心也参与其中。她们还用白话文作武器，写反帝反封建的文章。冰心写得很起劲，很想把文章发表出来。她大胆地把文章拿给在北京《晨报》做编辑的表哥刘放园看。刘放园读过文章之后，大为惊喜，认为冰心的文章很有见地，同意在《晨报》上发表。其他女大学生的文章也陆续刊登在《晨报》上。

刘放园先生常把新出版的进步刊物介绍给冰心，如《新潮》《新青年》《改造》等刊物，并鼓励她多多阅读，从中学习教授和大学生的观点及他们分析问题的方法。《新青年》的主编陈独秀，办刊宗旨就是要批判腐朽的封建传统，唤醒一代中国青年，为建设民主和科学的新中国而奋斗。他在第一期的发刊词《敬告青年》上，这样写道：“青年如初春，如朝日。如百卉之萌动……青年之于社会，犹新鲜活泼细胞之在人身。新陈代谢陈腐朽败者无时不在天然淘汰之途……社会尊新陈代谢之道则健康，陈腐朽败之分子充塞社会则社会亡。”《新青年》从1917年开始，先后刊登了一系列倡导文学改良与文学革命的重要文章，像胡适的《文学改良刍议》与《建设的文学革命论》、陈独秀的《文学革命论》、钱玄同的《寄独秀》公开信、刘半农的《我之文学改良观》等。鲁迅在五四时期的主要著作（包括小说和杂文），有不少是在《新青年》上发表的。他的《狂人日记》是《新青年》杂志发表的第一篇白话小说，也是中国文学史上的第一篇白话小说。他的许多卓越杂文《我之节烈观》和《我们现在怎样做父亲》以及随感录，也是在《新青年》上发表的。这些文章都深刻地揭露和鞭笞了封建礼教。

五四时期最响亮的口号是“德赛二先生”，《新青年》杂志最早提出这一观点的是陈独秀执笔的《本志罪案之答辩书》，此文可以代表这本杂志坚决拥护民主与科学、反对封建主义的坚定态度。

《新潮》月刊是由一些北大的学生在他们的教授，如陈独秀、胡适等指导下办的。他们主张“去遗传的科举思想，进于现世的科学思想；去主观的武断思想，进于客观的怀疑思想；为未来社会之人，不为现在社会之人；造成战胜社会之人格，不为社会所战胜之人格”。（引自《“新潮”旨趣书》，见中共中央马克思、恩格斯、列宁、斯大林著作编译局研究室编《“五四”时期期刊介绍》，上册，第一集，第76页，生活·读书·新知三联书店，1979年）他们反对封建礼教，主张伦理革命，认为封建伦理道德只不过是封建君主为了愚弄民众而制造出来的玩意儿。他们提倡个性解放、婚姻自由与男女平权，从而在青年男女中拥有广大的影响。《新潮》的主编傅斯年、罗家伦和以后的周作人都十分赞赏并极力支持以上观点，所以，《新潮》主张用“人化的文学”来代替腐朽的士大夫文学。他们在刊物上也翻译介绍了西方的哲学、历史、社会学、心理学和文学方面的著作。（参考肖凤《冰心传》，第75页）

冰心在她刚刚起步创作的时候，就得到各方面的关怀。五四运动的发生，科学与民主新思想的传播，给冰心提供了极为丰富的精神食粮。她不仅得到表哥刘放园的鼓励和帮助，而且还得到父母的支持和帮助。后来，当冰心写问题小说与散文诗的时候，她的父母总是她的第一个读者，他们常常帮她斟词酌句，甚至还向她提供小说中的人物对话。1932年春，冰心在香山的双清别墅，为北新书局整理自己全集的文稿时，深情地追忆母亲读她文稿时的情景：

重温这些旧作，我又是如何的追想当年戴起眼镜，含笑看稿的母亲！我虽然十年来讳莫如深，怕在人前承认，怕人看见我的未发表的稿子。而我每次做完一篇文字，总是先捧到母亲面前。她是我的最忠实最热诚的批评者，常常指出了我文字中许多的牵强与错误。（《冰心全集·自序》，北新书局，1932年；后更名为《我的文学生活》，《冰心全集》，第三卷，第6—13页）

《二十一日听审的感想》——最早发表的文章

冰心就是在这样一个家庭背景和社会环境下开始创作的。

冰心最早发表的文章是一篇杂感，名字叫《二十一日听审的感想》。五四运动三个多月后的一天早晨，北京地方法院门口人群簇拥。这是一次不同寻常的公开审讯。以封建军阀段祺瑞为首的北洋军阀政府为了镇压学生运动，收买学生中的败类，制造事端，进而造成十多名无辜的爱国学生被捕。学生联合会组织各校学生去旁听，实际上是向法院示威，抗议当局逮捕无辜学生，要求立即释放他们。当主控的检察官陈诉被告曾殴打官吏、反抗政府、扰乱治安等罪行时，义务出庭为学生辩护的著名法学家刘崇佑律师慷慨陈词，阐述学生们的行动是出于爱国义愤，依据法律，根本无罪。冰心默然倾听，从内心感到无比痛快，深深敬佩刘律师的胆识和雄辩的口才。审判长无奈，只得宣布休庭。冰心当时并没有意识到五四之后，军阀政府迫于形势，才勉强答应学生的要求，罢免曹、陆、章，并拒绝在《巴黎和约》上签字。但军阀政府从来没有放弃镇压学生运动的企图。这次逮捕北京学生联合会的负责人鲁士毅和其他爱国学生，就是军阀政府的反动政客安福系有计划摧残爱国学生运动的行动之一。

冰心回到家里，把当日到法庭听审的见闻和感想如实地写了出来，这就是《二十一日听审的感想》的写作经过。冰心找到表哥刘放园，希望发表这篇文章。后来，这篇文章终于在《晨报》“自由论坛”上问世了，这标志着冰心在创作上迈出了重要一步。

除了写作，冰心还参加了女学界联合会的演剧筹款活动。一次，女学界一些女大的演出队在青年会排练，冰心参加了协和女大的剧目《威尼斯商人》的排练。在幕间休息时，冰心见到了在福州女子师范学校预科读书时的同学王世瑛。王世瑛现在已是北京女子高等师范学校文学系的大学生，也是女学界的活跃分子。（《我的良友——悼王世瑛女士》，《冰心全集》，第三卷，第355—363页）王世瑛后来还把接到的有关福建发生的惨案的电话，告诉冰心，“就在16号那天，福州学生正在向民众宣传抵制日货，日本暴徒几十人持械寻衅，当场打伤了七名学生和许多市民，还打死了我们的警察，造成了流血惨案。现在福州学生都罢了课，商界也都罢了市……”王世瑛说，“我们不能坐视父老乡亲被日本人宰割，福建同乡要采取行动，北大那边已经派人来联络，成立福建省抗日学生联合会……”福建省抗日学生联合会开会那天，是在北京的福建籍青年的大聚会。王世瑛向冰心介绍了参加该会的女高师代表黄英（后来的女作家庐隐）。黄英是福建闽侯人，她毫不畏惧地登台演讲，打动了与会的学生们。在群情激奋之中，一位身材魁伟的男同学，也登台演讲。他就是铁路管理学校的代表郑振铎。（参考卓如《冰心传》，第23—24页）

五四文化运动的浪潮，把冰心从狭小的家庭和学校的圈子卷了出来，使她接触社会，了解社会，审视社会的问题，并开始思考和探索改变社会现状的途径和方法。这样，她就把所思所感写下来，发表出来，以警醒人们。

第三章

问题小说

——对家庭等问题的关注

一、笔名的来历

冰心在五四白话文学发展一日千里的形势下，由写杂感性的文章起而投入文学创作。从1919年9月起，冰心开始写小说。冰心在《我的文学生活》（《冰心全集》，第三卷，第3页）中写道：

“我蕴酿了些时，写了一篇小说《两个家庭》，很羞怯的交给放园表兄。用冰心为笔名，一来是因为冰心两字，笔画简单好些，而且是莹字的含义。二来是我太胆小，怕人笑话批评；冰心两字，是新的，人家看到的时候，不会想到这两字会和谢婉莹有什么关系。……稿子寄出去后，我连问他们要不要的勇气都没有！三天之后，居然登出了。在报纸上看到自己的创作，觉得有说不出的高兴。放园表兄又竭力地鼓励我再做，我一口气又作下去，那时几乎每星期有出品，而且多半是问题小说……

冰心从创作“问题小说”起步进入中国新文学园林，自然有其个人因素和时代因素。冰心自幼从开始具有看书能力起，便爱看小说。在进入贝满中斋前，她已看了大量林纾与人合译的西方小说和在民间流传很广的中国古典小说；她善于讲故事，向弟弟讲述从小说中取来或自编自凑的故事；她写过几篇没有结局的文言文长篇小说，如《女侦探》之类，起到了练笔的作用。

新文化运动掀起后，冰心从《新青年》《新潮》等十几种刊物上看

中華民國八年八月二十五日 星期一

晨報

THE MORNING POST

本報開設在北京宣武門外丞相胡同中間路西門牌四號

中華民國郵務管理局特准掛號認為新聞紙類

解放與改造雜誌創刊號廣告

新造洋式樓房

國立法校代表 鄭白新華商

第二百五十號

本報今日出一張半

本報價目

1919年的《晨报》。

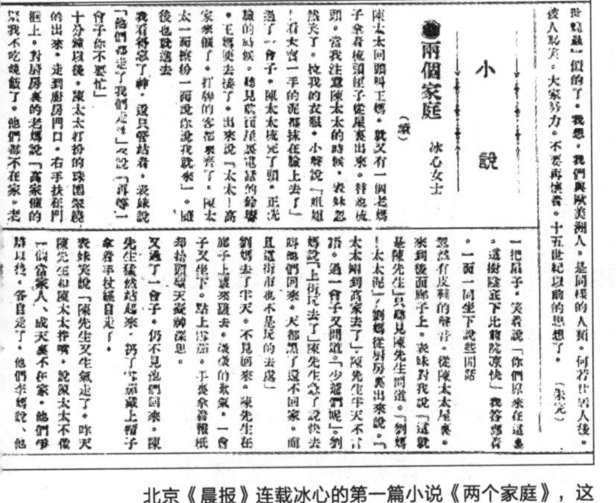

小說

兩個家庭（續） 冰心女士

北京《晨报》连载冰心的第一篇小说《两个家庭》，这是她第一次使用“冰心”作为笔名。

到许多宣传新思潮的文学作品。在新思潮的启迪下，她思考种种社会问题，并用小说的形式写出来，力图引起社会的注意。冰心写小说的思绪和热情，正同五四前后文坛上兴起的“问题小说”热潮不谋而合，从而使她成为当时最年轻的一位“问题小说”作者。

《新青年》编者之一北京大学教授周作人较早提出“问题小说”这个概念。他在《中国小说的男女问题》一文中指出：“问题小说，是近代平民文学的产物。这种著作照名目所表示，就是论及人生诸问题的小说。所以形式内容上必须具备两种条件，才可得这个名称。一、必具小说体裁。二、必涉及或一问题。”（《每周评论》，1918年2月）

二、早期的“问题小说”

冰心对家庭问题、妇女问题和知识分子问题，表现出了格外的敏感与关切。她的第一部小说《两个家庭》，连载于1919年9月18日至22日《晨报》第七版。

《两个家庭》

小说《两个家庭》（《冰心全集》，第一卷，第11页）以“我”作为主人公，讲述两个生活方式和精神依托截然不同的家庭：一个是舅母家的邻居——名叫陈华民的青年男子及其妻子一家，另一个是堂兄“三哥”和堂嫂亚茜一家。“三哥”和陈华民从同一所大学毕业，同时出国留学，又同时回国就业。陈华民担任的职位比“三哥”还要高些，薪俸也要多些，但是，陈华民感到社会环境并不如意，英雄无用武之地。妻子不理家务，要么睡眼惺忪，拖着鞋子，要么珠围翠绕，外出应酬，打牌寻乐，挥霍浪费，反而责怪丈夫“不尊重女权”、“不平等”，把“妇女解放”全扭曲了，结果弄得夫妻不和。陈华民陷入了苦闷、痛苦之中，只好借酒浇愁，身体也垮了，经济也一天比一天困难，最终精神颓废的陈华民患肺病死去。与陈华民家形成鲜明对比的“三哥”一家，虽然对时事有些灰心，但是因为夫妻和谐，所以家庭美满，无后顾之忧。

小说通过陈华民之死，提出这是“谁之罪？”这个问题，暗示社会和家庭环境的恶劣是造成陈华民不幸的根源，也隐含着对不健康社会的谴责。小说通过两个家庭的对比，“一方面针砭着‘女子解放’的误解，一方面却暗示了‘良妻贤母主义’——我们说她是‘新’良妻贤母主义罢，——之必要”。（茅盾：《冰心论》）

三联出版社出版的《斯人独憔悴》。

连载于《晨报》的小说《去国》。

小说在开始和结尾都写到在学校听李博士讲“家庭与国家的关系”，其中提到家庭的幸福和痛苦与男子建设事业能力的影响，其实，这就是这篇小说的主题。作者对这个问题的解答显然还有些朦胧，没有看到在同样的客观环境中，人的主观意志不同，会产生不同的结果。陈华民对这种客观环境的改造就缺少毅力和勇气。小说中提出的问题，在当时还是值得人们深思的。

《斯人独憔悴》

《斯人独憔悴》（《冰心全集》，第一卷，第20页）发表在1919年10月7日至12日的《晨报》上。

冰心在这篇小说里，描写了两名爱国进步的青年学生颖铭和颖石兄弟与他们的专横暴虐的汉奸父亲之间的冲突。父亲（化卿先生）是个顽固守旧的封建阔佬，不许子女参加学生爱国运动，两个儿子背着父亲参加了五四爱国运动，颖铭还被军警的刺刀扎伤送进医院。姐姐颖贞同情弟弟，但严守父训，不敢外出活动。父亲从学校校长那里获悉儿子在南京参加爱国运动的消息，立即把两个儿子接回了家。南京的学校要开学，但父亲不让儿子再出门去上学。两兄弟只好服从，闷坐在家里。一次，三姐弟在一起聊天，颖铭念到唐诗上的诗句，“搔白首，若负平生志，冠盖满京华，斯人独憔悴……”（出自唐代诗人杜甫的《梦李白二首》之二）用“斯人独憔悴”为题，表现了封建家庭如何桎梏青年。这个代表着封建保守势力的父亲太专制，颖铭、颖石兄弟只和顽固不化的父亲交锋了一个回合就败下阵来。他们苦闷、“憔悴”，但也无可奈何，只有妥协。

《秋雨秋风愁煞人》

在1919年10月30日至11月3日《晨报》第七版发表的《秋雨秋风愁煞人》（《冰心全集》，第一卷，第28页），也同样提出封建旧家庭如何摧残有为青年的问题。题目取自唐代诗人张说的诗，诗中末句为：“试上铜台歌舞处，唯有秋风愁杀人。”此行诗感叹曹操旧日兴建的歌舞场地铜雀台，如今只有悲凉的秋风。冰心在这篇小说的开头和结尾都用秋雨秋风渲染气氛。在这部小说里，冰心描写的三位女性都是同窗好友，都有相似的理想和抱负，但是一个过早地病逝，另一个名叫英云的，本是一个道德、学问都极其卓越的姑娘，志向远大，性格很清高，接受了五四时期新思潮的影响，很想在青年时代为国为民做一点事情。她不仅长得漂亮，还有超群旷世的风神，所以深受女同学们的喜爱。但就在她高中毕业的前一年，准备继续深造时，见识浅薄的父母，却执意把她许配给了表兄士芝，因为她的姨夫——未来的公公，是个司令，家里十分富裕。但英云一点也不羡慕这样的家庭和他们的生活方式，觉得过这样的日子比囚徒生活还要难受。她对那位表兄身上那种不求上进、纨绔公子的气息也难以忍受。然而，面对两个顽固的封建家庭，英云又有什么办法呢？她最终也只有顺从。她给同窗好友——作品中的第三个女孩子“冰心”——写信说：“我心中满了悲痛，也不能多说什么话。淑平是死了，我也可以算死了。”小说写了两种“死”，淑平的死是肉体的死，身死；英云的“死”是精神的死，心死。而且用英云的话来说，“你以为肉体死了，是一件悲惨的事情。却不知道希望死了，更是悲惨的事情呵！”“率性死了，一切痛苦，自己都不知道不觉得了。只可怜那肉体依旧是活着，希望却如同是关在坟墓里。”这篇小说和《斯人独憔悴》相比，在人物描写上，要更真切。在人物心理的挖掘上，要更深一些。在中国文学史上，这是较早的一部女性作家描写女性的作品。

冰心最初的几篇小说，调子都比较悲凉，情绪也比较低沉和压抑。冰心的同学王世瑛看了《秋雨秋风愁煞人》之后，写信给她，说她小说写得“极好”，“但何苦多做悲观，令人读之，觉满纸秋声也”。冰心的父母也说“你做的小说，总带些悲观，叫人看着心里不好过……”他们担心女儿的思想会走向消极悲观。

冰心为此写了《我做小说，何曾悲观呢？》这篇类似答辩性的文章。她说：“我做小说的目的，是要感化社会，所以极力描写那旧社会旧家庭的不良现状，好叫人看了有所警觉，方能想去改良，若不说得沉痛悲惨，就难引起阅者的注意，就难激动他们去改良，何况旧社会旧家庭，许多真情实事，还有比我所说的悲惨到十倍呢。”

继《秋雨秋风愁煞人》之后，冰心又创作了《去国》和《庄鸿的姊姊》两篇小说。

《去国》

《去国》（连载于1919年11月22日至26日《晨报》第七版，《冰心全集》，第一卷，第43页）描写了留美回国的英士和他赋闲在家的父亲朱衡两代人对辛亥革命失败、胜利果实落入封建军阀统治手中，感到失望，心情颓唐，义愤填膺。英士以“超绝”的成绩毕业回国，抱着满腔热情和雄心壮志，准备为国家的建设大显身手。但是，事与愿违，他的一切希望都落空了。他决定再度出国，他想：“与其在国内消磨了这少年的光阴，沾染这恶社会的习气，久而久之，恐怕就不可药救。不如先去外国，做一点实事……”父亲朱衡本是辛亥革命前的老革命党人，广州起义时“得了朋友的密电，从日本回来，又从上海带了一箱的炸药，雍容谈笑地进了广州城”，但是“共和已经造成了”，“置换的一个匾额，当年的辛苦都成了虚空”，只好赋闲在家，空发牢骚。从这篇小说中，可以看出，冰心的视野扩大了，从旧家庭旧社会，进而注视到封建军阀统治下的国家，开始思虑国家、民族的命运。显然，冰心还没有意识到作为有志青年，应该如何投入改变现实状况的斗争。

《庄鸿的姊姊》

《庄鸿的姊姊》（《冰心全集》，第一卷，第55页）写于1919年12月下旬，连载于12月7日至1920年1月6日的北京《晨报》。小说描写了青年女性失去求学上进的权利而精神忧郁和失望。小说没有直接描写庄鸿的姐姐，而是通过庄鸿与作者姐弟的谈话，由庄鸿倒叙出来的。庄鸿是“我”（作者）大弟为涵在唐山工业学校的同学。庄鸿的父母在他4岁的时候就去世了。全家的生活全靠当小学教师的叔叔来维持。但小学教员的工资经常被拖欠，货币又大幅度地贬值。叔叔无法供姐弟两人同时上学。虽然姐姐有着优异的才质，只因是个女孩子，自然要给弟弟让路了。姐姐小学毕业后，只好停学，失去了希望，心情忧郁，又过度操劳，身体不支，终于染病死去。冰心对这些有才能、有志气，但因家境贫困而失学的女孩子，充满了同情，但没有什么解决问题的办法，她只有通过庄鸿的嘴，无可奈何地喊出："我不明白为什么中交票要跌落？教育费为什么要拖欠？女子为什么就不必受教育？"小说同时也表现了庄鸿和他姐姐之间的爱心，又与作者自己与弟弟的亲密关系相对照，加强了爱的气氛，抒发了姐弟爱的欢欣和失去姐弟爱的悲怆。

短短的几个月，冰心的作品吸引了众多的读者，也引起了他们的强烈共鸣。有的留学生看了她的《去国》，立刻给《晨报》写了题为《读冰心女士的〈去国〉的感言》的文章（载1919年12月4日《晨报》），文章的作者十分痛切地说道："对于这篇《去国》，我绝不敢当它是一篇小说，我以为它简直是研究人才问题的一个引子。"她的《斯人独憔悴》被学生剧团改编成三幕话剧，先在学校，后在北京新明戏院公演。看过这个剧的青年人，不少都有颖石、颖铭兄弟的感受。

当初冰心写这些小说，只是想把她的所见、所闻、所感、所思写出来，为她同时代的青年、妇女、知识分子倾吐心中的郁闷，并对他们所处的困境表示同情。得到他们这样热烈的反应，冰心未曾预料。更使她没有想到的是表哥刘放园约她为《晨报》创刊一周年撰稿。

《晨报》最初是研究系（"宪法研究会"）1916年创办的，当时叫《晨钟报》，李大钊任总编辑。大概是报纸的文章言论过激的原因，不合研究系的口味，李大钊被解聘。9月间，因刊载段祺瑞向日本大借款的消息，《晨钟报》和其他七家报纸一起，被封闭了。12月，《晨钟报》改组为《晨报》继续出版，这次《晨报》纪念创刊一周年，要出增刊。冰心犹豫地说："纪念文章非同小可，应该请名人撰写。我太年轻，哪能写这样的文章。"刘放园庄严地说："名人当然要请，报社考虑，要有一个新的作者，最好是女士，你正合适，就大胆写吧！"冰心接受了约稿，写出了《晨报……学生……劳动者》。这篇文章刊登在《晨报》上，而且在同一版面上还刊登了不少名流学者，如蔡元培、陈独秀、李大钊、鲁迅、周作人的文章。在同一版上就有胡适的专稿《周岁——祝〈晨报〉一年纪念》，还有鲁迅的《一件小事》。冰心看到自己的文章能和这些名人的文章排在一起，感到十分荣幸。

冰心以"问题小说"步入文坛后，作品体裁扩大到更为宽广的领域。冰心写作了一系列有关士兵生活与反对军阀混战的作品。她对那些背井离乡过着漂泊不定生活的下级士兵充满了同情。如《一个兵丁》中的老兵，他日夜为兵营站岗守门，心中却时时怀念远在家乡的孩子。他和住在兵营附近的孩子小玲一起玩耍，来排遣内心的寂寞。小玲和他的儿子胜儿同龄，这也就唤起了他对儿子的思念。在另一篇小说《一个不重要的军人》中，冰心刻画了一个下级士兵福和。他待同伴，待百姓，待不相识的孩子，都像对待自己的哥哥、嫂子、侄儿一样忠厚。他会帮那些白吃小摊贩的、白坐车子的士兵付钱。他在劝解一个士兵打骂卖花生的孩子时，却被无缘无故地踢了几脚。最后，这位老兵因积劳成疾死去，"他是一个不重要的军人，没有下半旗，也没有什么别的纪念，只从册上勾去他的名字"。冰心歌颂了那些朴实、憨厚、善良，劳动人民出身的士兵。

在《一篇小说的结局》（《冰心全集》，第一卷，第63页）里，冰心通过一名士兵的口倾诉了她对发动战争的原因的不解："我爱我的祖国，我爱我的母亲。母亲啊！世界为什么要有战争？……"这是一篇反战小说。从构思上有独到之处。它是由作品中的人物——女大学生葰如女士，在构思一篇反战小说，葰如的笔下有三个人物——在前线作战的儿子，盼望儿子归来的母亲，还有儿子的表兄，也就是老人的侄儿。老母亲正在家中等待从前线归来的儿子，她已为儿子准备好可口的饭菜。当门外响起了皮靴和腰刀的声音，老人激动地站起来准备迎接儿子，但走进来的却不是儿子梦涛，而是侄儿希和。原来，老人盼望已久的儿子已在战场上阵亡了。儿子曾在写给母亲的信上向母亲倾诉过他的烦恼："世界上为什么要有战争？我们要爱国，为什么就要战争就要杀人呢？母亲啊！"当葰如将这篇故事构思成为这样一个生离死别的结局，她自己也大吃一惊。因为她原本是想以大团圆作结尾的。战争就是这样的残酷无情。

冰心在《一个军官的笔记》（《冰心全集》，第一卷，第110页）里，构思了一个奇妙的故事，一名军官和堂兄在战场上不期而遇，他们在为对立双方作战，都负了伤，成了残废，后来在医院见了面。"为谁牺牲？为谁奋勇？""哪里是荣誉的军人，分明是军阀走狗。"

冰心对有些报纸、杂志把军人描绘成疯狂而残忍的暴徒感到不满。她对这些离乡背井的军人充满了同情，她认为正是好战的军阀，"将这些勇健的血性的青年，从教育的田地上夺出来，关在黑暗恶虐的势力范围里，叫他们不住的吸收冷酷残忍的习惯，消灭它友爱怜悯的本能"。在《到青龙桥去》（《冰心全集》，第一卷，第483页）中，她就描写了七位凝重、温柔、有教养、守纪律的军人。这些军人的神态、语言和行动，都使冰心感到亲切，并对他们产生无限的敬重和赞美。

第四章

燕园春秋

20世纪20年代，军阀混战连绵不断，北京的执政者像走马灯似的你去我来。在封建军阀严密的控制下，大规模的群众性抗议活动和反帝爱国运动暂时处于低潮。先进的知识分子把注意力转向宣传与组织群众，同时也积极开展文化领域内的讨论。《新青年》从1920年5月迁至上海出版后，明显地转变为宣传马克思主义的刊物；在上海、湖南、武汉等地成立共产主义小组或马列主义研究会，为建立中国共产党作思想准备和组织准备。以《新青年》为旗帜的新文化统一战线中革命派与改良主义、自由主义者的分化，也是从该编辑部主要人员对办刊方针的分歧开始的。

冰心具有强烈的爱国热情和朴素的正义感，但政治意识还很淡薄，分不清各种“主义”。冰心由中学到大学《圣经》课所接受的博爱主义，自然而然地被她看成拯救社会的良药，从而不易于接受马克思主义及其社会改革理论。那时，和冰心的生活有直接关系的是教会学校的大调整和文学领域的为人生文学社团、流派。

一、燕京大学的历史沿革

冰心就读的北京佟王府的华北协和女子大学，以及通州的华北协和大学，都是由美国教会、伦敦教会联合创办，分别招收女生和男生。而美以美会在崇文门内盔甲厂办的一所大学，中文名叫汇文大学，英文名叫Peking University（北京大学），与京师大学堂改称的国立北京大学英文同名。1918年华北协和大学与汇文大学合并，但校名争执不下，后来请来北京的知名人士组成仲裁委员会，建议用“北京协和汇文大学”。但大家认为校名拖泥带水，又请知名学者蔡元培、傅增湘、胡适、吴雷川、王厚斋重组委员会。五人商议后，建议暂用汇文大学，英文校名Peking University已在美国纽约州登记，暂不更改，以免影响在国外的募捐。

燕京大学校门。

不久，全国基督教会建议用北京的旧称燕京为校名，得到校名委员会和全体师生一致的赞同，既避开了“协和”，也避开了“汇文”，还可不与北京大学同名。于是校址选在北京城东南角盔甲厂（今北京站西路）的汇文大学，1919年年初正式挂起燕京大学的校牌。1920年年初，华北协和女子大学也并入，成为燕大女校。协和女子大学的学生冰心从此也就成了燕京大学的学生。燕大正式定名后，聘请了司徒雷登担任校长。

燕大校长司徒雷登

司徒雷登（John leighton Stuart），1876年出生于中国杭州，父母都是早年从美国来华的基督教南方长老会的传教士，在四个孩子中，司徒雷登是长子。司徒雷登11岁时，随度假的父母回到亚拉巴马州的老家。随后就留下，相继在弗吉尼亚州的潘塔普斯学校、弗吉尼亚大学预科、汉普顿西学院学习。1896年从汉普顿西学院毕业，获文学博士学位。1899年又进入先在里士满后迁纽约的协和神学院深造，毕业后在里士满当牧师，并加入“学生志愿参加海外传教运动”。1904年他和艾玲洛德女士结婚，后被长老会派往中国传教，年底到达杭州，与父母团聚，并在杭州城乡传教讲道。后来，他又被聘请在南京神学院任教，长达十一年之久。在此期间，他编写了《新约启示录新注释》《新约希汉英字典》，先后由上海广学会出版，成为神学院普遍采用的教材。

1918年北京的汇文、协和两所教会学校合并，司徒雷登在美国教会长老们眼中成为校长的最佳人选。燕京大学被确定为校名后，司徒雷登被任命为校长，并于1919年赴北京上任。他来上任时正是五四学生运动的高潮期，学校于6月8日举行新校长就职典礼和毕业礼拜，由他讲道。就职典礼当天，礼堂（饭厅）空空如也，学生们都上街游行和欢迎被捕学生出狱去了，即便是基督教徒也没有人听讲道。司徒雷登虽受窘，但对学生的行动表示理解和同情。

燕大校训——因真理得自由以服务

司徒雷登和教员一起着手研究办校宗旨和校训，他们首先确定基督精神、通才教育等宗旨，其根据为《圣经》上的两句话：“你应知真理，因真理可以使你自由”（Ye Shall Know the Truth and the Truth Shall make you free）、“你不应被人服务，你应为他人服务”（Not to be ministered unto but to minister），他们把这两句话结合起来，就成了“因真理得自由以服务”（Freedom through Truth for Service）。这一校训从此影响了一代又一代的莘莘学子。

冰心对这一校训留下了深刻印象，当学校要求师生写文章宣传和解释校训时，冰心写了《自由真理服务》一文，她对校训写下了下面的看法：“一切从心所欲，又无一不含于爱，这时便是‘自由’，真理就是一个字：‘爱’。”

1920年3月15日，从燕大成立后的第一个学期开始，学校举行男女校联欢会，盛况空前。冰心为此写了一篇报道，在《燕京大学季刊》上发表，详细地描述了学校的新气象、学校门口的新匾额、学生对新学校的无限喜乐和无限希望，也抒发了师生对原有校名的留恋之情：“当此时事变迁，新陈代谢的时候，我们自然不应恋旧拒新。对于这神龙出没的旧匾额，却也不能不低徊感慨呵！”报道还记述了校长司徒雷登的讲话，教育部参事邓致园、北京女学界代表茅台台、北京男学界代表蔡孑民（元培）、基督教团体代表刘芳以及女学生代表的发言。这篇报道朴实无华，记述了中国现代教育史上第一次实行男女合校的情况，具有一定的史料价值。

二、活跃的预科生

《燕京大学季刊》

协和女大改为燕大后，学校的范围扩大了，冰心接触面也随之扩大。以前她只与同班的女同学或高班的女同学交往，合校后与男同学也开始接触。男女合校不久，学校决定出版综合性的学术刊物《燕京大学季刊》，由陈哲甫教授主持，高年级学生许地山、瞿世英（菊农）等参加编委会的工作。学校里大家都知道理预科学生谢婉莹，当时已经有多篇小说问世，因此作为女校的代表被邀请参加《燕京大学季刊》的编辑工作。

在创刊号上，冰心除写了一篇报道外，还提交了一篇小说《世界上有的是快乐……光明》。（《燕京大学季刊》，1920年第一卷第一期，《冰心全集》，第一卷，第67页）

小说用心理描写的手法，揭示了主人公凌瑜忧国忧民之心，但缺乏勇往直前的勇气，处于极端苦闷忧郁的状态，甚至选定投海自杀。但初夏明媚可爱的海景，使他“冰冷的心肠里，又生出一种美感来”，使他迟疑片刻；当他决心往下跳时，沙滩上却又传来了孩子娇软悠扬的歌声，两个10岁左右的男女孩子玩沙，采野花。当孩子们知道凌瑜想走上绝路时，他们向凌瑜呼喊：“先生！世界上有的是光明，有的是快乐，请你自己去找罢！不要走那一条黑暗悲惨的路。”孩子们的呼喊，唤醒了凌瑜，使他认识到，“世界上充满了光和爱，等着青年自己去找……”小说真实地反映了爱国运动走向低潮的部分年轻人的忧患意识和悲凉情绪。

《燕京大学季刊》为冰心发表作品提供了一个新园地。冰心除了给《晨报》投稿之外，就为《燕京大学季刊》撰稿。在《燕京大学季刊》上，落款大都是“谢婉莹”，而在《晨报》上，大都是“冰心”。冰心参加了《燕京大学季刊》的编辑工作后，和男同学的交往也多了起来，特别是与许地山、瞿世英、熊佛西等高班或同级的男同学成了好朋友。

许地山，1893年出生于台湾省台南，其父许南英是清政府驻台湾省的武官，在中日甲午海战期间和日本强占台湾初年，随抗日名将刘永福据守台南抗击日本侵略军，失败后带领全家辗转回到大陆，定居于福建漳州。许地山随父母度过了多年颠沛流离的生活，19岁开始独自谋生，先后在漳州第二师范、缅甸仰光中华学校、漳州英华中学教书，加入闽南伦敦会（基督教会）。1917年进入协和，当时协和、汇文两校开始合并，尚未定名燕京大学。此时，许地山已经24岁，而且在家乡已经有了妻室。《燕京大学季刊》创刊后，许地山担任文学方面稿件的组织与编辑。1920年夏毕业获文学硕士后，继续留在燕大神学院读第二学位。冰心和许地山在文学活动和教学岗位上共事多年，加上他们又是福建同乡，也就成为挚友。

瞿世英，又名瞿菊农，江苏常州人，论辈分是瞿秋白的堂叔，但年龄比瞿秋白小一岁，五四时期叔侄分别在燕京大学和北京俄文专修馆学习，一起参加新文化运动，共同创办《新社会》旬刊。瞿秋白后来走上了革命的道路，瞿世英仍献身于他热爱的文化教育事业。在《燕京大学季刊》工作期间，冰心和瞿世英交往很多。

熊佛西，原名熊福禧，江西丰城人。1919年考入燕京大学，热衷话剧运动，后来成为著名的剧作家和戏剧教育家。在燕京期间，冰心经常参加演戏募捐活动，同熊佛西也成了好朋友。

郑振铎，福建长乐人，1898年出生于浙江温州。冰心是通过许地山介绍和他认识的。1917年考入交通部在北京办的铁路管理学校。五四运动爆发后，即投身反帝爱国运动和新文学运动，与瞿秋白、许地山等人创办了《新社会》，撰写了《发刊词》和大量宣传新思潮的文章。《新社会》被军阀政府查封后，又与瞿秋白创办了《人道》月刊，但因为基督教青年会没有经费，只出了一期，就夭折了。郑振铎后来主要的精力放在新文学运动上，并翻译介绍了一些外国文学，如印度作家泰戈尔的《新月集》《飞鸟集》。这些作品对冰心的影响很大。

演剧救灾

为了赈救北方五省灾民，燕京大学的学生开始了赈灾工作。1920年10月上旬，燕大女校青年会的理事部议决与男校青年会共同组织一台文艺募捐会，演剧救灾。冰心被选为女校新剧委办的成员。女校新剧委决定首先排演《青鸟》。冰心立即把它译成中文，并请陈克俊演主角“光明之神”，自己担任次角，又请了其他演员开始排练。1920年，《青鸟》在北京青年会公演，首场演出剧场爆满，700多个座位，座无虚席，许多人都不得入场。鲁迅先生还陪同俄国盲诗人爱罗先珂观看了演出，得到了爱罗先珂的赞许。首场演出就为灾民捐款了1200元。

《青鸟》（*The Blue Bird*，1908）是比利时作家莫里斯·梅特林克（Maurice Maeterlinck，1862—1949）的代表作之一。梅特林克是象征派戏剧的代表剧作家。中年时移居巴黎等地，从事戏剧、散文创作。1911年获诺贝尔文学奖。获奖的理由是“赞赏他多方面的文学活动，尤其是他的著作具有丰富的想象力和诗意的幻想特色。这些作品又是以童话的形式显示出一种深邃的灵感，同时又以一种神妙的手法打动读者的感情，激发读者的想象”。

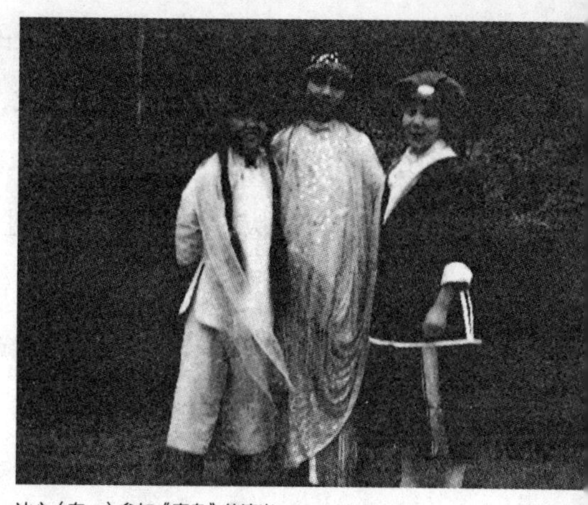

冰心（右一）参加《青鸟》的演出。

《青鸟》是一部六幕梦幻剧，其中青鸟象征着幸福。樵夫的两个可爱的孩子贴贴儿和弥贴儿在圣诞节前夕做了一个梦，他们受仙女白丽伦之托，为她病重的女儿去寻找青鸟。兄妹俩用了一颗魔钻，召来了面包、糖、火、水、狗、猫等拟人化的灵魂，在光的向导下一起出发了。他们首先去记忆之乡，在那里重新遇见已故的祖父母，并得到一只青鸟，然而他们刚一离开这个凭记忆才能去的国土，这只鸟就变黑了。接着他们又去了夜之宫，贴贴儿冒险打开一扇扇的门，发现幽禁在里面的病魔、战争、阴影等，最后找到了青鸟，然而一见日光，这些鸟也都死了。他们又去树林、幸福之宫、坟地、未来之国，历尽千辛万苦，可是到手的青鸟总是得而复失。早晨，他们被母亲叫醒，貌似仙女的邻居为她得病的孩子来讨圣诞礼物，当贴贴儿决定把心爱的鸽子赠送给她时，发现这只鸽子变青了。原来青鸟不用跋山涉水去找，它就在周围：要把幸福给别人，我们才会接近幸福。

救灾工作从1920年10月一直进行到1921年6月，为纪念这次救灾工作，燕大编印了一册《燕大赈灾报告》，冰心应邀写了《发刊词》。

1920年以后群众运动暂时沉寂下来，但知识分子“到民间去”的风气却很盛行。当时很多年轻人，特别是大学生重视社会调查，期望从中寻求改良社会的途径和方法。燕大开设了社会学课，并安排学生开展社会调查，《燕京大学季刊》经常刊登学生的调查报告。冰心在刊载调查报告的一期刊物上发表的短文《北京社会的调查》（相当于按语）（《冰心全集》，第一卷，第129页）指出：“医生要治病，必要先明了病情；我们要改良社会，亦必要先知道社会的情况。若不实地去和社会接触，决不知道社会的病在哪里。闭门造车，空谈理论是不中用的。”（《燕大季刊》，1920年9月第一卷第三期，署名：谢婉莹、瞿世英辑）

平民教育

燕大女校开设平民夜校、办识字班，进行多种多样的知识启蒙和文化普及工作，这成了五四后知识青年“到民间去”的重要活动之一。

1918年年底，北京政府的教育部正式公布注音字母，以便统一国语读音。1920年年初政府通令小学教科书废止文言文采用国语，而国语读音以已公布的注音字母拼注为准，当时的小学和各种识字班都要推广注音字母。

燕大女校特地为学校附近佟府夹道一带的不识字的妇女义务开办了“注音学习班”。冰心被学生自治会派去做校长。为了筹集资金，冰心组织同学们演戏。当时她们的英语课正在教莎士比亚的作品，于是她们就开始排练《威尼斯商人》和《第十二夜》。美国教师知道后，不仅热情指导她们排练，而且还帮助她们设计服装和道具。

“注音学习班”成绩很好，1920年毕业了一半学生，从直隶山西教育会领来了文凭。这批毕业生后来大多担任了北京各注音字母传习所的老师，教授国音。

不久，燕大女校学生创造了“半日学校”，招收失学的平民子弟，按照国民学校四年级的课程进行教育，改为五年毕业，考试及格，发给证书。冰心担任义务教师，教国文课。冰心认为参加这些活动，有助于她接触社会，锻炼实际工作的能力，为别人做一件有意义的事，是她最大的快乐，也是对燕大校训“为他人服务”的实践。

三、文学创作渐入佳境

转入燕京大学本科文科学习

1921年暑假，冰心从燕京大学大学预科毕业，面临着进入本科学习前的一次重要选择，她接受了一些人士的劝告，进入文科学习。冰心自幼对中国古典文学以及对林纾翻译的西方小说有浓厚兴趣，并在文学上有一定的根底和修养，使她在五四以后迅速进入文学创作领域。因此，冰心由理科转入文科，并走上文学的道路，既是五四时代精神的驱使，也是完全符合她自己的实际的。

冰心转入文科时，新诗还处于尝试期。1918年，《新青年》开始登载新诗。用白话写新诗，实际上是对旧文学的挑战，但经过参加新文化运动的知识分子的努力，终于在1920年出版了第一部新诗集。冰心也进行了最初的尝试，写了《影响》《天籁》《秋》三首新诗。

影响一个人的思想，
发表了出去；
不论他是得赞扬是受攻击，
至少使他与别人有些影响。
好似一颗小石头抛在水里，
一声清响跳起水珠来；
接着漾出无数重重叠叠的圈儿，
……

这首诗，与初期的某些白话诗很相似，写实，思想表达清晰。这也算是冰心最早的诗歌创作。

1923年夏，冰心从燕京大学毕业，获文学学士学位。

1923年，冰心（左二）与美籍英文教授包贵思（右二）和燕大同学合影。

加入文学研究会

新文学运动的倡导者和积极投入运动的文学青年，越来越关注新文学思想建设和组织建设。周作人在《新青年》第5卷第6期上的撰文提倡“人的文学”，并且指出，“用这人道主义为本，对于人生诸问题，加以记录研究的文字，便谓之人的文学”。1920年年初，沈雁冰在《现代文学家的责任是什么？》中提出：“文学是为表现人生而作的。文学家所欲表现的人生，决不是一人，决不是一人一家的人生，乃是一社会一民族的人生。”他认为文学家“积极的责任是与把德谟克拉西（民主）充满在文学界，使文学成为社会化，扫除贵族文学的面目，放出贫民文学的精神”。

冰心在五四后从事“问题小说”的创作，文学观念与“为人生的文学”的主张不谋而合。她“做小说的目的，是要感化社会”，所以在小说中提出了种种社会和人生的问题。在《文学家的造就》一文中，冰心指出，“文学家要多研究哲学社会学”，“文学是要取材于人生的；要描写人生，就必须深知人的生活，也必须研究人的生活的意义，做他著作的标准”。（《燕京大学季刊》，1920年12月）

在此期间，一个新的文学社团正在酝酿和筹备之中，这就是文学史上影响最大的文学社团——文学研究会。有几个朋友，“相信文学的重要”，想办一个文学杂志，请商务印书馆帮助出版。可是，商务印书馆的经理张菊生和编辑部主任高梦旦先生认为，文学杂志同原先他们出版的《小说月报》差不多，只答应改组，不同意另出文学杂志。因此，有几个朋友建议，“不如先办一个文学会，由这个会出版这个杂志”。于是，“北京的同志于十一月二十九日借北京大学图书馆主任室开一个小会，议决积极筹备文学会的发起，并推郑振铎君起草会章”。［《文学研究会会务报告》（第一号），《小说月报》第十二卷第二号，1921年2月10日］不久，上海的沈雁冰给王统照（剑三）来信说：《小说月报》由沈雁冰接编，并进行改革。12月4日，北京同志在万宝耿宅开了一个会，讨论通过会章，名称定为文学研究会，并推周作人起草宣言书。宣言书主要说明发起这个研究会的目的，周作人写了三层意思：一是联络感情，二是增进知识，三是建立著作工会的基础。其后，以周作人、朱希祖、蒋百里、郑振铎、耿济之、瞿世英、郭绍虞、孙伏园、沈雁冰、叶绍钧、许地山、王统照等十二人的名义发起文学研究会。在十二个发起人中，瞿世英、许地山都是燕大的学生而且与冰心是好友，郑振铎和冰心也都熟悉。所以研究会筹备工作就绪后，他们就把冰心的名字写上了。冰心不仅是继十二个发起人之后最早入会的青年作家之一，而且也被主持者看成核心人物之一。

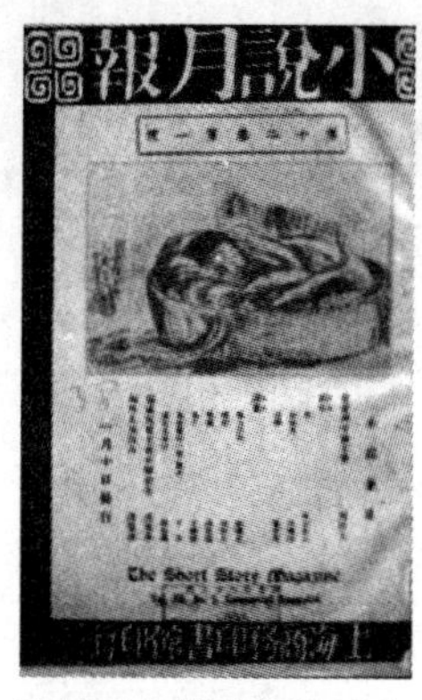
小說月報

The Short Story Magazine

冰心的散文《笑》发表于《小说月报》第十二卷第一号。

燕京學報

燕京學報

冰心的毕业论文《元代的戏曲》刊载于《燕京学报》第一期。

超人

上海商务印书馆1923年5月出版的《超人》。

发表散文《笑》

《小说月报》于清宣统二年（1910年）创刊，已是有十年历史的大型杂志。冰心刚来北京的时候，母亲就订阅《小说月报》和《妇女杂志》。她当时尚未进入中学，也跟母亲看过这些杂志。此时，沈雁冰要对《小说月报》内容作彻底改造，而且要尽快筹集第一期的稿件。冰心就撰写了一篇散文《笑》。写好后，连同瞿世英、许地山的稿子，一并交给郑振铎。郑振铎又加上叶绍钧、王统照的文章，一起寄给上海的沈雁冰。冰心的《笑》与周作人起草的《文学研究会宣言》和郑振铎起草的《文学研究会简章》一起，发表在改革后的《小说月报》首期（1921年1月10日出版的第十二卷第一号），而且排在创作栏的第一篇。沈雁冰、周作人、叶绍钧、许地山、王统照、郑振铎等人的文章也在同期发表。《笑》通过三幅极其优美的画面上浮现出来的三幅笑容表现在爱的微笑中天使与众生的结合。《笑》是早期白话散文的一个范例，在冰心自己的文学道路上也掀开了新的一页。

不久，冰心在《晨报》（1921年3月13日第七版）发表了小说《国旗》，接着又于1921年4月在《小说月报》（第十二卷第四号）上发表了一篇小说《超人》。

小说《超人》

小说《超人》以清新的笔触描写了三个人物："一个冷心肠的青年"何彬，包伙食的房东程姥姥，以及住在这所屋里的贫困少年"厨房里跑街的"禄儿。小说描述了何彬的心由冷变热的简要过程。何彬从来不跟别人交往，办完公回到家就是看书。只有房东程姥姥给他送饭时，才偶尔说几句话。他是第一位患有抑郁症的中国知识分子的形象。他常常痛苦地叨念："世界是虚空的，人生是无意识的。人和人，和宇宙，和万物的聚合，都不过如同演剧一般：上了台是父子母女，亲密的了不得；下了台，摘了面具，便各自散了……与其互相牵连，不如互相遗弃；而且尼采说得好，爱和怜悯都是恶……"但是，他的这种岩石的思想，却因为受到了一个淳朴、天真、可爱的孩子——禄儿的启发和感召，而转变了。

夜深人静，却因为对面楼下凄惨的呻吟声不能入睡，这使他回想起幼年的事情，慈爱的母亲，天上的繁星，院子里的花……这些事情时而出现在脑海中，烘暖着他的心。他的心虽冷，但没有失去同情。何彬在睡梦中，好似就在摇篮里、在母亲的怀里受到"目光里充满爱的母亲"的抚爱。醒来时泪儿"珍珠般散落了下来"，心也热起来了。当他知道楼下的禄儿腿伤无钱医治时，便伸出了援助的手，使禄儿恢复了健康。禄儿为感谢他，给他送来一篮花和充满深情的信，何彬看到这封信，"不禁呜呜咽咽的哭了起来"。因工作调动，何彬搬出这座房子时，给禄儿留下了一封热情但又带着“悔罪”之意的信。信中承认“我这十年来，错认了世界是虚实的，人生是无意识的，爱和怜悯都是恶德……不错的，世界上的母亲和母亲都是好朋友，世界上的儿子和儿子也都是好朋友，都是互相牵连，不是互相遗弃的”。禄儿的一段歌颂母爱的话，深深地震动了何彬的灵魂。冰心在这篇小说里，用自己领悟到的母爱，打开了何彬的心扉。

《超人》发表后，立刻在知识分子读者中引起了强烈反响。编者沈雁冰以“东芬”的笔名在小说末尾加上一个《超人·附注》：“雁冰把这篇小说给我看过，我不禁哭起来了！谁能看了何斌的信不哭的啊，他不是‘超人’，他是不懂得吧！东芬附注。”这三言两语的“附注”，对读者显然起到一定的推荐作用，对年轻的作者也是莫大的鼓舞。

王统照这样写道：“《超人》可谓成功的作品，此篇的思想，看上去似乎单纯，然实是包含尽了现代青年的烦恼的问题。”

成仿吾不同意王统照的说法：“《超人》是冰心整个思想的最高的表现。他认为从否定→爱的现实→肯定，各部分的表现功夫还没有做到，作者的观察不仅没有深入，反有被客观的现象蒙蔽了的样子。”

《海上》

《超人》把母爱作为救治灵魂的良方，而后创作的《海上》则把父爱的深沉写到了极致。小说的素材来自冰心童年的一段经历。她偶然和一位老渔夫相遇，老渔夫向她讲述了30年前落海而死的8岁女儿。老渔夫伤心地告诉她，“海面终究不是小孩子玩的去处”。提醒“我”不要在有危险的海面上玩。小说在“我”享受着父爱的幸福和老渔夫失去爱女的悲伤的对照下，抒发了冰心自己感受极深的父爱。1920年创作的《一个兵丁》同样也表现了父亲对儿女深沉、执著的爱。但不如《海上》那样感人，那样富有抒情的韵味。

《爱的实现》

《爱的实现》与《海上》一样，背景也是冰心异常熟悉和迷恋的海滨，但色调不像《海上》那样静默黯凄，而是明丽优雅，是一篇充满诗趣的小说。主人公诗人静伯带了一年积累的资料，来到海滨写作。绵延起伏的远山，澄蓝的海水，浓荫之下，不时地有嗡嗡的蜜蜂和花瓣落在纸上。作者从中激发出创作的思潮。使她“思想加倍活泼，文字也加倍有力”的，是在海滨每天跳着过去的“一堆浓黑的头发，系着粉红的绫结儿”的两个活泼玲珑的孩子。

每天清晨和黄昏，诗人倾听着孩子细碎的脚步声和活泼的笑声。诗人每见到两个孩子，文思如泉涌；如果没有见到这两个孩子，诗人的文思便迟滞了，有时竟然写不下去。“他们是海潮般的进退。有恒的，按时的，在他们不知不觉之中，指引了作家的思路。”

一个微阴的早晨，就在诗人脱稿时，两个孩子带着伞走过去了，但直到傍晚，天又下起了大雨，诗人仍未见孩子回来，文章无法写下去，于是冒雨走出来，但没有找到他们。可是回到家里，诗人发现在家门外张着一把湿透的伞，就在自己“书桌对面的摇椅上，睡着两个梦里微笑的孩子”。

雨渐渐住了，两个孩子醒来才发现不是自己的家，拿起伞来在滴沥的雨声中并肩走了。诗人思潮重复奔涌，笔不停地挥写了下去，在已经完成的稿纸背面，无意识地、纵横地挥写下了无数的“爱的实现”。小说不仅是对天真无邪的孩子的赞美，对两个孩子之间真挚自然的姐弟爱的讴歌，更主要的是表现孩子的圣洁可爱，启迪着诗人的爱心。《爱的实现》同泰戈尔的《新月集》有异曲同工之妙。

《爱的实现》发表后不到一年，周作人便把它译成日文，向日本读者介绍当时的新文学。周作人听说在某一日本的报刊上，有人对中国的新文学大加嘲笑，还把《爱的实现》看做自由恋爱的赞礼，特别加以讥讽。周作人以为，这是因为这个人不懂中国语的缘故。这就是周作人要译《爱的实现》的初衷。但因别的原因，周作人先译了《膈膜》里叶绍钧的《一生》，第二篇才是冰心《爱的实现》，第三篇是《新青年》里鲁迅的《孔乙己》，第四篇是《创造》季刊里成仿吾的《一个流浪人的新年》。周作人又说明，“只以自己的趣味为标准，或者觉得它可以代表著者的思想和艺术，也就收入”。由此可知，《爱的实现》被周作人看做冰心的代表作，也是五四后较早译成外文的中国新文学的小说作品之一。

从散文《画——诗》看基督教的影响

冰心在协和女大这所教会学校里接受了洗礼。当时她没有去教堂，而是到富善牧师（Goodrich）家接受的洗礼。她学习了西方的“梵”学——《圣经》。在她的一篇散文《画——诗》里，就记述了《圣经》给她的印象：她在教授《圣经》课的安女士的房间里看到了一幅小羊与牧羊人的图画，画面上的景象是：“牧羊人的衣袖上，挂着荆棘，他是攀崖越岭的去寻找他的小羊，可怜的小羊！……牧羊人来了！并不责备它，却仍旧爱护它。她又悲痛，又惭悔，又喜欢，只温柔羞怯的，仰着头，挨着牧羊人手边站着，动也不动。”这幅画给了她“暗示”、“教训”和“安慰”，而安女士放在膝头的《圣经》，又让她看到了这样的思想：“上帝是我的牧者——是我心里苏醒——”“诸天述说上帝的荣耀，穹苍传扬他手创造的。”《圣经》给她带来的诗情画意，一直萦绕在她的心头，“从那时到现在永远没有离开我……”

英语教师包贵思

校长司徒雷登把燕京大学作为整个传教事业的一部分，他要使燕大保持浓厚的基督教气氛和影响，但又不希望被社会公众看成是宣传宗教的场所，所以他并不要求学生去教堂做礼拜，也不强求学生参加宗教仪式。但是，在选择教师时，校方特地为那些热心宗教事业的学生创造有利条件。司徒雷登除了自己向同学们直接讲述“福音”之外，还通过教师，促使更多的学生信奉基督教。包贵思（Grace M. Boynton）就是受到司徒雷登器重的教师。她的父亲是基督教公理会牧师，她从小就对中国感兴趣，长大后进入美国威尔斯利女子学院（Wellesley College），后又入研究院，获硕士学位。1919年来中国，任协和女子大学的英语教师。她年轻、温柔、美丽、和蔼，赢得了学生的喜爱。每当圣诞节、新年，或是过生日，包贵思就请学生到她的住处。她也是冰心的英语教师，常常邀请冰心到她家里做客。冰心后来去威尔斯利女子学院学习，和她的推荐是分不开的。

剧团的活跃分子

1922年是冰心在燕大文学系的最后一年，她在创作《往事（一）》和《到青龙桥去》以后，直到毕业前就没有再从事文学创作，但仍积极参加各种活动，例如演剧。1922年冬季，燕京大学选定在西郊海淀筹建新址，募捐就成了剧团的重要活动之一。冰心既能翻译外国剧本，又能当导演，成了剧团的活跃分子。

周作人不仅观看演出，而且亲自写报道宣传。在1922年12月18日出版的《晨报》副刊第四版“爱美的消息”栏写了《燕大女校扮演莎士比亚名剧》的短讯：

> 燕京大学女校学生将于二十六七两日，下午八时起，假东单三条胡同协和医院大礼堂，特开一游艺会，以所售票款捐助海淀新筑校舍。闻所演者系英国名剧，由该校学生译成话剧名《无风兴浪》，系莎士比亚所做，原名Much Ado About Nothing……这是一部喜剧，但其中心重在写风闻与谣传的力量，能够改变人们的命运，仍含有深厚的意义，与平常的悲欢离合的剧本不同……中国新剧尚未盛行，演外国名剧者尤为少见，现在燕大女校排演莎士比亚此剧，当亦为爱好艺术这所乐闻者好消息也。

撰写学士毕业论文《元代戏曲》

1923年春，新学期开始，毕业班的同学就愈加忙碌起来。冰心经过考虑，决定选《元代戏曲》为论文的题目，送周作人先生审阅同意后便开始撰写论文。这篇论文，分为“元曲的分类”、“元曲的渊源”、“元曲的作家”、“元曲的结构”、“元曲的角色”、“元曲的思想”、“元曲的艺术”、“元曲与新文学”八个部分。论文论述了元曲和新文学的直接关系。新文学必须以旧文学为根基。元曲和新文学时代紧接，而且最民众化，可供新文学家参考。（《冰心全集》，第二卷，第56页）冰心在创作中对元曲的灵活运用也给她的作品增添了光彩。1923年5月20日，毕业论文脱稿。这是一篇颇有见地的论文，受到了好评，四年后，发表在燕京大学新创办的学报上。

获金钥匙奖

燕京大学设有中国斐托斐荣誉学会（Phi Beta Kappa），宗旨在鼓励会员继续研究学习和忠诚服务社会。燕京分会在每届毕业生中，评选品性、学业成绩、服务精神都好的优异生为新会员。经老师推荐，评委会的评定，冰心成为当选者之一。

在燕京大学的庄严、隆重的毕业典礼上，冰心从校长手中接过了毕业证书，获得了文学学士学位，并获得了斐托斐授予的本届金钥匙奖（Golden Key Student）。几乎就在同时，她又得到了燕京女大的姐妹学校——美国威尔斯利女子学院的奖学金。这样，她在毕业之后，就可以到美国继续学习。

1923年春天的一天，包贵思约冰心到她的住处，高兴地告诉她，美国威尔斯利女子学院已决定给燕京大学女校两年的奖学金每年八百美元的学宿费，这是美国副国务卿斯汀生的捐助。她特地推荐冰心毕业后即去美国，读硕士学位。

冰心得到了奖学金，她开始着手准备出国求学。偏偏在这个时候，冰心吐血的旧疾复发了。医生确诊是支气管扩张的毛病，只需休养些日子就会好的，对出国留学无大妨碍。这样，冰心也就放心了。

为“儿童世界”专栏撰稿——《寄小读者》的开端

就在作出国准备的时候，冰心在《晨报》副刊第四版上，发现了一个新开辟的“儿童世界”专栏。上面刊登了周作人根据格林童话之一略加修饰而译成的《土之盘筵》和《垒柴为屋木和土作盘筵——路德延孩儿诗》。“儿童世界”的编者还特地写了一则《余载》（意同“编后”、“编余的话”），其中特别提到：

> 冰心女士提议过好几回，本刊上应该加添一个儿童的读物。记者是非常赞成的，但实行却是一件难事。
>
> 中国近年来的学术界，各方面都感到缺人。儿童的读物，一方面要采集，一方面也需创作，但现在哪一方都没有人。

因为没有人，所以这一件事延搁到今日。

从今日起，我们设“儿童世界”一栏，先陆续登载周作人先生的《土之盘筵》。以后凡有可以为儿童读物者，或创作或翻译，均当多多登载……

冰心读完《余载》之后，心想，这个专栏既是自己多次倡议开设的，自己应该为它写点什么，于是就写了《给儿童世界的小读者》：

似曾相识的小朋友：

我以抱病又将远行之身，此三两月内，自分已和文字绝缘；因为昨天看见《晨报》副刊上已特辟了“儿童世界”一栏，欣喜之下，便借着软弱的手腕，生疏的笔墨，来和可爱的小朋友，作第一次的通讯。

在这开宗明义的第一信里，请你们容我在你们面前介绍我自己。我是你们天真队里的落伍者——然而有一件事情，使我常常用以自傲的：就是我从前也是一个小孩子，现在还有时仍是一个小孩子。为着要保守这一点天真直到我转入另一个世界为止，我恳切地希望你们帮助我，提携我，我自己也要永远勉励着，做你们的一个最热情，最忠实的朋友！

……

这信该收束了，我心中莫可名状，我觉得非常的荣幸！

冰　心

一九二三年七月二十五日

这封通讯刊登在7月29日《晨报》副刊“儿童世界”上，从此冰心与小读者结下了不解之缘，这封信成为影响深远的《寄小读者》的开端。（《寄小读者·通讯一》，《冰心全集》，第二卷，第61—62页）

第五章

《繁星》《春水》及早期诗歌

一、五四以后的白话诗创作

五四文学革命运动创作成果以短篇小说最为丰富，而白话新诗却是开路先锋。《新青年》第二卷第五号发表了胡适的《文学改良刍议》，紧接着第六号（1917年2月1日出版）发表了陈独秀的《文学革命论》，同期就刊载了胡适的《白话诗八首》，随后又陆续发表了胡适的白话诗、白话词。1920年3月上海亚东图书馆出版了胡适的诗集《尝试集》。胡适是一位杰出的学者，并不是杰出的诗人，但他的白话诗在中国的诗歌发展史上具有深远的意义。

继胡适之后在《新青年》上发表过白话新诗的有沈尹默、刘半农、沈兼士、周作人、陈衡哲等人，鲁迅用“唐俟”的笔名也发表了一些新诗。《新潮》发表了叶绍钧、俞平波、康柏情、罗家伦、傅斯年、杨振声、朱自清等人的白话诗。《晨报》发表了朱自清、康柏情、刘大白等人的新诗。五四运动后，白话诗的创作蔚然成风。1921年8月创造社把郭沫若的诗集《女神》列为丛书的一种。

1921年冰心的课外时间主要用于写短篇小说，但也间或写作诗歌，主要写以《圣诗》为总题的基督教宗教赞美诗。冰心认为《圣经》的词句“含有超绝的美”，“充满了神圣、庄严、光明、奥妙的意象”，她把读《圣经》的感想，用诗句表达出来。如《夜半》中写道：

上帝啊！你安排了这严寂无声的世界。

从星光里，树叶的声音里

我听见了你的言词。

你在哪里，宇宙在哪里，人又在哪里？

上帝是爱的上帝，

宇宙是爱的宇宙。

人呢？——

上帝啊！我称谢你，

因你训诲我，阿们。

（《圣诗》，《冰心全集》，第一卷，第165页）

冰心也借宗教赞美诗这种形式，抒发她“爱”的思绪，如在《孩子》这首诗里则表现了她纯真的童心：

他们是烂漫的，

　纯洁的，

　真诚的。

只有心灵中的笑语，

　天真里的泪珠。

他们只知道有光，

　有花，有爱。

自己也便是光，

　是花，是爱。

圣子啊！

　求你保守我，

停留我在孩子的年光，阿们。

（《圣诗》，《冰心全集》，第一卷，第170页）

二、《繁星》《春水》

立意作诗

冰心立意作诗和《晨报》记者孙伏园的鼓励是分不开的。孙伏园是《晨报》副刊的编辑，当年冰心发表的文章都由他审定。

孙伏园，浙江绍兴人。经他的老师周作人介绍，得到北京大学文科学长的同意，在国文系旁听，并在北京大学图书馆馆长手下做助理，半工半读。五四运动开始时，北京大学学生组织文学团体新潮社，孙伏园加入新潮社，编过《新潮》，是文学研究会发起人之一。他从1919年就开始在《国民公报》工作，《国民公报》停刊后转入《晨报》社。

孙伏园前两天刚发了冰心的《宇宙的爱》，又收到她的新作《山中杂感》，读完之后，十分兴奋，并以记者的名义，写了这样一段附注：

> 这篇小文，很饶诗趣，把它一行行的分写了放在诗栏里也没有不可。（分写连写，本来无甚关系；是诗不是诗，须看文字的内容。）好在我们分栏只是分个大概，并不限定某栏必当登载怎样一类文字。杂感栏也曾登过些极饶诗趣的东西。那么本栏不是今天才打通的。——记者。

《山中杂感》和孙伏园的附注在《晨报》发表后，给了冰心极大的鼓舞。她原先对写诗总是很畏怯，认为诗歌无论如何自由，而音韵总是应该有的。因而，她除了为校刊写过三首无韵分行的《影响》《天籁》

《秋》以后，未曾立意写诗。现在，她开始大胆地写诗了。她先写了《迎神曲》《送神曲》，接着又写了《病的诗人》和《诗的女神》。

《春水》由新潮社1923年5月出版，这是1927年1月的版本。

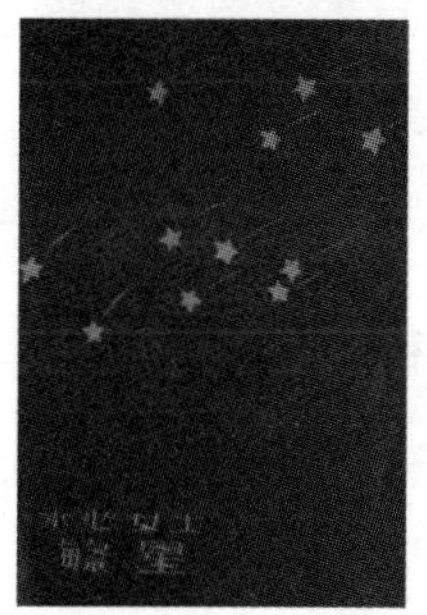
《繁星》收入小诗164首，由上海商务印书馆1923年1月出版，这是1930年的版本。

《繁星》《春水》相继发表

1922年元旦，《晨报》副刊发表了冰心的《繁星》：

繁星闪烁着——
深蓝的太空
何曾听得见他们对语？
沉默中，
微光里，
他们深深的互相颂赞了。

残花缀在繁枝上；
鸟儿飞去了，
撒得落红满地——
生命也是这般的一瞥么？

冰心在1932年清明节写的《冰心全集·自序》里说过：“我写《繁星》，正如跋言中所说，因看泰戈尔的《飞鸟集》，而仿用他的形式，来收集我零碎的思想。所以《繁星》第一天在《晨报》登出的时候，是在《新文艺》栏内。”

她在《我是怎样写〈繁星〉和〈春水〉的》（1959年3月18日）一文中，也说过：

我偶尔在一本什么杂志上，看到郑振铎译的泰戈尔《飞鸟集》连载，这集子里都是很短的充满了诗情画意和哲理的三言两语。我心里一动，我觉得我在笔记本的眉批上的那些三言两语，也可以整理一下，抄了起来。我挑选那些更有诗意的，更含蓄一些的，放在一起。因为是零碎的思想，就选了其中的一段，以繁星两个字起头，放在第一部，名之为《繁星》。（《冰心全集》，第五卷，第126页）

冰心在《繁星·自序》中写道：

一九一九年的冬夜，和弟弟冰仲围炉读泰戈尔（R. agore）的《迷途之鸟》（*Stray Birds*）。冰仲和我说："你不是常说有时思想太零碎了，不容易写成篇段么？其实也可以这样的收集起来。"从那时起，我有时就记下在一个小本里。（《繁星·自序》，《冰心全集》，第一卷，第233页）

由此可知，冰心在发表几篇"问题小说"后便动笔写诗。

《繁星》连续发表后，赢得了读者的喜爱。在读者的鼓励下，她又动笔写起了《春水》：

春水！
　又是一年了，
　还这般的微微吹动。
可以再照一个影儿么？

春水温静的答谢我说：
　"我的朋友！
　　我从来未曾留下一个影子，

不但对你是如此。”

（《春水》（一），《冰心全集》，第一卷，第348页）

从3月5日至6月14日，她在《春水》总标题下，陆续写了182首小诗。《晨报》副刊从3月21日开始刊载，直到6月30日才全部登完。

有关《繁星》《春水》的评论

宗白华（1897—1986），生于安徽安庆。他在冰心开始创作之前，就已经在学术界崭露头角，成为当时很有影响的文化团体——少年中国学会的评议员，《少年中国》月刊的主要撰稿人。在主编《时事新报·学灯》期间，十分重视新诗，刊发了郭沫若的《凤凰涅槃》及不少译诗，震动了中国诗坛。这段时期在上海的宗白华与在日本留学的田寿昌（田汉）、郭沫若通信来往，这些信经汇集整理于1920年以《三叶集》为书名由上海亚东图书馆出版，成为文坛佳话。1923年12月，上海东亚图书馆出版了宗白华的小诗集《流云》，成为中国新诗中最早的诗集之一。

宗白华对诗歌兴趣很浓，从1921年冬天起，据他自己说：“……应着某一种柔情的萦绕，我开始了写诗的冲动，从那时以后，横亘约摸一年时光，我常常被一种创造的情调占有着。黄昏的微步，星夜的默坐，大庭广众中的孤寂，时常仿佛听见耳边有一些无名的音调，把捉不住而呼之欲出。”“我的《流云小诗》，多半是在这样的心情中写出的。”

当冰心《繁星》在《学灯》连载时，宗白华已在德国留学。读到《繁星》，他的诗兴变得更浓烈。1922年4月8日晨，宗白华就在他新近创作的《流云》诗篇前面，写了这样一段话：“读冰心女士繁星诗，拨动了久已沉默的心弦，成小诗数首，聊寄共鸣。”

胡愈之（1896—1986），当年在商务印书馆任《东方杂志》助理编辑并参加新文学运动，后来成为著名的政论家和革命文化人。化鲁（胡愈之）是最早发表文章专门评论冰心的作者。他在1923年5月出版的《时事新报·文学旬刊》上发表《评〈繁星〉》一文。文中写道：

自从冰心女士在《晨报副刊》上发表她的《繁星》后，小诗颇流行一时……使我们的文坛，收获了无数粒情绪的珍珠，这不能不归功于《繁星》的作者了……小诗的长处是在于捉住一瞬间稍纵即逝的思潮，表现出偶尔涌现到意识城的幽微的情绪。我读了这些，虽然不能得到惊异，得到魁伟的印象，然能使我们的心灵得到一时间的感通，正如在广漠无垠的大洋中忽然望见扁舟驶过一般。所以断片的诗句，在文学的鉴赏上也正和宏篇巨制，有同样的价值。

赵景深说："《繁星》里的两个特点，一是用字的清新，一是回忆的甜蜜……夏日炎热，读她的《繁星》，便如饮清凉芬冽的泉水，令人陶醉。"

梁实秋对冰心的诗歌却有完全不同的看法，他首先肯定"冰心女士是一位天才的作家"，紧接着说："但是她的天才似乎是限于小说一方面……然而她在诗的一方面截至现在为止，没有成功过什么比较成功的作品，并且没有显露过什么将要成功的朕兆。"

而至于冰心为何长于小说短于诗，梁实秋认为原因有三："（一）表现力强而想象力弱；（二）散文优而韵文技术拙；（三）理智富而感情分子薄。"所以"在诗的花园里，恐怕难于长成葳蕤的花丛，难于结出硕大的果实"。

他还说："她完全袭受了女流作家之短，而几无女流作家之长。"（《〈繁星〉与〈春水〉》，载《创造周报》第十二期，1923年7月29日）

梁实秋同冰心那时还都是学生，梁比冰心小三岁，即将从清华学校毕业，在《清华周刊》《创造》（季刊）、《创造周报》发表文章和诗歌，但知名度不如冰心高。他的文章当时未激起什么反响，仿效《繁星》《春水》体的小诗不是越来越少，反而越来越多。

半年后，青年作者肖保璜就写了《〈春水〉的回响》一诗，寄给孙伏园，并给他写信说："《春水》是诗国的探险家……梁实秋先生，不知何故，竟出而反对。"

《晨报》副刊（1924年3月26日第四版）在"读者"栏发表了《〈春水〉的回响》和这封信，诗中包括十首小诗，且抄录其中三节：

春水，
　从那里来的？
　　更流到那里去？
　广漠而幽暗的所在
　　便听到你底低弱的响声了。

《〈春水〉的回响·六》

春无疑地来去，
花无意地开谢，
　　我愿化作花瓣儿呵
随春水漂流到岑寂的溪涧离去，
　　连春来春去也毫不觉融了。

《〈春水〉的回响·六》

春水，
再流罢！
许多被烈日煎燥了的弱草

渴望着你底冰冷的润泽呢！

《〈春水〉的回响·十》

周作人在《论小诗》一文中写道：

所谓小诗，是指现今流行的一行至四行的新诗。这种诗在形式上似乎有点新奇，其实只是很普通的抒情诗，自古以来本已存在。本来诗是“言志”的东西，虽然也可用以叙事和说理，但其本质以抒情为主。冰心女士的《繁星》，自己说明是受泰戈尔影响的，其中如六六及七四这两首云：

深林里的黄昏，
是第一次么？
又好似几时经历过。

婴儿，
是伟大的诗人，
在不完全的言语中，
吐出最完全的诗句。

可以算是代表的著作，其后辗转模仿的很多……

周作人在五四时期是个颇有影响的文化名人。他是鲁迅的二弟，早年赴日本留学，曾与鲁迅合译《域外小说集》，后为北京大学文科教授，讲授《欧洲文学史》。参加了《新青年》的编辑工作，发表了《平民文学》等论文，曾产生很大的影响。1919年发表的长诗《小河》，被胡适推为“新诗中的第一首杰作”。

周作人从1922年春季起被燕京大学聘为副教授，讲授现代国文。同年7月又接受燕大校长司徒雷登聘请担任文学系主任，除了教授国语文学外，又开设文学通论的习作和讨论等课程。燕大还派在宗教学院深造的许地山任周作人的助教，分担国语文学的一部分教学任务。在大学最后一年，周作人便成为冰心的直接指导教师。

周作人《论小诗》这篇文章本来是1922年6月19日在燕京大学文学会的演讲稿，因临时生病未去成，先送《晨报》副刊发表。

燕京大学文学会，除了组织会员演说、辩论、朗诵文学作品，研究文学问题外，特别注意请社会名流来校演说。周作人就是被邀请来讲演的名人之一。冰心作为燕京大学文学会的第一任会长，自然很注意这篇演讲（1921年的春天，文学会的会员们修改了文学会的章程。添设会长一人，任期一年。冰心被选为会长）。

80多年来，文学评论界对《繁星》《春水》发表过大量评论，多种现代文学史、现代诗歌史对冰心作了各式各样的评价，现引一段出版于1933年最早的《中国新文学运动史》（王哲甫著）有关冰心的评论：

> 谢冰心——在中国新文学运动的初期，在文坛上最负盛名的女作家，要推谢冰心女士了……她是新文学运动中最早的，最有力的，最典型的女诗人，几乎是谁都知道诗（的）。她的诗集虽只有《繁星》《春水》两个小册子，但她在诗坛上已有了不朽的地位。《繁星》《春水》里表现出作者的整个灵魂，那样清澈美妙的笔锋，那样超逸的柔情美意，写得多么自然而活泼。她写得虽然多是小诗，显然的是受了泰戈尔的影响，但这种诗体却引起了文坛上的共鸣，而造成了所谓“小诗流行的时代”。……（《中国新文学运动史》1933年9月，北平杰成印书局出版，第105页。引文中“几乎谁都知道诗”，“诗”字疑为“的”字之误）（参阅万平近、汪文顶《冰心评传》，第141—149页）

第六章

赴美留学

一、乘“约克逊号”邮轮远航

冰心这次远行，不仅要离开慈爱的父母，离开与她情同手足、亲爱的弟弟们，还要告别北京，告别她的祖国。在她心间，不免流露出依依不舍的深情，也不得不强忍着离别之痛苦。冰心在《寄小读者·通讯五》中这样写道：

我自从去年的有远行的消息后，我背着母亲，天天数着日子，日子一天一天的过去，我也渐渐的瘦了。

在《往事·二》中，冰心写下了这样动人的片段：

……（为）涵不言语，杰叹了一口气，半晌说：“母亲说……她舍不得你走，你走了，她如同……但她又不愿意让你知道……”忽然涵望着杰沉重的说：“母亲吩咐不对莹姐说，你又来多事做什么？”……涵的声音凄然了，“正是不瞒别人，只瞒自己的姐姐呢！”

就这样，出发的日期八月三日终于到来。她的母亲怕自己和女儿都会过于悲伤，不敢出来送她。送她的都是些孩子们，她的弟弟们，舅舅的孩子们，他们一起坐上马车，直奔火车站。她最小的弟弟为杰，看到火车就要开动，依依不舍的流下了眼泪。（《冰心全集》，第二卷，第164页）

火车沿着津浦路南下。直到抵达山东境内的泰安，冰心才步下车厢，眺望远处的泰山。当火车经过临城时，她还回想起《水浒传》中水泊梁山的英雄好汉，回想起儿时的居住地——她的第二故乡烟台，还有那里的山东籍水兵们。

1923年8月，冰心乘船前往美国留学。

到了上海以后，冰心休息了几天，接待了许多来看望她的亲戚朋友，为“儿童世界”栏目写了三篇《寄小读者》通讯。（《冰心全集》，第二卷，第76—81页）

1923年8月17日，冰心登上了开往美国的“约克逊号”邮船。汽笛长鸣，徐徐地驶出黄浦江码头。冰心带着浓重的乡愁，开始了漫长的横渡太平洋之旅。

游览日本神户、横滨、东京

经过三天的航行，“约克逊号”于19日晚抵达日本的神户港。冰心独自登上了邮船的最高点。“初次看见这般璀璨的世界，天上微月的光，和星光，岸上的灯光，无声相映。不时的还有一串光明从山上横飞过，想是火车周行。”（《寄小读者·通讯七》，《冰心

全集》，第二卷，第76页）

神户依山面水，西枕六甲山，面向大阪湾。郊区有高下两处瀑布，称雌雄两谷瀑布。第二天早晨，冰心与旅伴们一起上岸，游览了神户的市容。这是冰心第一次踏上日本的国土。

然而，在她这次短暂逗留的印象中，觉得神户的市容与中国的城市很相近，只是街道两旁的店铺要比中国的店铺矮小一些。孩子的穿着要比中国孩子更鲜艳一些。他们和中国孩子一样，都有一双乌黑的眼睛，浓密的黑头发，使冰心感到他们个个都很可爱。

当天下午，邮船起锚，开始向横滨进发。这是一段不平静的航程。当“风浪来了”的警报传来，冰心倒是一点不惊慌，相反，她有着“无名的喜悦，暗地里从容的笑着”（《寄小读者·通讯七》），因为她自幼就见惯了大海的容颜。当同船的人们都坚持不住，纷纷逃回自己的舱房之后，冰心却迎着海风，站在舱外。她想着临行前父亲含笑对她说的那句话：“这番横渡太平洋，你若晕船，不配做父亲的女儿。”现在，她可以告慰他们，她已经经受住了第一次风浪的考验。

21日傍晚，轮船靠近了横滨。冰心已在轮船的栏杆上写了几张小字条，把它们分别装进几个盛胶片用的锡筒里，封好了口，再把它们投到大海里去。她在纸上写下了向渔民祝福吉祥的句子：“不论是那个渔人捡着，都祝你幸运。我以东方人的至诚，祈神祝福你东方水上的渔人！”

待船在横滨码头靠岸，冰心便和旅伴们上岸，游览了市容。然后坐上电车，直达东京。他们先到了中国青年会，后又到一个日本饭店去吃了顿中国饭。

游览了东京，冰心又回到了横滨。23日，“约克逊号”邮轮就离开了日本的海岸，驶入了一望无际的大海之中。

二、太平洋上的日日夜夜

思念母亲的三首诗：《惆怅》《纸船》《乡愁》

在海上漂泊的冰心，十分想念自己的母亲。她在船上写了三首思念母亲的诗。在8月5日写的《惆怅》里，她这样思念着母亲：

……

梦里的母亲

　来安慰病中的我，

絮絮地温人的爱语——

几次醒来，

　药杯儿自不在手里。

海风压衿，

　明灯依然，

我的心

　是如何的惆怅——无着！

……

循着栏杆来去，——

群中的欢笑，

掩不过静里的悲哀！

“我在海的怀抱中了，

母亲何处？”

天高极，

海深极，

月清极，

人静极，

空泛的宇宙里，

我的心

是如何的惆怅——无着！

一九二三年八月二十五日

（《冰心全集》，第二卷，第71页）

两天后，冰心又写了两首诗：《纸船——寄母亲》和《乡愁》。在《纸船》中，她写道：

我从不肯妄弃了一张纸，

总是留着——留着，

叠成一只一只很小的船儿，

从舟上抛下在海里。

有的被天风吹卷到舟中的窗里，

有的被海浪打湿，沾在船头上。

我仍是不灰心的每天叠着，

总希望有一只能流到我要它到的地方去。

母亲，倘若你梦中看见一只很小的白船儿，

不要惊讶它无端入梦。

这是你至爱的女儿含着泪叠的，

万水千山，求它载着她的爱和悲哀归去。

一九二三年八月二十七日，太平洋舟中（《冰心全集》，第二卷，第73页）

1923年8月，冰心（后排左三）在赴美留学途中与同在邮船“约克逊号”上的清华、燕京留学生合影（右一为许地山，后排左二为陶玲）。

1923年留学美国时的清华学生吴文藻，他与冰心在赴美途中相识。

与吴文藻相遇“约克逊号”邮轮

就在“约克逊号”邮轮上，冰心邂逅了一位青年学者。这就是后来和冰心生活了56个年头的社会学家吴文藻。

冰心在临行前，曾接到先期自费留学美国的贝满同学吴搂梅的来信，提到弟弟吴卓，是清华的应届毕业生，这次将和冰心同船出国，请她在轮船上找吴卓，并给予照顾。冰心就求助许地山。许地山到清华留学生中找吴卓先生，也许是船上的同学没听清楚，就把吴文藻喊了出来。

吴文藻随着许地山来见冰心。冰心正在和陶玲玩抛沙袋，便连忙放下手中的沙袋，缓缓地迎了过去，只见站在她面前的吴先生，长得高高的，瘦瘦的，在一张长方形的面庞上，有着粗黑的眉毛，鼻梁上架着一副玳瑁边眼镜。考虑到他是同学的弟弟，冰心便以大姐的亲切口气告诉他，是他姐姐写信告诉她，要冰心照顾和她同船的弟弟。

吴文藻听了感到有点奇怪，他在江阴的姐姐怎么可能认识在燕京念书的冰心呢？ 原来许地山找错了人！冰心心里感到很抱歉。这时，为了打破这一尴尬局面，陶玲便上来邀请吴文藻参加抛沙袋游戏。

说来也巧，抛沙袋游戏要把参加者分成两拨，而吴文藻总是跟冰心分在一边，他们说着，笑着。在闲谈中，吴文藻告诉冰心，他到美国后会先去缅因州的达特默斯学院学习，修社会学。他问冰心准备修习什么，冰心告诉她，准备选修些英国19世纪诗人的功课。吴文藻想起不久前读过的几本评论拜伦和雪莱的书，就问冰心是否看过。冰心坦然地回答说，她还没有读过。吴文藻又说："你是学文学的，这次出去，要多读一些书，如果不趁在国外的时间多看一些课外的书，那么这次到美国就算是白来了！"

冰心听了这一席话，感到心被刺痛了。回到舱房里，冰心还在思索，她在学校或在朋友间听到对她恭维的话多了，而今，和吴文藻的交谈中，却没有听到一句恭维的话，而是这样坦率的进言。显然，吴文藻不是一般的朋友，而是可以成为自己的诤友、畏友。

为梁实秋的《海啸》撰稿

吴文藻的同学梁实秋也同船赴美，梁实秋喜欢文学，觉得这样长途的航行，生活显得单调了，于是想创办一个文学性质的壁报，来活跃一下生活。这个动议得到了同船同学的赞同，于是决定把壁报定名为《海啸》。

一次，冰心在甲板上和他不期而遇，经过介绍，彼此也就认识了。梁实秋便找了一个机会向冰心约稿，冰心听到梁实秋对《海啸》的介绍，也就欣然同意为壁报撰稿。第一期《海啸》刊登了梁实秋试译的洛塞梯（C. G. Rossetti）的诗《约翰，我对不起你》，同学们也都围上来读这篇译文。

在“约克逊号”上做服务工作的，大多都是中国人，而这次船上的乘客十分之九也是中国人，船员们十分喜悦。他们对这些年轻的乘客照顾得特别周到，给同学们提供了种种方便。轮船快到达目的地西雅图时，他们商议好，以全体船员的名义，给留学生写了一封信，倾诉了他们所受到的洋人的轻视，希望中国学生努力学好本领，为祖国争气。

冰心为他们真挚的心意所感动，她和其他留学生商量，给中国船员回了一封信，感谢他们这么些天来对他们的照顾。

快要登岸了，同轮的同学们互相交换了各自在美的地址。冰心也记下了吴文藻的地址。

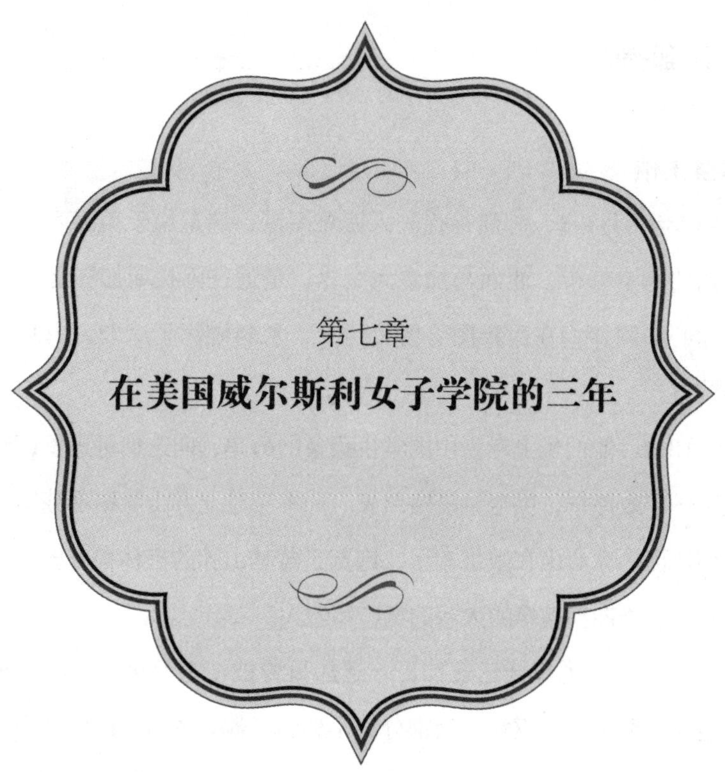

第七章

在美国威尔斯利女子学院的三年

一、初到美国

抵达波士顿

1923年9月1日，邮船徐徐驶入西雅图港，这是位于美国西北隅华盛顿州的海港都市，北面与加拿大交界，是通往阿拉斯加和远东的要道。冰心和同伴们在西雅图停留了两天，匆匆游览了这个三山两湖围绕的城市。

9月3日，他们坐上专为中国学生预备的列车，向芝加哥进发，专列后挂了一节敞篷车，供坐眺沿路风光。列车穿过北方山脉和密苏里河、密西西比河。冰心坐在敞篷车里，饱览了落基山脉的密林和石崖美景，也领略了静静向南蜿蜒的大河的宽广和宏大。

9月7日晨，列车抵达芝加哥。芝加哥曾被视为北美大陆的十字路口，也是铁路交通的枢纽。大部分同学到达了他们的目的地。冰心和同伴们在这里停留了两天。芝加哥的天气变化无常，有“风城”之称。冰心刚到就遇上了阴雨。

晚上，冰心和女伙伴们在女青年会干事的宿舍住下。第二天参观了市容，宽广的马路两旁多是富丽堂皇的建筑，公司、银行、饭店、夜总会、俱乐部。冰心也看到黑人聚居区的另外一种景象，道路狭窄，到处破烂堆积，破旧的住房稀稀落落。

9月8日，火车继续东行，车上除了冰心等三个女学生，全车都是美国人，到了春野（现译“斯普林菲尔德”，Springfield）和冰心同行的两位女同学也和她告别了，只剩她独自去波士顿。

9月9日中午，火车抵达马萨诸塞州的首府波士顿。波士顿地处查尔斯、梅斯蒂克两河的河口，濒临波士顿湾。冰心一下火车，就看见包贵思的父母已在站台等候。冰心感谢他们到车站来接她。包贵思的父母也问她有关旅途情况，然后就把她接到他们的家——默特佛镇火药库街46号（46 Powder House Street， Medford Mass.）。包贵思太太告诉冰心，学校没有开学，冰心就先住在她女儿格雷斯在家时住的地方，这几天会带冰心到波士顿周边的地方看看。冰心十分感谢他们的体贴和关怀。他们陪同冰心参观了霍利约克女子学院（Mount Holyoke College）、史密斯女子学院（Smith College），冰心被这些学校的建筑和环境所吸引。

威尔斯利女子学院

9月17日，冰心住进威尔斯利女子学院（Wellesley College），“从此过起了异乡的学校生活”，开始了新的大学生涯。初到学校时的情况，冰心在寄给小读者的通讯中写道：

> 说也凑巧，我住在闭壁楼（Beebe Hall），闭壁楼和海竟有因缘！这座楼是闭壁约翰船主（Captain John Beebe）捐款所筑。因此厅中，及招待室，甬道等处，都悬挂的是海的图画……
>
> 学校如同一座花园，一个个学生便是花朵。美国女生的打扮，确比中国的美丽……

威尔斯利女子学院的研究生，一般在校外找房子，校方考虑到冰心刚从中国来，人生地不熟，允许冰心在校内与本科生一起住。中国研究生只有冰心一人，本科的中国女生则有历史系的王国秀、体育系的谢文秋等四人。冰心很快就和她们熟悉起来，“常在周末，从个别的宿舍汇聚到一起，一面谈话，一面一同洗衣服，一同在特定的有电炉的餐室做饭，尤其是逢年过节（当然是中国的年节），就相聚饱餐一顿”。

1923年10月14日，冰心（左一）与同学们在威尔斯利女子学院。

学校在慰冰湖（lake Waban）畔。“慰冰”是冰心根据英语谐音和中文会意起的名字。冰心说：“我的亲爱的人都不在这里，便只有她——海的女儿，能慰安我了。”课余饭后，清晨黄昏，慰冰湖便成了冰心散步、休憩之处。冰心在《寄小读者·通讯七》中记述道：

1924年2月9日，身体逐渐康复的冰心（左一）和同学在冰上嬉戏。

> 岸上四围的树叶，绿的，红的，黄的，白的，一丛一丛的倒影到水中来，覆盖了半湖秋水。夕阳下极其艳冶，极其柔媚。将阳光落得金光，到了树梢，散在湖面。我在湖上光雾中，低低的祝福它，逮住我的爱和慰安，一同和它到远东去。

1924年7月，冰心在新罕布什尔州旅游。

进入沙穰疗养院

冰心9月20日开始上课，在导师指导下学习，渐渐地适应了学校的生活。但就在开学九周后，冰心的支气管扩张出血的旧病又复发，她立即被送进校内小山上的圣卜生疗养院。经过半个月的治疗和休息，冰心吐血的病基本上好了，但医生认为需要在安静的环境里经过较长一段时间的疗养才能完全康复。

于是，冰心于12月15日从圣卜生疗养院转到青山（Blue Hills）的沙穰疗养院。在这所寂静的山中疗养院，冰心和病友们以及医生、护士们度过了在异国的第一个圣诞节和新年，迎来了1924年的春天。

这时冰心的身体已基本恢复，但体质仍虚弱，她便开始做一些力所能及的事："想提笔就提笔，想搁笔就搁笔。"除了继续写《寄小读者》通讯外，还写了诗歌《倦旅》，小说《悟》《六一姊》《别后》，散文《往事（二）》《山中杂记》等不少作品。《六一姊》发表在1924年6月出版的《小说月报》第十五卷第六号。

《六一姊》（《冰心全集》，第二卷，第150页）的题材和构思与以往的小说不同，描写了一位温柔、达练的农村姑娘，但并不立意提出什么问题。这就意味着冰心告别了"问题小说"，而开始着重写人，试作带有乡土气息和色彩的作品。

1924年7月5日冰心离开沙穰疗养院，包贵思老牧师接她回家后，在风景秀丽的地方玩了几天，如沾池、玄妙户、侦池、玄妙湖、角池等处。不久又被一位到过中国旅游、住过燕大、和冰心同游过西山的宗教系的K教授（Prof. E. Kendrick）接去避暑。这位女教授带冰心游览了新罕布什尔州的白岭（White Mountains, New Hampshire），还帮冰心取出奖学金，偿付治疗休养费。

威尔斯利女子学院学生宿舍——“闭壁楼”现貌。

慰冰湖

返校后的学习和社会活动

1924年6月17日，冰心返回波士顿的威尔斯利学院，继续攻读硕士学位。此后直到毕业，除了陆续写作《寄小读者》的通讯外，文学创作的数量不多。“这时期中的作品，除通讯外，还有小说，如《悟》《剧后》等。诗则更少，只有《赴敌》《赞美所见》《我的文学生活》等。还有《往事》的后十则，——前二十则，是在国内写的。……在美的末年，大半年的光阴，用在汉诗英译里。创作的机会少了。”

在美国的三年生活经历，在冰心头脑中留下美好的回忆。她连续写成了29封寄小读者的信。《寄小读者》自1923年7月29日在《晨报》副刊的“儿童世界”栏发表，到1926年9月6日最后一篇为止，可以算是《晨报》副刊连载的作品中时间跨度最长的一部。除了《通讯二》之外，《寄小读者》展现了冰心在美国疗养生活的实景，也描绘了以波士顿为中心的美国东北部城市和山、海、湖的独特风光。这种对异国风土的描绘，以及对异国人情的记述，给中国读者留下了深刻的印象。

冰心恢复学业后，还不时参加留美学生组织的各项活动。在学校内，经常来往的有本科生桂质良、王国秀、谢文秋、陆慎仪等，周末和中国节日时她们常有机会相聚。

在波士顿的中国留学生多半是清华学堂去的，他们分别在哈佛大学、麻省理工学院、波士顿大学等校学习。他们组织了“中国留学生会”，冰心常去参加那里的活动。他们也到威尔斯利女校参观，一起组织了名叫“湖社”的学术团体。每月在慰冰湖上泛舟野餐一次，并轮流主讲各自的专业，供大家讨论。经常参加活动的有陈岱孙、沈宗濂、时昭伦、浦学凤、梁实秋、瞿世英、曾昭伦、顾毓秀、徐宗涑等。吴文藻不在波士顿，也偶尔参加。

在波士顿的学生还组织过戏剧活动。冰心回忆道：“一九二五年春，波士顿的男同学们要为美国同学演一场中国戏，选下了《西厢记》，他们说女角必须到威校请，但是我们谁都不愿意演崔莺莺。就提议演《琵琶记》，由谢文秋演赵五娘，由赵文秋的挚友、波士顿音乐学院的邱女士演宰相的女儿……不料临时邱女士得了猩红热，只好由我来充数，好在台词不多，勉强凑和完场！”后来，他们又演过在美学戏剧的熊佛西编写的短剧。（《在美留学的三年》，《冰心全集》，第八卷，第202页）

在《我的老伴——吴文藻》（《冰心全集》，第八卷，第31页）中，冰心谈到演出的情况：“1925年春在波士顿的中国学生为美国朋友演《琵琶记》，我曾随信给他（指文藻）寄了一张入场券。他本来说功课太忙不能来了，还向我道歉。但在剧后的第二天，到我休息处——我的美国朋友家里——来看我的几个男同学之中，就有他！”

二、与吴文藻的交往

吴文藻进入达特默斯学院的社会学系

美国东海岸的新罕布什尔州的达特默斯学院（Dartmouth College, Hanover, New Hampshire）坐落在一个四千多人的小镇上，其中大学生两千多人，其余的人也多半经营与大学相关的一些服务性行业。学院规模比不上哈佛、耶鲁等名牌大学，但都属于常春藤院校（Ivy league Universities，美国东北部常春藤联合会名牌大学），学术上有较高水平，教学严格。

吴文藻到美国后，进入达特默斯学院的社会学系。他是由高他一级的清华同学潘光旦介绍来的。清华的插班留学生往往乐于在本科时选择这所学校，潘光旦也选择了这里，主修生物学，还介绍低他三级的弟弟潘光迥来该校。在校期间，吴文藻和潘光旦、吴景超常有机会在一起切磋一些学术性的问题。

天赐良机，康奈尔大学定终身

吴文藻与冰心保持着通信联系。1923年冬，冰心在疗养院期间，吴文藻和在波士顿的清华同学一起去看望过她。1925年夏天，冰心特约吴文藻来观看《琵琶记》的演出。同年夏天，冰心因考硕士学位，需要学习第二外语，来到绮色佳的康乃尔大学（Cornel University, Ithaca, N. Y.）

1925年9月，中国留学生在雪拉鸠斯举行美东中国学生年会。左起第七、第八人为热恋中的吴文藻和冰心。

补习法语，恰好吴文藻也来补习法语，两人不期而遇，真是天赐良机。

冰心回忆说："绮色佳是一个风景区，因此我们几乎每天课后都在一起游山玩水，每晚从图书馆出来，还坐在石阶上闲谈。夜凉如水，头上不是明月，就是繁星。到那时为止，我们的信函往来，已有了两年的历史了，彼此都有了较深的了解，于是有一天在湖上划船的时候，他吐露了愿和我终生相处。经过了一夜的思索，第二天我告诉他，我自己没有意见，但是最后的决定还在于我的父母，虽然我知道只要我没有意见，我的父母是不会有意见的！"实际上，他们俩从此确认了爱情关系。

三、结束威尔斯利学业

开始撰写硕士论文

1926年春季开学，冰心步入了她学习的最后一个学期，也是她撰写硕士论文最紧张的时刻，她选定了宋代女词人李易安（清照）为研究课题，论文名为《李易安女士词的翻译和编辑》，导师是劳拉·希巴德·庐米斯博士（laura Hibbard loomis）。冰心翻译了25首李易安词的代表作，并一一作了注释，对李易安的生平及词法、文体特色作了简要的叙述和分析，成为一篇有分量的学术性论文，冰心因此获得文学硕士学位。这篇论文和冰心在校三年的成绩单现都完好地保存在威尔斯利学院研究生部的档案室内。

致信吴冰介绍威尔斯利女子学院

1980年，冰心的大女儿吴冰去威校访问，拜访了时任校长，还带去冰心问候的录音带。冰心在给吴冰的信中，谈及她在威校的情况：

亲爱的大妹：

我又在医院给你写信了，但我又要出院了，说起来也烦得很，只是有一夜，我又有过三十分钟的昏迷，等到医生来了，我又清醒了。他们仍是把我接来了，作了一周期的点滴（15天），此后没事就又可以出去了，大约在阴历年前。

你信我看了，能到 We11es1ey 最好。

1. Spear 是 Miss 不是 Mrs. 是燕大女校的 Dean，你们从前叫她 Aunt Marnie，前几年还来过北京，我同乾妈妈、雷姑姑还请她吃过烤鸭。

2. 到We11es1ey，一定先看校园，首先是 1ake Waban（慰冰湖），我在《寄小读者》中说的最多，在那一时期作品中提到的也最多。你先到湖的右边的Boat House去雇一条Canoe 在湖上划到对面的 Ita1ian Garden，目望威校校舍，绿树中就很好看，湖边有可坐谈的有铁栏杆的石座子，此外还有一处小半岛叫 Tupe1o Point，据说男女朋友走到 Tupe1o Point 那就差不多成功了。在 Ce1uma Ha11 的台上两边，就有Tupe1o Point 的图。［我同 Daddie（指吴文藻—作者注）刚谈恋爱的时候，不在W校，是在 Corne11 Univ. 我们补习法文的时候！］

3. 我初到W校是住在 Beebe Ha11，你可以去看看，后来因病只住了九个星期就去医院了，病愈回来，住了两年 Nombega Ha11，据说这座楼已经折了。

4. 你的名字 Statia 是 name after Statia Bri11（1926）（以我友名字取的——作者注）。我们在1936年同去美国的，还到 N. J. 她家里，她的丈夫也是 New Hampshire的学生，和Daddie 前后同学，名字就忘了，我记得有一年她女儿 Margaret（name after me，以我的名字取名——作者注）到中央民院，还送我一本小说，但我没见到她。

5. 1936年我就到 W校，她们还让我给你登记，我登的是 Mei Mei Wu，就是吴妹妹的意思。

6. 老二（指二女儿吴青——作者注）是 name after Miss E1iza Kendrick（以E1iza 取名——作者注）。她是宗教系教授，是我的监护人，待我极好，我在巴黎怀老二时，亲口答应老二若是女的，就 name after her。现在家里那张圆镜框里的老二相片，就是 Miss Kendrick 去世后，她的家人又寄回给我的。

总之，1ake Waban（慰冰湖）是我所最喜欢的地方。我去过许多大学校园，都不如W校那么美！主要的是她有那一片水！

7. 英文系我的老师现在已都不在了，从前有个 Miss Bates，是写 *America the Beautifu1*（《美丽的美利坚》）的作者，很胖，学生们还说他抽烟斗。

8. 中文系主任是黄迪夫人的弟妇叶 He1en Wang，前年到过中国。四月到美国之事，恐怕是去不成了，我虽然极喜欢美国，她的国土和人民，尤其是 1ake Waban，但是我怕受不了旅途的困顿，和朋友的热情。我还想安静地度过余年，且写些东西。

你是个好孩子，在外国能使人看到一个有教养的中国青年，应该是什么样子。

刚刚审判过林、江一伙，我们一切要从转折点做起，中国究（竟）是中国，它的传统文化支撑的。

许多日子不写了，By the way（顺便说一句），关于《空巢》，老梁决不是反面人物，他只是时代洪流中被卷到国外的人物，插图的人把他画成那样，连我也惊奇。

我大概三四天内可以出院回家过年了。

亲亲你。

娘　一月二十七日晨一九八一年

硕士论文《李易安女士词的翻译和编辑》

吴冰到威校访问时，把妈妈的论文复制下来。当中国社会科学院文学研究所的卓如同志应海峡文艺出版社之约编辑出版《冰心全集》时，请吴冰与冰心的二女婿陈恕共同把论文译出，收入《冰心全集》第八卷第35页。这篇论文，后来又以《论李清照词——冰心女士硕士论文》为书名，由香港昆仑制作公司于1997年出版。陈恕为该书写了前言：

前　言

今年（1996年）8月香港作家刘济昆先生来京，十分希望有机会去探望冰心老人，他的朋友纪鹏先生即和我联系，希望给他们安排一个时间，因为冰心年事已高，近两年来又在医院治疗，身体较弱，我告诉他，他们可以在一天下午去医院看望老人，但时间不能长，于是他们于8月18日看望了老人。刘先生1944年出生在印度尼西亚，1980年回国，考上了四川大学中文系，1974年移居香港，他对毛泽东的著作，特别是诗词颇有研究，这次来京，带来了一本他的新作《毛泽东孙子较量》赠给冰心。探望后刘济昆先生提出动议，他想把《冰心全集》二卷中的《李易安女士词的翻译和编辑》以专集出版，我和老人说了此事，她表示同意。

1923年初夏，冰心从燕京大学毕业，获得了学业最佳的“斐托斐”金钥匙奖，并接受燕京大学的姊妹学校威尔斯利女子学院的奖学金，赴美攻读文学硕士学位。她撰写的毕业论文是《李易安女士词的翻译和编辑》，本专集就是这篇论文的中译。

1980年《冰心传》的作者，中国社会科学院文学研究所研究员卓如女士因要编辑《冰心文集》，她特请冰心的大女儿去探寻冰心的硕士论文。当时吴冰在美国夏威夷东西方中心做访问学者，通过查询，得知该校仍保留着这篇论文。在征得校方同意后，她将原稿复印带回。

冰心在论文中翻译了李清照词二十五首中的十一首，曾在劳拉·希巴德·庐米斯（1aura Hibbard 1oomis）写的论李清照的文章《一位中国诗人》（A Chinese Sappho）中引用，发表在1930年波士顿的一份杂志上（Poet 1ore. Vo1.41， Jan-Dec. 1930），庐米斯是冰心在威尔斯利女子学院硕士论文的导师。

这十一首李清照词的中译还在1989年香港中文大学翻译研究中心出版的《译丛》第二十三期上发表。该期辟有冰心的专栏，其中有她的美国友人包贵思（Grace Morrison Boynton， 1890—1970）翻译的冰心的诗集《春水》选译以及（在伦敦英国图书馆工作的）凯吉安（John Cay1ey）翻译的冰心的另一本诗集《繁星》选译以及其他散文的英译和回忆文章。

在此我要感谢刘济昆先生的动议，把冰心学生时期研究中国宋代著名诗人李清照的论文以专集出版。以飨海内外读者。

陈 恕 1996年9月于北京

在威校的成绩单

2006年夏，冰心文学馆馆长王炳根应威尔斯利女子学院的邀请，第二次拜访该校长，并作了有关冰心研究的学术报告。同时，王炳根取得家属（小女儿吴青）的授权，在行政大楼注册处，取回了冰心1923—1926年间在威校学习成绩单的复印件。

2006年10月25日《中华读书报》国际文化栏刊登了王炳根撰写的《冰心在美留学的成绩单》。文中写道：

当我与步起跃教授手持委托书和冰心文学馆的介绍画册，来到位于学校行政大楼的注册处时，受到了热情的接待。我向她们

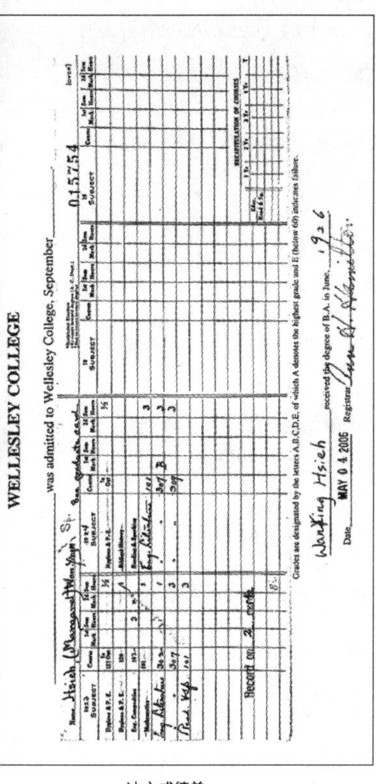
WELLESLEY COLLEGE

was admitted to Wellesley College, September

015754

Record on 2 cards

Grades are designated by the letters A,B,C,D,E, of which A denotes the highest grade and E (below 60) indicates failure.

Wanying Hsieh received the degree of B.A. in June, 1926

Date MAY 0 4 2006 Registrar

冰心成绩单。

介绍了冰心在中国的影响、冰心文学馆的情况，她们甚是惊讶，原来有一位前辈校友，在中国有那么多的读者，并且有专门的博物馆和研究机构，这在威尔斯利女子学院一百多年来（该校创建于1875年）培养的学生中绝无仅有，包括她们耳熟能详的校友美国前国务卿奥尔布来特、美国前第一夫人希拉里·克林顿，包括在威尔斯利女子学院设有基金的宋美龄，都没有这样的荣誉。美国人有收藏与展示的强烈意识，她们认为，对于这样一位有影响作家的成绩单，不仅可以让我们调看，还主动为冰心文学馆复制一份，盖上钢印，签上现任学生注册处负责人的大名，以示它的庄重与真实。

冰心离美，吴文藻继续攻读博士学位

1926年7月，冰心结束了三年的留学生活，准备离美回国。

吴文藻留在哥伦比亚大学继续攻读博士学位。吴文藻在哥大期间，和他的清华同学潘光旦同住在顶层的一间房子里，和他们同住一座楼的还有梅贻宝。潘光旦获硕士学位后，又到马萨诸塞州的海滨生物研究所学习单细胞生物学。

潘光旦（1899—1967），出生在江苏宝山县罗店镇，是我国现代著名的优生学家、社会学家、民族学家与翻译家。他的著作大部分收入14卷本《潘光旦文集》。他还是中国民主同盟与云南民主运动的早期领导人之一。

吴文藻在美攻读硕士、博士的有关情况可从他给大女儿吴冰的一封信中得到补充：

亲爱的好女儿：

前几天接到你从黄迪家打来的远途电话，知道你已到达波士顿。……

刚接你离夏威夷前6月19日来信，问我在 Co1umbia的年份。是在 1926—1928年间，主修社会学。1926年夏得硕士，1928年冬博士论文口试完后离美，由欧经西伯利亚返国。我的老师现恐都已去世，当年主任是F. H. Giddings，此系属法科。我跟政治系（美国、联邦政府、公法学）一位老师写博士论文，名Chamber1ain，为人很好。有一年（大约 1930 或 1931年），他访游北平时，曾为他在家设宴招待。娘还为此写过一篇文章，题为"第一次宴会"？休假年（1936 年秋）访纽约时，他还请我们到他家住过，并送我们上 Queen Mary 号邮船赴英伦。人类学、历史学、心理学、哲学等系，我都上过名师的课。人类学系现任教授 Norton H. Fried（专门研究中国社会台湾华人社会为主）上月访华［应费（孝通）哥哥之约］，我曾同他交谈过哥校现况。当时最年轻的社会心理学助教Otto K1einberg 同我相识，现在可能还活着。不多写了。旅途中注意健康。

Daddie　81年7月4日

（以上为吴文藻在冰心的信尾插话）

第八章

燕园执教岁月

（一）

一、从美国归来

毕业在即，冰心突然收到燕京大学给她寄来的一笔回国路费，真让她喜出望外，对燕大校长司徒雷登的感激之情也油然而生。冰心把这个消息告诉了吴文藻。吴文藻考虑到冰心在回国旅途中应有个照应，就想到好友潘光旦。

潘光旦这时恰好也准备回国，现又受到挚友的托付，就根据冰心的航班，订了同期的船票，这样他们就乘坐“约克号”邮轮一起离开了美国。

1926年7月27日冰心抵达上海，在上海停留了几天，看望了当时在上海通易信托公司任职的表哥刘放园，受到表哥的热情款待。为了早日见到慈祥的母亲，冰心匆匆乘车北上。

1926年8月2日，冰心回到阔别了三年的北京城，与家人团聚。冰心一进门，就看见了在堂屋的墙上挂着刘放园表哥祝贺父亲谢葆璋六十大寿的对联：

花甲初周　德星双耀

明珠一颗　宝树三株

放园表哥的对联把谢家的人全说进去了，这令冰心对表哥的才华十分佩服。

三年过去了，冰心的大弟为涵已从唐山路矿学校毕业，到交通部门工作，并准备第二年到美国宾夕法尼亚大学学习公路专业。二弟为杰高中毕业了，正准备报考大学。三弟为楫也成了一名英俊少年。

为了给女儿接风，母亲杨福慈吩咐厨师准备丰富的家宴，还把住在隔壁院里的舅母和表妹杨建华请过来。杨建华是冰心舅舅杨子敬先生的女儿，她与为涵同年出生于烟台。那个年代讲究“亲上加亲”的婚姻习俗，杨建华与谢为涵很小就由双方父母给他们订了婚。当初，他们按舅母的旨意，彼此还得保持一定距离，所谓避嫌。长大后，他们才开始通信，相互交流使感情也日渐加深。这次聚会，冰心就顺水推舟，促使他们尽快决定婚期。

吴文藻的求婚书

冰心的婚事也是父母经常记挂的事。这次回来，冰心就想把这事向父母挑明了。

1926年8月的一个晚上，冰心蹑手蹑脚地走进父母的卧室，老人这时已经就寝，她把文藻的那封求婚信放在父母的床前，便悄悄地退了出来。

第二天清晨，谢葆璋一起床，就发现了这封信，于是就把杨福慈叫醒，两位老人一起细细阅读吴文藻的求婚书。杨福慈知道女儿最终选中这样一个好女婿，满心欢喜。谢葆璋也十分赞许。

回燕京大学任教

冰心留美是燕京大学派送的，理应回校工作。冰心在美留学时，燕大校长司徒雷登趁去美国募捐之际，去威校看过冰心，希望她学成后回校任教，冰心也表示同意。这次，燕大又主动给冰心寄回国的路费，所以冰心回校执教也是顺理成章的事。

冰心回国时，正好是燕京大学刚完成迁校工作，在盔甲厂的男校和

1926年夏，燕京大学教员聚会时的合影。前排右二为新教员冰心。

在佟府夹道的女校，都迁入西郊海淀新建成的校园，从此就燕大男女合校了。

燕大校址位于海淀镇的北面，原来是清乾隆年间宰相和珅的淑春园。和珅被嘉庆皇帝赐死后，这座园林逐渐荒废，几度易主，辛亥革命后落入陕西督军陈树藩之手。

燕大校长司徒雷登到西郊考察选址，最终选定原淑春园及周围土地，从陈树藩手中购得，并收购附近荒地共一百多公顷。经过精心设计，几年施工，新校园于1926年夏季基本竣工。园内主要建筑大都是宫殿式的，还有一座13层楼高的水塔和天然与人工合成的未名湖。教学区、教工学生生活区分布得井然有序。

1926年9月，冰心作为国文系的讲师开始授课，被安排住在燕南园53号外籍单身教师住的小楼。冰心的二弟为杰、三弟为楫不久也先后考进燕大化学系和预科，他们的宿舍离冰心的燕南园不远，课余假日姐弟经常可以见面。

燕大拥有十分雄厚的师资力量，特别是国文系，教授中有钱玄同、周作人、沈尹默、吴雷川、郭绍虞、马裕藻等不少著名学者，大都是冰心的老师。冰心在国文系中是最年轻的教师，被人戏称为“系里的小孩儿”（Faculty Baby）。系里开会时，她总是挑一个极边上的座位，惶恐地坐下。冰心开始教学，就开设了大一国文课，这是当时大学里最重要的基础课，一般都是由老教授担任。冰心除了大一国文课，还开设了习作课和欧洲戏剧课。

课外，冰心还应邀到北京大学作学术报告。北京大学由于蔡元培提倡“兼容并包”的思想，学术气氛十分活跃。他们邀请过李大钊、梁启超等著名人士作学术讲演。

冰心以《中西戏剧之比较》为题作了讲演。她简单地讲述了文学的分类，接着就转入正题——悲剧，悲剧的历史，悲剧与惨剧的区别，悲剧的社会意义等。冰心说：

> 自从“五四”以来我们醒悟起来，新潮流向着这悲剧方面流去，简直同欧洲文艺复兴时一样，文艺复兴后，英人如睡醒的一般，觉得有“我”之一字。他们这种“自我”的认识，就是一切悲剧的起源。“我就是我”，“我们就是我们”（I am I. We are we.），认识以后，就有了自由意志，有了进取心，有了奋斗去追求自由，而一切悲剧就得产生……至于我们中国，我们也会因感到了自我而使我们的景象焕然一新，使悲剧在我们中产生。光绪后我国连着受外人的欺侮，然而只是些惨剧，因为那时大家都说“天祸中国”是天的意志，“我祸中国”是我的意志，才是悲剧……

这篇演讲表现了冰心“发挥个性，表现自己”的文学观，也表现了她试图通过文学唤醒民众的爱国情操。这篇演讲经人整理后，发表在1926年11月16日的《晨报》副刊。

二、笔伐军政府和日本军队的暴行

冰心以主要精力投入了教学工作，创作的时间相对减少。但国内政治形势仍迫使她拿起笔，把自己的愤激之情，挥洒在纸上，写下了纪念“三一八”惨案的短文《哀词》（1927年）以及控诉日军在济南暴行的诗歌《我爱，归来吧，我爱！》（1928年）。

1926年3月18日，军阀段祺瑞在执政府门前枪杀请愿的学生，其中包括燕大女生魏士毅、女师大学生刘和珍等。4月26日军阀张作霖又杀害了《京报》总编辑邵飘萍。8月6日军阀张宗昌杀害北京社会日报社社长林万里（白水）。此时，在中国南方，政治局面出现了转机，中国共产党和中国国民党实现了第一次合作，共同组成国民政府，开始北伐。

1927年燕京大学和北京各高校举行了“三一八”周年纪念会。燕大出版了《三 一八周年纪念》特刊。冰心为纪念在惨案中牺牲的燕大学生魏士毅写下了《哀词》，哀悼这位“未曾相识的同学！一死重于泰山的魏女士！”

1927年4月，蒋介石在上海制造了“四一二”政变后，向北方进军，5月1日进占山东济南。此时，在济南的日本军队，以保护侨民为借口，从5月3日起，大肆屠杀中国军民，蒋介石却下令不许抵抗，并撤出济南。据不完全统计，中国军民一万余人被杀害。

冰心以难以压抑的反帝爱国情绪，写下60行诗歌《我爱，归来吧，我爱！》（这首诗当年没有发表，后来收入1923年出版的《冰心诗集》），诗歌写就，已是1928年的5月7日（国耻纪念日）的深夜，冰心立即抄了一遍，寄给远在美国哥伦比亚大学的吴文藻。心想，在海外留学的学子还不知道祖国母亲正在遭受着空前的苦难，应该把祖国的实情告诉他们：

这回我要你听母亲的声音，
我不用我自己的柔情——
看她颤巍巍的挣扎上泰山之巅！
一阵一阵的
　突起的浓烟
　　遮蔽了她的无主苍白的脸！

她颤抖，
她涕泪涟涟。
她仓皇拄杖，哀唤着海外的儿女；
她只见那茫茫东海上
　无情的天压着水
　　水卷着天！

“归来吧，儿啊！
看你家里火光冲天！
你看兄弟的血肉，染得遍地腥膻！
归来吧，儿啊！
………

“归来吧，儿呵！

先把娘的千怨万屈，

　仔细的告诉了你的友朋。

你再招聚你的兄弟们，

　尖锐的剑，

　安上了弦！

束上腰带，

　跨上鞍鞯！

用着齐整激昂的飞步，

来奔向这高举的烽烟！

“归来吧，儿啊！

……

你先杀散了那叫嚣的暴客，

再收你娘的尸骨在堂楼边！

……”

（《冰心全集》，第二卷，第341页）

这是一首写给在美攻读博士的恋人吴文藻的诗，冰心并没有用柔情来召唤自己的恋人，而是用祖国母亲呼唤他回国，拯救民族危难。诗歌形象地描述了“那强邻暴客”在济南制造“染得遍地腥膻”的血腥事件，也表现了义愤填膺的中华民族的反帝情绪。

这首诗歌表现出冰心诗歌思想和感情境界的进一步升华，也是冰心在诗歌形式上对“小诗”年代的告别。

由于北伐军的节节胜利，海军总长杨树庄与北伐军合作，他考虑到谢葆璋在北京代理海军总长，处境太危险，劝谢葆璋弃官南下。谢葆璋于是举家迁居上海。

刘放园考虑到女儿刘纪华就要初中毕业，在北京继续上中学要比去上海上更好，就托冰心把她送进中学，这样刘纪华就进了贝满中学。冰心的三弟为楫仍留在北京崇实中学读书。学校放春假时，冰心就约二弟、三弟和刘纪华一起到玉泉山游玩。暑假时，他们就可以结伴回上海。

三、结婚进行曲

吴文藻获博士学位回到北京

就在冰心写作《我爱，归来吧，我爱！》大约半年之后，吴文藻取得了美国哥伦比亚大学博士学位，并获得“最近十年内最优秀外国留学生”奖，1928年冬从美国取道欧洲，经苏联，于1929年年初回到北平，与冰心团聚。吴文藻应聘在燕大任教，也兼授清华大学的几门课。

吴文藻，1901年4月12日（农历二月二十四日）出生于江苏省江阴县夏港镇一个小商人家庭。夏港镇距江阴县城有10里地，北临长江，西望常州，南濒无锡，典型的江南小镇，采桑养蚕、锄耕于田、泛舟捕鱼，是镇民们的基本生活方式。据县志记载：“祖传禹迹所经，故名。”但夏港虽有其名，最多的却不是夏姓，而是吴姓。吴氏一族几乎占了小镇人口的半数还多，于是就有了“吴半天”之说。有史以来，夏港吴门一直是江阴的望族。县志记载，吴姓源出上古姬姓部落，当时泰伯、仲雍两兄弟从蛮荒的北方来到秀丽的江南，定居锡山梅李，断发文身，建立了吴国，并以国为己姓。至仲雍第十九孙寿梦为王，于今吴县建都，便隐耕于今江阴、常州一带。自此，吴氏后裔分为两支：一支是阖闾、夫差等称孤道寡、屯兵兴都的一代君王；而季札及其后代，则在这片土地上耕种劳作、繁衍生息，衍生了当今吴姓的绝大部分。因而，夏港吴氏家族多以季札为姓祖。

父亲吴焕若，童年失学，在镇上与人合开一家小米店。吴焕若虽是一个小商人，自己读书也不多，但通达开明，素来仰慕饱学之士，主张读书教育。曾拿出自己小本经营攒下的钱在镇上开办了一所小学，取名“昭德小学”。吴文藻出生后，父亲把全部的希望寄托在儿子的身上。吴老先生1930年病逝，遗债折合大洋700元，由儿子吴文藻偿还。

吴文藻父母

幸福的新娘

母亲倪赛梅（1871—1959），是传统的家庭妇女，在家操持家务。丈夫去世后，1931年至1938年与儿子吴文藻、儿媳冰心同住于燕京大学，1938年后住女儿吴剑群家（上海），1952年冬回北京，1959年病逝于中央民族学院。

1938年春，富奶奶与冰心的三个孩子（从左到右为：吴平、吴青、富奶奶、吴冰）。冰心称富奶奶为“一个高尚的人”。

吴文藻有一个姐姐和一个妹妹。大姐吴婉倩（1895—1942），据说是目不识丁，名字还是她二女儿缪竞慧后来给她起的。丈夫缪文桂（1896—1976），江苏周庄人，曾在苏州、溧阳任监狱看守所所长，帮助过一名共产党员越狱，因“失职”被免去工作。1929年在上海南翔工作。他们有三个女儿：缪竞新（1919— ）、缪竞慧（1921— ）、缪竞智（1932— ）。缪竞新和她的丈夫杨琳都是科研工作者，已定居美国；缪竞慧和他的丈夫赵尚谐都在上海工作；缪竞智和她的丈夫徐世荣都毕业于大连医学院，现是北京医院的资深大夫。

吴文藻的妹妹吴剑群大学毕业后，从事医务工作。丈夫陈世骧是生物学家，生有两个儿子：长子陈受成（南生）、次子陈受田（康生）。吴剑群20世纪40年代在上海，因阑尾手术失败病故。陈受成和媳妇张国华随儿子定居美国；陈受田和妻子任一真在重庆医科大学第一附属医院工作。

吴文藻有个叫吴左东的五服侄儿和他很亲，江阴方面的事常请他代劳，我们现在和他家人仍保持联系。

吴文藻母亲有侄儿倪吟安，侄女倪凤宝、倪萍宝（吴文藻母亲倪赛梅哥哥的孩子），他们都在上海居住。

吴文藻是家里唯一的男孩，5岁时，父亲便让他到乡下的一所蒙学堂读书。他后来升入江阴城里的礼延学堂高小。由于学习成绩优秀，深得曹老师的赏识。毕业时，考了第一名，获得“三优”奖。曹老师又建议吴文藻去报考北京的清华学堂，结果考了备取第一。但当时的江苏教育厅厅长罗某，让他的亲戚把吴文藻顶替了。吴文藻只好进入江苏省有名的书院改成的南菁中学。读完初中一年级，曹老师又劝他去考清华学堂的插班生。吴文藻报考了清华学堂，结果被录取。江阴县城里的同宗吴淑英替他筹备了旅费，并且带他到了北京。这是1916年的秋天。

清华学堂的学制为八年，初中三年，高中三年。高中的后两年，相当于美国大学的二年级。吴文藻插入初中二年级，从此他就在清华刻苦学习，取得了优异成绩，后吴文藻被清华学堂选送出国留学，和冰心同船到达美国。

吴文藻生性耿直，学业上孜孜以求，深得师友们的信赖。在清华学校教社会学的陈达就劝他，从达特默斯学院毕业后，要去哥伦比亚大学攻读博士。陈达还预约他毕业后回清华教书。为了学成后回母校任教，吴文藻更加勤奋学习，除了必修课目外，选修了本系的心理学与文化，选读了外系的近代欧洲史，参加了“民族主义学说”讨论班；还旁听了经济系、哲学系、人类学系的课程。仅用了一年的时间，就取得了哥伦比亚大学社会学系的硕士学位。

1927年秋，吴文藻修完西方文明与社会、西方社会思想发展史、人口问题、社会立法、统计学以及法文、德文等课程，准备写博士论文。这时，燕京大学社会学系的创始人之一步济时来到哥伦比亚大学。当他了解到吴文藻在哥大的学习情况时，就约吴文藻去燕京大学任教，但考虑到吴文藻已应允了清华大学，他建议吴文藻先在燕大代一门课。当然，吴文藻是希望来燕京的，因为冰心已经在燕大工作。吴文藻决定和陈达商量，经过磋商，陈达以吴文藻回国后头两年在清华授两门课为条件，同意吴文藻去燕京大学。

吴文藻在政治学院立法教授张伯伦的指导下撰写博士论文。张伯伦是美国取缔毒品运动方面的专家，他建议吴文藻写一篇《见于英国舆论与行动中的中国鸦片问题》的论文。吴文藻翻阅了一般图书馆所不曾收藏的《汉萨德的不列颠巴力门辩论录》，查阅到英国议会政治史的官方记录，从而为撰写论文作了必要的准备。1928年冬，吴文藻的博士论文获得了答辩委员会一致通过。吴文藻获得了博士学位，并获得哥校“最近十年内最优秀外国留学生”奖。

归心似箭的吴文藻立即整理行装，在圣诞节前就离美回国了。吴文藻回到北京，稍事安顿后，就和冰心同去上海，拜见冰心的父母。冰心带着二弟为杰和表侄女刘纪华同行。

到了上海，吴文藻恭敬地拜见了冰心的父母。全家都把他作为贵宾款待。为了他们的婚事，冰心的父母还特地请人去了解吴文藻在江阴的家庭和婚姻状况，知道他这方面没有任何问题，就放心同意冰心和他的这门婚事了。吴文藻在上海住了两天就返回江阴，探望父母和亲友，并禀报父母他和冰心即将完婚的喜讯。吴文藻从江阴回来后和冰心“就在家里举行了简单的订婚仪式”。

冰心和吴文藻不久就回到北京，燕京大学为他们在燕南园66号安排了住宅。他们课余给这栋新房布置、装饰。文藻请来了木匠师傅在楼下他的书房的北墙，用木板做了一个顶天立地的大书架，此外又买了几个半新的书橱、卡片柜和书桌等。冰心则忙于新居的布置装饰和在庭院栽花种树。

临湖轩的婚礼

1929年6月15日，冰心和吴文藻在燕大校园的中心临湖轩举办了简单的婚礼（临湖轩最初由冰心命名，后请胡适题写额匾）。司徒雷登出席婚礼，并做他们的主婚人。刘纪华、江先群、萨本栋、陈意作为傧相陪伴着冰心和吴文藻。冰心的舅母，二弟为杰，冰心的老师包贵思以及燕京、清华大学的老师，如陈岱孙等都出席了婚礼。婚礼十分简朴。冰心回忆说：“那天待客的蛋糕、咖啡和茶点，我记得只用去34元。”

婚礼结束后，他们悄悄地离开燕大，来到西山的大觉寺，一座辽代的古老寺院。大觉寺是金代西山八院之一。清雍正、乾隆年间，修建成了具有园林特点的寺庙。冰心喜欢寺庙的清幽环境。在他们住宿的小客房中，“除了自己带去的两张帆布床，只有一张三条腿的小桌子——另一只脚是用碎砖垫起的”。由于学校尚未放假，他们在大觉寺只住了两天，就回到燕京大学。冰心被包贵思接到家里去住，吴文藻仍然回到单身教员宿舍。

1921年6月15日，学校放假后，冰心和文藻南下省亲，先到上海，和冰心父母讲述了他们在燕园举办的简单婚礼的情况。为了庆贺女儿的婚姻大事，谢葆璋宴请了在上海的亲友，谢家又热闹了一番。

随后冰心又和文藻到江阴省亲，吴家举办了隆重的婚宴。他们只住了几天，又回到了上海，先到上海南翔吴文藻姐姐家小住。

接着就去了浙江杭州西湖度蜜月。杭州暑日高温难耐，此时正巧刘放园表兄一家在莫干山避暑，冰心和文藻决定离开西子湖畔的宾馆，第二天就上莫干山。他们游览了山上的名胜，也就匆匆下山了。文藻要为秋后的教学早作准备，冰心惦记着新居的布置，他们没等假期结束就准备北上。

冰心和文藻从上海回到北京，富奶奶已经把家里的一切都布置好了，他们有了一个温馨的家。

说起富奶奶，还是冰心在校疗养所和她认识的。1929年6月初，冰心得了重感冒，住进疗养所，富奶奶是所里的服务员。 一天，富奶奶忽然问冰心："谢先生，您结婚后用人吗？我愿意帮忙。"冰心说："那太好了，就是我们家里就是两个人，事情不多……也没有甚么重活。"她说："我能给您做针线活。您的房子里总得有窗帘、床单、桌布甚么的，我可先给您准备。"

富奶奶把房子布置好后，"她就只来一个上午，帮我们收拾房间。到了一九三一年，我们的大儿子吴平出世后，她就来帮我带孩子，住在我家里，做整天的活。那时文藻的母亲也来了……"（《记富奶奶——一个高尚的人》，《冰心全集》，第八卷，第192页）

四、南 归

照顾上海病重的母亲

1929年12月14日，冰心和吴文藻收到父亲发来的一封电报：“……母亲云，如决回，提前更好。”冰心得知母亲病危的消息，心急如焚，立即收拾行装，去上海。

12月18日下午，吴文藻送冰心到天津，因为学校课程安排的缘故，只能让冰心独自乘船南下。12月22日晚6时，船抵达浦东，冰心在中国旅行社的接客照应下过了江。

到家后，冰心径直上楼。父亲已站在楼梯的旁边接她，她来到母亲身边，俯下身去，叫了一声“妈！”她看到母亲已经骨瘦如柴，很是伤心。母亲“气息微弱到连话也不能说一句，只用悲喜的无主的眼光看着我……”晚餐后，冰心和父亲坐在母亲床前，母亲半闭着眼睛，冰心轻轻地替母亲拍抚着。

冰心和大弟为涵、大弟妇杨建华夜里轮流看护母亲，冰心总是12点起来，接替大弟。

母亲在痛苦难以忍耐的时候，竟然仍惦念着女儿的温暖，说：“你的衣服太单薄了，不如穿上我的黑骆驼绒袍子，省得冻着！”

夜深人静，母亲和偎卧在她身旁的女儿说：“你现在和文藻在一个学校里教书，早晚都有个照应，我也安心了。我19岁嫁到谢家，婚后没好久，你父亲就出去了，长期在兵舰上生活，我的心天天都是悬着，担惊受怕。”

母亲似在安慰女儿，又仿佛自我安慰地说：“我从小千灾百病的，你父亲常说：‘你自幼至今吃的药，总集起来，够开一间药房的了。’真是我万想不到，我会活到六十岁！男婚女嫁，大事都完了。人家说：‘久病床前无孝子’，我这次病了五个月，你们真是心力交瘁！我对于我的女儿，儿子，媳妇，没有一毫的不满意。我只求我快快的好了。再享两年你们的福……”（《南归——贡献给母亲在天之灵》，《冰心全集》，第二卷，第426—450页）

母亲这些爱怜的话又使冰心多么伤心啊，有着这样胸襟和情怀的母亲，是多么让儿女们敬爱啊！冰心仍强制着自己，安慰母亲说：“只要好好静养，很快就会康复的。”

新年前夕，家家户户正准备高兴地过年，而谢家却是一片紧张的气氛。母亲的病不见好转，冰心便去请来了上海最有名的德国医生。这位医学权威诊断了杨福慈的病之后，用英语低声地告诉冰心说：“没有希望了，现在只图她平静地度过最后的几天了。”

元旦过后的第三天，是谢葆璋的生日，也是他和杨福慈结婚四十周年的纪念日。因此，孩子们决定借这一天，给母亲一个最后的慰藉：

“1月3日，是父亲的正寿日。早上便由我自到市上买了些零吃的东西，如果品，点心，熏鱼，烧鸭之类……到了晚上，我们将红灯一起点起；在她床前，摆下一个小圆桌；桌上满满的分布着小碟小盘；一家子团团的坐下。把父亲推坐在母亲的旁边，笑说：‘新郎来了。’父亲笑着，母亲也笑了！他只尝一点菜，便摇摇头叫：‘撤去吧，你们到前屋去痛快的吃，让我歇一歇。’……到我回来，看见父亲依在枕边，母亲朦朦胧胧的似乎睡着了。父亲眼里满了泪！我知道他觉得四十年的春光，不堪回首了！”（《南归》）

两天之后的夜里，冰心在睡梦中被母亲的呼喊声惊醒：“只听见母亲说：‘你行行好吧，把安眠药递给我，我实在不愿意再俄延了！’”冰心知道母亲骨痛的情况已达极点，父亲回身取了药瓶来，倒了两丸，放在她嘴里。“母亲已经吞下药，闭上口，垂目低头，仿佛要睡。……我跪在床边，欲呼无声，只紧紧牵着父亲的手，凝望着母亲的睡脸……那时是夜中三点，我和父亲战栗着相依至晨四时。”

到了1月7日的早晨，“母亲的痛苦已到了终极了！……大家只能围站在床前，看着她苦痛的颜色，听着她悲惨的呻吟！到了下午，她神志渐渐昏迷，呻吟的声音也渐渐微弱。医生来看过……她的眼光已似乎散了！”1930年1月7日晚上9点45分，温柔而又高尚的慈母与世长辞了！

因着挚爱恩慈的母亲的逝去，冰心感到四围只有悲哀、凄凉、孤寂、空虚。她的心茫然无处安放。她给文藻的信中写道：

“……我始惊觉有人生之极端。生前如不把温柔尝尽，死后就无从追讨了。我对于生命的前途，并没有一点别的愿望，只愿我能在一切的爱中陶醉、沉默……人生何等的短促，何等的无定，何等的虚空呵！”

在写这封信之前的一周，冰心曾给文藻和二弟为杰写信报告母丧的信。可是，为杰正在大考，吴文藻不敢告诉为杰。为杰回到上海已经是1月27日下午。父亲拉着为杰，泪流满面，全家一片哭声。

2月3日下午，冰心和家人全到万国殡仪馆，冰心把装着头发和金钥匙的白信封，别在棺盖里子的白绫花上。送葬的亲朋陆续地来了，扶起伏在棺盖上痛哭的父亲，然后轻轻地把棺盖掩上。冰心伤心到了极点，她再也无法见到慈爱的母亲了：

“我从此是没有娘的孩子了！这十几天的辛苦，失眠，落得这么一个结果。我的悲痛，我的伤心，岂是千言万语所说得尽？”

“完了，过去这一生中这一段慈爱，一段恩情，从此告了结束。从此宇宙中有补不尽的缺憾，心灵上有填不满的空虚。”（《南归》）

第九章

燕园执教岁月

（二）

一、20世纪30年代的文学创作活动

20世纪30年代初，对冰心和吴文藻的家庭来说，是多事之秋。冰心的母亲和吴文藻的父亲先后去世，两人都尝到失去亲人的巨大悲痛。

冰心强忍着母亲辞世带来的伤痛，她决心要学习母亲，用爱来对待她爱戴的丈夫和她尊敬的老父以及三个相亲相爱的弟弟。她说：“我受尽了爱怜，如今正是自己爱怜他人的时候。我当永远勉励着以母亲之心为心。我有父亲和三个弟弟，以及许多的亲眷。我将永远拥抱爱护着他们。”（《南归》）

料理完母亲的丧事之后，冰心的大弟为涵从上海调到了广州。他便与尚在北京求学的二弟一起，把父亲接到了北平。

冰心回到北平家中，吴文藻百般地劝慰她：“你的体质素来就比较弱，过度的悲痛是最伤身体的。这样不符合母亲的心意，母亲在天之灵也会感到不安的……”

《南归》《分》发表

1931年2月6日，冰心的长子吴宗生（吴平）出生。

《南归》正是冰心产假期间创作和完稿的。这篇散文是冰心为了纪念于1930年逝世的母亲而写的，所以她给这篇散文加了一个副标题“贡献给母亲在天之灵”。

孩子出生后，冰心的家务事自然更多，课余时间更少了。这段时间里冰心还应丁玲之约写了两首诗——《我劝你》和《惊爱如同一阵风》（载《北斗》创刊号及第二期，《冰心全集》，第二卷，第451—452页），写了一篇短篇小说《分》（《冰心全集》，第二卷，第455页），翻译了黎巴嫩诗人纪伯伦的散文诗集《先知》。（《冰心全集》，第二卷，第392页）

《南归》以纪实的手法，记述了母亲病逝的经过，“她不是拿幻想的事实来娱乐我们，而是拿她的一颗真诚的女儿的心热烈的托出来献给我们。她一方面是在苦痛的追忆她那死去的母亲，一方面却是要一些同情于她的或与她遭遇相同的人互通灵魂上交感。这是至情至性的文字……”（赵景深：《冰心女士的〈南归〉》，转引自范伯群编《冰心研究资料》）

《分》是冰心根据自己在产院里分娩时的切身感受和观察而创作出来的小说。它赋予两个初生婴儿以思考和谈话的能力。这两个初生婴儿的对话给这篇小说涂上了童话的色彩。“这不是‘童话’，也不是‘神话’，这是严肃的人生观察。”（茅盾：《冰心论》）小说中“我”是大学

分

冰心

一個巨靈之掌，將我從鬱悶痛楚的密網中打破了出來，我聽的哭出了第一聲悲哀的哭。睜開眼，我的一隻腿仍在那巨靈的掌中倒提着，我看見自己的紅到玲瓏的兩隻小手，在我頭上的空中搖舞着。

另一個巨靈之掌輕輕的托住我的腰，他笑着回頭向一個仰臥在白色車床上的一個女人說：「大喜呵，好一個胖小子，」一面輕輕的放下我在一個鋪着白布的小籃裏。

我掙扎着向外看：看見許多白衣白帽的看護亂烘烘的，無聲的圍住那個女人，她倉白着臉，臉上滿了汗。她微呻着，彷彿剛從惡夢中醒來，眼皮紅腫着，眼睛失神的半開着。她聽見了醫生的話，眼珠一轉，眼淚湧了出來。放下一百個心似的，疲乏的微笑的閉上眼睛，嘴裏說：「真辛苦了你們了！」

我便大哭起來：「母親呀，辛苦的是我們呀，我們剛才都從死中掙扎出來的呀！」

白衣的看護們亂烘烘的，無聲的將母親的床車推了出去，我為被舉了起來，出到門外，醫生一招手，甬道的那端，走過一個男人來，他也是剛從惡夢中醒來的臉色與歡欣，兩隻手要抱又不敢抱似的，用着憐惜驚奇的眼光，向我注視。醫生笑了，「這孩子好罷？」他不好

分　一

标志着冰心思想变化的《分》，1931年发表于《新月》第3卷第11期上。

教授的儿子，紧挨着另一张小床的“小朋友”是屠户的儿子。他们穿着同样的白白长长的小衣服，可以亲密无间地对话。但是这两个婴儿一旦走出医院，由于家庭境遇的不同，他们从“精神上，物质上的一切，都永远分开了！”（茅盾：《冰心论》）一个到社会上层去享受幸福，一个将到社会的下层去奋斗。

在《分》的思想境界上，冰心开始超越了自我，开始从“万全的爱”的思想束缚中解脱出来，清醒地认识到“分”。这是冰心思想上一个不小的变化，正如茅盾先生所说，“谁也看得出，这篇《分》跟冰心女士从前的作品很不同了”，“在小说《分》里头，我们仿佛看到一些‘消息’了”。（茅盾：《冰心论》）

《分》刊载在《新月》第11期。《新月》创刊后，梁实秋发表《新月的态度》《文学与革命》，曾引起一场关于文学的人性与阶级性问题的争论，鲁迅和许多左翼作家撰文批评梁实秋以普遍的人性否定人的阶级性的观点。梁实秋在编辑《新月》时也曾向冰心约稿，但《分》发表时，梁实秋已去青岛山东大学任教，《新月》由罗隆基接编。冰心并未参与这场争论，但《分》的写作表明她的观点是接近鲁迅及左翼作家的观点的。

左翼文学运动的发展

20世纪20年代末到30年代初，中国的政局起了重大的变化。以蒋介石为首的国民党右派势力破坏了国共第一次合作，建立了南京国民政府。之后，对内变本加厉地镇压革命运动和一切反帝反封建的爱国运动。中国共产党人总结了大革命失败的教训，展开了土地革命和抗击国民党军事围剿和文化围剿的斗争。

随着社会的变动和政局的变化，要求文学表现无产阶级观点、为无产阶级革命事业服务的呼声开始出现，新的左翼作家不断进入文学领域。1930年3月2日，中国左翼作家联盟（简称左联）在上海成立，鲁迅成为左翼文学运动的旗手，文学研究会发起人沈雁冰（茅盾）、瞿秋白先后参与左联的领导，左翼文学运动从此便有组织、有领导地发展起来。文艺领域内，各种文艺思潮流派的激烈竞争、论战也使新文学更加繁荣兴旺。

30年代初，就冰心的创作而言，又是一个新的起点。

小弟为楫结交沈从文、丁玲、萧乾

五四以来的文学队伍在分化和重新组合，女作家陈衡哲、冯沅君20世纪20年代后期转向高等教育岗位，冰心留学回国后头几年也没有多少作品问世。庐隐（黄英）受精神重压，在《海滨故人》之后未能有新的开拓，后来又过早辞世。

此时，登上文坛新的女作家要算丁玲了。丁玲出生于湖南临沣，原名蒋冰之，后从母姓改为丁冰之，学生时代冲破封建家庭的桎梏，从湖南来到上海求学，在革命运动和新文学运动的影响下从事创作。她比冰心小七岁，也是以在《小说月报》发表小说作为起点走进新文学领域。从1927年12月在《小说月报》发表小说《梦珂》开始，陆续发表了《莎菲女士的日记》《暑假中》《阿毛娘娘》等一系列小说。1928年她与沈从文、胡也频组织红黑社，出版《红黑》半月刊，1931年加入左联。

胡也频被国民党杀害后（1931年1月7日，柔石、殷夫、李伟森、胡也频、冯铿五位革命作家在上海东方旅馆参加集会时被捕，2月7日被国民党秘密杀害于上海龙华），在左翼刊物悉遭封闭的情况下，丁玲挑起了主编左联机关刊物《北斗》的重任。该刊物于1931年9月开始出版，它除了发表鲁迅、茅盾等左翼作家的作品外，也发表许多不同思想倾向作家的作品。1933年丁玲被国民党特务绑架、监禁，后辗转来到陕北参加革命，投入解放区文学运动。

活跃在上海的丁玲同深居故都的冰心没有相遇的机会，却同冰心的三弟谢为楫不期而遇。

谢为楫很小就向北京的儿童刊物《小朋友》《儿童世界》投稿，发表文章。他在崇实中学读初中时，高中班的几位参加未名社的同学李霁野、韦丛芜、方一志等人办起了崇实校刊，谢为楫也向校刊投稿。谢为楫后考上燕京大学预科，因身体的缘故要休学一段时间，回到上海。方一志知道谢为楫喜欢文学，而且还要休学回上海，就给他写了一封介绍信，让他去找沈从文。

谢为楫带着方一志的信，约好时间，来到沈从文的住处。沈从文把他领到另一个房间，见到丁玲和胡也频。胡也频原来和谢为楫是福建老乡，也是学海军的。从此谢为楫同沈从文、丁玲、胡也频成了朋友，经常去找他们“谈诗、谈写小说，谈那个时代青年感兴趣的种种问题”。在他们的影响下，谢为楫也认真地写起小说来。沈从文看他聪明，有思想，便对他说：“必须多写，用工作苦恼自己，用工作求完全，才是生活的意义。”

1928年冰心暑期回上海度假，谢为楫便开着父亲的汽车，接沈从文、丁玲、胡也频到徐家汇路268号谢家来。这样冰心就和丁玲见面了。

谢为楫休学期间，正逢英国利物浦的一个海上学校招收学航海的学生。谢葆璋就安排谢为楫去英国学习航海。由于当时世界局势不稳，海路不通，谢为楫就在上海家里“待航”。沈从文“还要他在去国以前写点来，日子纵少，也不妨写”。为楫就利用这段时间不停地写文章，竟然写下了《江口之夜》《栓子》《团圆节》《幻醉》《月》《中学校里的大学生》《三月里的枇杷》等多篇短篇小说，并送到沈从文那里，请他修改。沈从文从中挑选了《初次得到异性温柔的一个孩子》等五篇，以《温柔》为名，交给光华书局，于1929年11月出版。

谢为楫又将另一部分小说交给姐姐看，冰心看后，十分惊喜，也为她“善怀多感的”小弟而感动。

冰心回到北京不久，接到谢为楫的来信，说他11月中旬远航，冰心立刻就给谢为楫选出的七篇小说写了序言。徐志摩为这部小说集题写了书名《幻醉小说集》。1930年10月中华书局出版时改名为《幻醉及其他》，徐志摩题写的书名则放在书的扉页上。

1940年，上海华中出版社重印了谢冰季（谢为楫）的小说《温柔》。

《冰季小说选》——冰季留给人间的心血

1999年，福建海峡文艺出版社出版了卓如同志选编的《冰季小说选》，萧乾先生为小说写了序：

> 冰季的小说集终于问世了。我感到无限欣慰。三十年代当我在北方的《水星》上起步时，冰季（他的学名为楫）的小说也一篇篇地在上海出现。记得一九三六年一次在上海大东茶室饮茶时，张天翼曾对冰季的小说大为称赞……
>
> 我们是初三才分的手。那一年为楫离开崇实，说是要被派去英国学海军。同学们自然都十分羡慕。那以后，我们就失去了联系。
>
> 一九三八年我们又在香港见面了。一天，这位老同学穿着一身雪白笔挺的海军制服到皇后大道中的大公报馆来看我，约我跟他去海上兜兜风，原来那时他已当上了一条缉私船的船长。
>
> 一九四九年后，我估计为楫的岗位，必然仍在海上，其实不

然，他被分配去兰州教英语了。当时我还为他早年在英国受的航海训练不能发挥而惋惜呢，其实，那段资历很可能就成为他的历史包袱了。及至一九五七年到来，我们就不但是同窗，而且还变为同“派”了。

如今，他的集子总算印出来了。这不但为广大读者及现代文学研究开拓了视野，同时，也为一位有才华的已故作家平了反。当然，他肯定已拿到了一纸“改正”结论，然而对于冰季来说，更有意义的“改正”还在这样一部集子。

这是冰季留给人间的心血，这里也包含着他一生走过的道路。

（1993年4月15日）

沈从文先生早年写的序言《冰季同我》也收在这本小说集里。

萧乾与冰心

萧乾，1910年1月27日生于北京，和谢为楫是崇实中学的同班同学。放学后，他有时就到冰心家里玩，和她们家很熟。由于家境贫困，萧乾读到初三时，报考了北新书局的练习生。在北新书局，他除了校对外，还要卷《语丝》，跑邮局，跑印刷厂，给作家送稿费。冬天，他骑车给冰心送稿费，脸、手都冻得通红，冰心见到他，总是亲切地问长问短，像姐姐对待小弟弟那样。萧乾对冰心也是以“大姐”相称。萧乾从燕大毕业后，当上了《大公报》副刊的编辑，而且已经发表了一些文章。

冰心的《我们太太的客厅》动笔不久，稿子就被萧乾要走，就在天津《大公报》文艺副刊第2期刊登出来。这迫使冰心不得不往下写，于是冰心写一部分，就发表一部分，结果在文艺副刊上连载了将近一个月。

这时，大型文艺刊物《文学》在上海创刊。最初由鲁迅、茅盾、陈望道、郁达夫、郑振铎、叶绍钧、夏丏尊等组成编委会。接着郑振铎、靳以主编的《文学季刊》在北平创刊。冰心应郑振铎之聘，任《文学季刊》的编委。于是她为《文学季刊》撰写小说，为《文学》写散文。她为《文学季刊》写的《冬儿姑娘》和《相片》，都是她小说创作的佳作。

冰心翻译的纪伯伦的作品《先知》，1931年9月新月出版社出版。

翻译黎巴嫩诗人纪伯伦的《先知》

继《分》之后至1935年，冰心先后发表了小说《我们太太的客厅》《冬儿姑娘》《相片》，散文《寻常百姓》《新年试笔》，又翻译了纪伯伦的散文诗《先知》。

1927年冬，冰心从美国友人那里初次读到《先知》，就被这本书“满含着东方气息的超妙的哲理和流利的文词” 所吸引。她很快就组织 “习作” 班的同学翻译起来，可惜那些译稿没有收集起来。1930年春，她重读此书，觉得此书“实在有翻译价值”，因此她独自开始翻译，寄给天津《益世报》的文学副刊，4月18日开始逐日连载直到该报副刊停刊为止。

1931年，吴文藻偕冰心回到江阴老家省亲。吴文藻的姐姐，当时在南翔住，就请弟弟、弟媳到她家小住，并把父母亲也接过来团聚。这次南行，吴文藻和冰心花费颇多，回到北京，深感手头拮据。冰心想到新月书店，希望能预支一点稿酬。恰巧书店的财务张禹九（禹铸九鼎之意）是吴文藻在清华时的同学，又是张君劢的弟弟，冰心因王世瑛的关系，和张禹九也熟悉，所以预支一点稿费也就不成问题。况且他们知道冰心愿意译书，第二天就派人送了五百元给冰心。经济紧张的局面得到缓解。

冰心就抓紧时间把《先知》翻译出来。1931年9月，新月书店分甲种和乙种出版了《先知》（*The Prophet*）的中译本，一种译本的规格为32开，共125页，并附有纪伯伦为此书所绘的12幅插图。

第一位译介纪伯伦作品的是茅盾先生。1923年9月3日和17日，他在《文学周刊》杂志上发表纪伯伦的五篇散文诗译文，他们是《批评家》《一张雪白的纸说……》《价值》《别的海》和《圣的愚者》。这几篇译作不长，但他揭开了中国—黎巴嫩、中国—阿拉伯文化交流新的一页。冰心则进一步地介绍了纪伯伦。

冰心在1962年又开始翻译纪伯伦的另一部诗集《沙与沫》（*Sand and Foam*），部分译文刊登在1963年1月《世界文学》上。1981年12月《外国文学季刊》全文发表了冰心译出的《沙与沫》。1982年7月湖南人民出版社出版了冰心翻译的《先知》《沙与沫》合集，这是在我国问世的第一部纪伯伦作品合集。1996年湖南文艺出版社出版了由陈恕编辑、冰心翻译的《先知》《沙与沫》英汉对照本。

1995年，冰心翻译纪伯伦的《先知》《沙与沫》获黎巴嫩国家级雪松骑士奖，同年，她还获得中国作家协会颁发的彩虹翻译荣誉奖。

二、平绥沿线旅行团

九一八事变——日本侵占沈阳

1931年9月18日晚，日本侵略军以南满铁路柳条沟的路轨被炸为借口，向我辽宁的北大营、东大营和沈阳城大举进攻。日军占领了沈阳、长春。人民群众惨遭杀害，陷入苦难的深渊。

消息传来，群情激愤。中国共产党中央发表了反对日本帝国主义侵略中国的宣言，提出“组织群众的反帝运动，发动群众斗争”等号召。9月24日，上海爆发了码头工人的反日大罢工。全国各大城市掀起了抗日浪潮。全国青年学生也迅速行动起来。

燕京大学校长吴雷川向全校师生报告了各大学联席会议的情况后，教职员全部到穆楼103号开会，学生在大礼堂，讨论组织特别委员会。9月28日，燕京大学停课，全体学生到太和门前参加北平各界抗日救国市民大会。市民大会后，人们分三路游行，燕京大学在西路，先穿过南长街，进入西长街，经西单、西四，到西直门。吴雷川、梅贻宝、谢景升先生等都参加了。

燕京大学成立了教职员抗日会，并决定：“燕京教职员得签名宣誓，以人格为担保，在某种时期不买日货……”冰心收到这份誓词后，就立即提笔写下了“谢婉莹”三个字，同时也让吴文藻签了字。

1932年1月28日晚，日本军队由租界分几路向闸北发起进攻。驻上海的国民党第十九路军自动奋起抵抗，给日军以重创。

冰心和燕京大学毕业的几位同学听到上海民众捐助抗日将领的消息，商量把他们原先演剧积累下来的存款捐献出来。他们串联了陈克明、于德华、陶玲、陈意等15位同学，作为发起人，发表了《为捐助沪战后防事征求前协和女大与燕大女部1926以前各同学意见启事》。

1932年5月初，燕大教职员妇女联合会选出冰心为书记兼会计。冰心组织中国文化研究班，邀请学者讲美术、音乐和小说等专题。这些活动，丰富了教职员的文化生活。

1933年，北新书局出版了《冰心全集》，分为《冰心小说集》《冰心诗集》《冰心散文集》。

平绥沿线旅行团

1934年7月，冰心、吴文藻接受了美国留学时的老同学、当时担任平绥铁路局局长的沈昌先生的邀请，并自己出面，又替他邀请了郑振铎、顾颉刚、赵澄、雷洁琼、文国雄、陈其田、容庚等作家与学者，组成了一个“平绥沿线旅行团”，先从7月7日至18日，后又从8月8日至25日，沿着中国工程师詹天佑领导设计、修建的平绥铁路，前后作了两次社会调查性质的旅行。沈局长是冰心在美国威尔斯利女子学院时的同窗好友沈骊英的弟弟，曾在美国哈佛大学留学，很有事业心，这次是想借用著名作家们的笔，将平绥沿线的经济状况、物产情况、风景名胜、旅行见闻、新鲜观感等，一起写出来，然后出版，还要出版英文的导游手册，以便让更多的同胞，还有外国友人，了解平绥铁路沿线的情况，以利于发展西北的铁路事业，并进而开发大西北。

7月，一支由八位作家和学者（容庚先生未参加）组成的队伍，从清华园车站登上了平绥铁路局准备好的专车，经过丰台、青龙桥、康

1934年冰心参加平绥沿线旅行团后编纂而成的《平绥沿线旅行记》，于1935年2月出版，这是该书1935年6月第二版。

1934年7月，平绥沿线考察途中冰心（左）和同行的雷洁琼在百灵庙蒙古包前的合影。

平绥沿线考察途中，冰心在内蒙古包头百灵庙骑马。

冰心、吴文藻、郑振铎、雷洁琼等人在内蒙古百灵庙考察。

庄、怀来、沙城、宣化、张家口、大同、云冈、口泉镇等地，17日到达了平地泉。因为铁路被山洪冲断，不能继续前进，暂时返京，等待再一次参观旅行。

这是冰心生平第一次塞外之行，在青龙桥车站，她瞻仰了“山峡之间，丁香花丛里”的“暗绿色的詹天佑先生的铜像”，又在车站旁，观望了万里长城的雄姿，那“雄伟高厚的城墙，飞龙一般的越岭蜿蜒”，使她联想起古代“城头拒胡，烽火烛天，戍卒无声的满山攀走之状”那样的壮观景象。

冰心参观了宣化市容，参观了有名的山西云冈石窟，并在口泉镇的永定庄参观了煤矿。他们一行下到离地面300公尺的矿井里，在只有六七尺宽的地道中慢慢行走。等到他们上来以后，冰心发现她的面庞上以及鼻孔和耳朵里，都塞满了黑色的煤末。

7月17日，冰心一行抵达了平地泉车站。因为卓资山一段的铁轨被冲断，正在修复，火车也就无法再去绥远。沈昌先生前来视察，快车在此地只停留片刻，上车来看望冰心已来不及，冰心只能同沈昌隔着车窗互相招呼。沈昌匆匆地告诉她：“刘半农先生上月沿平绥线调查西北方言，到了包头、归绥、百灵庙、大同、张家口等数十个县，不幸染病，回到北京就没法治了，前天在协和医院去世……”

刘半农、刘天华兄弟

冰心默默地坐在车厢里，许多往事涌上心头。早在学生时代，冰心就从《新青年》杂志上看到了刘半农的名字，读过他的《我之文学改良观》《诗与小说精神上之革新》等文章，也赞同他的改革文学的主张。

刘半农是吴文藻的小同乡，冰心回忆起，当时他“常来我们燕大的教授宿舍，和文藻谈些有关语言学的问题”。有一次冰心在递茶的时候，对吴文藻、刘半农开玩笑地说："怪不得人说，'江阴强盗无锡贼'，你们一起谈'打家劫舍'的事，就没个完！"半农先生大笑说："我送你一颗印章，就叫做'压寨夫人'怎么样？"大家大笑起来。

刘天华先生是刘半农的弟弟，当时也在燕大教书，他教授的是中国音乐。1930年冰心给母亲送葬后回到北京，又病了一场。病后心情很坏，冰心请刘天华先生教她吹笙。刘天华先生知道她身体不好，不宜吹笙，建议她学弹琵琶。考虑到冰心的手臂和指头较短，他又特别订制了一张很小的琵琶送给冰心。

在回忆刘氏兄弟时，冰心曾这样写道："与刘氏兄弟离别已五十余载，但是刘氏兄弟的声音笑貌（半农先生是豪放，天华先生是冲和）总在我的眼前呈现，我永远也忘不了文藻的两位可亲可敬的江阴同乡。"（《关于刘半农、刘天华兄弟》，《冰心全集》，第八卷，第404—405页）

傅作义宴请旅行团全体成员

当时担任绥远主席的傅作义从北京开来的专车也困在这里。当他听说作家、学者正在此地的消息，就专程到他们的车上来看望大家。冰心一行作为答谢，也到傅作义的行辕去回拜。在行辕，这位爱国将领诚恳地向来自北京的学者介绍了绥远地方建设的情况。冰心第一次与傅作义先生的夫人刘芸生见了面，觉得傅作义是一位诚恳、勇敢的军人。

8月9日，旅行团（其中文国雄女士换成了容庚先生）乘车从清华园出发，直达绥远。傅作义传令请旅行团住在他公馆隔壁的省政府招待所。在傅作义的安排下，由傅的联络官张宣泽出面宴请旅行团全体成员。席间，顾颉刚又问到王同春开垦河套的情况，在座的绥远各界人物都争着介绍。

“二老财”——河套奇女

“同治初年，身高九尺，心雄万夫的王同春，带着几千直鲁豫同胞，在河套开辟屯垦，经多少次占租械斗，据有干渠五个，牛犋七十，方圆万顷良田，都入了王同春之手。

“王同春的四个儿子，都只传了他们父亲的悫直质朴，而杀伐决断，精悍英锐之气，却都萃于他女儿一身……”

冰心返回北平后，写了一篇散文《二老财》。冰心在《二老财》的开头这样写道：“民国二十三年八月九夜，我在绥远的一个宴会上，听到了一个奇女子的事迹。她是河套民族英雄王同春氏的独女，‘河套的穆桂英’，她的名字是二老财。”冰心自幼爱穿男装，喜欢军营生活，并以自己童年的“野性”为荣，自然对这样一个飒爽英姿的女性有偏爱。《二老财》处处表现出冰心对这位女性的同情：这个孤身的女人，是否正一个人郁郁地居住在他父亲的老屋？每当逢年过节的时候，她去祭奠父亲的亡灵时，又该怎样地“泪随声坠”？冰心对这位女子寄予了希望，希望她在西北的危难刚开始的时候，带领她的部下，与民族的敌人决一死战。（《二老财》发表在1936年1月出版的《青年界》第9卷第1号上；《冰心全集》，第三卷，第114页）

旅行团一行从绥远，经归绥（现呼和浩特），抵达了百灵庙，见到了当时蒙古地方自治政务委员会的秘书长德王。沿途看见了蒙古包、蒙古骑手，还有大草原上的羊群、马群、骆驼群，甚至狼，以及变幻莫测的塞外大自然的奇特风貌。然后，他们又从原路返回了绥远和包头，参观了磴口、公积坂、李达召、旗下营等处，后返回北平。

为纪念这两次历时共六个星期的旅行，半年后，冰心写成了《平绥沿线旅行记》，1月29日完稿后，就把旅行团成员写的小册子收集在一起，交给平绥铁路局。2月小册子作为旅行读物出版了。吴文藻写的

《蒙古包》从社会学的角度分析了蒙古牧民的生活，并提出了改善他们生活的建议。这篇文章纳入了1934年平绥铁路管理局出版的书中，1935年又载于《社会研究》第74期。（《蒙古包》，《吴文藻人类学社会学研究文集》，民族出版社，1990年，第75页）

冰心回校后，继续她的教学工作。这年，吴文藻和冰心分别指导沈晶、沈垚两姐妹的毕业论文。冰心敦促沈垚，要她赶快把论文做完，因为，冰心的孩子就要出生了。

1935年5月1日，冰心的第二个孩子出世了，取名吴宗远（吴冰），因为冰心在绥远怀上她，所以选用了这个“远”字。

就在这年的夏天（大约在1935年7月），冰心曾经回到童年时代居留的烟台小住，探望了在烟台东海关工作的三弟谢为楫，他当时任税务公署缉私船驾驶二副。烟台东海关建立于1862年，是在第二次鸦片战争后，根据签订的《天津条约》，烟台被开为商埠后设立的。

彭子冈的采访

1935年10月，冰心接受了记者彭子冈的采访。彭子冈是受《妇女生活》杂志社之托前来采访的。她们谈到作家，女作家如丁玲、庐隐，男作家如老舍，又谈到孩子、妇女、家庭和妇女解放等问题。

子冈，原名雪珍，出身于苏州的一个书香门第。1931年，《中学生》月刊举办作文比赛，她就以《我的燕子》为题获得作文比赛第二名。1932年，第一次以“子冈”为笔名，在《中学生》第四十一期上发表小说《狱囚》，从此，她的作品接连在《中学生》上刊登。后来转赴上海，找到昔日的老师沈兹九，沈正在主编《妇女生活》，子冈便成《妇女生活》的助理编辑。（子冈之子徐城北：《著名女记者子冈》，《人物》，1987年第2期）子冈的这次采访写成的《冰心女士访问记》

发表在《妇女生活》第1卷第5期上。

北平学生掀起抗日爱国运动

日本侵略军自占领中国东北，炮制伪满州国后，步步向南进逼，把侵略魔爪伸进华北。以杨靖宇将军等将领为首的东北义勇军，开展抗日游击战，并逐步扩大为抗日联军，成为抗日战争的先声。

华北青年行动起来，1935年10月下旬，清华大学、师范大学、燕京大学等十所学校，发出了《为抗日救国争取自由》的宣言。11月18日，北平大中学校成立联合会，发起了大规模请愿活动。燕京大学成立抗日会，冰心积极参加募捐活动，支援慰劳抗击侵略的爱国官兵。

1935年12月9日，北平学生掀起了声势浩大的抗日爱国运动，遭到国民党统治者的镇压，从而激起全国更大规模的抗日爱国怒潮。冰心对学生的行动表示坚决支持，但因为自己生病没有参加。

中国共产党在完成长征后多次表示停止内战，发表共同抗日的宣言和文告，号召建立抗日民族统一战线，但国民党却倒行逆施，仍坚持“攘外必先安内”的态度。直到1936年12月张学良、杨虎城发动逼蒋抗日的“西安事变”，在中国共产党的调解下，“西安事变”和平解决，国共两党开始了第二次合作。1935年11月，日本关东军驱使受蒙蔽的“蒙古军”骑兵进犯绥远，被傅作义的绥远守军击退，战斗最激烈的地方就是冰心在《平绥线游记》中描绘得很详细的百灵庙。

三、赴欧美考察

根据燕京大学的规定，教员任教满六年可休假一年。到1936年冰心在燕大已满九年，吴文藻也满七年，而且又得到洛克菲勒基金会的一笔科研基金，于是吴文藻、冰心决定结伴出国考察。

途经南京

冰心在临行前，突然接到美国女作家赛珍珠的丈夫从南京发来的电报，约冰心、吴文藻出国南下时，住在他家。

赛珍珠（Pearl Buck），自幼随父母来到中国。她以中国农村为背景的长篇小说《大地》1932年获普利策奖。1933年重来中国。曾由冰心组织安排，来燕京大学接见记者，从此结识，成为朋友。赛珍珠的先生约翰·洛辛·布克1934年在金陵大学农学院工作时，曾到五原临河一带调查土壤农产情况；冰心和吴文藻参加的平绥沿线旅行团，恰巧也在那一带考察，就在包头意外相逢。

冰心和文藻到达南京火车站时，布克先生和二弟谢为杰已在迎候。谢为杰在燕京大学研究院毕业后，又到美国威斯康星大学读博士，获得博士学位，并得了金钥匙奖，回国后就在永利化学公司工作，他是特地过江来接冰心、文藻。为杰把他们送到布克家，就先回公司了。

第二天大清早，谢为杰又过江来陪姐姐和姐夫，由布克开车去看大石碑，他们来到长江边上的狮子山。三国时候，徐盛在这里做疑城来迷惑曹操的军队，南宋岳飞在这里大败金兵，朱元璋曾经派兵在这里埋伏，打破陈友谅的部队……他们来到大石碑前，仔细地观看了碑额上的“御制弘仁普济天妃宫之碑”，这上面记载了郑和第三次下西洋时的航海情况。

次日，为杰又赶过江来，接姐姐、姐夫过江到永利化学公司参观。该厂是由著名的制碱专家侯德榜主持创建的。

侯德榜，福建闽侯人，由清华大学派遣赴美留学，最早提炼出纯碱，在世界制碱业中颇有名气。为杰回国后就在永利公司担任工程师。侯德榜知道冰心、吴文藻来南京，就特邀他们过来参观，并亲自陪同游览工厂的设施和生产流程。为杰后来又过江来，陪他们游览了玄武湖。在南京逗留期间，冰心还去了受国民党监视的丁玲住所，看望了丁玲。丁玲不久逃离了南京。（参见卓如《冰心传》，第413页）

途经上海

冰心和文藻抵达上海，巴金、章靳以、赵景深和他的妹妹漱六到车站迎接。他们走出月台，巴金和章靳以叫了车，把冰心送到新亚大酒店。（赵景深：《三十年代的冰心》，《百花洲》1981年第3期）

这时，由于对抗日的共同目标下具体意见的分歧，文艺界展开了对“两个口号”的争论，即“民族革命战争的大众文学”和“国防文学”的争论。不同意见的文学家于是组成了不同的中国文艺家协会。

王任叔（巴人）、王统照、白薇、周立波、艾芜、沙汀、茅盾、郑振铎、叶圣陶等40位作家发起，组织中国文艺家协会。郑振铎是发起人之一，他把发起组织中国文艺家协会的意图告诉冰心，并征求她的意见，冰心赞同他们的主张，表示同意加入，这样她成为签名参加这个协会的111名会员之一。之后，郑振铎特设家宴，为冰心和文藻饯行，郑振铎的母亲还为他们烹调了美味的福建佳肴。在这次家宴中，他们第一次见到了茅盾和胡愈之。

第二次"扁舟横渡太平洋"

1938年9月，冰心、吴文藻离开上海，开始了第二次"扁舟横渡太平洋"的航程。他们先到日本东京，会见了汉学家鸟居龙藏先生，得到他到燕京大学讲学的应许，然后，他们又去横滨，参加了一个学术会议。

哈佛大学300周年庆典

到达美国之后，他们先到中国驻美大使馆。中国第一任驻美大使施肇基照惯例宴请了他们。他们来美主要是参加哈佛大学的300周年庆典。燕京大学本来要专门派代表庆贺，恰好吴文藻在这时出国，燕京大学就让吴文藻和冰心代表燕京大学，参加哈佛大学的校庆。

冰心和吴文藻利用参加校庆的机会，结识一些新的学者。伦敦大学经济学院人类学系教授马林诺夫斯基（B. Malinowski，1884—1942）应邀前来讲演。他曾于1926年来美国讲学，从1938年到1942年他去世，一直侨居在美国。吴文藻和他结识后，谈得非常投机。马林诺夫斯基教授表示，非常愿意在伦敦有机会再谈。冰心还陪同吴文藻会见了耶鲁大学著名的语言学家萨皮尔（E. Sapir）和年轻学者阿伦斯堡博士（Conard M. Arensburg），邀请他们到燕京大学讲学和帮助培养研究生，他们都答应了。

吴文藻对冰心说："实地调查是社会学研究的重要环节，我们能请到著名学者讲学，培养研究生，对社会学系的建设，是很有好处的。单是请外国教授还不够，我们应该把学生送出去培养。哈佛大学是美国最早设立人类学的一所学校，历史悠久，设备齐全。人类学有四大分支，就是体质人类学、文化人类学、考古学和语言学，所有的课程，人类学俱全。我想派林耀华来学习。”冰心认为林耀华有进一步深造的条件，赞同吴文藻的意见。

于是，吴文藻就同哈佛—燕京学社的负责人联系，商定派林耀华到哈佛大学人类学系攻读博士学位。林耀华1940年获得博士，回国后，他深入四川凉山等地，认真地进行实地调查，并撰写了《金翼：中国家族制度的社会研究》（*The Golden Wing: A Socialogical Study of Chinese Family*，london，Routledge，Kegan Paul Trench，Trubner & Co.，ltd.1947）等著作。

庆祝活动结束后，在哈佛大学的安排下，吴文藻和冰心又参观了商学院和商学研究会。

冰心和文藻接着去了威尔斯利女子学院，受到了教师们的欢迎。他们还设宴款待了他们。冰心分别给教授们赠送了夏布秀花手巾、台布，以及其他中国手工艺品，留作纪念。冰心未能见到曾给她无微不至关怀的宗教系教授肯特里克，肯特里克正在意大利罗马度假。冰心收到肯特里克的来信，邀约冰心和文藻到意大利罗马去，这给冰心欧美之行增添了一个国家。

访问伦敦大学、拜会马林诺夫斯基教授

冰心和文藻登上了“玛丽亚皇后号”，离开美国，开始了横渡大西洋到欧洲的旅途。轮船驶进英吉利海峡后，绕过多佛尔海峡，抵达英格兰东部的伦敦港。

吴文藻和冰心一到伦敦，就去了伦敦大学。按照约定的时间，他们在伦敦大学和马林诺夫斯基见面。马林诺夫斯基热情地接待了他们，并

向他们介绍了伦敦大学：

“伦敦大学是一百年前在原有的国王学院基础上建立起来的。由于那时候，牛津大学和剑桥大学只招收富家的英格兰基督教学生，伦敦大学作出‘向联合王国及其他地方的一切阶级和所有教派开放，而不作任何区分’的规定。”冰心听后，想到“有教无类”这句话，表示赞赏伦敦大学这种开放办学的指导方向。

马林诺夫斯基对冰心说：“伦敦大学还有‘尊重女权’的传统。我们学校是第一所给女生颁发学位证书和最早聘任女教授的大学。”

吴文藻接着向马林诺夫斯基介绍了中国社会学界的研究情况，在研究工作中已经采用了功能学派的理论和方法研究中国文化。马林诺夫斯基是功能学派的创始人，听了十分高兴。

当吴文藻讲到中国民族学的研究现状时，马林诺夫斯基说，他正在主持一个人类学研究班。吴文藻乘机向马林诺夫斯基提出请他担任费孝通的导师的事。

吴文藻说：“费孝通是燕京大学社会学系最优秀的学生之一，已经考上伦敦大学经济学院人类学专业。”马林诺夫斯基考虑后，答应下来。他于是用电话告诉菲斯博士，费孝通改由他指导，菲斯是马林诺夫斯基的学生，他事先已和费孝通定下了博士论文的题目。

费孝通根据江村资料，用功能分析法写成了《中国农民生活》（汉译本名为《江村经济》）一书，受到马林诺夫斯基的好评，在为这本书写的长篇“前言”中，他说，“此书将被认为是人类学实地调查和理论工作发展中的一个里程碑”。国内外学术界都给予了《中国农民生活》很高的评价。

在英国女作家弗吉尼亚·吴尔夫家喝午茶

英国女作家弗吉尼亚·吴尔夫（Virginia Woolf，1882—1941）

得知中国女作家在伦敦访问，特向冰心发出邀请，请冰心和吴文藻来她家喝下午茶。他们谈论了许多感兴趣的问题，诸如英王退位、把王位传给他弟弟乔治六世、西安事变中的蒋介石，等等。谈到写作，吴尔夫还建议冰心写一部自传。冰心没有料到吴尔夫会向她提出这个问题，就说还没有这种打算。吴尔夫说，可以以自己为线索，把当地的一些社会现象贯穿起来，这样写出来对我们外国人了解中国是很有帮助的，希望冰心赶快写，将来她还可以替冰心翻译！

可惜，冰心回国不到一星期，抗日战争就爆发了，在四处迁徙的情况下，也没有心思坐下来写自传。没有想到的是，1941年第二次世界大战波及伦敦后，极度不安的吴尔夫，在离她家不远的乌斯河投水自尽了。

吴尔夫是现代主义文学的先锋作家，是意识流文学流派的代表人物之一。1904年父亲去世后，她就移居到伦敦的文化区布鲁姆斯伯里，她的家后来就成为著名的“布鲁姆斯伯里团体”（Bloomsbury Group）的活动场所。该团体汇集了许多著名文人学者和艺术家，其中还包括乔伊斯，乔伊斯的意识流小说《尤利西斯》（*Ulysses*，1922）给了她新的启示，伯格森的理论也对她产生过影响。她改弦更张，试验新的创作方法，1925年发表的《达罗卫夫人》（*Mrs. Dalloway*，1925）为她确立了声誉，《到灯塔去》（*To the lighthouse*，1927）和《浪》（*The Waves*，1931）等书又巩固了她作为心理小说重要作家的地位。她的很多作品都被译为中文，为中国读者所欢迎。

冰心在伦敦和吴尔夫的会见，也可算是她和国外作家交流的开始。

和吴文藻的意大利罗马之行

冰心离开伦敦后，就乘火车，经法国、德国、奥地利、瑞士，抵达意大利罗马，开始了对这座历史名城的访问。

罗马古城建于公元前753年，它最令世界瞩目的是其建筑文化遗产，被誉为“露天历史博物馆”。这里有千姿百态的残垣断壁，有巧夺天工的雕刻艺术，有形态迥异的雕塑人物群像和喷泉，还有辉煌夺目的千年圣殿。名胜古迹星罗棋布，最引人注目的要算古罗马露天竞技场，还有罗马广场，广场占地极广，现今出土的只是一个小角落。

冰心夫妇在赴美游学途中。

广场里有几处不容错过的古迹，如圣街、埃米利亚宫、塞维鲁凯旋门、威斯巴乡神庙、以神农庙。万圣殿是罗马最壮观的遗迹之一，始建于公元前27年，原是为祭祀希腊奥林匹亚山林里的众神所建。文艺复兴巨匠拉斐尔就长眠于此，墓旁有他的半身浮雕像。许愿池是罗马最后一件巴洛克杰作，由教皇克里门七世命Nicola Solvi设计建造，共花了30年才完工。它是罗马的象征之一。

1936年冬冰心夫妇在意大利罗马郊外。

幸福喷泉后面为波里侯爵宫殿，正好映衬出喷泉的气势。池中有一巨大的海神骑在一辆由海马所拉的两轮马车上，四周则环绕着神话中的诸神。传说许愿时必须背对着许愿池，然后右手持钱币往左肩方向丢入池里，每丢一个钱币许一个愿，第一个愿望必须是重回罗马才会灵验。

在罗马城西北角的莱奥尼纳城之中，是罗马教皇统治的梵蒂冈，被称为城中之国。它由教皇宫、博物馆、圣彼得大教堂、花园以及梵蒂冈的一些办公楼等建筑组成，占地0.44 平方公里，同北京的故宫面积差不多。著名的圣彼得大教堂是世界上最大的天主教堂。教堂门前为圣彼得大广场。广场中间竖立着一个高41米的埃及方尖石柱。此石柱是公元37年从埃及运来。广场中心南北两个相互对称的大喷泉遥相呼应，是罗马著名的喷泉之一。

从圣彼得广场出来，沿左侧城墙前行，不一会就到了举世闻名的梵蒂冈博物院。梵蒂冈博物院是一个总称，其实院中有馆，馆中有室，共有各种博物馆二十余个，其中主要有埃及馆、庇护克莱门蒂诺馆、埃特鲁斯科馆、世俗博物馆等。世俗博物馆中有中国厅，内有北京彩绘瓷狮、天坛模型、佛像、福建宝塔模型等。

院中最引人注目的是西斯廷教堂。因为文艺复兴时期艺术家们的精美作品，深深地吸引着人们的心。堂中的壁画，覆盖了这长方形馆的全部天花板和大部分墙壁。在这里，天才的艺术巨匠米开朗琪罗把他的一生心血浇灌在《末日审判》和《创世记》这两幅价值连城的壁画上。

冰心和文藻这次罗马之行，还是在50年后，在冰心的《旧梦重温》（1987年2月26日）这篇文章中重新追忆的：

意大利是我最喜欢的一个欧洲国家，它是用石头建造起来的：石头的宫殿、教堂，石头的斗兽场，石头的塑像，石头的道路。罗马是建在七山之上的城市，拥有大小500座教堂，我几乎都去过了。……梵蒂冈就是在圣彼得教堂附近，是罗马教皇的宫殿，这是

一个“国中之国”；我进去看了，门警是瑞士士兵，穿着黄色制服。（《旧梦重温》，《冰心全集》，第八卷，第150页）

和吴文藻访问法国巴黎

冰心和吴文藻访问了罗马和意大利北部城市佛罗伦萨之后，就取道日内瓦，在那里待了几天，游览了莱蒙湖等名胜，然后到巴黎访问。

中国驻法国大使馆的刘汀业——五四运动为学生辩护的律师刘崇佑的儿子，到火车站来迎接，把他们安排在第七区以意大利诗人马利亚·希利达命名的一条街的七层楼上的一个女房东家（《关于女人》中《我的房东》）。房东德利莎小姐热情地接待了他们。德利莎已是60开外的老妇人，还是个颇有名气的小说家。后来冰心与她相处得十分和谐。

刘汀业随后带冰心和吴文藻去见中国驻法大使顾维钧。顾维钧是一位资深的外交家，1919年1月就来过巴黎，参加了在凡尔赛召开的“和平会议”。顾维钧设宴招待了冰心和吴文藻。

吴文藻穿梭于巴黎和伦敦之间

吴文藻紧接着就开始了学术访问活动。他们首先访问了巴黎大学《法国社会学年报》派创始人涂尔干（Emile Durkheim）的继承人——莫斯（McMauss）教授。莫斯教授热情地接待了中国客人，并把自己在法兰西学院的讲稿《民族学方法》打印本让吴文藻阅读。莫斯还介绍吴文藻和其他社会学者见面。

吴文藻拜访了著名学者布格雷，研究中国古代思想的专家葛兰言。吴文藻从他们那里得到启发，在巴黎增编了《西洋社会思想史》讲义。

吴文藻修订完讲稿后，重返英伦，到牛津大学，了解导师制的做法，导师制即从大学本科三、四年级挑选成绩优秀的学生，予以指导；

另外就是联系燕京大学和牛津大学合作办荣誉学位的讲座。冰心考虑到路途劳累，和文藻商量，让她一个人留在巴黎，休整一下。吴文藻知道冰心在巴黎的生活条件很好，也很放心，于是就单独去了伦敦。

在巴黎的一百天

冰心在巴黎期间，卢浮宫就成了她经常光顾的地方。

卢浮宫可以说是法国最大的王宫，最早只收藏17世纪和欧洲文艺复兴时期艺术家的作品，到拿破仑时期，才把土耳其、埃及等许多国家的珍贵文物收藏进来。这里参观者不可遗漏的名画就是达·芬奇的《蒙娜丽莎》。

冰心对这些艺术珍品感叹不已，在这座艺术宝库中流连忘返。逗留的时间长了，冰心会在宫门的台阶上稍事休息，欣赏门口大花坛里正在盛开的红、黄、白、紫四色分明的郁金香。冰心在1989年2月4日写的《在巴黎的一百天》（《冰心全集》，第八卷，第362页），详细地描述了她如何“在巴黎度过了悠闲的一百天”。她说：“这段生活，可以说是我这一生中最‘美’的回忆！”

期间，冰心偶感身体不适，吃饭也没有胃口，于是就去问大夫。经过检查，结果是怀孕了。妊娠给冰心生活带来诸多不便，况且，她没想再要孩子，就告诉医生，她不想要这个孩子了。医生以怀疑的眼光打量着冰心，以为她怀的孩子可能是私生子，要收她2000法郎。因为在法国打胎是非法的。冰心告诉医生，她已经有了两个孩子，同时把吴文藻和她以及两个孩子的照片给医生看。冰心一气之下，决定把孩子留下来，这就是后来出生的吴宗黎（吴青）。1980年后，吴青一家搬来中央民族学院和父母同住。吴青常笑着和妈妈说：“娘，要是你当时不把我留下来，就没有人对你这么好了！”

等吴文藻从伦敦回到巴黎，两人便离开法国，前往德国柏林。德利莎小姐送他们到火车站，还为他们准备了一份精美的午餐、一本英国小说家萨克维尔－韦斯特（V. Sackville－West，1892—1962）写的小说《七情俱净》（*All Passion Spent*，1931）。冰心回国后没有几天，就发生了卢沟桥事变。冰心收到从法国使馆转来德利莎的一封信，信中说道："听说北平受到轰炸，我无时不在关心着你和你的一家人的安全！振奋起来吧，一个高贵的民族，终究是要抬头的。有机会请让我知道你平安的消息。"

两人同访德国柏林

吴文藻和冰心到达柏林时，德国已在法西斯的统治下，阿道夫·希特勒时任帝国总理，约瑟夫·戈培尔是人民教育宣传部部长。他们掀起反犹浪潮，迫害犹太民族的科学家和作家。吴文藻和冰心在访问柏林大学时，特地拜访了一位犹太族的社会学教授，对德国的种族歧视表示不满。

两人同访苏联莫斯科

在德国的学术访问结束后，吴文藻和冰心到了苏联的列宁格勒，在那里参观了民俗博物馆，然后来到莫斯科。他们在中国驻苏使馆，意外地见到使馆的一等秘书时昭沄，他是吴文藻在清华的高一班同学，冰心在美国也认识他。大使蒋廷黻出来接见吴文藻夫妇。

苏联对外文协特派两位懂英语的女士陪同冰心游览莫斯科，浏览了克里姆林宫，然后参谒了列宁墓。苏联对外文协宴请了冰心和吴文藻，在宴会上他们见到了几位苏联女作家。

冰心和吴文藻结束了欧洲之旅，途经西伯利亚，进入山海关，于1937年6月29日回到北平。

四、战乱中的燕京

卢沟桥事变

冰心和吴文藻回到燕京大学没有几天，就发生了卢沟桥事变。

冰心在《默庐试笔》（最初发表于香港《大公报》1940年2月28日，《冰心全集》，第三卷，第168—171页）中对日本侵略军占领北平的情景作了以下沉痛的描述：

> 北平死去了！我至爱苦恋的北平，再不挣扎不抵抗之后，断续呻吟了几声，便恹然死去了！
>
> 二十六年七月二十八日晨，十六架日机，在晓光熹微中悠悠地低飞而来；投下了三十二颗炸弹，只炸得西苑一座空营。——但这一声巨响，震得一切都变了色。海甸被砍死了九个警察，第二天警察都换了黑色的制服，因为穿黄制服的人，都当做了散兵，游击队，有砍死的危险。
>
> 四野的炮声枪声，由繁而稀，由近而远，声音也死去了。
>
> 五光十色的旗帜都高高的悬起了；日本旗、意大利旗、美国旗……只看不见青天白日旗。

北大、清华的师生纷纷撤离了北平，有的冒险前往保定，有的转入平西山地的游击区，大部分人从天津乘船经烟台、青岛，到济南，然后分赴全国各地。还有部分师生到长沙，进入清华、北大、南开三所大学共同组成的长沙临时大学，随后辗转迁至云南昆明，建立西南联合大学。

燕京大学，作为美国的教会学校，有美国的保护，可以暂时不受日本人的干扰，决定留在北平。校长司徒雷登要求教师们留下来，继续开学复课。未能南下又不甘接受敌伪奴化教育的学生，便报考燕大或转入燕大。

1938年夏，冰心一家在燕南园寓所前的合影。冰心怀里抱着的是小女吴青。之后即举家前往昆明。

和吴文藻暂留北平

冰心和吴文藻希望尽早离开北平，但冰心怀了第三个孩子，难以长途跋涉，决定暂时留下来。

一天，吴文藻指导的两名从三、四年级挑出来的成绩优秀的学生朱南华和方绰来告诉老师，他们决定放弃学业，到大后方去，但逃离北平遇到了困难，因为在燕园之外，各处关口都有日军把守。冰心答应帮他们想想办法。于是，冰心到临湖轩找到司徒雷登，看看是否可以用他的车把这两名学生送到西郊。司徒雷

1938年，冰心与刚满1岁的女儿吴青的合影。

登慨然答应了。冰心能把这两名学生秘密送走，心里感到无限的宽慰。

冰心在燕大一面教书，一面也为抗战做点力所能及的事。北平的地下党组织党员和爱国青年，与流散在关内的东北义勇军的小游击队联络，组织武装队伍，展开游击活动，这就是后来发展成为威震古城的平西游击队。游击队在燕京也设立了秘密联络点，为游击队募集衣物，安排抗日学生转入游击区。

据冰心回忆，“就在这一年的冬天，有个化名为‘小猫’的男同学，常在半夜里到教授家门前，来收集我们为西郊游击队捐献的衣物被褥等，我记得文藻的母亲还从自己床上抽下一条褥子捐了”。（《七·七事变后留平一年的回忆》，《冰心全集》，第八卷，第257页）

1937年11月9日，冰心在协和医院生下了第三个孩子吴宗黎（吴青）。还是林巧稚大夫来为冰心接生，林巧稚这时已经晋升为主任大夫了。

和吴文藻作离开北平的准备

吴文藻通过清华大学的同学关系，争取到一笔庚款，可以在云南大学开办社会人类学讲座，于是决定在学期结束后的1938年夏天离开北平去云南。

司徒雷登得到吴文藻和冰心要离平的消息后，前来挽留。燕京的学生也舍不得他们老师的离去，但在古都沦陷之际，不敢要求老师留在日伪统治下的北平。社会学系的学生送来了吴雷川校长赠给吴文藻夫妇的一幅条幅。条幅前一部分是吴雷川书写的清代词人潘博的《金缕曲》一首：

悲愤应难已，由此时绝裾温峤致身何地，莫道英雄无用武，尚有中原万里，胡郁郁今犹居此，驹隙光明容易过，恐河清不为愁人俟，闻吾语，当奋起。青衫搔首人间世，叹年来兴亡吊遍残山剩水，如此乾坤须整顿，应有异人闲起，君与我安知非是。漫说大言成事少，彼当年刘季犹斯耳，旁观论，一笑置。

文藻先生将由云南之行，燕京大学社会学系诸同学眷恋师门，殷殷惜别，谋有所赠，以申敬意，乃出此幅，属余书之，余书何足以当赠品，他日此幅纵为文藻先生所重视，务须声明，所重者诸同学之敬意，而于余书不相涉，否则必蒙嗜痂之诮，殊为不值业，附此予言，籍博一粲。

廿七年六月 杭县吴雷川并识

1938年夏季来临，冰心和吴文藻加紧作离平的准备。战时长途旅行不能多带东西，“一切陈设家具，送人的送人，捐的捐了，卖的卖了，只剩下我们认为最宝贵的东西，不舍得让它与我们一同去流亡冒险的，我们就珍重的装起寄存在燕京大学课堂的楼上。那就是文藻从在清华做起，几十年的日记，和我在美国三年的日记；我们两人整齐冗长六年之久的通信，我的母亲和朋友，以及许多不知名的‘小读者’的来信，……此外还有作者签名送我的书，如泰戈尔《新月集》及其他；Virginia Woolf（吴尔夫） 的 To the light House（《到灯塔去》）及其他；鲁迅，周作人，老舍，巴金，丁玲，（苏）雪林，叔华，茅盾……一起差不多在一百本以上，其次便是大大小小的相片，小孩子的相片，以及旅行的照片，再就是各种善本书，各种画集……”（《丢不掉的珍宝》，《冰心全集》，第三卷，第392页）

第十章

春城——昆明

一、全家抵达昆明

北京—香港—安南（海防）—昆明

冰心和吴文藻携带三个孩子、吴文藻的母亲以及在他们家帮忙的富奶奶，告别了燕大师生以及留在北平的冰心的父亲和大弟为涵，踏上了南下的长途行程。

他们乘火车到天津，然后由天津坐船到上海。到上海后，吴文藻和他的妹妹商定，母亲由他妹妹接回家，他们继续乘船到香港。上海失陷后，冰心的表哥刘放园一家已迁至香港，三弟为楫、弟媳刘纪华（刘放园之女）一家也到香港工作。冰心和吴文藻抵港后，就暂住在三弟家，准备日后再去云南。

许地山听说冰心、吴文藻一家抵港，立刻亲自开车来接他们到罗便臣道125号家里一叙，夫人周俟松也早在门口相迎，冰心和吴文藻与许地山夫妇在香港重逢都十分高兴。

许地山由于性格刚直不阿，1935年因与“校长司徒雷登意见不合”，被燕京解聘，后由胡适举荐，来香港工作。没想到香港竟成了他施展才华之地，此时，他已是香港大学教授，文学院院长。

为了表示对冰心和吴文藻欢迎的诚意，许地山以“中华文艺界抗敌协会香港分会”的名义，在香港大学组织了欢迎会，一些崇拜冰心的学生、读者和文艺界人士专程前来。许地山特意安排冰心讲话。但当时冰心确实十分疲劳，便临时请吴文藻代为致谢，不少读者为此留下遗憾。当时谁也没有想到，正值盛年的许地山竟会在三年之后神秘地离开了人世。

冰心在《忆许地山先生》（1987年11月10日清晨）一文中这样写道："许地山的夫人周俟松大姐，前些日子带她的女儿燕吉来看我，说是地山95岁纪念快到了，让我写一篇文章。还讲到1941年地山逝世时，我没有写过什么东西。她哪知道那一年正是我在重庆郊外的歌乐山闭居卧病，连地山逝世的消息都是在很久以后，人家才让我知道的呢？"

冰心和吴文藻要进入云南，必须先乘船到安南（今越南的海防），然后再坐小火车去昆明，他们拖儿带女，吴青当时只有八个月，长途跋涉，旅途艰辛可想而知！放园表哥想到他家的大丫头瑞雯，就让她跟他们一起走，这样一路上有她帮忙，冰心就轻松多了。为楫为姐姐买了一个可折叠的、带弹簧的垫子，让他们带着上路。他们乘坐窄轨的滇越铁路火车进入云南河口。

二、吴文藻筹建云大社会学系

昆明是位于云贵高原中部的历史名城，平均海拔1894米，城市三面环山，南有滇池，四季如春，气候宜人，因而有春城的美称。

1938年9月，冰心和吴文藻一家到达昆明。冰心回忆说：“这一路，旅途的困顿曲折，心绪的恶劣悲愤，就不用细说了，记得到达昆明旅店的那夜，我们都累得抬不起头来，我怀里抱的不过八个月的小女儿吴青忽然咯咯地拍掌笑了。我们才抬起倦眼惊喜地看到座边圆桌上摆的那一大盆猩红色的杜鹃花！”（《我的老伴——吴文藻（之二）》，《冰心全集》，第八卷，第40页）

冰心、吴文藻一家人在城内螺峰巷租了房子暂住，不久又搬到维新街。

吴文藻很快就在云南大学开始了社会学的讲座与组织工作，并着手筹建社会学系。他先是担任由英庚款在云南大学设置的社会人类学讲座的课程，将他在燕京大学的做法引进来，培养对抗战胜利之后中国建设所需要的人才，同时，还与英庚款委员会派来的研究人员江应梁、密贤璋等进行专题研究工作。云南的少数民族分布密集，为社区研究提供了极为便利的条件，为此，吴文藻主动与司徒雷登联系，希望借助燕京大学的力量和影响，与云南大学合作，建立一个实地调查工作站。司徒雷登很赞赏吴文藻的提议，于是，1939年年初，在抗战的大后方，建立了第一个实地调查工作站，继续吴文藻在北平开创的“社会学中国化”的计划。

吴文藻联系好并确定在昆明建立燕大与云大合作的实地调查工作站后，由于自己身兼数职（系主任、法学院院长），无法直接主持这个工作站的研究，于是，立即想到学成归国的费孝通。吴文藻知道马林诺夫斯基对他推荐的学生费孝通有很高的评价：“我敢于预言费孝通博士的《江村经济》一书将被认为是人类学实地调查和理论工作发展中的一座里程碑。此书有一些杰出的优点，每点都标志着一个新的发展。本书让我们注意的并不是一个小小的微不足道的部落，而是世界上一个最伟大的国家。”马林诺夫斯基在该书的序言中还说：“……约两年前，当我接待了燕京大学杰出的中国社会学家吴文藻来访，感到极大的欣慰，从他那里得知，中国社会学界已独立自发地组织起一场对文化变迁和应用人类学的真正问题进行学术上的攻关……吴教授和他所培养的年轻学者首先认识到，为了解他们的伟大祖国的文明并使其他人理解它，他们需要去阅读中国人生活这本公开的书本，并理解中国人在现实中怎样思考……”（马林诺夫斯基于伦敦大学人类学系1938年10月15日为《江村经济》作序，英国Routledge书局，1939年）这充分表明马林诺夫斯基对中国初创阶段的实地调查成果的肯定。显然，费孝通是主持这个工作站的最佳人选。

1938年初秋，费孝通离英返国，由于广州已经沦陷，费孝通临时决定在西贡登陆，直奔云南，开始了他定名为“禄村”的实地调查。当费孝通从禄村回到昆明，吴文藻便将设想告诉了他，经过协商，费孝通由云南大学应聘为教授，并以云南大学教授的名义，开始主持这个实地调查工作站。

在云南大学任教的吴文藻，这一时期除了完成教学任务外，作为系主任，还得忙于安排学生和同仁们前往实地调查，同时，由于他的热心与名望，还有不少云南省人类社会学、民族学等方面的组织工作，比如，牵头成立云南人类学会等。就是在这种战时恶劣的环境与担任繁重的教学任务和组织工作的情况下，他仍然挤出时间，撰写论文，进行深入的研究。仅在1940年，他就先后发表了《民主的意义》（《今日评论》周刊1940年第4卷第8期）和《论社会制度的性质与范围》（《社会科学学报》1941年1月第1卷）两篇长篇论文，给当时的社会学研究，注入了新鲜的气息和活力。

晚年的文藻回顾这段往事时，有一件事令他深感遗憾："身处多民族的地区，却没有把握良机亲身参加实地调查。"他自己提倡和开创的社区研究，却只是让他的学生与同事去做了。（参考王炳根《吴文藻与"魁阁"》，载《世纪情缘》，第160—163页）

冰心把家初步安顿好后，立刻就想到富奶奶的丈夫黄志廷和女儿秀琴，想法把他们也接过来。她找到美国驻云南昆明领事馆的领事海勇，向他推荐黄志廷，后来又想方设法请南下的朋友把黄志廷带到昆明。黄来到昆明后，就去了领事馆工作。秀琴自己想在北平读完高中，暂时就没有来昆明。

1938年10月25日，武汉失守。日军暂时停止正面进攻，以主力对八路军、新四军开辟的抗日根据地进行大扫荡，对中国西南后方城市用空军进行空袭、骚扰。重庆、昆明等城市居民不得不向乡间疏散。西南联大、云南大学的教师眷属，都转移到离昆明一二十里路的呈贡县居住。

冰心一家也迁到呈贡。县城里空房子已没有了，只有华氏墓庐还空着，经过县政府的协调，墓庐的主人才答应租给他们。吴文藻在云大有教学任务，只能在周末从城里骑马回家一次。

昆明“三剑客”：郑天挺、杨振声、罗常培

以北大、清华、南开三校为主的西南联合大学这时已在昆明办学。联大教师中原清华大学的教师为多，他们都是吴文藻和冰心的朋友，冰心称他们是“穷而不酸”的教授，和他们交往给生活增添了很多乐趣和精神力量。昆明市内柿花巷里有三位教授：联大的总务长郑天梃、常务委员会主任杨振声、罗常培。三人住在一起自称“三剑客”。

罗常培（1899—1958），著名语言学家，尤其在少数民族语言研究和音韵学的研究方面，有独特的贡献。能写一笔好字。

郑天挺（1899—1981），福建长乐人，著名的历史学家、教育家。他先后任教于北京大学、厦门大学、浙江大学、西南联合大学、南开大学等校。抗日战争期间，他任西南联大总务长，为联大的安定团结付出了极大的辛劳。郑天挺是南开大学历史学科的奠基人。

吴文藻和罗常培七八年前就已认识，1933年他们又在青岛开会时重逢，从此成为很好的朋友。冰心到昆明后，先请人把罗常培太太托她带给罗常培的寒衣交给他。随即罗常培和陈雪屏先生一起到螺峰街来看望冰心和吴文藻。

冰心与吴文藻后来到“三剑客”的寓所，回访罗常培。罗常培向冰心介绍了郑天挺，而杨振声则是旧友重逢，他们早在燕大就共过事。冰心也读过他在《心潮》《现代评论》《新月》等杂志上发表的《渔家》《一个兵的家》《玉君》等作品。

冰心和吴文藻常请在昆明没有带家眷的“三剑客”和其他教授到呈贡来过周末。罗常培就是其中之一。富奶奶和他同是满族，对罗先生备感亲切。在餐桌上，大家谈笑风生，但话题总少不了北平。

三、呈贡县

“默 庐”

呈贡县城是个小小的山城，城内东北部为三台山所踞。山腰上有一个很平常的小庭院，周围没有人家，从山下到这里只有坎坷不平的小路。这个孤零零的小院落，原是斗南村华姓大户守墓的地方，题为华氏“墓庐”。墓庐坐西向东，东边围墙长十余米，围墙上有一道木门，门头上挂着“华氏墓庐”的横匾。走进木门是一个小院，有正房三间，一楼一底，楼上有走廊，正对东方，是早上看日出最好的地方。楼房后面的窗孔正对西方，可以看见远处的滇池和西山。冰心对战乱中能住到这个山间小院显然是满意的。

1940年，冰心应《大公报·文艺》主编、冰心在燕京时的学生杨刚之约，为大公报副刊撰稿，冰心发表了题为《默庐试笔》的文章，取“墓”的谐音“默”字，把这个本是“墓庐”的地方，改为“默庐”这个意味深长的名字。

冰心在这篇文章中说：“回溯平生郊外的住宅，无论是长短居，恐怕是‘默庐’最惬意。”她还说，“呈贡的山居环境，实在比北平山郊的环境还静，还美”，“我最爱早起在林中携书独坐，淡云来往，秋阳暖背，爽风拂面，这里清极静极，绝无人迹，只两个小女儿，穿着橘黄水红的绒衣，在广场上游戏奔走，使眼前宇宙，显得十分流动，鲜明”。

1939—1940年，冰心一家在云南呈贡县的旧居。

1939年，冰心一家在昆明呈贡县的临时住处“默庐”的合影。

冰心为呈贡一中题的“任重道远”。

的确，这里远离县城的喧嚣，只伴着山上茂密的林木，非常安静，而位居山腰高地，视野开阔，远处可以看到碧波荡漾的滇池和滇池西岸的风景区——苍苍西山；近处可看到稻浪滚滚、菜花飘香的原野。

1939年10月底，梅贻琦（清华大学校长时任西南联大常委会主席）、郑天挺（西南联大总务长及校务委员）及杨振声（今甫，联大中文系教授，校常委会秘书主任）、陈雪屏（教育系教授）四人至呈贡看望吴文藻（云大教授）、谢冰心夫妇。当时他们一家为了躲避空袭，移往这里的一个小山上。呈贡离昆明很近，火车须行驶近一小时，四等车来回票价一元三角。呈贡车站离县城尚有八里路，乘马亦要一小时。吴谢一家即住该县东门（就日门）山上之华氏墓庐。大家一起稍作休息后，即由主人陪同绕山头一周。这里风光秀丽，“远望滇池，彩叠数色，不辨为云、为岚、为光、为水、为山、为田”。至晚饭后，则“月色绝清，万顷溶溟，似昼而淡，似灯而静”，确是乡间难得见到的景致。当晚陈、郑二人即住在吴寓，梅、杨先生则住龙街郑颖孙先生寓所。

次日，由“朋友第一”的吴、谢夫妇带领，大家又出县南门（文明门）乘马十八里至乌龙浦游玩。“登山而望，前临昆池，西山屏列，风景大似南京燕子矶。”宾主及小孩在此共进野餐，别具一番风味。是晚众人又在郑颖孙处听其抚琴及张仲和女士昆曲，尽兴而归。梅先生每餐喜饮些酒，热情的主人当然不会忘记。

又次日10时，由女主人导游龙井。大家一同共出北门（朝京门），越公路东北行，即见一亭，其旁一泉，全城饮水全赖此泉。中午，大家食完饺子后，郑、陈二人因次日有课，于下午即乘火车返昆明，梅、杨二人仍留呈贡。（郑嗣仁：《梅贻琦与郑天挺的友谊》，《西南联大北京校友会简讯》，第29期，2001年4月）

梅贻琦也曾携夫人与清华大学的教授们到呈贡过周末。梅校长来到默庐，和大家一起谈战事，谈西南联大的教育等。谈笑中，冰心还回想起在北平吴文藻办的那几件“傻”事来：

黄昏时分，冰心让文藻出去散散步，走到盛开的丁香树下，文藻随意地问了一下这是什么树，冰心故意告诉他这是香丁，于是文藻接着就说：“这是香丁。”弄得冰心哭笑不得。

一天，冰心和文藻要到城里去看望父亲，冰心让吴文藻上街去给孩子买萨其马（一种点心），孩子不会说萨其马，一般只说“马”。吴文藻到了店里，也只说买“马”。还有冰心要送父亲一件双丝葛的夹袍面子。吴文藻到了“稻香村”点心店和“东昇祥”布店，这两件东西都说不出来。亏得那两间店铺的售货员，和他们家认识，打电话来问，结果才知道，要的不是什么“马”和“羽毛纱”。回到家里，大家听了都开怀大笑，笑这位老实的傻姑爷。

冰心于是顺手写了一首嘲笑傻姑爷的宝塔诗：

马
香丁
羽毛纱
样样都差
傻姑爷到家
说起真是笑话
教育原来在清华

这时，冰心就把这首宝塔诗又写出来给梅贻琦看，没有想到，梅先生看后接着写了两句：

冰心女士眼力不佳
书呆子怎配得交际花

在座的清华同学看了梅校长续的两句，都笑得很开心。这就是在抗战艰苦环境中，一件苦中作乐的趣事。

首届中国昆明国际花卉节

2000年9月28日上午，首届中国昆明国际花卉节于昆明世博园世纪广场举行。吴青与我应云南省政府生物资源开发创新办、昆明市政府的邀请，参加了花卉节开幕式暨文艺表演及之后的昆明中国国际花卉展的开幕式。

实际上，我们参加花卉展是因为国际花卉节组织委员会要将法国玫瑰新种命名为“冰心玫瑰”。在全国政协副主席周铁农先生为这一玫瑰新种正式命名，法国国际梅昂（Meilland International）公司的代表威特默先生作了发言后，吴青在开幕式上作了答谢发言：

各位领导，朋友们：

首先让我感谢中国昆明国际花卉节给法国国际梅昂（Mei11and Internationa1）公司提供的玫瑰新种正式命名为“冰心玫瑰”。这个荣誉不仅是给予我母亲的，也是给予中国的。

我的母亲对法国人民有深厚的感情，这份情意是在第二次世界大战反法西斯的战争中建立起来的。在《在巴黎的一百天》的文章中，她回忆起“在‘香泽丽榭’大街两旁的咖啡座上，啜着咖啡，看着街上来来往往的法国女人。法国的女人真俏！” “……法国女人那种俏美的淡妆，使人看了眼睛和心都觉得舒服。”

她在《关于女人》一书中，《我的房东》一文里谈到的正是她在巴黎逗留期间接待她的法国小姐。母亲1937年回国以后，这位房东小姐十分关心中国的情况，给妈妈写了一封信：“听说北平受到了轰炸，我无时不在关心着你和你一家人的安全！ 振奋起来吧，一个高贵的民族，终究是要抬头的。”

母亲对玫瑰花情有独钟，在《我和玫瑰花》一文中，她说：“在《红楼梦》中，她看到小厮兴儿对尤三姐形容探春的句子：‘三姑娘的混名儿叫“玫瑰花儿”，又红又香，无人不爱，只是有刺扎手……’我就对这种既浓艳又有风骨的话，十分向往，但我那时还没有具体领略到她的色香，和那尖锐的刺。”

妈妈曾写过一首《玫瑰荫下》的诗，她喜欢在枝叶浓密、又高又大的玫瑰荫下，坐在草地上，在香气氤氲中读书。关于玫瑰，妈妈在1993年曾写下这样一段赞颂玫瑰花的话：“我爱玫瑰花，因为她有坚硬的刺，浓艳清香，却掩不住她独特的风骨。”

一次，冰心和中新社记者耿军谈到鲜花时说：“我本人最喜欢的是红玫瑰，她有风姿，有风度，有风格，还有刺。巴金最了解我，我九十岁生日时，他托人送来九十朵红玫瑰制成的花篮。”

母亲喜爱玫瑰，因为她象征着真、善、美，象征着人的高尚品格。妈妈具有了这种高尚品格，所以受到了人们的热爱和敬仰。

最后，让我再次感谢法国国际法国梅昂（Mei11and）公司的代表威特默先生，感谢中国花卉协会江泽慧会长，感谢陈慕华女士为这一玫瑰新种命名为“冰心玫瑰”。我相信，这一命名也将进一步加强中法两国人民的友谊。

北京外国语大学英语系教授

冰心的小女儿　吴 青

呈贡一中

2000年1月，我在昆明参加英美文学研讨会之际，得到同事郭栖庆的朋友、文山自治州副州长的帮助：他请司机把我送去了呈贡，这已经是下午4点多钟，见到了呈贡一中的段家政老师，他是冰心在简易师范（呈贡中学的前身）任教时的学生，一直和我们有书信联系。我在段老师等人的陪同下，参观了简师的旧址呈贡一中，以及“默庐”。在餐馆用完晚饭后，我就匆匆趁夜幕赶回昆明驻地。

2000年9月28日，在参加了花卉节开幕式之后，在云南省人民政府生物资源开发创新办公室主任海波的协助下，我们走访了冰心、吴文藻一家在抗日战争时期在呈贡的旧居。呈贡是昆明近郊的一个县，现在呈贡斗南已成了云南最大的花卉交易市场。

经约定，在呈贡一中，我们见到了呈贡花卉公司的龚永武，冰心当年的学生段家政、李培论、晋琦，以及老校友戚锷、杨春富。

一进校门，影壁上“任重道远”四个十分醒目的大字，立刻就映入我们的眼帘，这是冰心当年为简易师范落成时题写的贺词。

冰心当年就在这所简陋的乡村学校代授语文课，而且非常关心学校的建设和发展。她为学校写了“谨信弘毅”的校训，后又应县中校长昌景光的要求，写了校歌歌词：

西山苍苍滇海长，绿原上面是家乡。

师生济济聚一堂，切磋弦诵乐未央。

谨信弘毅，校训莫忘。

来日正多艰，任重道又远。

努力，奋发自强！为己造福，为人民争光！

冰心作词、林亭玉老师谱曲的校歌就这样诞生了，它成为学校学生最爱唱的歌曲之一。

当年在简易师范任教的还有一些学者、教授，如社会学家费孝通，作家孙福熙，普查所所长孙达，教授叶雪安、张兆和、沈如瑜、赵凤喈、戴世光，音乐家林亭玉、刘雪然，体育家张震，西南联大的高才生唐敖庆、范立本，美国教授苏冰心，美籍华人梁发叶等。冰心和他们都相处得甚好，并共同为学校作出了贡献。

我们接着去了住在古城的李培伦老师家，李老师十分兴奋地给我们展示了当年冰心给他写的那张条幅：

一发青山愁万种，干戈尚满南东，几时才见九州同。纵然空世事，世事岂成空。胡马窥江陈组练，有人虎帐从容。王师江镇相逢九原翁，因恨世上少豪雄。

培伦同学从乌龙浦来，匆匆索书，以此为赠

廿九年秋八月 冰心

李培伦说：“从字幅内容来看，可以看出冰心高尚的爱国主义情操。她的深邃的思想对我们学生有着深刻影响，我们现在还一直怀念她。”

呈贡一中迎来70周年校庆

2008年8月27日上午，呈贡一中在大操场隆重召开了建校70周年庆祝大会。百余老校友应邀参加大会，吴青和我也荣幸地应邀参加。在会上我们见到许多冰心当年的学生：87岁高龄的李培伦先生、晋琦先生、陈嘉隆先生、李惠先生、高程恭先生等老校友。

校仪仗队敲着小鼓以整齐的步伐进入会场，开始仪仗表演，拉开了庆祝大会的序幕。教育局长李劲松、校长杨少宁首先在大会上致辞，接着一中师生开始文艺演出：诗朗诵、歌咏和舞蹈，会场洋溢在欢乐的气氛中。

冰心先生任教时为学校题写的校训——谨信弘毅和填写的校歌仍传承至今。

学校近十年来发生了令人惊喜的变化，新建了校舍，不久将开始高中部扩建工程。我们在杨少宁校长和段家政老师的陪同下，参观了校史展览，并参观了“冰心默庐”。

在昆明市有关部门的支持下，呈贡县对“冰心默庐”正房进行了整修，恢复重建了耳房。2006年6月9日，为纪念抗战胜利60周年，呈贡文物局在“冰心默庐”举办了“抗战时期冰心在呈贡”、“抗日时期文化名人在呈贡”、“呈贡新城建设”等专题展览，展出了石碾子（修机场用）等抗战实物。“冰心默庐”将建成青少年爱国主义教育基地，成为昆明呈贡新城的一个文化亮点。

三台山故居布局的粗略轮廓还依稀留在吴青的记忆里：楼上西墙的窗口下，放着妈妈的书桌，中间的那间房间似乎有一个隔断，是和北面的一侧相通的，客人来了就在这里休息，全家一起度周末的一张照片就是在这里拍的。在北京家中仅存的呈贡时期的另一张照片就是冰心在风凉亭的单独留影。

风凉亭是木柱亭子，建在冰心住所南侧的一块不大的平地上，是观景纳凉的好地方，但这座亭子现已不复存在。最后，我们游览了呈贡三台山公园，观赏了滇池和西山睡美人，感受了“西山苍苍滇海长，绿原上面是家乡……”的意境。

能在冰心诞辰100周年前一天，沿着她的足迹重访呈贡，是对世纪老人的一份美好的纪念。我们十分赞同当地乡亲，特别是冰心当年学生们的建议，把“默庐”作为弘扬冰心等老一辈知识分子爱国主义精神的教育基地。

我们回到昆明后，找到云南省开发办主任海波，向他反映了这一情况，他表示支持，在当地有关部门写出报告后，即向上级汇报。我们最近得知，在省政协的努力下，以及省开发办的支持下，“默庐”已得到修缮，它和另一侧的武装部已经分开，成为一个独门独院的房子并开设了冰心生平图片的展览室。来自全国各地，包括香港的游客都来这里参观访问。它已成为呈贡又一处宝贵的人文景观。

古城魁阁

1940年后，昆明遭受日机的狂轰滥炸，实地调查工作站迁到呈贡县的农村，他们租下了农民的一个二层楼的魁星阁，安营扎寨，开始了称之为“魁阁”的研究工作。一些年轻人如张之毅、史国衡、田汝康、谷苞、李有义、胡庆均等也先后加盟工作站，使得工作站的研究充满着生气与活力。在魁阁，费孝通将他在英国学到的研讨会（Seminar）精神与方式引了进来，后来这也成了他们的魁阁精神。这就是，魁阁成员每人都有一个选题，根据自己的选题到社区去做实地调查，将调查的成果带回，然后在魁阁展开充分的讨论。费孝通也只是在关键之处作些点拨，作些理论的延伸。吴文藻有时也参加魁阁讨论，发表一些意见，彼此都是平等的，因为魁阁的精神就是建立在自由与真理之上的。

尽管当时的条件极为艰难，经费严重不足，连买相机与胶卷的钱都成问题。没有钱去铅印，他们就自己买来蜡纸与蜡版，费孝通自己就刻写过蜡版，张之毅的《易村手工业》，便是这样印刷出来的。他们有一股顽强拼搏的精神，克服各种困难，做出了了不起的研究成果。吴文藻每当看到他们在这样艰难的情况下做出的研究成果，心里特别感动。

战时魁阁的成果，引起国内外学者的关注。当时，美同学界中国问题专家费正清与他的夫人费慰梅曾对魁阁作过专题报道，称费孝通是魁阁的“头儿和灵魂”，说：魁阁“艰苦的工作精神和青年人明确的工作目标，给人以深刻的印象”。有的学者说，魁阁当时已经形成了一个有才华有前途的人类社会学的学者集团，从一个侧面体现了当时中国知识分子的道德水准和科学精神。（详见张冠生《青山踏遍·费孝通》，第90页）

1986年，作为人大副委员长的费孝通，在出访西欧四国回到昆明后，来到呈贡。故地重游，使他备感亲切。他说：“我的事业是从呈贡起步的。我永远忘不了这个地方。”他应邀为呈贡一中题写了校名，又即兴写了一幅“远望滇池一片水，水明山秀是呈贡”的横幅，赠送给呈贡县委。

四、告别昆明

前往重庆另谋出路

1940年年末，吴文藻用英国庚子赔款所设的人类学讲座受到了干扰，研究、讲座都无法进行下去，必须另谋出路。

正当这个时候，吴文藻在清华的同学，后来又是清华大学教授的浦薛凤（1900—1997），先南下参与了西南联大创建工作，后来到了重庆，在“国防最高委员会”任参事。而吴文藻的另一位清华同学顾一樵（毓秀）以非国民党党员身份在重庆担任教育部政务次长。两位好友都劝说吴文藻去重庆国防最高委员会参事室工作，负责研究边疆的民族、宗教和教育问题。这与吴文藻的专长和兴趣也是一致的。

国防最高委员会是抗战时期最高权力机构，“与国民政府平行，一切立法原则必须先经国防会通过， 再交立法院完成条文” 。“所谓立法原则， 就是条文，国防最高委员通过之后， 仅交立法院完成立法手续而已。” 国防会各参事奉命分别参与专门委员会， 起联系沟通之功用。预算亦必须经国防最高委员会最后通过后始能成立。大部分国防最高委员会的参事最初来自大学教授，当时至少有八位来自清华大学。浦薛凤也应征进入国防最高委员会参事室，参加法制专门委员会，负责外交、政治、经济、法律方面的事务。

顾一樵从重庆还给冰心带来了这样一个信息：宋美龄以威尔斯利同

学的名义，向冰心表示关切和钦慕，希望她来重庆，在妇女生活指导委员会做一点文化教育工作。

关于这件事，冰心在文章中是这样记述的：

一九四〇年秋天，我突然收到重庆的友人的来信。信上写道，他与蒋介石见了面，在和蒋夫人的谈话中，蒋夫人说她主导的新生活运动妇女指导委员会，现在需要一名文化事业部部长，当我的朋友向蒋夫人提起我的名字时，夫人十分高兴，希望我能坐飞机到重庆与她见面。当时我不知道自己是否能离开昆明，也不知道这个工作的性质……正巧吴文藻因学术会议也要去重庆，于是我们便一起出发了……

蒋夫人派自己的秘书钱用和女士来接我们。这天晚上，我们在重庆的朋友家住了一宿。第二天早上，钱女士来接我们和妇女指导委员会的总干事、部长等人一同前往郊外蒋夫人的官邸。

……

到了半山腰，进入官邸用地，门口站着持枪的卫兵，里面是整洁的弯路和草地。绕了好多圈后，轿子在小楼前落下。……

过了一会儿，钱女士把我带到了对面一座特别大的楼里。那是蒋委员长夫妇的住处。

我独自坐在客厅里，周围的墙上挂着贵重的书画，另外还有一套蛮漂亮的家具，但房间里除了有一个花瓶以外，其余只在窗边挂着一张张自忠将军的照片。

这时我突然听到隔墙用英语打电话的十分清晰的声音。根据听到的“美国国务院”等词可以大致地判断电话的对方是美国人。放电话的咔嚓声一响，蒋夫人就倏然从外面走了进来。我们俩握手后面对面坐下……

一开始夫人用汉语和我交谈，当谈到美国的母校时，我们俩情不自禁地说起了英语。和中文相比，夫人好像更能轻松地用英语交谈。

夫人希望我也能参加她领导的妇女指导委员会，并且劝我来重庆和她一起工作一个月。夫人这样对我说，“谢女士，国难当头，我们必须一个不漏地动员所有的国民。你应该利用自己的影响力指导青年团体。不能再闲居在昆明郊外的小地方了。”我笑着说，“即使住在昆明郊外的小地方，也不是说就抗战不了了。”这时，夫人也笑了。夫人没有任何掩饰的态度，非常的自然、温和，使人深深地感到她是一位热情的主妇。

我和蒋夫人以及妇女指导委员会的成员们一起吃了午饭。蒋夫人亲自在桌上烧了咖啡，还给我们吃了她做的点心和糖。重务在身的夫人怎能有时间去厨房呢？我感到难以想象。

因为下午有约，所以我先告辞了。对于夫人的规劝，我表示考虑之后再做答复。三天后，因为夫人派人来询问结果，所以我再次去了黄山。

我说了一些实际问题：孩子们都还小；战争时期由于交通不方便，所以搬家很困难；再加上最重要的是我丈夫的工作。文藻和自己的学生们在云南开始了农村社会的各种研究，而且进行得非常顺利。我不想离开那儿，除此之外，我自己身体也不太好，办公室的工作做不长，所以想和原先一样住在云南，然后做点儿……说到这儿，夫人突然打断了我的话，“交通问题再多也能为你解决。我很清楚你有一个幸福的家庭。我并不想让你们家人分开什么的。战时的政府非常需要像吴先生那样做研究的教授。你的工作是一时的还是怎样我们以后商量，归根结底还是希望你们两位能来。”

……喝完茶后，我们在客厅看了战争时期的新闻电影。他们两位也和文藻约好让我们俩一同去黄山。第三次是我与文藻同行，和蒋委员长夫妇以及二三位友人共进午餐。我们从昆明到重庆的搬家计划便在那天定了下来。

以上文章引自冰心在日本写的《我眼中的蒋夫人》，由旅日学者虞萍博士从日文译出。日译文的原题为《私の見た蒋夫人》。（谢冰心：《主妇之友》第31卷第4号，武田泰淳译，1947年4月）

这样，吴文藻和冰心决定离开昆明前往重庆。

1940年8月4日，冰心的父亲谢葆璋逝世，享年94岁。

谢葆璋在北平逝世

大约就在冰心一家要离开呈贡的时候，冰心得到大弟为涵的来信，报告了父亲谢葆璋于1940年8月4日在北平逝世的消息，还寄来父亲灵堂的照片。灵堂花圈的挽联上写着：

五十年[illegible]范曾亲老见沧桑别有伤心羁燕市

八千里噩音至生前论功业不堪回首话楼船

大弟为涵还请人替吴文藻写了挽联：

分为半子，情等家人，远道那堪闻噩耗

本是生离，竟成死别，深闺何以慰哀思

冰心失去母亲后又再经历一次失父的哀恸。

第十一章

陪都——重庆

武汉、广州相继沦陷后，重庆就成为国民党统治区的中心城市，被定为陪都，也就是战时的首都。国民党党、政、军的重要部门及官员都云集山城重庆，继续展开政府日常事务，包括抗日的各项工作。

在日本侵略者步步进逼的形势下，国民党接受了中国共产党提出的两党合作抗日的主张，形成了全国抗日民族统一战线。国民党的军事委员会政训处改组为政治部，周恩来代表中国共产党担任政治部的副部长；郭沫若担任政治部下设的第三厅厅长，负责抗日宣传工作。

文艺界在汉口成立了中华全国文艺界抗敌协会（简称“文协”）。周恩来被推选为名誉理事。郭沫若、茅盾、冯玉祥、丁玲、许地山、巴金、夏衍、田汉、郁达夫、朱自清等45人，被选为理事。老舍负责主持日常工作。从沿海以及东、南部地区撤离的大批文艺家也来到重庆，继续开展抗日的文化运动。

1940年冬天，冰心和吴文藻一家乘飞机抵达重庆，顾一樵、浦薛凤到机场迎接，汽车在蜿蜒的山道上缓慢地向市区进发。道路两旁的房屋被敌机狂轰滥炸已剩颓垣断壁！顾一樵把冰心一家先安排到他的“嘉庐”住下，并告诉冰心，这里算是重庆的闹市区。

顾一樵、浦薛凤告辞后，冰心就开始安顿这临时的家。冰心托朋友带富奶奶的女儿秀琴到重庆，然后送秀琴上复旦大学，上学的费用冰心全部包揽下来。这样富奶奶一家就在重庆团聚了。

一、投入社会活动

参加宋美龄的妇女指导委员会

宋美龄请冰心到曾家岩蒋介石官邸，并请她出任妇女指导委员会文化事业组长的工作，冰心愉快地同意了。宋美龄还邀冰心和蒋介石共进晚餐，并特地交代蒋介石侍从室第二处主任陈布雷为冰心找一处合适的住所。

“妇女生活指导委员会”原是“新生活运动妇女指导委员会”。抗战开始后，国民党以“新生活运动”推动“国民精神总动员”，成立形形色色的“新运”组织，“妇女生活指导委员会”就是其中之一。

改组后的妇女指导委员会仍由宋美龄当指导长，宋的秘书张蔼真任总干事，史良任委员兼联络委员会主任，吴贻芳任执行委员，刘清扬任训练组组长，沈兹九任文化事业组组长。因沈兹九要赴新加坡，在华侨中从事抗日救国宣传工作，文化事业组组长的职务就由冰心接任。文化事业组的工作主要是编辑、研究及宣传，先后出版《妇女新运动月刊》《妇女新运通讯》（半月刊）、《妇女新运动周刊》《妇女新运动双周刊》等刊物，以及《宋美龄言论集》《抗战建国与妇女新生活》丛书等著作，举办过宋美龄文学奖等。

在冰心接任文化组工作之前，妇女指导委员会于1940年3月8日举办宋美龄文学奖的征文活动，文化事业组收到360本文卷，经初审，保留了120本。论文卷分送陈衡哲、吴贻芳等五人评阅；文艺卷送郭沫若、杨振声、朱光潜、苏雪林和冰心评阅。

评审团最终评选出了获奖作品。冰心很喜欢《恒河》这篇作品，作品描写了知识阶层妇女战时怎样在乡村工作，教乡村妇女识字，使她们明确抗战的意义，推动她们参加抗战。苏雪林在评阅工作结束后，在给冰心的信中写道："……所阅稿子中，尽有佳作，思想之高超，题材之得当，结构之美满，技巧之纯熟，虽抗手一般老作家，亦无愧色，可见新文学前途自有希望。"

当然，应征的作品中也有许多不足之处，妇女指导委员会希望冰心结合征文中存在的问题，作一次关于写作问题的讲话。

冰心利用这个机会，针对征文中存在的问题作了一次普及性的讲演，指出写作中普遍存在着题材、技巧、文字三方面的问题，有的文章内容比较空泛，没有描写本人经历的事，不能感动人，有的文章缺少剪裁，以至于存在事实杂乱、人物太多、轻重倒置等问题。冰心说：

> 有人说："写作靠天才。"其实，这话并不尽然，所谓天才是什么？天才的定义，是一分灵感（inspiration），九分汗水（perspiration），这句话就是说要多看。
>
> 关于多看，中外书籍都应当看，不但是文学，就是心理学、自然科学、社会科学等都应当抱着"开卷有益"的态度去多看……
>
> 一个作者还应当多接近前辈作家，多和他们谈话，谈话也是一种艺术，富于热情的人，他的谈话有力，富于想象力的人，他的谈话很美，头脑清楚的人，他的谈话有条理。这三种便是写作三个最重要的条件。
>
> 作家应当站在客观立场上来透视社会，解剖社会，社会黑暗给暴露出来……（《写作的练习》，《冰心全集》，第三卷，第310页）

没有几天，妇女指导委员会召开干部会议，宋美龄也来参加，她对冰心说：“我听说了，你作了一个很好的演讲，希望你以后多讲讲……”

在重庆的妇女界的各种活动中，冰心接触到一些进步人士，并得到她们的帮助。在一次讨论抢救战区的难童问题的会议上，她见到了邓颖超，这位朴实、沉着的女性，拿着一本相册向与会的妇女介绍延安托儿所儿童生活的情况。这是冰心第一次见到来自延安的女干部。刘清扬领导的妇女指导委员会训练组，接连办了三期妇女训练班，每期训练班都巧妙地邀请了进步人士来讲课。一天会后，刘清扬、史良悄悄地对冰心说，在妇女指导委员会里，不是所有的人都为了抗战的，情况十分复杂，要她小心。

冰心十分感谢她们的坦诚相见，即考虑离开妇女指导委员会。后来，冰心称病写了辞呈，宋美龄看她态度坚决，也无法再勉强她，只是要她找个合适的人来接替。冰心突然想到新近在刊物上发表独幕剧《慈母心》的作家李满桂。她原是燕京大学的学生，毕业后到美国密歇根大学留学。抗日战争爆发后，她毅然放弃了博士奖学金，旋即回国，被金陵女大的校长吴贻芳聘去。冰心于是写信给吴贻芳，请求她让李满桂到重庆来工作。吴贻芳慨然应允。冰心在妇女指导委员会里也就工作了四个月，在退还了妇女指导委员会的工资后，也就离开了。

吴文藻作题为《英美的大学教育》的讲演

重庆国立教育学院经常举行学术讲演，郭沫若、黄炎培、徐悲鸿等都作过讲演。当得知冰心和吴文藻都在重庆时，便邀请他们来校作讲演。

那次冰心因故未能出席，吴文藻作了题为《英美的大学教育》的讲演。他说，英国有高等学府，如剑桥、牛津等18所，他们的目标是培养出类拔萃、高贵的女士和绅士。美国的教育则不同，他们主要培养财经和科技人员。中国留学生可以利用假日到校外餐馆或到别人家里打工，这样可以挣些零花钱。而在英国的牛津、剑桥，学生是不可以打工的，学生做这些事会被看成是不光彩的事，会受到别的同学的冷眼或是学监的斥责，因为在这两所大学里读书的学生多为贵族或有钱人家的子女。

吴文藻接着还讲到了导师制的情况。他说，导师制起源于英国高校，十名左右学生为一组，由一位导师负责，导师要负责学生的学习、品德、生活诸方面的问题，因此，导师和学生的关系是十分密切的。

崔锅堂先生在《江阴文史资料》上撰文回忆吴文藻博士在重庆社会教育学院的这次演讲，崔先生写道：

> 1941年至1945年，我在重庆壁山国立社会教育学院读书，曾建议院长请冰心女士和吴文藻博士来院作学术演讲。因为我院每周六下午有聘请专家演讲的活动，先后来院的专家、学者有郭沫若、黄炎培、徐悲鸿等。……吴文藻博士还讲道："中国是半封建半殖民地社会，但由于全民抗战的关系，大学生的生活面貌已大大改观。我步行到贵院（指重庆国立社会教育学院——笔者注），看到你们男女同学在洗衣、晒被子、打扫清洁卫生，这是一种很好的现象。"吴文藻博士在热烈的掌声中结束了他的演讲。
>
> 当时听他学术演讲的师生很多，除郭沫若来院作《儒家教育之渊源》演讲的听众最多外，其次就是吴文藻博士的演讲了，吴博士在演讲中多次受到听众的热烈鼓掌。（摘自《江阴文史资料》1996第15期，《夏港报》1996年3月28日第三版）

国民参政会

冰心在“妇女生活指导委员会”文化事业组的时间很短，而作为社会贤达进入参政会，成为参政员却长达几年。

国民参政会是抗战开始后，各阶层人民强烈要求政治民主，国民党政府被迫成立的。参政会只是一个咨询机构，并无实权。

1938年7月6日，第一届参政会在汉口召开。其中国民党员占多数，共产党在两百名参政员中只占七个席位，还有一些无党派人士作为“社会贤达”参加。毛泽东、周恩来、林祖涵、邓颖超、秦邦汉、陈绍禹、梁实秋等均为国民参政会的参政员。第一届议长是汪精卫，他后来投敌，由蒋介石接任。

1941年3月1日，第二届参政会在重庆召开。由于会前爆发了震惊中外的皖南事变，蒋介石指使军队袭击了新四军，军长叶挺被俘，副军长项英殉难，新四军九千余人大部分壮烈牺牲。这在重庆引起一片哗然，《新华日报》发表了周恩来的“江南一叶”、“相煎何急”的诗文予以声讨。中国共产党的参政员拒绝参加第二届参政会。著名记者邹韬奋也因国民党封了他所办的生活书店，愤然辞去了参政员职务，离开重庆前往香港。

冰心因支气管扩张旧疾复发，没有参加参政会的第一次大会。没想到，会后国民党的宣传部长程沧波突然找上门来，在寒暄几句之后，就问冰心为什么没去开会，冰心说因为身体不适的缘故请了假。程沧波又说：“共产党议员拒绝出席会议，你也缺席，总不太好吧！”冰心反问道：“大概生病不至于也采取统一步骤吧！”冰心告诉他，如果身体好一点，还会到一下会的。但她终究没有出席这次参政会。在冰心成为参政员后，陈布雷来找她，希望她参加国民党，但冰心婉拒了他的好意，冰心说：“我对国民党没有汗马功劳，现在你们在朝了，我再参加就不太好了。”

二、“文协”欢迎冰心、茅盾、巴金、徐迟等人

1938年8月中华全国文艺界抗敌协会从武汉迁到重庆后，就成为国统区抗战文艺活动的核心。1940年12月7日，由老舍主持的“文协”在中法比瑞同学会举办茶话会，欢迎近期从外地来重庆的会员冰心、茅盾、巴金、徐迟等人。郭沫若、田汉、阳翰笙、洪深、艾青、冯乃超等一百多人出席了这次活动。

冰心见到许多老朋友，也结识了一些新朋友，经朋友介绍，冰心认识了阳翰笙。

阳翰笙（1902—1993），四川高县人。1923年5月在上海大学插班就读。1925年3月加入共产党。五卅运动中，曾任全国学联常务理事。1929年参加发起组织“左联”，并担任“左联”党团书记和中共中央上海局文委书记。同期创作了《十姑的悲愁》《义勇军》等中短篇小说。第二次国共合作后，与郭沫若筹组国民政府军委会政治部第三厅，并担任主任秘书，为国统区文化界的民族统一战线作出了很大贡献。在此期间，创作了《李自成之死》《塞上风云》《八百壮士》等大量优秀影剧文学剧本，鼓舞了全国抗日军民的斗志。新中国成立后，先后担任中华全国影协主席、国务院文化工作委员会机关党组书记、中国文联党组书记。（《中国现代作家大辞典》，新世界出版社，1992年，第543页）

第一次见到了周恩来

在这次茶话会上，冰心第一次见到她一生最为敬重的周恩来：

> 会开始不久，总理（这是冰心1977年的回忆文章，故用此称谓）从郊外匆匆赶来，他一进会场，就像一道阳光射进阴暗的屋子里那样，里面的气氛顿然不同了，人们顿然地欢喜活跃起来了！总理和我们几个人热情地握过手，讲了一些欢迎的话。这些话我已记不清了，因为这位磁石般人物，一下子就把我们的注意力吸引住了！只见他不论走到会场的哪一个角落，立刻就引起周围射来一双双钦敬的眼光，仰起一张张喜悦的笑脸。这是一股热流，一团火焰，给每个人以无限的光明和希望！这在当时重庆的悲观、颓废、窒息的生活气氛之中，就像是一年难见几次的灿烂阳光。（《永远活在我们心中的周恩来总理》，《冰心全集》，第六卷，第597页）

1941年3月15日，在中华全国文艺界抗敌协会成立三周年之际，“文协”通过信函选举的办法，选出在重庆的理事，冰心同郭沫若、老舍、茅盾、田汉、巴金等25人当选为理事。

三、歌乐山“潜庐”

歌乐山林家庙5号

在重庆这座山城，一旦雾季过去，日机就开始空袭，炸声四起，惊恐的人们，扶老携幼，奔向防空洞。每当预袭警报响起，冰心和黄志廷、富奶奶带着三个孩子随着人流进防空洞。有的时候从防空洞出来，回到家里不久，警报声又响起来，又得仓皇返回防空洞，弄得大家极度疲劳。偏偏就在这个时候，小女儿吴青得了肺炎，发着高烧，怎能让她待在阴暗潮湿的防空洞里呢？冰心就独自留在家里守护女儿。一次，敌机多次俯冲下来，十分危险，冰心只好乘空袭间歇，把女儿抱进防空洞。在日机狂轰滥炸中，邻近七个患肺炎的孩子都先后夭折了，只有吴青幸存了下来。

为了躲避日本飞机的轰炸，也为了摆脱复杂的政治环境，在友人的帮助下，冰心买下了坐落在歌乐山半山腰的一座土房。这就是林家庙5号的新居：

> 向东的一座土房，大小只有六间屋子，外面看去四四方方的，毫无风趣可言！倒是屋子的四周那几十棵松树……把房子完全遮起，无冬无夏，都是浓阴逼人。房子左右，有云顶、兔子二山当窗对峙，无论从哪一处外望，都有峰峦起伏之胜。房子东面松树下便是山坡，有小小的一块空地，站在那里看下去，便如同在飞机里下

视一般，嘉陵江蜿蜒如带，沙磁区各学校建筑，都排排在眼前。隔江是重庆，重庆山岗上是南岸的山，真是“蜀江水碧蜀山青”（李白诗），重庆又常阴雨，但雾之中，碧的更碧，青的更青，比起北方山水，又另是一番景色。（《力构小窗随笔》，《冰心全集》，第三卷，第319页）

2009年6月5日，吴青和我趁在重庆北碚西南大学开会之际，重访了阔别六十多年的重庆歌乐山，会务负责人热情地派车送我们上了歌乐山。在歌乐山山顶森林公园入口一侧，我们开始寻找当时的林家庙，但这个地址已无人所知，无处可寻，我们只好在周边的房屋群中探寻。在不远处，我们发现了一座小楼，朝上望去，看见在房前的围墙边上站着两个人，于是我们沿着山间小道向山坡上的小楼走去，到了房前冒昧地请求房主让我们上去看看。当我们说明来意之后，房主居然告诉我们他们的两层小楼就是人们所称的冰心楼。这原是当地轻工业局所建的办公楼，后来森林公园开发，他们就放弃了，有两对姐妹托人把它租下，并重新装修，两家的夫妻和他们的老人也就搬进来住。这座瓷砖装饰的白色小楼四周有松林环抱，看上去俨然像一座别墅，是一处休养生息的绝好地方！这并非是冰心所说的那座土房地基上的建筑，房前院外周边倒是松林茂密，还有一棵百年老松，估计那座土房就在前方的山坡下，年长日久也就坍塌了，与歌乐山融为一体了，倒是这座小楼成了冰心在歌乐山故居的见证和象征。

“潜庐”常客——老舍

吴文藻在国防委员会参事室上班，依然住在顾一樵的“嘉庐”里，每到星期六才回到歌乐山的家。

冰心把这栋房子取名为“潜庐”。这个山居清幽而不寂寞，经常有

当时经常拜访“潜庐”的老舍（1899—1966）。

冰心（左二）与二弟谢为杰（右二）及他的朋友赵汝晏（右一）在重庆“潜庐”的合影。

文艺界的朋友来访，吴文藻的清华同学也常来度周末。老舍就是他们的常客，他来了就无拘无束地谈“文协”的事以及作家们的事。

老舍是冰心儿女最欢迎的客人，两个女儿特别喜欢听他讲故事，大女儿喜欢读他的剧本。老舍每次来，总要带点花生米之类的食品，孩子们就可以放开来吃，因为平时爹爹给孩子的零食都有一定的量，舒伯伯一来，他们就可以吃到加倍的点心！他给大家带来了欢乐！

老舍第二次上歌乐山时，还带来一首律诗——《贺冰心先生移寓歌乐山》。

1941年8月23日，《新蜀报》发表了老舍的《诗四章》，《贺冰心先生移寓歌乐山》就是其中的一首。诗中“鸟声人语山歌乐，自有文章致太平”两句，表达了老舍对冰心继续推出新作的期望。

一天，老舍陪郭沫若、冯乃超上歌乐山。他们倾心相谈，话题从战事到和平，由文艺到文化以及文化界的事情。郭沫若还关心着冰心的健康状况，要她多注意休息。几天后，老舍再次上山，带来了郭沫若赠给冰心的一首五言律诗：

怪道新词少，病依江上楼。
碧帘锁烟霭，红烛映清流。
婉婉唱随乐，殷殷家国忧。
危怜送石瘦，贞静立山头。

（1941年7月16日）

诗歌对冰心所处状况作了描述：身处歌乐山的冰心，因为生病，新的作品比较少，但她依然忧国忧民。“贞静立山头”可以说是冰心当时生活的情景与心境、冰心人品与文品的真切写照。

四、《关于女人》出版前后

以“男士”笔名发表《关于女人》的文章

冰心到重庆定居下来后，也在思考着创作。1940年除夕写的那首诗歌《鸽子》，就是她对敌机轰炸可怖情景的描述和感受。不久，《星期评论》的主编、吴文藻清华的同学刘英士来看望冰心，请她为杂志写稿。冰心答应下来，并以《关于女人》为题、以“男士”为笔名发表文章。这就是她以男士的角度谈女人在家庭中的地位、战时妇女的精神状态的九篇文章。

第一篇《我最尊敬体贴她们》在《星期评论》发表后，冰心拿到了稿费。据她回忆：“我们就是拿《关于女人》的第一篇稿费，在重庆市上‘三六九’点心店吃的一九四〇年的年夜饭。”

从1941年1月开始，冰心大致一月一篇，继续发表了《我的择偶条件》《我的母亲》《我的教师》《叫我老头子的弟妇》《请我自己想法子的弟妇》《使我心痛头痛的弟媳妇》《我的奶娘》《我的同班》。由于《星期评论》停刊，冰心的文章就此打住。

在写作《关于女人》期间，冰心在学生李曼瑰参与编辑的《妇女新运》发表散文《悼沈骊英女士》《我的童年》，诗歌《生命》，应《文坛》编辑姚蓬子之约写了《自传》，又为罗莘田的川南游记《蜀道难》写序。

1942年冬，冰心继续撰写中断了20年的给小读者的通讯，从1943年元旦开始在重庆《大公报》发表，题为《再寄小读者》，先后发表了四篇，随后又为《生活导报》的周年纪念写了以“潜庐”为背景的散文《力构小窗随笔》，在《华声》上发表小说《空屋》。

《关于女人》于1943年9月出版。这是1945年11月开明书店的再版。

杨树萱

1943年春，冰心接到大弟为涵的信，说弟媳的大弟杨建基的二女儿杨树萱（1925— ）在上海医学院念书（从上海迁来重庆），希望给她一些关照。虽然学校是公费的，日常的生活费也是不可少的，在1943年至1946年杨树萱学习期间，冰心给了她一些生活补贴，帮她解决了一些困难。1946年学校搬回上海，杨树萱回到了上海。据她回忆，她在南京中央医院实习时，还见到一次冰心表姑，那时冰心就要去日本了。冰心在日本时，杨树萱就参军了，后在天津二五四医院工

關於女人

二 我的擇偶條件

男士

《关于女人》连载于1941年1月到12月的《星期评论》，署名“男士”。这是第二篇《我的择偶条件》。

作。杨树萱退休前在北京解放军某医院工作，她的丈夫王家宠退休前是中华全国总工会的干部。

《关于女人》出版

1943年春，当天地出版社知道《关于女人》的作者是冰心的时候，就托冰心的一个学生来商谈出版《关于女人》的事。由于分量较薄，他们要求冰心再多写几篇，合在一起出版。

期间，冰心病了一场，耽搁了一些时间，最后补写了《我的同学》《我的朋友的太太》《我的学生》《我的房东》《我的邻居》《张嫂》《我的朋友的母亲》共七篇文章，然后把它们和一篇后记，一并交给了出版社。

《关于女人》于1943年9月出版。该书出版后，销路极畅，出版后不到三个月，出版社就准备再版。据一本美国文艺杂志的报道，《关于女人》成了重庆最畅销的书（The best seller in Chongking）。

叶圣陶关心冰心创作

当《关于女人》开始发表不久，叶圣陶就注意到了，他以“翰先”为笔名，在《国文杂志》上介绍了冰心，并对《我的同学》作了点评：

> 这回选读一篇散文，是从重庆一种叫做《星期评论》的杂志上选出来的……“男士”当然是笔名，无法考察。但据“文坛消息家”说，作者便是大家熟悉的冰心女士。从提取笔名的心理着想，也许是真的。现在假定他真，那么冰心女士的作风改变了，他已经舍弃它的柔细清丽，转向着苍劲朴茂。

叶圣陶一直关心着冰心的创作，为冰心的《冰心小说集》《寄小读者》等作品都作过精彩的点评。在介绍《冰心著作集》时，叶圣陶写道：

作者以诗人的眼光看一切，又用诗的技巧驱遣文字。她的作品，无论诗，小说，还是散文，广义的说都是诗。二十多年以来，她一直拥有众多的读者。文评家论述我国现代文学，谁也得对她特别注意，作者详尽的叙说，这原是她应享的荣誉。（《叶氏父子广告集》，上海三联书店出版）

叶圣陶作品曾深深地打动过冰心，而他献身教育事业以及扶植青年的高尚品格更令冰心敬佩。冰心曾说："多么好的老编辑，多么严谨的老学者，像我这样一个散漫的人，在叶老面前，只有拜服、惭愧。"

1944年8月，出版家叶圣陶从成都来到重庆，处理开明书店搬迁的有关事宜。冰心闻讯后，立刻前往看望，不巧叶圣陶外出，没有见到。冰心只留下一张条子。叶圣陶回来后，得知冰心在重庆参加国民参政会第三届第三次会议，临时住在重庆的"嘉庐"，于是立即回访。冰心谈起天地出版社刊行的《关于女人》错误太多，又一再拖延再版，想把这本书的改正稿交给开明书店重新出版。叶圣陶答应了。1945年2月，冰心写了《再版自序》后，将书交给开明书店。同年11月，《关于女人》出了再版本。

五、与巴金的友情

与开明书店的一段因缘

冰心与开明书店曾有过一段因缘，开明书店在1929年就出版过冰心的小说、散文集《往事》。1940年，冰心刚到重庆不久，巴金当时在开明书店兼任编辑，来探望冰心，得知她生活拮据，就提出："你的书应在内地重印。"冰心欣然同意，并给巴金写了信：

巴金：

上次说将我全集及其他作品交开明付印等等，请你就进行，要有合同。从前在北新，每月版税三百，希望不再少，最好能多，如今进行（物价贵了）。我在妇指会言明系义务性质，且为期不过三月（每星期去一次）。物价贵了，有版税收入，可以仗仗腰子，原本《全集》是为北新而作（内有北新字样），重印当然可以。可多请你在原序之外，再作一序？几个字就得。我请人作序，还是第一次，请你同意吧！连日发热头痛，至今未愈。真想昆明！余不赘。著安！

信请寄中一路嘉庐九号转。

冰心拜

一九四〇年十二月二十日

巴金接受了冰心的委托，把20世纪30年代初出版的《冰心全集》，改编为《冰心著作集》，增加全集出版后创作的几篇，仍分小说、散文、诗歌三卷，1943年由开明书店出版。巴金为《冰心著作集》写了真切而动情的后记：

> 十几年前我是冰心的作品的爱读者（我从成都搭船去渝，经过泸县，我还上岸去买了一册《繁星》，我的哥哥比我更爱她的著作，他还抄过她的一篇小说《离家的一年》），过去我们都是孤寂的孩子，从她的作品那里我们得到了不少的温暖和安慰。我们知道了爱星、爱海，而且我们从那些亲切而美丽的语句里重温了我们永久失去的母爱。我记得《超人》里那个小孩，我爱她的母亲，也叫我们爱我们的母亲。世界上真的有不爱母亲的人么？现在我不能说是不是那些著作也曾给我添加过一点生活的勇气，可是甚至在今夜对着窗外的洗礼的雨声，我还想起我们兄弟从书上抬起头相对微笑的情景，我抑制不住我的感激的心情。固然我们都是三十几岁的人了，可是世间还有不少孤寂的孩子。对那些不幸的兄弟，我想把这《冰心著作集》当作一份新年礼物送给他们，希望曾经温慰过我们的孩子的心的这册书，也能够给他们在寒夜的夜间和寂寞的梦里送些许温暖吧。
>
> 1941年1月记
>
> 1942年12月重写

巴金不仅以亲身的感受和深挚的笔调记叙了冰心作品给孩子温暖的爱，而且也表达了巴金一心为读者，“把心交给读者”的创作精神。

30年代初开始的交往

巴金（1904—2005），原名李尧棠，字芾甘。祖籍浙江嘉兴，出身于四川成都一个官宦家庭。五四运动中接受民主主义和无政府主义思潮。1920年至1923年在成都外语专科学校攻读英语，参加进步刊物《半月》的工作，参加与组织“均社”，进行反封建的宣传活动。1923年赴上海，不久到南京东南大学附中读书。1925年夏毕业后，经常发表论文和译文，宣传无政府主义。1927年赴法国，翌年在巴黎完成了第一部中篇小说《灭亡》。作品描写一个青年无政府主义革命者的斗争、苦闷和失败。1929年在《小说月刊》上发表后反响强烈。回国，居上海数年之多，著作甚丰。“爱情三部曲”《雾》《雨》《电》描写了当时中国青年知识分子寻求革命的历程，在青年中有广泛的影响。最著名的长篇小说“激流三部曲”之一的《家》，于1931年以《激流》为题在《时报》连载。这部小说以五四后的中国社会为背景，描写了一个封建家庭制度必然灭亡的命运。这是巴金的代表作，也是我国现代文学史上最卓越的作品之一。抗日战争时期，巴金辗转于上海、广州、桂林、重庆，进行抗日宣传等活动。1949年出席第一次全国

1991年，巴金读冰心的生日贺信。

1994年，冰心在巴金的画像旁题词：“人生得一知己足矣，此际当以同怀视之”。

文代会，当选为文联常委。1960年当选为中国文联副主席和中国作协副主席。“文革”中，遭到了残酷的迫害。1978年起，在香港《大公报》连载散文《随想录》，以坦诚的态度深刻反省自己、国家和人民的命运，敢于说真话。

冰心和巴金的交往可追溯至30年代初的北平，那是在1933年年初，巴金在冰心的好友章靳以的陪同下，第一次来到冰心家。他们是来为《文学季刊》组稿的。1945年，抗战胜利，冰心由重庆返回北京。巴金则回到上海。1946年12月，冰心的丈夫吴文藻出任中国驻日本代表团政治组组长，冰心随吴文藻一起赴日。赴日后，冰心和巴金始终有书信往来。

1947年5月8日，冰心致函身处上海的巴金，她大约在15日可到上海，嘱他和居住在施高塔路四达里22号的赵清阁联系。

从日本归国后，在北京，在上海，冰心常会看到快乐的精神饱满的巴金和他的幸福美满的家庭。每次她到上海，巴金和靳以一定来接她。大家一同去逛城隍庙，买糖，买小吃，参观鲁迅纪念馆……1959年靳以去世以后，巴金仍坚持一个人去接冰心。而他每次到北京，除了在公共社交场合见面之外，自然也必到冰心家去。

八九十年代巴金每次到北京开会，就会到冰心在西郊中央民族学院的家来探望。一次他还约了夏衍，还有一次他带女儿李小林和女婿祝鸿生一起来。平时他们书信来往也很频繁，特别是到了晚年，他们更是相互体贴、牵挂。

1980年，以巴金为团长，冰心、林林为副团长的中国作家代表访问日本，团员有邓友梅、翻译陈喜儒等。巴金和冰心的女儿也随团前往。访问闲暇，两位老人有机会长谈，备感亲切。回国后，两老希望有机会再次相聚，曾相约在杭州西湖再见，冰心因身体的原因，始终未能成行。1994年冰心住院，冰心和巴金只能通信问候，巴老的字，写得越来越大，有时还请小林或端端代笔。选出以下几封以飨读者：

冰心大姐：

到杭州将近一月，下星期就要回家。昨天给您写了一封信，写到一张半，觉得情绪不对，又在发牢骚，没有意思，索性把它作废，另起炉灶，简单写几句。先说我的情况，我的身体好些，但老实说应该是一年不如一年，这次到杭州火车停下来，别人搀我下车，我几乎不能走路。我现在拄着手杖或者推着助步器还可以走几步，这说明上半年我的身体很差。我只讲自己，因为徐钤、祁鸣从北京带给我您的录像带，他们代我去探望您，把我引到您的客厅，分别九年之后我又见到您，还是那样谈笑自如，那样风趣，还谈起我的"生活秘书"吴小平，那个写信要您签名送书的小青年。

我很累，不写下去了。想不到写这短信也很吃力，我看，我的脑子有毛病。但信总是要写的。即使写字不成形，我还是不能丢掉我这支秃笔。那么再见吧！请多多保重。

祝

好！

巴金

5月9日，94年

问候您全家。

冰心大姊：

来杭州以前就准备今年10月4日从西湖给您发个电报，只有几个字：祝您生日快乐。一句极平常的话，说明我真实的感情，这多好！可最后改变了主意还是通电话，没有想到5日那天您到医院躲生去了。不能让您听到我的声音，也没有能听到您那有风趣的讲话，不用说，有点失望，但也可以说抱着更大的希望：明年想个办法给您拜生、给您祝寿吧。

我常说身体一年比一年差，这是真话，不过我看也有反过来的时候。的确最近手又抖了，自己感觉精神良好，乐观起来，常常做同你见面的梦。

祝生日快乐！

巴金

94年10月8日

问候吴青、陈恕和您全家。

冰心大姐：

您好！

好久不给您通信了，很想念您。我躺在床上，不能看书、看报，不能写字，整天看着天花板。医生说还得再这样躺一个月。我时常想起您，就好像我们还经常见面一样。一年又过去了，我们似乎又都老了一岁，但是您是思想不老的人，永远年轻，我要向您学习。我不能拿笔亲自给您写信。我找端端给我代笔，向您问好，祝贺您新年万事如意，早日康复健康。

问好全家。

小弟 巴金

94年12月31日

于华东医院

端端代笔

冰心奶奶：

妈妈、爸爸和我在这里给您拜年。

端端（注：李小林的女儿。）

冰心大姊：

读到您的来信，高兴极了。这是我熟悉的您的手迹。它说明您的身体渐渐地好起来了。我的病情也有好转，赶快把这个好消息告诉您，让我们互相安慰吧，让我们互相鼓励吧。请保重。祝

好！

小弟 巴金

95年5月27日

冰心大姊：我也很想念您！

巴金

97年6月11日

为香港回归欢呼！

贺“巴金与二十世纪研讨会”

我把你给我的信都用一个盒子装起来存着，因为你一辈子只讲真话，我知道你对我的情谊，也句句是真话。

冰心

1994年4月9日

（注：研讨会由中国作家协会、中华文学基金会等单位主办，1994年4月14日—16日在北京国际饭店召开。）

巴金老弟：

信收到，天那么热，你还给我寄信，真太感谢了！这里也是又热又闷，气都喘不过来，我屋里装有空调电扇机，还好一点，你想必也有电扇机吧？

吴青8月8日可回到北京，我真想她。林焕平教授要的字，我不日就寄去。

千万保重。问好你们全家。

冰心

7月29，94

巴金老弟：

好久没有给你写信了。近来懒得很，觉得写信没意思，吴青从上海回来说你好得很，不久又要到杭州去小住。我觉得这都是好消息。我还好，只是近来常觉得精神不振，大概是老了。我已经九十五岁了，但是对你仍然关心。

大姐

冰心

95.5.10

巴金老弟：

我想念你，

多保重！

1997年2月22日

六、日军占领燕大

1941年12月7日深夜，日军偷袭珍珠港美国海军基地次日，英美对日宣战，太平洋战争爆发了。全世界的战局发生了急速的变化。

仅仅在日军偷袭珍珠港几小时后，驻扎北平的日本宪兵就开进燕京大学。教务长，总务长，文学、法学院的院长，系主任，还有赵承信等几位教授以及许多抗日爱国的学生都被关进了日本陆军监狱。燕京大学师生、家属被逐出校园，燕京大学从此被封闭。（参考李跃森《司徒雷登传》，第173页，中国广播电视出版社，2004年）

这一天是星期日。司徒雷登应燕大天津校友会的邀请前去作了一次演讲。星期一早晨，他准备返校时，两名日本宪兵找到他，将他押解上火车回北平。在前门车站下车后，宪兵带着他走到前美国领事馆海军陆战队营房。

司徒雷登和大约两百名海军陆战队人员关在一起。被关在同一间牢房里的还有协和医学院常务副院长霍顿、财务主任鲍恩和教师斯乃博。

同时，日军从西苑兵营直扑海淀，包围了燕京大学，派兵把守校门，不许教职员出入。

日军占领了贝公楼，校长办公室被封，贴上了“大日本宪兵队”的白色封条。所有教学楼都被贴上了封条。学校当局被迫召开师生大会，主持会议的高厚德只说了一句话：“现在我宣布学校停办！”

日军勒令所有学生集中在贝公楼上层的大礼堂，华籍教职员集中在博依德体育馆，外籍教职员集中在临湖轩。当天，他们逮捕了陆志韦、赵紫宸等19名华籍师生，以及所有在校的英美籍教授，用卡车押往日本宪兵司令部所在的沙滩红楼——原北大文学院。招生课主任戴艾桢只是在贝公楼窗口向被捕的师生招了招手，也被押上了囚车。

囚车驶出校门的时候，大家敬重的鸟居龙藏教授，静静地伫立在寒风中，向被捕的师生们深深地鞠了一躬。

只有林迈可夫妇、班威廉夫妇在日军包围燕大前10分钟开着司徒雷登的汽车逃脱，去了河北平山的晋察冀抗日根据地，然后转道前往延安。

紧接着，日军宣布解散燕大及所属中、小学，在西校门挂上了“华北综合调查研究所”的招牌，限定学生在12月9日下午3点以前离校。西校门的石桥边有荷枪实弹的日军宪兵和伪警察把守，检查行李。学生们陷入混乱和惊慌之中，争先恐后地逃离学校。这时，鸟居龙藏教授出面斡旋，才使许多师生的物品安全地运出学校。

一个月后，司徒雷登、霍顿、鲍恩和斯乃博被宪兵转移到东单三条霍顿家中监禁。

5月9日他们被移送到外交部街一个英国商人住宅的后院，此后三年零八个月，他们一直就被监禁在这里。（转引自李跃森《司徒雷登传》，中国广播电视出版社，2004年，第173—174页）

1942年2月，后方的燕京大学校友、董事们得到这不幸消息后，便集会商讨，决定在成都复校，同时成立复校委员会和复校筹备处，租用成都陕西街27号的华美女中及毗邻的启化小学，重新组织燕京大学，由教务长梅贻宝代理校长。蒋介石专门发来贺电。

后来，滞留北平的师生们闻讯纷纷南下，陆续来到大后方。在美国的包贵思也结束了休假，奔赴成都参加复校工作，并担任西语系主任。

七、与谢冰莹、浦薛凤、梁实秋、赵清阁的交往

在燕大（成都）演讲，与谢冰莹见面

复校工作就绪后，校方便带信请冰心到成都给燕京大学学生讲话。冰心很珍惜母校的邀请，抽空搭了洛克菲勒基金会的便车到了成都，在燕大礼堂作了《闲话燕京》的讲演。讲演结束后，在前排座位上，有一位一直期待着"家姐"的人，向冰心走来，她就是女作家谢冰莹，冰心见到她也很高兴。

谢冰莹（1906—2000），原名谢鸣岗，字凤宝，湖南兴化人，又名谢彬，与成仿吾、陈天华号称"新化三才子"。从小随父读四书五经，后就读于湖南省立第一女校，未毕业即投笔从戎，于1926年冬考入武汉中央军事政治学校。次年参加北伐，随中央独立师副师长叶挺西征，讨伐杨森、夏斗寅。谢冰莹把在行军途中记录的所见所闻，以《从军日记》的标题，在《中央日报》副刊上发表，以粗犷的风格，描写一个女性在战斗中的形象。此书很快被译介到国外，并因此扬名。1927年军政学校女生队解散，先后入上海艺大、北平女师大学习。1931年及1935年两渡扶桑，就读于早稻田大学。1935年曾因"抗日反满罪"在日本被捕。

抗战爆发后组织湖南妇女战地服务团，赴前线参加战地工作，写下了富有历史价值的《抗战日记》。抗战后期还在重庆主编刊物。曾任北平女师大、华北文学院教授。1948年赴台湾，任台湾省立师范学院（后

改为师大）教授。1971年因右腿跌断退休，定居美国旧金山。著作甚丰，代表作《女兵自传》，以作者前半生的坎坷经历，刻画了一个在旧中国具有强烈反抗精神的女性。此书相继被译成英、日等十种文字。

1981年中国大陆学者严纯德教授前往旧金山访问时，专程访问了谢冰莹。谢冰莹一见面便问起冰心的情况，并且记起在成都听过冰心《闲话燕京》的演讲。

浦薛凤被蛇咬伤

浦薛凤（1900—1997），时任“国防最高委员会参事”，单身一人在重庆，家眷则安排在老家常熟城里，只有通信联系。久与家人离散，两地相思，十分苦闷。冰心对文藻说，要他多关心浦薛凤。浦薛凤时常于周末随吴文藻上山，“先乘船渡江，随即叫坐滑杆，一路上山。既可换换空气，又可躲避空袭。文藻、婉莹寓所自系战时建筑，但恰大小合适，雇一当地女佣，便利不少。于星期六去则住一晚，星期日去则当天回宿舍”。（沈秋农：《春秋七序友谊长存——浦薛凤、吴文藻、谢冰心的交往》，《人民政协报》，1989年6月30日第3版）

一次，冰心、吴文藻、浦薛凤应邀去顾一樵家聚会。顾一樵的家已搬到重庆青木关，途中浦薛凤被蛇咬伤，后送进中央医院治疗，许多新知故友都前去探望，冰心也前往医院探望。冰心还填了词，赠浦薛凤：

《赠逖生病中 调记浣溪沙（水仙）》

寄托闲情到水仙，

病中心绪阿谁边，

拥衾无语看炉烟。

微步凌波应解舞，

生麈罗袜亦翩跹，

不输梅蕊占春先。

浦薛凤出院后，吴文藻把他接到歌乐山静养了一段时间，浦薛凤为答谢冰心的照顾，也步韵奉答：

影里红梅梦里仙，

依稀地脚又天边，

思丝如水复如烟。

飞燕娇嘘添馥郁，

贵妃醉酒更蹁跹，

甜香秀色百花先。

冰心的咏水仙词和浦薛凤的咏梅词，这一来一去的诗词唱和，当时已传为佳话。在重庆的许多清华人士，用冰心韵填词唱和，给紧张的战时生活增添了一些舒缓的乐趣。

为梁实秋题词祝寿——一个人应当像一朵花……

七七事变后，梁实秋（1903—1987）让家眷暂时留在北平，一人来到重庆，在北碚与吴景超、龚业雅夫妇共租了一座民房，梁实秋把它取名为“雅舍”。

梁实秋和冰心一样也是国民参政会的参政员，每月有一担白米的薪水。还在编译馆主持翻译委员会工作，并担任教科书编辑委员会常委，1938年年底开始编辑《中央日报》副刊《平明》。在《编者的话》中，他写道：“与抗战有关的材料，我们最为欢迎，但是与抗战无关的材料，只要真实流畅，也是好的。”这引起一场关于“抗战无关论”的论争。

抗战胜利后，梁实秋回北平任师大英语系教授，1949年到台湾，任台湾师范学院（后改为台湾师范大学）英语系教授，后兼系主任，再后又兼文学院院长。1961年起专任师大英语系研究所教授。

1943年后着力较多的是散文和翻译。《雅舍小品》就是在“雅舍”的创作成果，是他的散文代表作，从1949年起二十多年共出4辑，文笔简练圆润，挥洒自如，颇受称道。20世纪30年代开始翻译莎士比亚作品，持续四十载到1970年完成了全集翻译，计剧本37册、诗3册。晚年用了七年时间完成百万言著作《英国文学史》。

梁实秋（1903—1987）

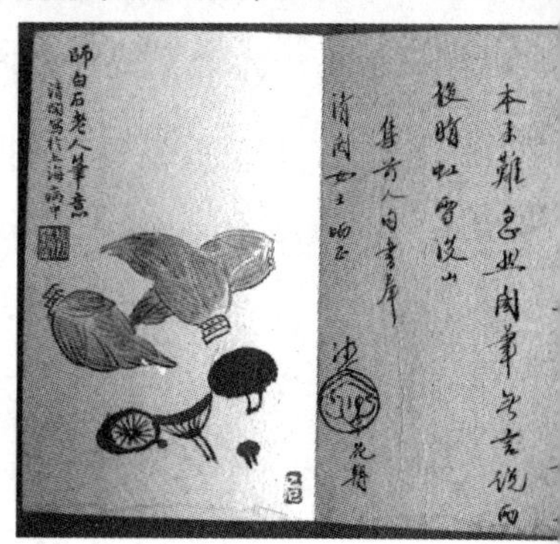
冰心为赵清阁画的题词。

冰心下山进城，常常要到北碚的“雅舍”坐坐。住在“雅舍”的人也都是冰心的至交，谈话十分投机。一次，冰心来“雅舍”，正值寒冬，几个人围着炭火谈到深夜。梁实秋说，冰心的“兴致特高，自动用闽语唱了一段戏词，词旨颇雅”，“冰心这晚未走，在雅舍与业雅挤在一张小床上过了夜……”

一次，梁实秋过生日，顾一樵、冰心、文藻等老友欢聚一堂，给梁实秋助兴，冰心说梁实秋在她的朋友中，像是一朵花，这时候在座的其他朋友听了，就问冰心，那他算是什么花呢？冰心回答道，实秋算是一朵鸡冠花，尚须继续培养。这样大家都笑开了怀，鸡冠花也只不过是一般的草花，还要好好培养，知道冰心就是开了个玩笑。寿星兴致很高，索求冰心题字，冰心欣然提笔，写道：

一个人应当像一朵花，不论男人或女

人，花有色、香、味，人有才、情、趣，三者缺一，便不能做人家的要好的朋友。我的朋友之中，男人中算实秋最像一朵花，虽然是一朵鸡冠花，培植尚未成功，实秋尚须努力！

庚辰腊八书于雅舍为

实秋寿

冰心

（《一个人应当像一朵花》，《冰心全集》，第三卷，第229页）

梁实秋和冰心一直保持着联系，但1951年冰心从日本回国后，联系就中断了。在“文化大革命”中，梁实秋听到谣传冰心过世，十分伤心，还写了悼词！1985年9月吴文藻去世，冰心给梁实秋写了信。梁实秋于1986年给冰心回信：

冰心：收到你的信和照片。文藻逝世伤心不已。知你没有“垮”，甚感欣慰。兹奉上乙丑腊八生日在馆所摄照片一帧，聊当晤面。一别数十年，相隔几万里，天实为之，复何言哉！珍重，珍重。

实秋

一九八六、四、十

在回忆《父亲梁实秋》中，二女儿梁文蔷这样写道：

1923年8月，清华这一级毕业生有60多人远赴美国。在那艘开往美国的轮船上，除了清华这批学生外，还有来自燕京大学的许地山和谢婉莹（冰心）。冰心当时因为《繁星》与《春水》两部诗集，在全国已经很有名，而父亲此前在《创造周报》上发表评论，认为那些小诗理智多于情感，作者不是一位热情奔放的诗人，只是泰戈尔小诗影响下的一个冷隽的说理者。

结果文章发表后没几天，他们就在甲板上相遇。经许地山介绍，两人寒暄一阵，父亲问冰心：“您修习什么？”“文学。你呢？”父亲回答：“文学批评。”然后就没话说了。

冰心当初给父亲的印象是“一个不容易亲近的人，冷冷的好像要拒人千里之外的感觉”。但接触多了，父亲逐渐知道，冰心不过是对人有几分矜持而已。冰心后来写首小诗戏称父亲为“秋郎”。父亲很喜欢这个名字，还以此为笔名发表过不少作品。

后来成为冰心丈夫的社会学家吴文藻是父亲在清华时的同学，他与冰心、吴文藻的友谊也维持一生。

1981年，我第一次回大陆。临行前，父亲嘱咐我替他找三位朋友——冰心、季羡林和李长之。我如愿地找到了前两位，最后一位一直下落不明。是一直留在北京的大姐梁文茜带我见的冰心，当时她正住院，虽然一直躺在那儿，仍能感觉到她的风度和优雅。我送给她父亲的一本书，我说：“爸爸让我带句话，‘他没变’。”冰心开心地笑了说：“我也没变。”我并不清楚他们之间传达的是什么意思。但我相信，他们彼此都明白那份友谊的力量，是足以超越时间和空间的。（摘自《三联生活周刊》2007年第3期）

1987年11月梁实秋去世，女儿梁文茜要求回台奔丧，梁续弦的遗孀韩菁清也向台湾有关方面提出申请，为此台湾方面提出要进入台湾，必须要在国外居住五年以上，即使来台奔丧也在这个条例之内，当时梁文茜携女儿已在香港等候，国民党迫于舆论压力，连夜开会研究，最终还是未能批准梁文茜入境。

遗孀韩菁清只有来到北京，在北京欧美同学会为梁实秋举办追悼会。冰心为梁实秋写了悼词，因为身体的关系没有出席追悼会，悼词由老舍夫人胡絜青代念。这件事引起社会各方关注，媒体为此作了详细报道，刊登了社会各界对台湾当局的抨击。据说在此以后，台湾方面对大陆入台的条件作了相应的调整。

追悼会后，梁文茜陪韩菁清专程探望了冰心，告诉冰心梁实秋在台的最后岁月，冰心请她节哀，并说她和梁实秋是多年的朋友了，对他的辞世，很惋惜。我还活着的时候，却读到梁实秋的悼词，现在轮到我给他写悼词了！韩菁清临行时赠送给冰心一盒西洋参和一盒她演唱的歌曲的录音磁带。

赵清阁的来访

1942年以后，敌机空袭重庆频率逐渐减少，这是由于日本空军主力调往太平洋战场，美国援华的空军进驻中国西南。日本对重庆和其他中国后方城市的空袭停止之后，上歌乐山看望冰心的人也多了。

活跃于文坛的女作家赵清阁有时和老舍结伴来看望冰心。

赵清阁（1914—1999），河南信阳人，20世纪30年代中期进入文坛，抗战时期主编《弹花》半月刊，并从事话剧创作，除与老舍合作写《王老五》（又名《虎啸》）等剧本外，先后创作《女杰》《活》《花木兰从军》《潇湘淑女》《清风明月》等剧，并改编雨果、勃朗特的小说为话剧，以《红楼梦》为原本改编创作了《冷月诗魂》《鸳鸯剑》《流水飞花》三部话剧，40年代后期转向小说创作。冰心视她为一位年轻有为、前途远大的女作家，对她十分关心、爱护。

1945年11月赵清阁回到上海，担任《神州日报》副刊主编，冰心与她联系密切，并随时报告自己的动向。在1945年12月21日致赵清阁的信中，冰心这样写道："文藻若仍在政府做事，我们大概是在南京。——上海曾有几个机会，商量之后，已谢绝了——但十有八九我们是回北平教书去。"（《致赵清阁》，《冰心全集》，第三卷，第370页）1946年3月4日，冰心在信中又告："我四月中旬能否走，还不定。我本心是愿意等小孩定了走（宗生五月底初中毕业，大妹四月底高中毕业），只怕国防会要还都去结束。我们如果还都，我们就得早走了。你何时回河南？现时物价重庆最便宜，我倒愿意多呆些时候。你如回来，这边天气太好了，天天大太阳，怪不怪？”（《致赵清阁》，《冰心全集》，第三卷，第376页）

冰心和赵清阁一直保持联系，20世纪90年代后期的书信往来还十分频繁。

2006年年初，我收到上海师大教授史承钧的来信，谈到赵清阁编注的《中国现代作家书信集锦》中有61封冰心致赵清阁的信，因该书不久就要付梓，特来信通知，亦是征得我的同意。我告诉他，我也正在编辑冰心的书信集，希望把这61封信寄给我，这样就可以补编进去。后来史承钧教授给我寄来这61封信，另外还有16封未来得及编入《集锦》的信。我告诉他，我这里也有许多赵清阁致冰心的信，待以后史教授再编一本时可以收入。这些书信可以让后人了解冰心和那个时代，具有十分重要的史料价值。

赵清阁主编的《沧海往事——中国现代著名作家书信集锦》，经史承钧教授精心编辑、校订以及上海文艺出版社的共同努力，已于2006年10月正式出版。这些书信对研究中国现代文学史是不可或缺的。本书中每一位作家给赵清阁的书信，都曾是他们生活的一部分，显示了他们的思想和个性，给研究者提供了难得的材料。

在这本《集锦》中冰心的信最多，共计61封，《冰心全集》只收了13封。从中可以看到他们之间的互相关切和爱护。如在“文革”中，冰心得知赵清阁在“卖书买药”，立即给她汇款救急，而赵清阁却不忍收下而悉数退回，那些往来的文字实在令人动容。赵清阁在这些书信后面，特地写下了一段按语，她深情地写道：“通过这些信看出建国前后两个时期，冰心经历了不少变化，有幸，有不幸，她都处之泰然。这是与她超逸的修养分不开的，我佩服她。我觉得她的一生，就是一篇优美的散文诗！”

八、吴文藻心系社会学

1942年春，吴文藻患上了严重的肺炎。冰心后来回忆说："我的身心交瘁的一个多月过去了，却又忙着把他搬回山上来，那时没有公费医疗，多住一天，就得多付一天的住院费，我这个以'社会贤达'的名义被塞进'参政会'的参议员，每月的'工资'也只是一担白米，回家后还是亏了一位文藻的做买卖的亲戚，送来一只鸡和两只广柑，作为病后的补品，偏偏我在一杯广柑汁内，误放了白盐，我又舍不得丢掉，便自己仰脖喝了下去！"在吴文藻病情最危重的时刻，还是钱德大夫的精心治疗和一支极为难得的盘尼西林，才挽回了吴文藻的生命！

吴文藻在家休息时，也不忘燕京在成都复校的事情。他请来看望他的学生李镇到重庆南岸请梅贻宝下山筹备复校事宜。考虑到战后建设需要，吴文藻介绍或派出他的学生到他认为从事社会学很需要的地方去。譬如，他希望曾在呈贡"魁阁"工作过的李有义到西藏去工作。吴文藻告诉他，到西藏，无论是从民族学还是从边政学，从宗教学还是社会学的角度，都是可以大有可为的。

李有义（1912— ），山西人。1931年考入北平燕京大学新闻系，选修冰心的"新文学习作"课。"冰心讲课与她写的作品一样，语言简练、清晰，没有废话，时而穿插些幽默的小故事。她还经常向同学发问，让同学发表自己的见解，使课堂上的气氛十分活跃。冰心老师从不用小考袭击大家，期末也没有大考。冰心老师要求学生每周写一短文，题目与内容皆随意，她阅读后给予评语。李有义的短文常常被冰心选出，在课堂上朗读后由全班同学讨论。”

吴文藻教授要求李有义“在学习社会学课程的同时，熟读古文，做个博古通今、贯通中西的学者”。

1936年，李有义毕业，留校任助教。吴文藻让李有义拜布朗为导师，从此，李有义就在布朗的直接指导下，进行研究和学习。1937年夏，李有义考入燕京研究生部。不久，七七事变爆发，李有义回到山西，在安邑县上郭村做了八个月的社会调查，随燕大撤退到昆明。

1939年9月，吴文藻教授为李有义的论文答辩请来了昆明的学术界专家教授，他们是：考古学大师肖璩、经济学大师陈岱孙、优生学大师潘光旦、人口学大师陈达、政治学大师钱端生和社会学大师吴景超。经过三个半小时答辩，李有义顺利地通过，获得了好评。

之后，李有义成了云南大学社会学系的专任讲师，主授“社会学概论”。1944年，担任国民政府国防最高委员会参事室参事的吴文藻推荐李有义参加蒙藏委员会驻藏办事处的工作。（引自杲文川：《中国藏学开拓者李有义》，《人物》2004年第9期）

吴文藻还建议陈永龄去新疆。李镇深知吴教授这一安排，是为实施“社会学中国化”计划的一部分，表示愿意和陈永龄同去新疆。吴文藻听了很高兴，并告诉他们，新疆情况复杂，不要直接以实地调查者身份进入新疆。国民政府正号召内地的教师到新疆去支边（当时为新疆政府主席的盛世才曾提出，新疆办教育，内地出师资），吴文藻说，他们可以一边教书，一边到附近的一些地方做实地调查。后来陈永龄到了新疆师范学校任教，李镇到了乌鲁木齐一所中学当教员。

陈永龄在吴文藻先生诞辰95周年纪念会上回忆了当初吴先生推荐他

和李镇去新疆的情况：

1942年秋，他在重庆推荐我和李镇去新疆任教。行前，他谆谆教导说：新疆是个民族学研究最理想的园地，希望你能深入下去，作好民族学调查。但入新后，在盛世才恐怖统治下，根本不许我下去调查，最后还被捕入狱。四个月牢狱生活使我瘦骨嶙峋。回到重庆时，我怀着未能完成文藻师的嘱托而深感内疚，他却说：是我让你受苦了，我不该介绍你去新疆。其实，正是因为我在新疆的经历，使我爱上了民族学专业，爱上了民族教育的岗位，并决定我此后一生的道路。（陈永龄：《深切怀念吴文藻老师》，载《吴文藻纪念文集》，中央民族大学出版社，1997年）

进入国防最高委员会参事室的吴文藻，在日理万机的繁杂工作中，平时接触和处理较多的仍为边疆的民族、宗教与教育等事务，这与他在燕京大学组织边疆少数民族地区实地调查、在云南大学组织实地研究工作室，接触到的许多问题都十分相同。而他当时所处的位置，在客观上有助于继续他的“社会学中国化”的事业，如他所兼任的社会职务：蒙藏委员会顾问、边政学会常务理事、《边政公论》刊物的编审等；同时，他还积极筹建燕京大学的成都分校，推荐从哈佛学成归来的、他的学生林耀华出任社会学系代主任，从而使他战时的“社会学中国化”得以继续。

吴文藻的社会学研究

中国自晚清以来，列强东来，边患迭出，国家陷入四分五裂的状态，这里既有帝国主义离间分化的问题，也有边疆内部抑或中华民族内部的问题，尤其是九一八事变东北沦陷，七七事变爆发全面抗战后，一些云集云南、四川的知识分子，越来越感到边疆问题的重要性，开始了

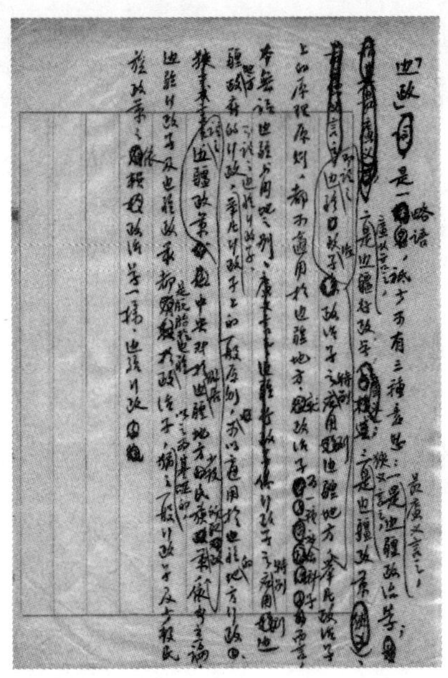

吴文藻关于边政学论文的手稿。

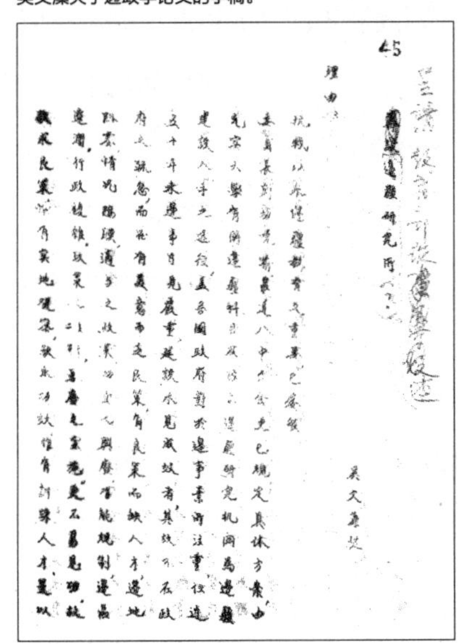

吴文藻致教育部设边疆研究所。

包括边疆的历史、地理、民族、文化等方面的研究。

顾颉刚是较早注意到这一敏感问题的重要学者，在离开燕京大学后，1938年来到云南大学，他创办了《边疆》周刊，旨在关注边疆的政治、经济、文化与自身各种问题，主张民族的统一性，他撰写的著名论文《中华民族是一个》，提出："历史的事实证明民族既不组织在相同的血统上，也不建立在相同的文化上；中华民族是在长期的各民族血统及文化的融合中形成的，早已不可分离。"（顾潮、顾洪：《顾颉刚评传》，百花洲文艺出版社，1995年，第132页）希望在中华民族最危险的时刻，以爱国心、同情心来进行民族的心理建设。

吴文藻在接触到大量的边疆问题后，也觉得这里面有许多值得研究的问题，但从当时普遍关注和研究的情况看，尚无深入，只是作为问题研究，而未能进入学理的境地，这就很难引起政界的注意，无法进入学界的学科建设。吴文藻根据他在燕京大学组织社区研究和实地研究工作站所获得的研究成果，根据他在参事室所掌握的资料，针对边疆研究的现状，提出了建立“边政学”的理论命题。

为此，吴文藻继1941年发表了《如何建立中国社会科学的基础》（刊于《三民主义》周刊，1941年11月重庆出版，后收入《吴文藻人类学社会学研究文集》）之后，于次年推出了建立边政学理论思考的重要论文《边政学发凡》。（刊于《边政公论》第一卷第5、6期合刊，1942年）吴文藻开宗明义，认为建立边政学的目的有二：“一是理论的，一是实用的。边政学原理的阐发，可使移植科学迅速发达，专门知识日益增进，举凡人口移动，民族接触，文化交流，社会变迁，皆可追本寻源，探求法则。这是边政学在理论上的功用。边政学范围的确定，可使边疆政策有所依据，边疆政治得以改进，而执行边政的人对于治理不同族不同文的边民，亦可有所借镜。‘为政由学始’就是这个道理。这是边政学在实践上的功用。”（《边政学发凡》，《吴文藻人类学社会学研究史集》，第263—264页）这是从长远理论建设与长久的边政管理而言，而从当时抗日的实际出发，吴文藻认为则有着更为重大的实用意义，中国的抗战仍为整个中华民族的解放战争，而非国内某一民族的解放战争，因而，如何组织和建立一个自由统一的中华民族，就得赖于边政学的贡献；当抗战胜利后，成为被压迫民族打倒暴力的表率，可以提高中华民族在国际上的地位，加强发言权，争取与世界各民族平等的权利，边政学研究应该发挥它最大的贡献。边政学的发凡与建立，是吴文藻对中国的人类学、社会学与民族学以至整个社会科学作出的又一重大贡献！

一般而言，对社会学的研究，包括吴文藻“社会学中国化”的呼吁与实践，不易引起官方与政界的重视，有时还会体现为学人试图通过学科建设达到改造社会的一相情愿的感情色彩，而边政学的提出情况有所不同，由于时代背景处于抗日时期，边疆问题在九一八事变与七七事变之后显得尤为重要，因而，边政学引起重视。1942年之前，一些学校曾设立了边政学系，有的则设立了边政进修科或训练班，有关“边政史”、“边政研究”、“边疆政治”等也出现在课堂，但是将边政学作为一门独立的系统的学科，比如什么是边政学的性质，内容包括哪些，边政学对边政建设与中华民族的地位有何种贡献等，却是在吴文藻提出建立边政学之后的事情。也就是，从那之后，边政学一时成为了显学，中央大学、西北大学都设立了边政学系。有学者指出：“以1944年建立的西北大学边政学为例，其课程设置就有边政学概论、中国边疆地理、中国边疆历史、边疆语文、边疆社会调查、边疆实习研究等。这就是说，‘边政学’乃是以当年全国各族人民彻底动员，加强抗战力量以抵御外侮，共同反击日本帝国主义侵略的时代为大背景的，并在一定程度上适应了时代的需求。……抗日战争胜利以后，当时的国民政府教育部先后批准在若干大学设立人类学系，其目的也在于培养边疆建设人才；到1949年夏天，浙江大学人类学系在改制之后的教育目标里，依然申明有‘训练边区工作人员’，其后调整的课程表里，也增设了中国边疆民族和边疆语言等方面的内容。”（周星：《“边政学”的再思考》，《吴文藻纪念文集》，第42页）也就是说，吴文藻提出的并有众多学人努力的边政学，在当时有了成果，产生了不少的影响。但是，又如周星博士所说，吴文藻提出的建立边政学的理论，他的《边政学发凡》重要文献，新中国成立之后基本被人遗忘，以至于在现今的民族学、人类学界仍有忽视，究其原因，当然自“极左”的影响，更多的可能是与对20世纪30年代至40年代的国统区边政学失之偏颇的批判或全盘否定所造成的。

作为参事室参事的吴文藻，日常主要的工作是到“衙门”上班，处理边疆方面的事务，这实际上是为国家承担边疆的政务、教育等实际工作。吴文藻进入参事室，从处理边疆问题的个案中积累了丰富的第一手资料，并在此基础上推出理性的思考。在一定的意义上吴文藻促成了社会学理论的具体化，进入“社会学中国化”的实施与操作阶段，从而使其进入改造中国社会的这个层次。（请参考 “心系社会学”，载王炳根：《世纪情缘——冰心与吴文藻》，第176—182页）

吴文藻随教育代表团访问印度

吴文藻病愈后不久，1943年2月便随以当时的教育部政务次长顾一樵为团长的“中国访问印度教育代表团”去印度考察民族和宗教问题，吴文藻对印度以宗教为基本社会形态的情况不仅收集了官方的统计、宗教社团提供的资料，而且进行了具体个案的考察：“印度人在初次见面的时候，不像中国人的习惯要询问你是某省某县人。籍贯在他们看来，是不重要的。最重要的是属于哪一个宗教团体。所以他们的民族集团是以信仰为基础，也就是以宗教为标准。”吴文藻亦考察了印度的喀斯德制度（caste system），即等级制度：不属于同一等级的人，不相往来，不得通婚等。吴文藻认为：“这点若从现代的眼光来看，无疑的，是人民团结的一大障碍。”在代表团回国后，吴文藻在中央文化运动委员会上作过《印度的社会与文化》的演讲：“我着重考察了印度的民族问题和教族（信印度教民族和信伊斯兰教民族）冲突问题，为国内研究民族和宗教问题提供参考资料。”（《吴文藻人类学社会学研究文集》，第283页）

吴文藻赴美参加反法西斯联盟的太平洋年会

1944年年底，世界反法西斯战争取得了决定性的胜利，日本侵略军发动的太平洋战争也进入尾声。反法西斯联盟国在美国召开了太平洋年会，讨论处理对日本方案。吴文藻随西南联大校长蒋梦麟率领的代表团出席了这次会议，这给吴文藻提供了较早的机会接触到对日处理的问题。吴文藻当时并没有想到，两年之后，他自己就成为处理日本投降的中国驻日代表团的成员之一。

1945年1—4月，吴文藻利用在美逗留期间，从东部到西部，访问了一些重要的大学与著名学者。他访问了哈佛大学社会关系系，重访了商学院，又访问了芝加哥大学社会学系与人类学系。回到母校哥伦比亚大学，与人类学系的老师与朋友进行了深入的交谈，了解到他们战时与战后的研究动态与计划。吴文藻说：“总的收获是了解到了行为科学的研究已从社会关系学发展到了以社会学、人类学、社会心理学三门结合的研究。”（《吴文藻自传》，第16页）

吴文藻在费城再次与赛珍珠取得了联系，这是继上次与冰心同访赛珍珠后，第三次拜访这位对中国有特殊感情的美国女作家。

吴文藻于 1945年5月6日回到重庆。

九、吴文藻参加中国驻日军事代表团

1945年8月，中国人民经过八年的艰苦斗争，终于赢得了抗战的胜利。1945年9月2日，日本签字投降后，日本由中、英、美、苏四国共管。各国都派一个军事代表团前往日本。

中国政府决定委派朱世明任中国驻日军事代表团团长。朱世明是吴文藻的清华同学，他的夫人谢文秋又是冰心的同窗好友。朱世明是国民党将领中唯一没有军权的将军。他约吴文藻担任代表团政治组组长，兼任盟国对日委员会中国代表团顾问。这时冰心和吴文藻已从重庆到了南京，准备北上到燕京大学继续教书，但由于朱世明的邀请，吴文藻决定答应这一邀请。吴文藻平素对教书和社会学研究感兴趣，也想趁这难得的机会考察日本的天皇制、新宪法、新政党、财阀解体、工人运动等情况。吴文藻本希望担任教育组的工作，但朱世明告诉他，假如他不担任政治组组长，“中统”便会派人来，而且只有政治组组长才有资格出席盟军的会议。这样吴文藻也就接受了政治组组长的职务。

吴文藻出任在外交上属于公使衔的官职，有些朋友对吴文藻最终弃教从政，居然“红袍加身”不甚理解，一位画家朋友陈伏庐先生特别为吴文藻绘了一幅《红竹图》。本是青翠的竹子已经披上了红衣。《红竹图》还有以下题词：“莫道山中能绝俗，此君今已作绯衣”，以此来调侃文藻和冰心。

朱世明、浦薛凤、吴景超和冰心、文藻夫妇之间，长期共事和交往，友情进一步加深了。朱世明和他夫人颇喜欢冰心和文藻的儿子吴宗生（吴平），并认他为干儿子。浦薛凤的女儿浦丽琳正在金陵大学附属女中读书，喜欢文学，尤其喜欢冰心的作品。冰心看她聪颖、文静，也认她作干女儿。浦丽琳后随父亲去了日本，接着又去了台湾，最后在美国定居。

浦薛凤和女儿浦丽琳与冰心一直有通信来往。吴青和我去美国看望过他们。浦丽琳也来北京看望过冰心和吴文藻。

《司徒雷登日记：美国调停国共争执期间前后》，香港文史出版社1982年出版。

画家陈伏庐赠与吴文藻的《朱竹图》。

冰心回北平安排儿子和大女儿的学习

吴文藻随驻日代表团赴东京，让冰心做好准备，他到那边安排好，就回来接冰心和小女儿吴宗黎。

冰心携儿带女回到北平，在东单新开路大弟媳妇杨建华家住下。胜利后又一次重逢，大家都十分高兴，冰心想到大弟劳苦抑郁而死，丢下弟媳带着五个女儿艰苦度日，也有些伤心。五个孩子宗菊、宗仙、宗莲、宗菱、宗梅个个都很听话，读书都很用功，又很懂事。

谢宗菊（1927—2003），毕业于唐山铁道学院，该校迁至四川成都，谢宗菊留在西南交大任教，她的丈夫卫之安也在该校教书。

谢宗仙（1930—2009），中学毕业后，在北京市委宣传部工作，后被派到哈尔滨外语学校学俄语。毕业后，回到北京，在总工会国际部苏联东欧科做翻译。丈夫钱存学退休前曾在共青团中央工作，在二机部某研究所任所长。

谢宗莲（1931—1995），13岁就投奔解放区，改名为夏立田，后去苏联莫斯科大学学习空气动力学，毕业回国在航空学院任教，后至航天部二院207所工作。丈夫路平曾任该所副所长。

谢宗菱（1934—2004），中学毕业后，去针灸医疗中专学习，毕业后在阜外医院工作，后调协和医院。丈夫罗慰慈是该院肺科的专家。

谢宗梅（1936—1997），在建筑材料研究所工作，丈夫宪增荣亦在同一单位工作。

后来，冰心把儿子宗生送到灯市口育英中学，把大女儿宗远送到她自己的母校——贝满女中，这样宗生和宗远就留在北京大舅母身边念书。

北平"燕园"行

1945年8月15日，天皇宣布日本无条件投降。8月17日下午，司徒雷登和两个难友突然被召到宪兵司令部。司令部对他们表示抱歉，并宣布他们现在已经自由。

获释的第二天，司徒雷登召集陆志韦、洪业、侯仁之、蔡一谔等在东交民巷的三官庙开会筹划复校，决定成立复校委员会，由陆志韦和洪业牵头开展工作。8月23日在陆志韦率领下，燕大师生返回学校。复校后，司徒雷登对燕大行政事务很少过问，实际上，他已决定把燕京大学逐步交给中国人管理。

冰心到了燕大，拜访了司徒雷登，司徒雷登依然是那样亲切，那样慈祥。他关心地询问冰心一家过去生活的情况，也向冰心叙述了自己在日本占领燕京大学后的不幸遭遇。

司徒雷登回到书房，取来他在日本监狱写的日记和有关资料，希望冰心给他写一部传记。冰心接过他的日记以及有关他生活经历的资料，答应了下来。

司徒雷登的日记后来由冰心燕大的学生陈礼颂根据“美国华府傅氏”（Publisher: Fugh’s Family, Washington, D.C., U.S.A.）的版本，译成中文，1982年由香港文史出版社出版（Agent：Hong Kong literature & History Publisher），书名为《司徒雷登日记——美国调停国共争持期间前后》（*John leighton Stuart’s Diary, mainly of the critical year 1949*）。该书由傅泾波校订。傅泾波是司徒雷登的秘书，是最了解司徒雷登的人。

冰心来到她的学生林培志家，林培志见到冰心，简直喜出望外，她感慨地说，幸亏冰心离开了北平，否则也会遭到燕大教务长等人被关进监狱的命运。冰心安慰她说，幸好大家都平安地迎来了胜利。林培志兴奋地告诉冰心，日本投降的消息，还是林巧稚打电话告诉她的。林培志知道冰心就要东渡日本，流露出一些惜别伤感之情。

由南京到上海

1946年10月，冰心到南京，住在颐和路谢为杰的岳父家。浦薛凤住在颐和路5号官邸，浦的一些朋友也住在颐和路。冰心可以和友人在一起聊天，游玄武湖，逛街，过了一段“无家一身轻”的日子。

由于行期定不下来，冰心便到上海看望表哥刘放园。刘放园住在浦东沈先生家的后楼上（沈先生是中国银行的头面人物），冰心正要上楼时，碰见阔别已久的梅兰芳先生，两人意外相遇，感到十分高兴。梅兰芳坚持帮冰心提皮箱，送到刘放园家，才折回沈家去。

这时候冰心的三弟已从美国回来，在上海港务局工作，三弟媳也到上海的善后救济总署工作。冰心又一次见到了他们。三弟为楫还郑重其事地告诉姐姐，为了表达对姐姐的爱心，他孩子的名字都带上一个“心”字——慈、爱、恩、悫。

第十二章

“二战”后的日本东京

一、东京印象

满目疮痍的东京

1946年11月9日，冰心带着小女儿宗黎飞到日本东京的羽田机场，吴文藻前往迎接。车子在崎岖的道路上奔驰，在夜幕中，冰心能见到的，只有轰炸后的一片废墟。

到东京后的第三天，冰心在友人的陪同下，前往箱根，沿途所见遍地瓦砾，直到快接近箱根，才望见渐渐葱茏的树林。在山路的转弯处，远远望去，可以看见富士山顶的雪冠。友人介绍说，箱根由于火山活动，形成了美丽的山川溪谷，芦湖就是火山湖，湖水清澈，风景极为秀丽，成了著名的游览胜地。冰心就在箱根旅馆下榻。

接受记者采访，和日本作家座谈

冰心到东京的身份是中国军事代表团的家属，没有负责代表团的任何工作。但冰心在文学方面的成就，在日本作家和读者中的知名度，实际上超过军事代表团的任何一名成员，因而来访和约稿的日本文化人和报刊编者依然不少。

从箱根回到东京后，冰心就忙于接待记者的采访。冰心是战后到日本的中国第一位作家，立刻引起了东京新闻界的关注。东京的报纸刊登消息：中国文坛第一流的女作家、享有声望的谢冰心女士最近来日。有的报纸介绍冰心的生平和创作，并刊登了冰心的照片。

1946年11月29日，冰心参加了中日女作家的座谈会。

日本作家佐多稻子问冰心来日本最深的感受是什么。冰心答道，战争造成了惨祸，同以前见到的日本已经大不相同了。

1947年，冰心在日本东京的照片。

在回答日本女小说家林芙美子提问时，冰心谈到日本的女性，认为她们非常勤劳、清洁、和蔼。冰心也询问了林芙美子目前的创作情况。林芙美子说，她开始写反映日常生活的小说，写平民的生活。林芙美子的《放浪记》已经翻译成中文。林芙美子高中毕业后当过女仆、女工和店员，《放浪记》是她在社会底层十年挣扎生活的写照。林芙美子还问了冰心用男士笔名写作《关于女人》等情况，冰心都一一作答。当林芙美子问及郁达夫的情况时，冰心十分痛心地告诉她：郁达夫1938年12月到新加坡，主编《星州日报》等报纸副刊，写了大量战斗性很强的政论文章、短评和诗词。1942年，日军进逼新加坡，郁达夫与胡愈之、王任叔等人撤退至苏门答腊的巴爷公务，化名赵廉。曾被日军强迫任翻译数月之久。1945年日本投降后被日军宪兵杀害，这是中国文坛的一大损失。

冰心说，前几天日本青年作家说这场战争日本人对中国人万分惭愧。其实，发动这场战争的并不是日本人民，不是"我们"，而是"他们"，那些军阀。冰心说，中国人民对日本人民只有同情而没有仇恨。

座谈会临近结束时，冰心说，她十分关注中日的将来，在决定中日友好的命运上，女作家任重而道远。林芙美子和佐多稻子都说，希望以后进一步加强中日往来，多进行文化交流。

1946年12月，日本的中国文学研究者饭冢郎曾将冰心的小说和《繁星》译成日文，还发表过评论文章《冰心的脆弱性》。他从报上得悉冰心到东京的消息，就来拜见冰心。饭冢郎在中国代表团阎承惠的引导下，来到一间使日本人惊讶的格子邸宅。冰心的寓所就在二楼。冰心面带微笑，把客人引进客厅。

饭冢郎告诉冰心，他在1938年去过中国，就住在北京郊外的海淀，后来还到过云南。饭冢知道冰心在文坛上非常活跃，就问冰心战争结束时住在什么地方以及来日本后的打算。

冰心说，战争结束时她在重庆，后来从重庆到南京，又回北平住了十天，然后就来日本。等生活安定下来，还要继续写点文章。

不久，《华侨报》东京分社记者、华文主任韩庆愈来到中国代表团驻地，拜访谢冰心女士。在异国他乡，遇到同胞，冰心感到很亲切。

冰心介绍了国内文化人的动向：大多数文化人都离开了重庆。沈从文、杨振声已经随北大回到北平；武汉大学的苏雪林、袁昌英回到武汉；巴金、田汉回到了上海；茅盾最近将应邀到苏联；老舍、曹禺现在美国；最可惜的是郁达夫先生在南洋被日军宪兵杀害。

冰心应《朝日新闻》之约，写了《给日本的女性》一文（《冰心全集》，第三卷，第389—391页）。这篇文章描述了作者在东京前的一段心路历程。“八年的痛苦流离”，使她认识到：

“世界上最大的威力，不是旋风般的飞机，巨雷般的大炮，鲨鱼般的战舰，以及一切摧残毁灭的武器……拥有最大威力的还是飞机大炮后面，沉着地驾驶射击的、有血、有肉、有感情、有理智的人类。机器是无知的，人类是有爱的。”

冰心呼吁全人类的母亲，全世界的女性，应当“以大无畏的精神，凛然告诉儿女们，战争是不道德的，仇恨是无终止的，暴力和侵略，终究要失败的”，“民族与民族，国家与国家之间，只有爱，只有互助，才能达到永久的安乐与和平”，“让我们携起手来吧，我们要领导着我们天真纯洁的儿女们，在亚洲满目荒凉的瓦砾场上，重建起一座殷实、富丽的乡村和城市，隔着洋海，同情和爱的情感，像海风一样，永远和煦地交流！”（《给日本的女性》写于1946年11月29日，东京，后刊于《世纪评论》1947年3月8日第1卷第10期）

在中国代表团接待处，突然来了一位日本农村妇女，说她是看到冰心写的《给日本的女性》这篇文章以后，特地从很远的地方来到东京的。

这位日本妇女在接待处工作人员的指引下，见到了冰心。她紧紧地握住冰心的手，极其恳切地告诉冰心，她实在没有想到中国人民如此善良！她痛悔让她的儿子到中国去打仗，这样的战死，实在是一种耻辱！冰心劝慰她，让她冷静下来。她怀着深深的敬意和感激之情，向冰心道别，离去了。

1947年3月28日，冰心来到了自由学园，与学园的创办人羽仁先生和夫人以及羽仁惠子、山室光子、吉川奇美子等进行亲切的交谈。冰心看出他们的愧疚心情，坦诚地说出了自己的看法：

“在漫长的战争情景，我们中国人能够讲出所有的想法；而在日本人中间那些从心里热爱和平的人却不能说出想法，他们大概心里更苦。我们了解这一点，因而，他们也无需说对不起，应该负罪的是发起和煽动战争的人。”

冰心谈到1936年，她和丈夫吴文藻去美国，途中鸟居龙藏博士到横滨码头来迎接，开了盛大的茶话会。冰心说，她不会忘记像鸟居龙藏博士以及出席茶话会的日本人。无论在哪个国家，如果没有遇到正义的人，就不可能真正了解一个国家和一个民族。这次来日本，也是与不同于军人的、正义的日本人交往，在理解与同情的基础上握手相交，这才是邻国最重要的工作。

冰心还讲述了自己一家的苦难：“我父亲在战争初期已经76岁，比较衰弱，不能带他到更远的地方避难，比较了多种方案后，决定由在铁路上工作的大弟陪同父亲留下。之后，华北沦陷，建立傀儡政权，大弟多次被劝去做大官，而他说什么也没答应……弟弟的妻子为了避开战争的祸害而四处奔波。我们在重庆既无法给她寄钱也无法给她寄信，所以我们彼此间确实都吃了很多苦。回家看到比我小十岁的小姑痛心不已，她憔悴得看上去比我大十岁。这件事让我们心如刀绞。”（参考《我们的世界应该追求和平与美》访谈录，《妇女之友》1947年5、6期合刊。日译文的原题为《世界に平和と美を求めて》）

冰心和吴文藻十分同情战后日本人民的处境，对东京不少处于饥寒中的少年儿童，尽量给予帮助。据吴青回忆，从1945年到1947年，在日本东京，所有的食品和用品都定量配给，粮食极度短缺，老百姓无物果腹，饥肠辘辘，冬天人们穿的衣服非常单薄。在寒冷的冬日，孩子们穿着短裤，拿着板凳，紧缩着颤抖的身体，走在上学的路上。大部分学生都在露天上课，因为教学楼和教室不够用。

在东京一些大学，教授生活都很困难，有的还需以卖文卖画为生。日本著名作家武者小路实笃（1885—1976），战后致力于绘画。冰心和吴文藻为了表示对他的支持，以自己不多的收入，买下了他的一幅石榴图。这幅画有幸逃脱了“文化大革命”的劫难，冰心把它捐赠给了中国现代文学馆。

探问威尔斯利女子学院校友濑尾澄江

冰心在接受记者采访时，总要打听威尔斯利女子学院她的同学濑尾澄江的下落。在记者的帮助下，冰心先后见到了濑尾澄江等三位威尔斯利女子学院的校友。

濑尾澄江从《朝日新闻》的记者那里得知冰心的愿望时，真是喜出望外，赶忙来到中国驻日代表团驻地。冰心带着小女儿吴青早就在门口迎接。两人一见面就紧紧地拥抱在一起。然后进入客厅，开始交谈。濑尾澄江此时已成为东洋史学者三岛一氏的夫人，叫三岛澄江。三岛澄江用英语和冰心交谈，她说，战争把她们分开，音讯全无，她是多么想念冰心啊。1927年从美国返回日本，她就学习了一点中文，准备去中国，但是，九一八事变粉碎了她的美梦。后来还传出冰心逝世的消息，她也是半信半疑。冰心微笑着说，真没想到，谣言居然也传到了日本，害得你为我担心。

从此以后，冰心一有机会，就会请三岛澄江和其他两位校友过来坐坐，吃个便饭，这也算是帮她们改善一下生活。据吴青回忆，冰心后来把星期四中午定为老校友聚会的日子。家里的厨师也知道，厨师不仅要准备当日的午餐，还要额外准备三份，带回给她们的家人。吴文藻公务在身，但得空也常参加她们的午餐，了解日本人民战后的处境。

冰心还带吴青去拜访她们，吴青喜欢她们，亲切地叫她们姨妈（英语：Aunties），和她们的孩子一起玩耍。

20世纪70年代三岛澄江随旅行团来过北京，这是她第一次也是她最后一次来北京。冰心和吴文藻在王府井的全聚德宴请她，吴青和我也在座作陪。再以后，一位研究冰心的日本学者来到中国，她和三岛澄江有多年的交往，与三岛澄江也很亲近，她告诉我们三岛澄江逝世的消息。这位学者后来寄来一封冰心给三岛澄江的信，希望我把这封用英文写的信，译成中文，我替她译了。从这封信上，可以看出冰心对这位日本老同学的关心和情谊。

二、回国参加参政会

1947年5月20日，国民参政会第四届第三次大会在南京召开。冰心从东京飞到南京出席这次会议，也顺便看望仍留在国内的儿子宗生、大女儿宗远和亲友。

“五二○”事件

1947年5月20日，国民参政会第四届第三次大会在南京开幕。就在参政会开幕之日，国民党指派军警镇压南京金陵大学、中央大学示威的学生。遭毒打者500余人，重伤十几人，被捕38人，这就是“五二○”惨案。但学生运动并没有被镇压下去，规模反而愈来愈大。是日上午，南京、上海、苏州、杭州地区16所大专院校的学生，在南京组成了请愿团，提出挽救教育危机五项要求，举行示威游行。游行的学生高呼“反饥饿”、“反内战”等口号，向正在召开国民参政会的国民大会堂进发，途中遭到国民党宪警的暴力镇压。坐在大会堂里的冰心，是不可能了解会外的详细情况的。

几天的参政会，冰心觉得无从讲话，只好闷坐在座位上。有位女参政员，倒有些热情过度，只要有人提到“和平”二字，她就站起来，述说一段所谓事实，然后大声疾呼，主张对共产党下讨伐令。

有一位女参政员竟然走到冰心的旁边，咄咄逼人地问不发言的冰心：你赞成和平吗?

冰心回答说：你这叫什么话，岂有中国人不赞成和平的道理!

那位女参政员就说：要和平就得双方进行，光是我们这边要停战，也和平不了……

冰心赶紧打住她，说：请你先回到你的座位上去，这个样子站在这里不好看。

接受《中央日报》记者赵浩生采访

《中央日报》记者赵浩生利用开会的空隙访问冰心。由于会议室里扩音喇叭的声音太大，采访无法进行。于是，冰心约他星期天到南京行政院3号浦薛凤官邸继续采访。赵浩生希望冰心能讲些故事，来说明战后日本人感情上的变化，冰心满足了他的要求。当赵浩生问到日本的政治时，冰心说，她只能谈谈她所接触到的一些教育文化界的现象。她说，日本的学生有一个很大的特征，就是过于顺从，对任何问题从不争辩，这大概就是军阀统治的结果。日后，赵浩生在《记冰心》里详细报道了这次采访。

在浦薛凤家做客

冰心在南京开会期间，除了上会，平日就住在浦薛凤家。1）浦薛凤时任“善后救济总署副署长”。张群组阁后，任“行政院副秘书长”。2）担任“行政院善后救济总署”（简称“行总”）副署长时住南京颐和路5号，“行总”英文名缩称CNRRA，即Chinese National Relief and Rehabilitation Administration，其地位等于一部。3）一九四六年十月离开善后救济总署后即往中央大学政治系任教，并即迁入中大教授住宅。4）一九四七年四月任行政院副秘书长，寓所由南京颐和路5号迁

往行政院三号官邸。5）自一九四六年五月至一九四八年七月我家住南京。（摘自浦丽琳《相见时难别亦难》）

当时，浦薛凤的女儿浦丽琳，在中央大学附中上学，周末从学校回家，就能见到干妈冰心。

浦丽琳对干妈冰心的印象

浦丽琳后来在台北《中央日报》文艺栏撰文，回忆了这次会面：“干妈见我回家，就十分高兴地走过来拥抱我，从屋里拿出一只女孩用的红色尼龙挎包送给我，包上还写上了我的名字。当时我还不习惯用这种包，但我在一次学校演出时用上了。

“第二天下午，到了返校的时间了，干妈执意要陪我回学校，爸爸用车把我们送到学校门口，干妈还坚持到宿舍看看，当她步入女学生宿舍时，兼任舍监的一位姓张的老师，正好路过这里，干妈和气地和她打招呼。我陪着干妈，一路黄泥杂石，走经小河、饭厅，拐向校门。

“干妈给我留下非常深刻的印象，因为我父母大多数的朋友是不会对他们朋友的孩子感兴趣的，孩子在成年人中往往被忽视。”

回燕京大学谈旅日观感

参政会闭幕后，冰心飞回北平。6月16日，冰心抵达燕京大学燕南园，当天晚上，燕南园的教授请她吃饭，为她接风。吴文藻的得意门生、燕大法学院院长赵承信和林培志，以及社会学系和国文系的熟人，欢聚一堂，开怀畅谈，轻松愉快至极。

在问到日本的民主进程和中国相比如何时，冰心讲了一些她见到和听说的笑话。她说，日本距离真正的民主远得很。不民主的日本是不是埋下将来再侵略的祸根，谁也不敢断言。

有人问这次参政会开得如何。提到参政会，冰心就激动起来，她说，参政会一年不如一年，而以今年的最糟。开会时感觉无从讲话，倒写了不少打油诗……

话题又转向学潮。冰心说，在南京，她曾经参加一次作家的茶话会，有巴金、靳以等十几个作家参加，也谈起学潮。大家都认为政府对待学生还不如对待汉奸。汉奸在监狱里病了，把他们挪出来，送到医院；但学生受了伤，却从医院里抓进监牢。南京军警对付学生游行请愿，极其粗野，对女学生尤多侮辱，许多旁观的外国记者都为之愤愤不平……

6月17日晚，燕大的教职员会在美丽的临湖轩举行了座谈讨论会，专门邀请冰心作旅日生活演讲，并主持讨论有关日本的问题。

冰心首先表示，她是作为中国驻日代表团职员“眷属”的身份去日本的，所以谈不上讲日本问题，只说说在日本的见闻。冰心说，战败国的日本人民生活很艰苦，国内物资极为短缺。虽然美国的新闻界常常赞美日本人的合作态度，但在她看来，这种合作态度，其实只是顺民式的合作，而非真正的合作。比如，1946年，日本提倡民主，允许罢工，日本工人就天天罢工。而在1947年，听从美方意见的日本当局忽然禁止罢工，日本工人也就立刻不再罢工。

冰心最为关心的是日本妇女的处境。日本妇女的地位依然低下，妇女杂志也都由男性控制。更为滑稽的是，一次日本的女议员访问冰心，还有一名男议员作陪，由男议员提问，也由男议员作答，女议员不过是个陪衬。

针对这种情况，冰心在日本大学作讲演时就指出，一个社会若不尊重女权，就相当于一个人只用一条腿走路，这种走法，当然是既不快又不稳。而日本社会要想民主，要想发展，就必须治好另一条腿。

三、在东京的日子

1947年5月底，冰心回到东京。冰心从东京到南京又回东京的那个夏季，正是中国人民解放战争的转折点。根据中共中央的部署，刘伯承、邓小平指挥的解放军突破黄河天险，挺进大别山，华东、华中、西北各路解放军均转入进攻。这年10月，“打倒蒋介石，解放全中国”的号角在中国大地吹响。

吴文藻在中国驻日代表团担任第二组组长，和他共事的小组成员有瞿起模等，他们负责盟国对日委员会的讨论和提案的准备，吴文藻有时代表朱世明团长出席盟国委员会。协助吴文藻工作的政治组副组长谢南光，是中国共产党的地下党员。

谢南光（1902—1969），出生于台湾，从日本大学毕业后在台湾文化协会工作，曾任民众党秘书长，20世纪20年代任《民报》主编，30年代回大陆。1932年，王学文介绍谢南光在上海加入中国共产党。王学文是延安马列主义学院干部，经济学家。王学文说谢南光是在革命处于低潮时入党的。1945年，谢南光参加中国驻日代表团，来到东京。

通过一段时间的共事，谢南光与吴文藻、谢冰心成了朋友，他常到吴家，悄悄地把国内的情况告诉他们。当他对吴、谢的为人和进步倾向有了较深的了解后，便将他秘密得到的国内的学习材料、毛泽东著作借给他们看。谢南光和吴半农有时晚上到吴文藻家，借打桥牌为名，共

1948年，冰心和吴文藻在日本东京的合影。

1949年，冰心在东京寓所。

吴文藻（后左二）、冰心（前左二）出席中国驻日代表团活动。

同研讨毛泽东著作。有时还秘密收听中国解放区的广播。到了星期天，他们几个人会时时变换到不同的人家里聚会，谈祖国的情况，讨论问题。

吴文藻受到国民党军统、中统特务的监视

一天，有个陌生人来到吴家，说来看望吴文藻和谢冰心，吴宗黎请他坐下，但他没有坐下，而是在屋里东张西望，还乱翻书架上的书。等冰心回到家，吴宗黎就把这件事告诉了妈妈。冰心听宗黎这么一说，觉得这事有点蹊跷，就问宗黎那位客人她以前见过吗。宗黎说，她从没有见过这个人。晚上，吴文藻回来，冰心就小声告诉他，小妹说，今天来了个生人，翻了你的书。吴文藻连忙去书房，把书架上的书仔细地查了一遍，发现一本横放在书上面的《新民主主义论》找不到了。他记得十分清楚，那是他刚读过不久的，上面还用了红笔画了许多重点的记号呢！他

曾听说，代表团里不仅有军统、中统，还有其他特务系统的特务。今天的“不速之客”，恐怕是有来头的，说明自己可能已经引起了特务的注意，日后更应该小心。

大女儿吴宗远、长子吴宗生先后抵达东京

1947年11月末，吴文藻听说他的朋友倪法官要来日本，就托他把在北平的大女儿吴宗远带来东京。吴宗远当时在贝满女中念初二，来东京后，就和妹妹吴宗黎一起到美国天主教会办的国际圣心女子中学（International School of Sacret Heart）念书。

宗远课外十分喜欢读老舍的作品，凡是能找到的全都看过，刚出版的则通过赵清阁从国内购得寄来。看过之后，就给远在美国的舒伯伯写信，说他的小说如何如何好，还说想看到舒伯伯的新书。老舍给宗远写信，还是和以前那样，十分和蔼，十分亲切：“你们把我捧得那么高，我登上纽约的百层大楼，往下一看，觉得自己也真是不矮。”孩子们都十分喜欢舒伯伯形象而幽默的话语。

冰心的长子吴宗生是在1948年7月由中国驻日代表团上海办事处替他买好机票，从北京出发，前往日本的。吴宗生原在北平育英中学读书，到东京后，就进入了东京美国中学（Tokyo American High School），开始上高二。这是一所相当于联合国办的学校，除苏联以外的国家的学生都在那里就读。1950年7月，吴宗生念完了高中，成为从这所学校毕业的第一位中国学生，之后毕业的还有中国驻日代表团经济组组长吴半农的儿子吴晓光。

吴宗生毕业后，许多美国朋友都劝吴文藻和冰心把宗生送到美国上大学。吴文藻和冰心想，与其让儿子去美国，学成以后在美国工作，倒不如回国，学成后为祖国做一点事情。随后，冰心对外说，要先送儿子

到香港进修，便给宗生订了一张从日本神户开往香港的船票，人们也以为宗生要到香港升大学。

1950年夏，宗生离开日本时，冰心把一封信缝在宗生的裤子口袋里，要他回国时交给联络的人。实际上吴宗生乘坐的是一艘运钢板的大货轮，船上只有他和另一位女乘客。船从神户起航，到天津的塘沽港，宗生径直上了岸，但被叫到一间办公室里盘问，当时正值国内镇压反革命运动，从国外回来的人需要说明回国来的去向。吴宗生不便说出父母的情况，就说要到北京找同学，随后，他拿出那封带来的信，交给他们，等候了一些时候，有人开了车子来，让他上车，把他带到天津马连道的一个地方住了下来。大约一周后，吴宗生回到北京，见到了他的同学严仁辑。后来他进入了北京大学工学院。1951年高等院校调整，工学院并入清华大学，1954年吴宗生从清华大学毕业。

与老舍在横滨相会

抗战胜利后，老舍应美国国务院的邀请，赴美讲学，他同冰心一直保持着通信联系，交流他在美国讲学和到欧洲各国访问的情况。他最后给冰心的一封信是在1949年，当他得到中华人民共和国成立的消息，欣喜莫名，立即束装，起程回国，12月上旬途经日本横滨。

冰心和老舍分别多年后，能有机会在横滨相会，十分高兴。那时候国民党的特务遍布东京、横滨，冰心和文藻已在特务的监视下，要到横滨去会老舍，必须冒极大风险，但他们还是决定到横滨港迎接老舍先生。

在东京大学讲学

1948年，冰心应日本东方学会东京支部和东京大学文学部中国文学研究室的邀请，到东京大学讲学。东京大学是日本历史最悠久的高等学府之一。1877年由东京医学校、外语学校、开成等多所学校合并而创立，最初名为东京大学，1886年改称东京帝国大学，设有法、医、工、文、理、农各学部。1947年起又改称东京大学，支那文学部改称中国文学科。

冰心为东京大学学生作了五次讲演，受到学生的热烈欢迎。讲演所在的35号大教室里挤得水泄不通。冰心从“中国文学的背景”、“中国旧文学之特性”、“新文学的产生”、“新文学的特征”等五个方面给予概括。

在讲到新文学，介绍可读作品时，冰心提到了胡适，她借用他人的话说：“西方人说胡适是中国文艺复兴的父亲。他的著作最好都看一看。尤其是《尝试集》，是中国新诗的最初产品，胡适是个学者，所以他的诗是学者之诗，而不是诗人之诗。”

第二个推荐的是鲁迅，她说：“还有鲁迅先生，他的思想是最进步的，文笔也极敏锐，他的全集是值得一看的。”小说则举巴金、茅盾、老舍、沈从文、丁玲、郭沫若，女作家则推丁玲和苏雪林，说：“丁玲是‘力’的，雪林是‘美’的。”诗歌提到徐志摩和闻一多两人，戏剧有田汉、曹禺，说郭沫若的戏剧“如同胡适先生的诗一样，他是诗人的戏曲”。（《怎样欣赏中国文学》，《冰心全集》，第三卷，第480—481页）学生听了讲座后，纷纷提出要求，希望把这五次的讲演稿结集出版。

于是，仓石武四郎就开始忙碌起来，因为，每次讲演都是由仓石武四郎为冰心作翻译。他先从研究室的小野泽精一、山井涌、山下龙二三君那里要来了冰心的讲演记录，并留下了其中的一位帮助他做笔记，他边看这三位同事的记录稿，边回忆自己翻译的内容，在这些同事的帮助下，完成了日文译本的第一稿。

冰心对自己的文字是十分负责的，她要求在讲演稿出版之前，让她过目。仓石武四郎就以加强语言学习为由，请来了在东京大学中国文学科学习的中山时子君，请她把他翻译的日文稿还原成中文，然后将中文稿送给冰心过目。冰心仔细地阅读过文稿后，删去了其中一些有趣的插话。这份稿子由中国驻日代表团的阎承惠誊写清楚，于1948年年底，由冰心转送给了仓石武四郎。仓石武四郎在1949年的1月1日—3日，再把由冰心审定的中文原稿改译成日文，由他的同事小野泽精一与山井涌誊写清楚，交付讲谈社出版。这本由日本东京大学雄辩会讲谈社于1949年9月出版的讲演集，即冰心所著的《怎样欣赏中国文学》（或译为《如何鉴赏中国文学》）。在这本书的正文的后面，还列有仓石武四郎列出的鉴赏中国文学的《必读书目》，这是讲谈社的学艺课长洼田稻雄要求仓石武四郎附上去的。据说这是仿照了诺贝尔奖获得者、德国作家海尔曼·海赛编辑《世界文学文库》所列书目表的例子而提出来的要求。

冰心在1949—1951年被东京大学聘为第一任外籍女讲师，讲授《中国新文学》。除去授课之外，她还应东京大学校刊及日本的妇女杂志之约，断断续续地写了一些短文。如散文《丢不掉的珍宝》，就是应《妇女月刊》之约写的。她的作品《寄小读者》《空屋》《关于女人》等也相继在日本刊出。

第十三章

归　来

一、新中国成立的喜讯传到东京

1949年1月，北平和平解放的消息传到了东京。10月，中华人民共和国成立的消息接踵而至。冰心说："1949年10月，祖国解放的消息传来，我感到了毕生未曾有过的欢乐。"

在这段时间里，由于代表团中秘密党员谢南光的引导，吴文藻和冰心研读了《论人民民主专政》等著作，对中国革命的性质、任务及前途认识愈来愈明确。正如冰心后来回忆：

"在东京一段时间，是我们生命中的一个转折点。文藻利用一切机会，同美国来的研究日本问题的专家学者以及东京大学、京都大学的同行人士多有接触。我自己也接触了当年在美留学时同学和一些妇女界人士，不但深入了解了当时日本社会上存在的种种问题，同时也深入地体会了美帝国主义的侵略本性！"

冰心晚年回忆："那时远在异国的我，是空虚寂寞，苦闷消沉，像一个深山中迷路的孩子，四面传来悚人的虎啸和猿啼，我多么希望眼前忽然出现一盏明灯，一只巨手呵。""巨手出现了，我正读到了《论人民民主专政》一文中的：'人民的国家是保护人民的……'"人民共和国的诞生使她找到了安身立命的归宿："我不再是一个孤儿了，我有了一个保护我的国家，有了导引我的救星，新生命投入我憔悴的躯体，我成了一个健强的人！"（《我永远感谢毛主席》，《冰心全集》，第8卷，第666

页）冰心、吴文藻作出了他们人生中最重大的抉择——争取早日回到祖国的怀抱。

1950年，国民党已经败退到了台湾，对驻在日本东京的代表团，更是处处提防，严加监视。当时吴文藻和冰心的举止和行为已经受到“中统”的监视。驻日代表团周围不断发生一些事情：

吴文藻和冰心的朋友，一位姓林的横滨领事，平时只是对共产主义表示同情，“中统”密报，后被国民党政府召回台湾，枪毙了。

在代表团驻地，有一天忽然升起了中华人民共和国的五星红旗，一时哗然，查来查去，没有查出是谁干的。后来又传出，二吴二谢（吴文藻、吴半农、谢南光、谢冰心）促使朱世明起义，等等。

不久，朱世明奉命调离代表团，前往台湾出任外交次长。朱世明一走，其他组的组长更前途难卜了。

二、回 国

吴文藻脱离中国驻日代表团，准备回国

吴文藻和冰心见形势不妙，得想法立即脱离代表团。实际上，吴文藻这时提出辞职已经来不及了，朱世明给吴文藻出了一个主意：让吴文藻将辞呈的时间提前，这样朱世明就有权批准吴文藻的辞呈。吴文藻和冰心当时持有的是“国民党政府”的护照，辞去政府官职，身份改变，还继续留在日本，就需要有新的护照。

“这时华人能在日本居留的，只有记者和商人。我们没有经商资本，就通过朱世明将军和新加坡巨商胡文虎之子胡好的关系，取得了《新滨日报》记者的身份，在东京停留了一年……”（《我的老伴吴文藻》，《冰心全集》，第8卷，第101页）接下去，吴文藻就与谢南光商讨回国的方案。

正当吴文藻、冰心苦苦寻求安全脱身之计的时候，美国耶鲁大学聘请吴文藻去当教授，给他寄来了聘书和路费，并安排他们全家赴美。此后，他们就公开宣布要到美国去教书。

其实，吴文藻和冰心并没有去美国的意思，当初朋友希望他们把儿子吴宗生送去美国学习，他们就没有同意，现在面临着他们自己去美国，而且还要把两个女儿带去，这就关系到两个女儿今后前途的问题。他们不愿意看到她们将来成为“白华”。

为了离开日本，他们只得向台湾方面申请，希望获得赴美签证。台湾接到吴文藻全家前往美国耶鲁大学任教的报告，仅一周就办好了赴美签证。这时吴文藻和大陆的有关部门已取得了联系，回国也就是时间的问题了。

回国的准备工作紧张地进行着，该烧毁的文件、材料就立即处理，该带回国的，就分类整理，分别装箱。这一切都做得十分隐秘，不仅关着房门，连窗帘也拉起来了。同时他们预订了几只大铝箱（日本战后不制造飞机，他们就用铝材制作民用产品，如铝箱等），把行李装箱。吴文藻的朋友、驻日代表团成员翟克功知道他们要回国，送了两辆女式自行车给宗远和宗黎，以便回国使用。

为了不致引起国民党方面的怀疑，冰心声称要先到香港，给两个女孩子置装，说女孩子大了，要做一些中式衣服。又乘着在东京的熟人都到轻井泽去避暑的时候，把汽车送给了谢南光，家具也留了下来。

谢南光由于“起义”失败，脱离了驻日代表团，在东京开办了一所天德贸易公司，以商人身份继续留在日本。此时，他搬到横滨一位朋友的房子里住，瞿起模一家也搬到横滨。国民党不仅严密监视谢南光，而且变本加厉加害于他。一次，从停泊在日本横须贺港的“太平号”军舰上，下来了一批国民党特务，他们径直来到谢南光家，当时只有保姆在家，他们抄了家，然后扬长而去。那天，谢南光一家正巧外出，否则就会出大事。谢南光决定尽快离开日本。1952年春夏之交，他独自悄悄离开了日本回国；谢南光的夫人严恩绮说她丈夫丢了，自己又不懂日语，生活有诸多不便，便和小女儿谢秋涵于1952年10月乘船回国；他的大儿子谢秋成从千叶大学毕业后，进入东京大学读研究生，后又进入北里微生物研究所工作，直至1955年冬才回到中国。

吴、谢一家先搬到谢南光在横滨的家小住，再由那里乘船离开日本。在临行前的一个晚上，谢南光还带冰心和吴文藻一家到了东京苏联大使馆，看了一场新中国成立的电影。当银幕上出现了“中华民族大团结”的字样，飘扬的五星红旗和欢腾的人流摇动手中鲜花拥向天安门的场景时，他们都激动地流出了眼泪。

携女儿离开日本，抵达香港

冰心、吴文藻、宗远、宗黎从横滨登上一艘印度客轮，默默地等待着起锚开航。冰心倚扶在船栏上，向前望去：“淡金色的夕阳，懒洋洋地停在长方形的海面上。两边码头上仓库的灰色大门，已经紧紧地关起了。一下午的嘈杂的人声，已经寂静下来，只有乍起的晚风，在吹卷着码头上凌乱的草绳和尘土。”（《一只木屐》，《冰心全集》，第六卷，第101页）

在苍茫的夜色中，冰心看到“离船不远的水面上，漂着一只木屐，它已被海水泡成黑褐色了。它在摇动的波浪上，摇着、摇着，慢慢地往外移，仿佛要努力地摇到外面的大海上去似的”。望着象征着日本劳动人民的木屐，冰心心中一种特殊的离愁别绪涌了上来：“啊！我苦难中的朋友！你怎么知道我要悄悄地离开？你又怎么知道我心里丢不下那些把你穿在脚下的朋友？你从岸上跳进海中，万里迢迢地在船边护送着我？”（《一只木屐》）

吴文藻和冰心以及两个女儿搭乘的印度客轮在香港停靠后，国内的有关人员前来接船。当时香港移民局对过往人员控制很严，必须有人担保，方可入境。有关方面请了已经定居香港的原燕大国文系主任马鉴先生出面担保，马鉴先生便让他的儿子马蒙前去办理了有关手续，海关才予以放行。

吴文藻、冰心和孩子们住进了旅馆。台湾方面似乎已有察觉，常有人在旅馆门口监视，吴文藻和冰心在屋里谈话，为了不让外面的人听到，往往打开水龙头。他们就在香港等待有关方面去做下一步的联络工作。与此同时，吴文藻把耶鲁大学的聘书与路费退了回去，并对他们的盛情邀请表示感谢。

在国内有关机构的安排下，吴文藻、冰心和两个女儿经深圳、广州，抵达天津，在马场道和罗斯福路交叉路口的一座三层小洋楼住了下来。当获悉他们在日本所做的工作以及他们一家回国都是在周恩来总理指示安排下进行的，吴文藻兴奋得不知如何是好，冰心的眼里也充满喜悦、感激的泪水。

三、历史的转折

北京东单洋溢胡同7号寓所

1951年8月23日，冰心、吴文藻和两个女儿回到北京，他们立即得到党中央和人民政府的关怀。

安全部在东单洋溢胡同7号为他们安排了住所。这是一座四合院，进门沿着西厢房向北就是坐北朝南的五间正房，最西侧的一间是吴文藻、冰心的卧室，最东侧的一间是宗远、宗黎的卧室。中间的三间用作书房、客厅和餐厅。房前两侧有花坛各一个。西厢房有厕所和厨房，东厢房一间是孩子们的书房，另一间是堆房。冰心和吴文藻在这里住下后，安全部的向前同志，着手为他们安排参观、游览、看戏等活动。

向前陪冰心和吴文藻先去王府井服装店定做衣服。50年代初的时装是列宁服，那是革命女干部的标志，旗袍已经很少有人穿了，西装也被干部服替代了。新衣服取来后，冰心换上了双排纽扣的列宁装，吴文藻换上了中山装，他们感到兴奋和欣喜，全家人都很高兴。

冰心、吴文藻一家，挑选大家上班的日子，游览了北京的名胜古迹。一天，他们在颐和园游玩，与梁漱溟不期而遇。梁漱溟在毛泽东主席的安排下，当时住在颐和园石舫附近的一座小巧而精致的四合院里。因为当时冰心和吴文藻回国的事还没有公开，他们也就不便上前和梁漱溟打招呼。为了避免遇见文艺界的熟人，他们总是掐着时间进戏院。到东安市场购物，去新华书店挑书，也都尽量找人少的时候。

1952年新学年即将开始，冰心要让两个女儿尽快入学。宗远仍回她去日本前读过的贝满女中，这时学校已由人民政府接管，更名为女十二中。为了保守吴文藻、冰心一家回国的秘密，吴宗远复学时把名字改为吴冰。吴宗黎进入了由原慕贞女中更名的女十三中，更名为吴青。

旧友重逢

通过组织的联系，冰心、文藻最想念的几位老朋友相继来到洋溢胡同。潘光旦、费孝通来了，老友多年不见，使吴文藻兴奋不已。费孝通此时已是刚刚成立的中央民族学院副院长，潘光旦也在中央民族学院任研究院中南民族室主任。潘光旦、费孝通在此之前，均在清华大学社会学系工作，由于政务院对全国高等院校系科的调整，他们被调到中央民族学院。吴文藻的学生林耀华、陈永龄也都在中央民族学院任教。

郑振铎来了，冰心真是高兴极了。郑振铎告诉冰心："近来，先是参加筹备中华全国文学艺术工作者代表大会，接着被推举为代表，去捷克参加第一届世界保卫和平大会……你们都了解，我一贯喜欢收藏古代文物、考古工作。现在国家制定出保护古代文物的政策，全国各地的政府都要贯彻，历史文物的保护，就有了基本的保证。"

老舍也是经过联系，得到冰心的住址，就赶过来了。不巧，这天冰心正卧病在床，老舍拉过一张椅子，坐在床边向冰心介绍北京的新人新事。冰心凝神听着，似乎病都轻了好多。孩子们听到舒伯伯来了，都跑到舒伯伯的跟前，高兴地握着他的手，相互问候。顿时屋里欢腾起来。冰心对老舍说："您来了，不像'清风入座'，乃是一阵热浪，席卷我们一家人的心。"

罗常培闻讯也赶来了。他谈到自己当前的工作任务，又兴奋又难过地说：“现在大家加紧学习，加紧改造，好为建设祖国多加一把力。你们看我身体这样赶不上，叫人着急不着急？”冰心看他比从前衰老不少，头发都斑白了，就劝慰了他几句。

文艺界在东总布胡同召开文艺茶话会欢迎冰心，真诚地欢迎她加入新中国的文艺队伍。许多作家都应邀参加，不少是闻名而未见面的作家。旧识新交，欢聚一堂，使冰心感动万分，给了她力量和信心。从此，冰心也就回归文艺家园，跟广大新老作家一道前进。

中南海西花厅的灯光

1952年初夏的一个夜晚，周总理派秘书罗青长把冰心和吴文藻接到中南海西花厅，与他们作了长谈。冰心记述道：“总理极其亲切地招呼我们在他旁边坐下来，极其详细地问到我们在外面的情况，我们也就渐渐地平静下来，欢喜而尽情地向总理倾吐了我们的一切经历。”总理征求他们对今后工作的打算。吴文藻在回国之前，曾考虑过，中国和印度的关系很友好，而他对印度的情况是有一定了解的，如果能将自己派到印度工作，是可以发挥作用的。如果不需要他去印度，他亦愿意回大学教书。冰心还没有具体的想法，只是希望静下心来，为孩子们多写些作品，但他们异口同声，用当时流行的语言表示，“听从党的安排”。

总理的平易近人，关怀备至，使他们感动不已，终生难忘。总理还关心他们子女的学习安排，总理说：“新中国成立后，与许多国家建立了外交关系，和国际交往也会增多，中国需要外语人才，你们的女儿都学过英语，以后是不是可以继续学外语？”冰心把总理的建议转告了吴冰和吴青，她们原来准备在中学毕业时报考历史和医学的，后来就都选择了外语。1954年秋，吴冰考上了北京大学英语系；1957年秋，吴青考上了北京外国语学院英语系。

尤其让冰心、吴文藻感动的是，总理请他们共进晚餐，竟是家常的小米粥、炒鸡蛋等“四菜一汤”。冰心在《永远活在我们心中的周恩来总理》（《冰心全集》，第六卷，第597页）、《一饭难忘》（《冰心全集》，第八卷，第395页）中，一再感念周恩来总理召见和宴请所给予的家人般的温馨，所体现的共产党人的高风亮节。

生活新的一页

在此期间，吴文藻、冰心有时间学习一些有关国内形势的文件。冰心开始学习社会主义现实主义的文艺理论，思考在自己的文艺作品里如何创造正面的艺术形象，表现新的人物。

冰心为祖国的万象更新而欢欣鼓舞，写下了《归来以后》，表达了内心的兴奋：

“我回到祖国，回到我最熟识热爱的首都，我眼花缭乱了！几年不见，她已不再是‘颜色憔悴、形容枯槁’，而是精神抖擞，容光焕发了。”（《冰心全集》，第四卷，第29页）

在清净的书房里，她酝酿以日记方式写一部描写中学活动的中篇小说，而她身边的两个女儿的学校活动就是她现成的素材。于是，冰心开始撰写《陶奇的暑期日记》。

加入中国作家协会

1953年秋，冰心由丁玲、老舍介绍，加入中国作家协会，并被推选为代表，出席了在北京怀仁堂召开的第二次中国文学艺术界工作者代表大会，还有全国文学工作者代表大会。听取了周恩来总理关于过渡时期总路线和文艺工作任务的政治报告，还听了党的文艺界领导人周扬的《为创造更多的优秀的文学艺术作品而奋斗》以及茅盾的《新的现实和新的任务》的报告。这次大会确立了以社会主义现实主义为文艺创作和批评的最高准则。

听了这些报告，冰心感触很深："我过去的创作，范围是狭仄的，眼光是浅短的，也没有面向着人民大众，原因是我的立场错了，对象的选择也因而错了。"（《归来以后》，《冰心全集》，第四卷，第29页）

为了适应新社会文化建设任务，冰心与广大作家一样，也开始反思自己，甚至开始批判自己。在人民文学出版社约她编选《冰心小说散文选集》之际，她检阅旧作，写下了《自序》，再次反省了自己过去存在的问题：

> 我所写的头几篇小说，描写了也暴露了当时社会的黑暗方面，但是我只暴露了黑暗，并没有找到光明，原因是我没有去找光明的勇气！结果我就退缩逃避到狭仄的家庭圈子里，去描写歌颂那些在阶级社会里不可能实行的"人类之爱"。同时我的对象和我的兴趣，主要放在少数小资产阶级知识分子上面，我没有"到工农兵群众中去，到火热的斗争中去，到唯一的最广大最丰富的源泉中去"。脱离群众，生活空虚，因此我写出来的东西，就越来越贫乏，越空洞，越勉强；终于写不下去！

显然，冰心是以50年代社会主义现实主义的文艺思想来清算她以前的创作，改弦更张，另谱新曲。她用阶级斗争的理论来批判她的"爱的哲学"，现在看来也是极为勉强的。任何批评只有从实际情况出发，才具有说服力，才能使自己心悦诚服。正如她对自己在燕京大学所受到的教育与宗教思想——爱的哲学所作的批判那样：

> ……燕京大学就是这时期成立的美帝国主义文化侵略堡垒中最"出色"的一个。它有几座中国式美轮美奂的建筑，点缀以湖光塔影，造成了一个避乱的"世外桃源"。这"世外桃源"二十余年不

知迷惑了多少中国的教授与学生，使他们安于骄奢逸乐的美国式的生活，有的还作了美帝国主义侵略的工具！（《伟大的保证、伟大的关怀》，《冰心全集》，第四卷，第81页）

不过，这是当时一大批资深作家的共同心态，既真诚自愿又简单轻易地否定旧自我，听从新时代的召唤，力求迅速适应新的现实和新的任务。

吴文藻说：“回到新中国的头两年（1951—1953）先是学习新思想和了解情况，为接受新工作作准备。”

1953年10月，吴文藻被正式分配到中央民族学院工作。他开始任研究部国内少数民族情况教研室主任，后任历史系民族志教研室主任。

此时，冰心被分配在中国作家协会工作。

参加宪法草案初稿讨论

1954年3月23日，中华人民共和国宪法起草委员会第一次会议在北京举行，毛泽东亲自主持会议，陈伯达就中共中央所起草的宪法草案初稿作了说明，毛泽东希望在两个月内完成宪法草案的讨论和修正，以便提交中央人民政府委员会批准，这种讨论必须有各党派及无党派人士参加。根据这一精神，政协全国常务委员会组织了这次讨论。

冰心、吴文藻应邀参加全国政协会议组织的第一部《中华人民共和国宪法》草案初稿的学习和讨论。冰心在《学习宪法草案的体会和感想》中写道：“我很荣幸地参加了全国政协会议组织的宪法草案（初稿）座谈会……宪法草案的公布，是我国历史上惊天动地的一件大事。”冰心首次出席新中国这样重要的政治会议，深感荣幸，深受教育和鼓舞。

作为知识女性和儿童文学作家的代表，冰心参加了全国政协会议组织的宪法草案初稿座谈会，充满主人翁的自豪感。在座谈会上，她特别强调了宪法中保障妇女、儿童、华侨和少数民族权利的重要性。

吴文藻对宪法中规定的“中华人民共和国公民有受教育的权力。国家设立并且逐步扩大各种学校和其他文化教育机关，以保证公民享受这种权力”等条款，从教育学和提高民族素质的角度提出了自己的看法和见解。

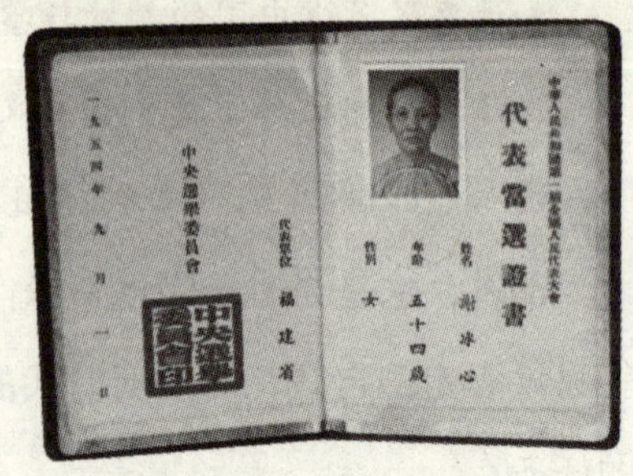

冰心当选第一届全国人大代表的证书。

冰心当选第二届全国人大代表的证书。

当选为第一届全国人民代表大会代表

1954年9月，冰心由故乡福建省推选为第一届全国人民代表大会代表，出席了第一次会议。大会通过了第一部《中华人民共和国宪法》，选出毛泽东为中华人民共和国主席，朱德为副主席，刘少奇为全国人民代表大会常务委员会委员长，通过周恩来为国务院总理。

冰心当选第三届全国人大代表的证书。

在会议闭幕前，冰心满怀激情地写下了《伟大的保证，伟大的关怀》：

冰心当选第一届到第三届全国人大代表的证书。

伟大的“保证”，伟大的“关怀”，我们的孩子是幸福的！我们自己是幸福的，因为我们赶上了这伟大的时代。感谢之余，我们也要保证紧密地团结在党和政府的周围，为青年人体力和智力的发展贡献出自己的一切力量！（《冰心全集》，第4卷，第81页）

南下福建视察

1955年年底，冰心作为全国人大代表，参加了全国人大组织的视察活动，南下到福建前线视察，回到她阔别40多年的故乡。这是她出生七个月就离开故乡以后的第二次还乡，距离首次返乡两年后又离开的1913年也有42年了！

冰心在《还乡杂记》里给小读者报告了沿途的见闻和内心的喜悦。此时，鹰厦铁路正在修筑，“到了江西的上饶，我们换坐汽车，在黎明的微雨中，上了紫鸡岭，直到水关；这个山头，就是江西和福建交界的地方，从这时起，我就踏上故乡的土地了”！

“我心里满怀着童年的温暖的回忆，在万山丛沓之中，仔细地欣赏我的‘父母之乡’。”“走过白江，江面宽阔，远山淡绿，白蒙蒙的江上，渔帆点点，是旅途最美丽的一段。过此便将近福州城市，路上走着络绎不绝的挑着菜担的赤脚的农村妇女，她们扁担上系着彩色的绒衣，一路上彼此说笑，健步如飞。看见她们，我心头又涌起亲切的自豪的感觉！”（《冰心全集》，第4卷，第328页）

直到晚年，冰心还念念不忘这一次故乡行，在《我的父母之乡》《绿》等文章中都对故乡作了满怀深情的描述。

乔迁中央民族学院家属院和平楼208号

1955年5月，吴文藻与冰心把家由东单洋溢胡同7号搬到中央民族学院家属院和平楼208号。这是一座1954年刚刚落成的三层楼房，分东、西两个门洞，门楣探出两个大门椽，上面塑有“和平”两个大字，并涂上了红漆，这也是和平楼的来历。

吴文藻和冰心住在东边门洞的二层右侧的一个单元。这是四间大小不一的房间，一间14平方米朝南的屋子是他们的卧室兼书房，屋子中间有一张民族学院配置的双人床，床的一侧有一只床头柜，两侧放有箱子，进门的左边还有一个书架。门对面靠窗放有一张旧五屉桌和一个衣柜；进门的右侧是一个五斗柜。五屉桌是他们俩共用的，当冰心要写作时，吴文藻就主动挪到客厅看资料，或看书看报。客厅是一间16平方米朝北的房间，进门的右侧就是一组黑色椭圆形酒柜，门对面东墙一侧，放有一套旧沙发，沙发前放了一张红木炕桌，靠北窗放着一张方桌，对面沿墙立着两组书柜和一只衣箱，衣箱上面放着一部电话机。一进门的右侧是一间不到10平方米的小屋，靠窗户并排放了两张单人床，窗前还有一张小课桌，沿墙放了些箱子，这间房子是吴文藻母亲的卧房，吴冰、吴青周末回家会住在这里，床不够用时可以支起帆布床。进门左边是一间厨房、一间卫生间，还有一间大约5平方米的小屋，只能放下一张床，是保姆的卧室。

冰心和吴文藻还是第一次住进这样一座集体楼房，当时楼里没有暖气，冬天还要生煤炉，也没有淋浴设备，要洗澡，就得用洋铁皮的大盆烧水洗，有时候会和费孝通家联系，看他们有没有烧锅炉，因为他们家住在南一排平房，是院长的寓所，有淋浴设备，往往在周末，他们烧锅炉，就可以过去洗澡。居住、生活条件相对是差了一点，但他们都能理解，新中国正在建设，百废待兴，个人的一些困难完全可以克服。

后来，统战部来人曾与冰心和吴文藻商量，考虑给他们建一栋小楼，但被他们谢绝了，当时还有很多人没有房子住，这样做不合适。他们在这座楼里生活、工作了整整28个年头，经历了多少年的风风雨雨，见证了1957年的“反右”、1958年的“大跃进”、1960年的困难时期、1966年的“文化大革命”、下放“五七”干校劳动等一系列政治运动和重大事件。直到1984年年初，民院在和平楼的东面建成一座教授楼后，才把家搬过去。

50年代中期，冰心和吴文藻都很忙。冰心出国访问十分频繁，回国后还要作汇报，加上人大、文艺界的各种会议，占去了她的大部分时间。吴文藻把大部分时间都花在教学和研究上，但在家的时间比冰心多一些。当初把家安置在民院的初衷，就是吴文藻离学校近，环境也比较安静，冰心在作协工作，不需要上下班，也就免受挤车之劳累。

继续努力为儿童创作

1955年9月16日，《人民日报》发表社论《大量创作、出版、发行少年儿童读物》，引起文艺界的普遍重视。冰心参加儿童文学作家座谈会，以《应该是赶紧动手的时候了》为题，即席发言，与大家共勉；她又写了《一人一篇》在《人民文学》上发表，提倡大家动手，“每人都写出一篇”。

1957年年初，她接受中国作家协会的任务，负责选编1959年度的《儿童文学选》，并写了序言。在评论入选作品、肯定成绩之后，针对儿童文学创作存在的“题材窄、概念化、公式化”等突出问题，她重提应熟悉和了解儿童生活的话题，特别是对“童心”作出了新的阐释：

> 所谓“童心”，就是儿童的心理特征。“童心”不只是天真活泼而已，这里还包括有：强烈的正义感——因此儿童不能容忍原谅人们说谎作伪；深厚的同情心——因此儿童看到被压迫损害的人和物，都会发出不平的呼声，落下伤心的泪；以及他们对于比自己能力高、年纪大、经验多的人的羡慕和钦佩——因此他们崇拜名人英

1954年9月，冰心被故乡福建省推选为第一届全国人民代表大会代表。这是9月28日会议后福建组代表在会场的合影，后排右四为冰心。

1956年5月少年儿童出版社出版的《陶奇的暑期日记》。

1957年6月北京出版社出版的《小橘灯》。

《小橘灯》的插图。

雄，模仿父母师长兄姐的言行。他们热爱生活；喜欢集体活动；喜欢一切美丽、新奇、活动的东西，也爱看灿烂的颜色，爱听谐美的声音。他们对于新事物充满着好奇心，勇于尝试，不怕危险……

冰心把“童心”视为儿童文学家必须具备的心理素质，认为葆有童心，才能体察、理解和尊重儿童，才能与儿童促膝谈心，平等交往。冰心“素来喜欢孩子”，一直在为孩子写作，早年就是在“童心来复的一刹那”挥笔写就她的《寄小读者》。《寄小读者》的成功，使冰心获得一代又一代小读者真诚的爱戴，孩子们从她的作品里得到精神滋养，冰心也从孩子们的反响中受到启发和鼓舞。

回国以后，冰心以培养社会主义接班人为己任，继续奋发、努力为儿童创作。还是住在洋溢胡同的时候，冰心就接待了北京四中少先队第三中队的代表。他们邀请冰心参加队日活动，冰心愉快地接受了邀请。冰心问他们平时看不看课外书，他们说，看是看的，如《西游记》之类的书，但专门为儿童写的书看得并不多。冰心告诉他们，她正在写一本关于中学生暑假生活的书，他们听了十分高兴。过了一天，冰心就应约参加了他们的中队会。

冰心在这个时期的儿童文学创作，直接取材于儿童生活的作品增多了。如《好妈妈》《陶奇的暑期日记》《小橘灯》《回国以前》，诗歌《我的秘密》《雨后》等。

《好妈妈》发表于刚刚创办半年的《儿童时代》（1955年第13期），是冰心描写新时代少年学生的第一篇短篇小说。它讲述了小琴从只顾自己的功课、不会体贴妈妈的操劳，到懂得帮妈妈分担家务事的转变过程。

《陶奇的暑期日记》《回国以前》《小橘灯》

《陶奇的暑期日记》酝酿于1953下半年，1954年夏天完成，直到1956年才由上海少年儿童出版社出版单行本。冰心在《我的热切的希望》中回忆，当年她是从一位初一学生爱看《西游记》中的有趣故事和鲜活人物而得到启发的，发现孩子们喜爱他们感兴趣、能理解、与他们生活贴近的作品。这诱发她开始写一部反映学生日常生活的中篇小说。由于她并不熟悉当时的学校生活，只是较为了解周围的中小学生的假期生活，特别是两个女儿吴冰和吴青正在中学念书，她与北京四中的一群少先队员建立了联系，从中获得了学生课余活动的丰富素材，因而扬长避短，专写学生们的暑期生活。

小说以1953年夏天为背景，假托高小学生陶奇的日记来反映新中国少年学生的日常生活和精神面貌。在7月14日到8月31日的日记中，陶奇

1962年，冰心又见到了周总理，两人在飞机上亲切交谈。

《归来以后》，1958年4月作家出版社出版。

《还乡杂记》，1957年少年儿童出版社出版。

记述了他普通平凡、丰富多彩的假期生活。各则日记长短不拘，内容并不连贯，一如日常生活那样琐碎，难以构成故事的情节，但在冰心的笔下，在陶奇的眼中，这一切却是不同寻常、互相关联的，是由“我们这新一代正在健康成长”这条主线贯穿起来的。小主人公陶奇恒心的自觉形成、李春生野性的分辨与扬弃、范祖谋私心的暴露，都是有迹可循，合乎情理，令人信服的。

稍后的《回国以前》和《小橘灯》都取材于回忆。

《回国以前》采用小主人公自述的方式，讲述自家从日本回到祖国的故事。小说由倒叙开始，回顾了回国前的经历，“我”的父母带“我”到姑姑家去，是姑父宴请他相熟的几位美国朋友并给我们饯行，因为我们不久就要到美国去。“我”起初对父母与林先生的秘密筹划一无所知，而责怪父母要去美国，自己又被好友祥哥和玲子误解为没有出息的“洋奴”，而受到冷淡。后来才知道，要离开日本，回到祖国，没有台湾的去美国的“签证”，是不行的，这才真相大白。一时回不了国的祥哥倒由羡慕变为忧郁了。

《小橘灯》是冰心1957年1月19日为《中国少年报》所写的一篇短文。那时正是春节将届，在这篇短文的开头和结尾都提到春节，也讲到春节期间常见到的灯。很多人认为它是叙事散文，也有不少人认为是儿童小说，两种看法都不无道理。但从它的环境描写、情节设计、结构安排，特别是人物塑造来剖析，说它是小说，似更合乎实际。从这个角度看，它为我国当代儿童小说创作提供了可贵的经验。

小说描写一个小姑娘的形象：父亲因参加革命而“出远门”，母亲重病，小姑娘在邻近春节时还要为母亲求医看病。

作者先通过对小姑娘简朴的外表和简练的对话的淡描，坦露出她一颗纯洁机敏的心。 继而描绘了小女孩在浓雾迷茫中，在大黄果树下的破陋的小黑屋里，如何敏捷地用大红橘子制灯、穿灯、提灯、点灯的一系列动作，以及送灯时那一段意味深长的话语，促使“我提着这灵巧的小橘灯，慢慢地在黑暗潮湿的山路上走着……似乎觉得眼前有了无限光明！”通过这简短的独白，那盏实在照不了多远的小橘灯，在小姑娘镇定、勇敢、乐观的精神映照下，顿时光华四射，驱散了眼前的黑暗，成了“我”心灵上的明灯。

第十四章

中国友谊与和平的使者

中华人民共和国成立以后，致力于维护世界和平，发展各国人民的友好往来。

冰心是国际知名作家，也是被公认的人道主义者和爱好和平的人士。她的身份、才识和风度，得到新中国外交事业奠基人周恩来总理的赏识。她参加中国作家协会不久，就被选派出国访问，从此踏上了人民外交的征途。

从1953年至1980年，她曾12次出国访问，其中日本5次，印度、埃及各2次，瑞士、西欧和苏联各1次，在国内接待外国各界人士来访的人次就难以计数。

冰心作为中国的使者，以她独特的人格魅力赢得了各国朋友对中国人民的友谊，为新生的共和国作出了特殊的贡献。

一、出访印度

参加中印友协代表团

1950年，印度独立，中印建交，两大邻邦的传统友谊又得到加强和发展。为了发展印度和中国的友好关系，印度决定成立印中友好协会全国会议，特邀中国派代表团出席协会成立大会。冰心被选派参加中印友好协会访问团，去印度访问。代表团团长为文化部副部长丁西林，副团长夏衍，团员有冰心、袁水拍、黄金祺等六人。

代表团于1953年11月27日离开北京，12月8日抵达印度的首都新德里，第二天上午前往总统府，受到印度总统的接见，中午又赶到尼赫鲁总理官邸赴宴。席间，冰心和尼赫鲁的女儿用英语交谈。在下午的欢迎会上，冰心代表中国代表团作了演讲，受到了热烈欢迎。

12月11日晚6时，出席了印中友好协会全国会议的开幕式。会后，中国代表团按照印中友好协会全国会议的安排日程，连续访问了新德里、马德拉斯、加尔各答、孟买等19个重要的、有印中友好协会分会的城市，访问时间长达75天，行程8800多公里。

每到一地，代表团的飞机刚刚降落，或者火车刚刚停下，机场、火车站总是人山人海，无数的红旗、满眼的鲜花，欢迎的人流包围上来，握手、拥抱、套花环、献花束……据统计，代表团接触群众达20余万人，接受花环3000多串，这些花称起来有400

1953年到1954年，冰心与印度平民家庭的合影。

1954年中印友协代表团在印度喀塔克城外古石庙的合影，左三为冰心，右四为夏衍。

多公斤重，连接起来有4公里之长……

在新德里，冰心参观了世界闻名的清真寺遮玛寺和印度的最大古堡红堡。这座莫卧儿帝国的皇宫是1638至1648年间修建的，全部用红砂石砌成，故名红堡。代表团还参观了沙杰罕皇帝为皇后穆姆塔兹·玛哈尔建造的泰姬陵，陵庙华丽壮观，被称为世界建筑奇迹。

有关这次访问，冰心1954年发表的两篇散文《印度之行》（《冰心全集》，第四卷，第41页）、《回忆我在印度的日子》（《冰心全集》，第四卷，第73页）作了详细的描写。

1981年，夏衍在《赞扬我的“老大姐”》中，讲到了这次代表团访问印度时冰心的“表现”。夏衍说：“她博古通今，英语讲得流利……有一次，我们访问泰戈尔的故居，在欢迎的茶话会上，因为她翻译过泰戈尔的作品，她用英语背诵了两首泰戈尔的诗，然后简洁地介绍了泰戈尔对中国的友谊和他在中国的影响；另一次是我们在尼赫鲁官邸吃午餐，席间冰心同志和尼赫鲁的女儿、现任甘地夫人的谈话，使我们这些干了多年外事工作的人感到佩服。她那种不卑不亢，既有幽默，又有节制的风度，我认为在这方面，我们文艺队伍中，可以说很少有人可以和她比拟的。”（夏衍：《赞扬我的“老大姐”》，《花城》1981年第4期）

1954年1月12日，中国代表团从印度东岸东加尔各答登船，返回祖国。

出席新德里的亚洲国家会议

1955年3月，冰心参加了以郭沫若为团长的中国代表团，出席在新德里召开的亚洲国家会议，再一次踏上印度的国土。会议期间，冰心根据代表团的部署，以她个人的身份，与各国代表团进行了广泛的接触。在这之前不久，周恩来总理在与印度政府谈判时，首先提出了“互相尊重领土主权、互不侵犯、互不干涉内政、平等互利和和平共处”五项原则，这个原则后来在亚洲各国得到了响应。

冰心在亚洲国家的会议上，为宣传和平共处五项原则，作出了积极的努力。冰心在《印度重游记》（《冰心全集》，第四卷，第191页）中这样记载：她曾在茶会、酒会等各种场合，与出席会议的代表团和个人进行了频繁的接触，仅和印度方面的社交接触就达77次以上，而印度人民对中国代表团的欢呼和友谊，再次激起了冰心的民族自豪感。

二、出访欧、亚、非各国

出席瑞士洛桑的世界母亲大会

1955年6月底，冰心出席了在瑞士洛桑召开的世界母亲大会，亦即世界妇女第三次大会。会议的主题是："保卫孩子，反对战争，争取裁减军备与加强各国人民之间的友谊。"对此，冰心有很多话可讲，就像她与战后日本的青年和女性所说的那样，战争曾给多少孩子带来了苦难，让多少孩子失去了上学的机会，失去了母亲的爱；为着世界的母亲，为着世界的和平，应该努力培养孩子，使他们成长为全面发展的新人，成为保卫世界和平的勇敢战士。

出席日本广岛的禁止原子弹和氢弹世界大会

冰心参加世界母亲大会尚未结束，就接到通知，要她提前回国。等到回到北京，她才知道要去日本参加禁止原子弹和氢弹世界大会。刘宁一为中国代表团团长，团员有廖承志、赵朴初、谢冰心等。中国代表团于8月4日抵达香港，因日本政府对中国代表团入境百般阻扰，日本驻香港的领事馆拒发签证，错过了6日广岛大会的日期，直到世界大会召开的第三天，日本政府才同意中国代表团入境。

8月9日，中国代表团首先飞抵东京，在羽田机场受到日本各界人民的热烈欢迎。冰心出席了禁止原子弹和氢弹世界大会，见到伤痕满面的原子弹受害者的代表，登上了从废墟中建立起来的国际会馆，参观了原子资料馆。

冰心后来详细描述了参观该馆的感受：“资料馆里陈列的原子弹毁坏杀伤的种种相片和表格，周览之后，使我们切齿痛狠原子狂人的不可饶恕的罪恶！在这大规模屠杀的原子弹武器爆炸之下，长崎市民死者有七万五千多人，伤者也有七万四千人，其中大部分是老幼妇孺。这种极端野蛮的破坏国际法的作战方式，是对全人类的挑战！”

1955年8月，冰心随团前往广岛出席日本广岛的禁止原子弹和氢弹世界大会（前排中间为冰心）。

1955年8月，冰心出席日本广岛的禁止原子弹和氢弹世界大会时与代表团等的合影，右三为冰心。

冰心愤怒地说：“我这支笔描写不出描写不尽，也不忍描写1945年8月6日晨8时15分以后，广岛市被炸的惨状！”

冰心后来还随代表团到医院慰问了原子弹爆炸时的受害者，对他们表示了深切的同情。

8月9日以后的18天行程是十分紧张的：从东京经福冈到长崎，参加了长崎大会；从长崎到云仙温泉，经岛原、大牟田、福冈到大阪，参加关西大会；再从大阪经横滨到镰仓，参加镰仓大会；15日回到东京参加东京大会。会后，从东京出发，赴大阪、岩国到广岛访问；从广岛路过大阪再回到东京。

中国代表团一路走来，参加群众集会，声援日本人民的正义斗争，踏访被原子弹毁灭的市镇，凭吊亡灵和废墟，慰问幸存的受害者，给日本人民带去了中国人民亲切的慰问和有力的支持。

26日，当代表团离开东京时，冰心和代表团的团员与送行的群众，在夜色深深、雨脚如绳的机场，臂挽着臂，站成一圈，高唱《不准再投原子弹》的歌，洒泪告别。

回国后，冰心一连写了好几篇文章，包括《广岛——控诉的城市》《广岛姑娘》《为和平而斗争的日本妇女》等。

出席埃及的亚非人民大团结会议

1957年12月，冰心参加中国代表团，出席在埃及召开的亚非人民大团结会议。1958年3月，参加中国文化代表团，到西欧访问，先访问了瑞士，接着访问了意大利的罗马、威尼斯等地，继而转到英国，访问了伦敦、格拉斯哥、爱丁堡等城市。

第十五章

反右运动

1957年，正当一股扩大民主的思潮在全国兴起的时候，全党展开了整风运动，领导干部检查思想作风，并发动群众帮助党整风，对党的工作提出批评和建议。

2月27日下午3时，毛主席主持最高国务会议，发表了人民内部的矛盾如何处理的演讲，用了近四小时，令所有的听讲者激动和兴奋。

2月28日讨论，与会者表示完全拥护。

3月1日下午继续讨论，由各党派各阶层代表发言，拥护主席的指示，最后毛主席趁兴又续讲半个多小时，并且解答了一些问题。

5月1日，中共中央公开发表了《关于整风运动的指示》，宣布一场反对官僚主义、宗派主义和主观主义的整风运动拉开序幕。整风的方法是和风细雨，不开批判大会和斗争大会等。欢迎民主人士帮助整风。在这之后，便有了一系列的鸣放座谈会。

在帮助党整风的号召下，中共中央统战部特地邀请各民主党派负责人和无党派民主人士参加座谈会，对党的工作和国家政治生活提出批评与意见。

北京各高校党委动员党员干部、师生和广大群众，向党的领导的工作提出批评意见，掀起群众运动的高潮。北京大学的学生首先在墙上贴出大字报，对教育照搬苏联模式、高校课程过度政治化等问题提出批评，后来又对肃反扩大化等问题贴出大字报。

一、反右运动中的冰心和吴文藻

冰心在整风与反右运动中的情况

第一阶段：（1957年1—5月）

作为全国人大代表的冰心与刚刚当选全国政协委员的吴文藻，都参加了最高国务会议。

2月27 日下午3时，原通知是听李富春副总理的报告会，“实则毛主席主持最高国务会议（扩大到千余人），由主席讲话，‘人民内部的矛盾如何处理’，讲了近四个小时，听得非常兴奋”。（吴文藻2月27日日记）

3月1日，下午讨论，“午后四时举行第十一次国务会议，由各党派各阶〔界〕代表发言，拥护主席指示，历时四小时，最后由主席续讲半小时多，解答一些问题”。（吴3月1日日记）

这年的春节（1月31日）期间，冰心还到新侨饭店拜访日商住友商社的川鹤新一先生（2月5日）。

3月6日，冰心参加了6日开幕的全国宣传工作会议。

3月12日，毛泽东在全国宣传工作会议上的讲话在全国政协会议上传达。全国政协会议与全国宣传工作会议主题均为“百花齐放、百家争鸣”，正确处理人民内部矛盾问题等。民主人士与知识分子受到重视，时有报刊记者到中央民族学院采访谢冰心与吴文藻的生活和工作情况。

这一段时间，冰心的外事活动仍很频繁，参加接待国外的代表团。

4月1日，她参加印度驻华大使馆酒会，观看舞蹈家卡拉玛和拉达姐妹表演。之后，写作了散文《观舞记——献给印度舞蹈家卡拉玛姐妹》，发表在《人民日报》上（4月6日）。

4月17日，冰心前往南京、扬州、苏州和上海等地参观访问，直到5月14日回到北京。这一次冰心的南方之行长达27天。这期间，北京发生的重要事情，她在旅途中也有所耳闻，但由于人在旅途，主要的任务不是学习、发言，而是参观和访问。据谢泳的文章《中国自由知识分子的内心世界——四个著名知识分子五十年代的言论》（《随笔》2005年第1期），冰心5月10日在家（注：时间有误，根据吴文藻的日记，5月10日，冰心不在北京而在上海）曾接受《人民日报》记者林钢的采访，对肃反问题、整风问题发表了非常尖锐的意见。

5月1日，中共中央《关于整风运动的指示》正式发表，重申要把正确处理人民内部矛盾作为当前整风的主题。这次整风运动应该是一个既严肃认真又和风细雨的思想教育运动，一个恰如其分的批评和自我批评运动。应该坚决实行“知无不言，言无不尽；言者无罪，闻者足戒；有则改之，无则加勉”的原则，以达到“惩前毖后，治病救人”的目的。

第二阶段：（1957年6—10月）

6月8日，《人民日报》发表社论《这是为什么》，这是由整风进入反右运动的标志。

6月19日，《人民日报》发表了经过修改的《关于正确处理人民内部矛盾问题》，增加了六项政治标准。冰心、吴文藻和许多听过这个讲话的人都感到“目瞪口呆”。

6月20日—25日，冰心参加全国人大一届四次会议预备会，会议根据新发表的毛泽东的“讲话”，对右派分子开展了批判。

6月26日，全国人大一届四次会议正式开幕，冰心出席。会议一直开至7月15日，前后21天。批判右派成为人大会议的中心，不仅是批判，右派分子也纷纷检讨，如章伯钧、罗隆基、章乃器、储安平、费孝通等16名大右派分子都做了公开的检讨。

7月7日，冰心很痛苦，吴文藻及儿子吴平都成了右派。自己在人大开会，还要批右派，既痛苦又矛盾。

7月12日，在刊登人大代表发言的“会议简报”上，刊出了冰心《一面坚决地斗争，一面彻底地改造》的反右发言。

在发言中，冰心对费孝通进行批判（费孝通时任中央民族学院副院长）。冰心在发言中指出那些“极少数的知识分子”，是一些什么样的人呢？大学教授，抗战以前在校园一角过着“养尊处优的生活”，抗战之后，有过颠沛流离、有过贫病相加，愿意跟了共产党走向民主，解放后，有一时宁静的心情，但由于“他们是在资产阶级思想意识的雪地上滚大了的”，当个人利益与集体利益起了一定矛盾的时候，“他就改变了”，对“艳阳天气、鸟语花香，他们是视而不见听而不闻地自囿于‘一隅’牢骚、怨望、消极的心情里面”（引自冰心《一面坚决地斗争，一面彻底地改造》，《新华半月刊》1957年第17号）。冰心在这里以文学的语言给“极少数知识分子”画像，不仅概括的是费孝通，也包括了吴文藻，甚至冰心自己。所以，她的结论是在斗争之后，要进行彻底的改造，改造成金不换的“浪子”。冰心批费孝通，是一种划清界线的做法，一种政治上的自我保护意识。

7月19日，人大会刚刚结束，冰心进城找了邓颖超（吴文藻的当天日记：“莹进城看邓颖超”。这就是关于总理夫妇在反右中曾派了一辆小车，接冰心去中南海谈话的最原始的记录）。吴文藻在检查写不下去的时候，“精神极坏”，“心情恶化”，冰心只能安慰他。

8月29日，冰心生病住院，不能宽慰吴文藻。出院后，找来他人的检查给吴文藻参考，吴认为那稿“亲切动人，自愧不如”（吴文藻日记）。

10月1日，中华人民共和国成立八周年，冰心作为人大代表出席了国庆观礼。

10月7日，《北京日报》刊载《吴文藻低下头初步认罪》的文章。此时，冰心与吴文藻经常外出散步，交流思想，并且帮助吴文藻起草检查提纲。之后的几次批判，吴文藻接受冰心的劝告，态度较好。冰心总是劝他“向前看，好好过关”，听了这些话，吴文藻说“我同意，心情好转”。

第三阶段：（1957年11—12月）

11月17日，冰心与吴文藻散步到紫竹院，在池边稍坐，帮助减缓吴文藻心中的烦恼。

11月24 日，冰心与吴文藻进城，参加在中山公园内民进北京市委的批判大会，会上重点说了三个方面：对高校方面的右派必须改造、党能领导高等教育、民主党派与党的关系，这三者都是针对吴文藻，冰心在批判大会上默不做声，对林耀华的批判发言做了较为详细的记录，计有六页纸之多。

12月20日8点，冰心出访，前往埃及出席亚非作家会议。

冰心与费孝通的《知识分子的早春天气》

1956年，有关领导曾派费孝通到西南，雷洁琼到广东、武汉等地调查知识分子的情况，回来后，费孝通将各地了解到的知识分子的情况和要求写成一篇文章。由于文章中引用了几句古诗，便送来给冰心看。这样，冰心就读到这篇以《知识分子的早春天气》为标题的文章：

> 我想谈谈知识分子，谈谈我熟悉的一些在高等学校里教书的老朋友的心情。所谈的无非是一隅所见，一时之感……春到人间，老树也竟然茁出了新枝……几年来，经过了狂风暴雨般的运动，受到了多次社会主义高潮的感染，加上日积月累的学习，知识分子原本已起了变化……接着百家争鸣的和风一吹，知识分子的积极因素应时而动了起来。但是对一般老知识分子来说，现在好像还是早春天气。他们的生气正在冒头，但还有一点腼腆，自信力不那么强，顾虑似乎不少。早春天气，乍暖还寒，这原是最难将息的时节。逼近一看，问题还是不少的，当然，问题是有的，但当前的问题毕竟和过去不同了……

费孝通问冰心："'乍暖还寒时候'，是否指早春？"

冰心答曰："这是指秋天。后面不是有'雁过也，正伤心，却是旧时相识'。都是秋天，你不好好看……"

费孝通又问："这是谁的诗？"

冰心答："李易安的《声声慢》，寻寻觅觅，冷冷清清，凄凄惨惨凄凄……"

1957年3月24日，《人民日报》发表了《知识分子的早春天气》。到了夏天，这篇文章就被说成是一株大毒草。

有人就以《知识分子的早春天气》一文曾经过冰心修改，想把冰心也定为右派，材料报到中央，周恩来出面干预，才得以幸免。

冰心未被打成右派，现在分析可能有以下一些因素：

第一，冰心之所以未被打成右派，与"鸣放"时期最重要的半个月时间她不在北京有很大的关系，她没有在会上发表意见。林钢的访问发表在《人民日报》的《内部参考》上，这是专供中央领导看的。发表比冰心更尖锐的意见的大有人在，冰心的意见有可能被忽略；冰心组织关系在中国作家协会，中国作协共产党内的派别斗争非常厉害，冰心为党外民主人士，没有加入派别斗争中去，而作协的反右斗争是以继续批判“丁（玲）陈（企霞）反党集团”为中心的，冰心作为民主人士，也可能被忽视。

第二，反右以后，冰心参加过多次批判右派的大会，作协的党组扩大会、民进的批判会、全国人大的发言、对萧乾的批斗等，冰心有少量的发言，像前面讲到的在人大会议上的发言，但基本上以当时的政治定论为基点，用自己的语言说出来，没有多少“落井下石”式的批判，言他人之所言。同时，冰心还常常将自己摆进去，表示要好好地自我改造。类似她所作的批判发言，在当时报刊上比比皆是。

冰心尽心尽力对丈夫吴文藻的劝说、帮助，没有在感情上划清界线，使得吴文藻有了继续生活的希望。如果不是冰心的这种帮助，吴文藻可能很难渡过反右的难关，在他的日记中多次出现“活不下去”、“痛苦至极”的文字，可见他的思想与生活都到了崩溃的边缘，如果冰心推他一下，他可能就活不下去，但冰心一直在拉他，帮助他，使他有了生的勇气与改造的希望。

冰心虽然没有被打成“右”派，但在1958年反右倾时，还是做了检查。从她的档案中发现了她的检查。（见中国作家协会李一信同志撰写的《冰心的〈检讨手稿〉》，《文学报》2001年3月29日）

吴文藻在整风与反右运动中的情况

第一阶段：（1957年1—5月）

3月5日—6日，北京相继召开了两次重要的会议。一次是全国政协第二届第三次会议（5日开幕），周总理作报告，吴文藻参加。会前，周恩来还专门接见了新当选的政协委员（吴文藻为新委员之一）。

5月3日，吴文藻在听了关于整风的报告后，即响应号召，在整风学习中积极发言。吴文藻曾多次提出有关对党委制的意见，主张恢复社会学，对揭发出来的学校总务处领导的贪污等问题表示义愤。

第二阶段：（1957年6—10月）

6月8日，《人民日报》发表了社论《这是为什么？》："在整风运动中大多数人的批评意见是对的，善意的，但在此过程中，极少数资产阶级右派分子错误地估计了形势，利用共产党整风的时机，打着帮助党整风的旗号，发动了向党进攻……"

吴文藻认真地读着，一面还用红笔在有关部分画上红线。他感到，社论和以前动员群众帮党整风的精神已大相径庭，觉得有点不可思议。

6月14日，中央民族学院开始对吴文藻进行批判。

中央民族学院党委和北京市其他高校一样召开动员大会，号召广大师生帮助党整风。

党委某领导来到和平楼208室看望吴文藻和冰心，谈论学校贴出的有关国际形势和其他问题的大字报。当时已传出赫鲁晓夫在苏共二十大上的秘密报告，谈话中，吴文藻谈到对斯大林问题和东欧社会主义国家的一些看法。吴文藻说："我曾经看到当年苏联在东北的一些资料，也看到过斯大林对中国革命的态度，就在我们胜利前夕，他还主张不要过长江……斯大林对中国的政策，也不能全信，我们不应该一边倒。""南斯拉夫在社会主义国家中是唯一和苏联不一致的国家，依我看，南斯拉夫共产主义联盟的铁托是正确的……"

7月1日，《人民日报》发表了《〈文汇报〉的资产阶级方向应该批评》，从此掀起了一场声势浩大的反右派斗争。冰心万万没有想到，民院那位领导“朋友”，居然把吴文藻在家里和他闲聊的那些话作为右派言论向领导汇报。加上吴文藻在帮助党整风中给民院总务处处长提的意见，于是吴文藻被定为反右斗争的对象。

中央民族学院和民主促进会对吴文藻的批判不断升级，吴文藻自己接受批判，同时也批判他人。

7月7日，“全院讲师级以上人员开会批斗费孝通，上午费讲半天，下午各人批判，我亦发言，不好，夏康农发言最深刻”（吴文藻日记）。这一时期吴文藻总是在写检查，同时，儿子吴平回到家写检查，自己的检查写不清楚，还要帮助儿子写检查，情绪相当坏。

在政法学院任教的雷洁琼先生被请到民院，参加对吴文藻的批判会。雷洁琼在听到有人揭发吴文藻的言论时，告诫吴文藻：“吴先生，以后讲话要小心点，特别是谈到一些大的问题时，要掌握分寸。”这一席话引起会上的某些人的不满，并把矛头指向雷洁琼，说她有意包庇吴文藻。

8月29日，中国社会科学院哲学社会科学部召开座谈会，批判右派分子图谋资产阶级社会学复辟的反党反社会主义的言论，郭沫若主持并讲话。30日改至西郊宾馆继续开会，最后点了吴文藻的名，要他作交代。“因事先没有准备，讲得不好。”（吴文藻日记）31日继续批判开会。

9月13日，吴文藻写总检讨。

9月24日，中央民族学院召开资产阶级民族学批判会，连续四天，费孝通、潘光旦做检查，苏克勤院长作报告评“功能派”时点了吴文藻的名。后他的学生陈永龄、宋蜀华等揭发吴文藻，林耀华、家驹批判功能文化论，直接点吴文藻的名，李有义发言深挖吴文藻历史上的老底。学生的批判极大地刺激了吴文藻。

10月1日，中华人民共和国成立八周年，吴文藻独自在家，“空虚至极”，“午睡恍惚，心神不安”，并与冰心发生口角，后吴文藻自责“心绪不宁，发脾气实不好”。

10月7日，《北京日报》刊载《吴文藻低下头初步认罪》的文章。此时，冰心与吴文藻经常外出散步，交流思想，并且帮助吴文藻起草检查提纲，之后的几次批判，吴文藻接受冰心的劝告，态度较好，冰心总是劝他“向前看，好好过关”，听了这些话，吴文藻说：“我同意，心情好转。”

10月21日，吴文藻在日记中记下冰心对他的影响。

10月24日，民族学院召开对吴文藻的斗争大会，吴文藻先做检查。他在日记中写道，“讲到末节，感情抑制不住，还是哭了”，会上他的学生朱宁、陈永龄、林耀华、李有义等对老师进行批判，尤其后两人，“猛烈刺激特深，必须经受锻炼”（吴日记）。

10月25日，斗争大会继续，吴表示，“必须经得住考验。过去就是因为没有改变立场，所以大摔一跤。现在必须把我溶化于集体中，否则活不下去”。

吴文藻这天的日记还追记了与梁明的谈话。当时，冰心在场。梁对冰心说，吴文藻固然不愿去台湾，不留东京。但对党不满，就会跟着罗章联盟走。吴当时就说：“我对党不满不会杀人，只会自杀（因为反对用暴力）。”

10月30日，中央民族学院苏院长报告，反右转入整改为主，“有决心改进工作，并也将下放干部”，谈及对右派分子的处理，吴在日记中记载：“我既犯了大错误，自当听候处分，认真对待，先做思想准备。”这天下午7点30分，工会小组开会，吴未发言，但“亦签名表示从劳动中改造自己的决心”。至此，吴文藻被打成右派分子的大局已定。

第三阶段：（1957年11—12月）

11月2日，吴文藻开始劳动改造。吴文藻在3日的日记中写道，“早饭后去合作社顺便看大字报，‘民族学研究班，要求布置中国专家专题讲座，可惜我是‘右’派，否则可出部分力量”，由此可见他已失去了教学与研究的资格。

11月13日，吴文藻“乱梦扰睡”，15日，竟日未起床，梁明又来找冰心，说吴的体力劳动态度不好，吴闻之痛言：“自己不知表现错在何处，内心之病根甚深，必须痛拔，否则是活不下去的。”

11月24日，在中山公园，民进北京市委对高校方面的右派分子召开批判大会，吴文藻是批判重点，学生林耀华发言为主，主要内容有：关于知识分子必须改造、党能领导高等教育、民主党派与党的关系，这些都是针对吴文藻的。

12月19日，吴文藻的日记中反映了反右组织处理的最后阶段的情况：“干部下放，学生待遇，右派处理。”

12月30日8点，吴文藻在日记中这样写道：“1958〔7〕是一生中受教训最深的一年，过去自以为注意思想，这次整风和反右中才知道自由主义是何等的肤浅，自己从来就没有认真地深思过，否则何至于摔这一大跤。”

1958年3月20日，吴文藻已被告知去社会主义学院报名，参加学习。由于严重的精神压力，吴文藻患上了严重的荨麻疹，被送进北京天坛医院治疗，住院达一年之久。1959年出院后，才去社会主义学院学习。从此，吴文藻戒烟。

1958年4月2日，民院党委列出吴文藻的反党、反苏等三条罪行，并要他在上面签字认可。吴文藻要求对这些问题进行核实，这样他才能“真正信服”，但毫无结果。

1958年4月4日，民院党委宣布对吴文藻的处理，把他划为右派分子，按五类处理：撤销他中央民族学院图书馆馆长、历史系民族志教研室主任、民进中央文教委员会委员职务，保留教授、全国政协委员，由教学级二级降为三级。

1957年，吴文藻受到批判的主要原因是：①他对1953年院校合并时取消社会学提出意见，说他想复辟旧社会学；②批评高校的官僚主义，批评现行的领导体制（主张取消党委制，实行联合会），批评共产党与群众的关系不好；③揭发本院近似贪污分赃情况等。（吴文藻日记写道："甚为激动，执政不到几年已经这样糟糕。"）

二、三弟谢为楫的厄运

1918年，冰心与母亲杨福慈、三弟谢为楫在北京。

冰心最喜欢的三弟谢为楫在上海港务局船舶检验科任工程师，本着“言者无罪，闻者足戒”的原则，大胆地对一位科长、支书的恶劣行为提出了批评；又向上级党委提出调整在港务局和海运局的大连海运学院分配来的毕业生工资不均的问题；他还提出“科长应由科内同志通过民主选举后报请上级批准后任命”，以防止某些科长凭主观的官僚主义瞎指挥，影响科内工作的大局等。这些话激怒了科长，于是，发动了对谢为楫的批判，这几条意见被无限上纲，最终被打成右派。

谢为楫和孩子们。

三、儿子吴平和两个女儿的遭遇

儿子吴平被打成右派

冰心的儿子吴平自清华大学建筑系毕业后，分配到第二机械工业部四局学校设计科工作。当时吴平任工会主席，并兼任宣传工作，正在争取入党，机械处处长鼓励他好好表现，争取火线入党。吴平以笔名“言者”贴出几份大字报，帮助党整风，总标题是《无罪集》。他指出：① 党要重用知识分子，应让他们有职有权。② 党要发扬民主，为什么机械部不能成立民主党派（机械部当时属准保密单位）。③国民党就是因为腐败，失人心，最后被打垮。共产党有 500万军队，搞整风，整治腐败，这很好。如果不整治腐败，将来迟早有一天会垮台。

反右开始后，当地党组织就说，吴平的父母就是右派，他不是右派，谁会是右派！在《人民日报》上登出一条消息：吴平是章罗联盟深入二机部的爪牙。于是，为吴平设立专案组，指派吴雪松任组长，但吴雪松认为吴平够不上右派，后来他就被调离。他们对吴平的大字报，断章取义，无限上纲，例如，吴平反党，说共产党迟早有一天要垮台等。

1958年3月28日，吴平被划为右派后，被送去天津汉沽盐业化工厂劳动改造。1961年改正右派，摘帽后，被分到天津民用建筑设计院工作，直至1965年才回到北京。

两个女儿在反右中的命运

1957年，反右运动开始时，冰心的大女儿吴冰在北大西语系三年级学习。1958年7月27日，被定为严重右倾，并受到留团察看一年的处分。同时要把她知识分子的家庭成分改为官僚。吴冰是一名十分优秀的学生，学习成绩总是名列前矛，系主任李赋宁教授也十分希望她毕业后能留校。反右的这一结果，使一切都改变了。面临选择自己的志愿，吴冰亦有自知之明，凡属偏远地区的院校，如甘肃、宁夏、青海等，她全都报了。最后她被分配到兰州。

1963年吴冰和北大的同学李志昌结婚。李志昌在北京外交部西欧司工作，吴冰在兰州，“牛郎织女”只有在寒暑假才能见面。1966年5月，他们的大儿子李丹出生，孩子只有寄养在父母家。在“文化大革命”、干部下放“五七”干校这段时间里，冰心只有写信转告吴冰和李志昌有关他们在干校的生活情况和小外孙的情况。

1957年反右开始时，冰心的小女儿吴青在北京外国语学院英语系一年级学习，没有受到冲击，但由于父母所处的境遇，她心里承受的压力是可想而知的。外语学院和民院家属院只有一步之遥，对父母的处境十分了解，但也爱莫能助。

四、邓颖超大姐的关怀

1957年，对冰心来说，是自她从日本归国以来最痛苦的一年。家里出了三个右派，文藻、三弟为楫、儿子吴平。冰心心急如焚，一筹莫展。正在她愁苦无告的时候，周恩来总理让邓颖超派车把冰心接到中南海的西花厅。

1980年4月26日，邓颖超与冰心亲切握手。

冰心视邓颖超为“生平第一知己”。

邓大姐询问了反右以来冰心一家的情况，特别是吴文藻的具体情况。冰心向邓大姐倾诉了一切。邓大姐关切地说：“反右后，大家都跟他划清界限，朋友也不来往了，现在唯一能帮助他的，就是你了。作为亲人，应该关心他，安慰他。”

冰心听到这些亲切安慰的话，不由得眼泪夺眶而出，她激动地说：“我一定会好好帮助文藻，请你和总理放心。”

不久，在人大开会期间，周恩来总理特地让几位全国人大代表专程去看望冰心。

第十六章

恢复外事活动

一、出访活动（一）

参加埃及亚非人民团结大会

1957年12月的一天，作家协会的刘白羽同志来到冰心家，告诉冰心，不久中国就要组团去参加在埃及召开的亚非人民团结大会，代表团成员中有他、冰心，还有其他各界人士。冰心沉默片刻，就问，像她这种情况是否还合适参加这样重要的国际会议。刘白羽回答说："名单是经过中央批准的，现在是让我通知你。你不要有什么包袱。具体的准备工作会有人来和你联系办理的。"冰心心里顿时舒畅了很多。刘白羽走后，冰心把这事告诉了文藻，这是冰心反右后的第一次外事活动，说明党还是信任她的。接着冰心就着手安排出国事宜。

12月20日，冰心随团乘T104飞机从南苑机场起飞，向苏联的伊尔库次克飞去。飞机抵达莫斯科是清晨。中国代表团一行下榻的宾馆是新盖的十二层的乌克兰旅馆，冰心和女法学家韩幽桐同住406房间。午后，女演员张瑞芳来看望冰心，同来的还有刘良模。张瑞芳说："到埃及后，要我们朗诵诗歌，我们想早作准备，所以想来要你的诗稿。"冰心取出两首诗，一首是《印度中国是兄弟》，另一首是《一个埃及的引水员》：

怀着火热的心，
伸出发汗的手，

扶着冰冷的栏杆，

大踏步地往“桥”上走。

……

我们有磐石般坚定的信念，

最后的胜利一定属于我们！

说起这首诗，还得追溯到两年前。

中国代表团和逗留在莫斯科的一些国家代表团，一起乘飞机前往埃及。

埃及是一个有三千多年历史的文明古国，也是世界四大文明古国之一。奥斯曼帝国入侵，埃及沦为奥斯曼帝国的一个行省，后又被法国英国占领。当日本政府向中国提出不平等的 “二十一条”的要求时，埃及也成为英国的“保护国”。中国爆发反帝反封建的五四运动时，埃及人民也开展了反帝斗争，迫使英国承认埃及为独立王国，但仍保留驻军特权。1952年，纳赛尔领导推翻以法鲁克国王为首的宫廷政权，组成了新政府，结束了英国的军事占领，接着又抗击了英、法的侵略。

1956年，埃及宣布收回苏伊士运河，英法帝国主义伙同以色列入侵埃及，中国人民坚决支持埃及人民的正义斗争。1956年11月12日，冰心写下了《一个埃及的引水员》（载《北京日报》1956年11月12日）等诗文予以声援。

1957年12月22日早上4点钟，中国代表团抵达开罗，随即乘车前往塞得港。塞得港离开罗三百多公里，地处亚洲和非洲、地中海和红海的交界点。

冰心和代表团被邀请到以埃及古图案五色布补花的布篷下。接待的埃及友人告诉冰心，纳赛尔总统先到英雄墓献花圈，为在保卫塞得港战斗牺牲的烈士纪念碑奠基。

冰心和代表团一起参加了塞得港升旗仪式和检阅陆海空仪仗队后，乘车参观市容，直到夕阳西下，代表团才告别塞得港，返回开罗。回到开罗不久，代表团又前往中国驻埃及大使馆，受到陈家康大使及夫人徐克立的热情款待，听取了有关埃及和亚非人民团结大会会前的情况报告。回到旅馆，已是午夜两点。

在中国代表团下榻的旅馆，冰心应叙利亚女代表之约，和第二次世界大战后才独立的国家的代表热情交谈。

在午餐时，冰心遇见历史学家吴晗，他们回忆了第一次在燕大见面的情况：吴晗由顾颉刚先生介绍到燕京图书馆工作时，虽然仰慕冰心已久，还没有机会结识。后来上了清华，吴晗参加了郑振铎创办的《文学季刊》的编辑工作，在编委会的一次聚会上，才见到冰心。冰心说，那些年，经常参加聚会的还有朱自清先生，可惜他过早地过世了。

1957年12月，冰心随中国代表团参加埃及亚非人民团结大会。

1958年3月，冰心随中国文化访问团出访欧洲。

1958年11月，冰心参加中苏友好访问团。这是访问团参观列宁住过的草屋。

中国驻埃及大使馆武官李大中曾以外交部的名义同吴文藻、冰心联系。冰心回国后的活动也是由他负责具体安排的。当他获悉冰心到了开罗，立即携夫人到旅馆来看望。

12月26日，亚非人民团结大会开幕。清晨，旅馆广场上就站满了年轻的学生，他们是特地来迎接参加大会的代表的。冰心同代表们一起乘车前往开罗大学，步入开罗大学礼堂。

主席台上挂着纳赛尔总统的画像和35面与会国的国旗。会议开始时，首先宣读了中华人民共和国毛泽东主席的贺电，全场响起暴风雨般的掌声。

会议期间，冰心会见了乌兹别克的女诗人祖利菲娅、埃及女画家等人，并参观了金字塔和博物馆。

12月31日，冰心随团参观了开罗大学。下午，郭沫若在大会上讲话。晚上，中国代表团与兄弟国家代表在俱乐部聚餐过新年。

入夜，冰心站在尼罗河边，一股诗情涌上心头，就在这新年前夜，冰心写下了《向埃及人民致敬》的诗篇：

尼罗河，用她坚强的手指
　在沙漠地上，写出
　一行行整齐碧绿的诗篇；
一根根矗立的枣椰树，
　惊叹号似地，上指青天！
聪明的埃及人民，在
　茶色的玫瑰丛中长大；
金色硕圆的柑橘
　发出一缕缕诱人的香甜。

劳动的埃及人民，
千百年来，在皮鞭下
　为奴役他们的人们劳动，
百公里长的苏伊士运河，
　把十二万人的青春断送；
地中海和红海的交流中
泛滥着多少母亲的悲痛！

勇敢的埃及人民站起来了！
……

（《向埃及人民致敬》，《冰心全集》，第四卷，第570页）

1958年元旦，亚非人民团结大会通过了决议。大会闭幕后，冰心随代表团来到埃及法鲁克国王的旧宫，纳塞尔总统接见了各国代表。

随后，冰心在埃及友人的陪同下，前往卢克索的帝王谷参观。帝王谷“位于古埃及都城底比斯南半部遗址。底比斯兴建于四千多年前的古埃及第十二王朝时期，到第十八王朝，公元前1555年，进入鼎盛时期，当时城市跨尼罗河中游两岸，被誉为‘一百城门的底比斯’，公元前88年被毁。许多古墓散布在卢克索地区”。（引自卓如《冰心全传》（下），河北教育出版社，2002年，第85页）

冰心观看了三个墓穴，墓穴中的彩色壁画生动地刻画了战争的场景，演员表演、工匠作业和人们捕鱼狩猎的情景，还有埃及人宗教祭祀活动的场面。由帝王谷向东，是女王哈奇舍普苏在位时修建的巴哈利庙。大殿上的浮雕还保存得十分完整，其中有女王远征的浮雕。

1月6日，冰心随代表团从卢克索返回开罗，市长在新开的警官俱乐部设宴款待中国代表团。宴会后，代表团又到大使馆，然后回旅馆收拾好行装，已是7日凌晨两点。3点又赶往埃及军用机场。飞机起飞后，因莫斯科大雪无法降落，飞机又折回埃及，直到10日才返回北京。

《人民日报》连载《再寄小读者》

1958年1月，中共中央召开了九省二市负责人参加的南宁会议，提出了苦战三年使大部分地区面貌基本改变的号召。《人民日报》发表了《鼓足干劲，力争上游》的社论："我们国家正面临着一个全面大跃进的新形势，要打破一切右倾保守思想……"

1958年2月15日，《文艺报》编辑部举行文风座谈会，冰心应邀参加，与会的还有老舍、叶圣陶、臧克家等老朋友。会议就"反对党八股，文风要解放"的主题进行讨论。

3月8日，中国作家协会书记处召开会议，讨论《文学工作大跃进三十二条》，向作家们发出了"作家们！跃进，跃进，大跃进，大跃进"的号召。

《人民日报》文艺部在讨论工作时，有些同志建议请老作家撰写一批能吸引读者的好作品，并设些固定的专栏。袁鹰想到冰心，并写信给她，希望她把《寄小读者》继续写下去。

这些日子里，冰心也在酝酿给小读者写信，于是就开始写《再寄小读者·通讯一》，并从3月18日开始，在《人民日报》副刊上不定期连载。副刊特别发表了编后小语：《欢迎〈再寄小读者〉》："如今，正当祖国跨入一个新的历史时期的时候，冰心同志又拿起笔来，向新的小读者叙述新时代的故事了。冰心同志即将远行访问西欧，我们祝她旅途健康，并且不断地为小读者寄回一些通讯……"

随中国文化访问团出访欧洲

1958年3月21日，冰心随中国文化访问团出访欧洲。代表团以经济学家许涤新为团长，团员有哲学家金岳霖等人。

他们先到瑞士，然后乘火车前往意大利，游览了罗马，然后到达西海岸的那波利城，参观了庞贝，一座被火山熔岩淹没的城市，现已被挖掘出来。代表团还参观了意大利南部和西西里岛的几座城市。

在西西里岛，冰心居住在面朝大海的旅馆，周围是一望无边的海水，倒映着空阔的天光，变幻无穷，仪态万千。

到巴格里亚，农民们在小镇上召开欢迎会。巴格里亚的诗人卜提达向中国文化访问团致了热情的欢迎词。他送给冰心一本自己的诗集《面包就是面包》的法文译本。意大利著名诗人卡罗·勒维为这本书写了序，说卜提达以钢铁般的坚强宏壮的声音，道出了岛上人民的不幸。

冰心随访问团渡海回到意大利本土，直到东海岸的巴里城，转回罗马。在罗马过了复活节，再前往佛罗伦萨以及世界闻名的水上城市威尼斯。

在意大利，冰心访问了20座城市，终点站是英雄城市都灵。代表团到为反对法西斯而捐躯的烈士墓前敬献了花圈。然后，应邀参加在工人俱乐部召开的群众集会。

重访伦敦

冰心结束了意大利的访问，来到伦敦，又一个重游之地。冰心应邀参加伦敦女记者的座谈会。

英国的文人学者也想多和代表团接触，特别是汉学家，对中国古文化有着浓厚的兴趣。一位英国朋友向冰心介绍了约翰·奥斯本的剧作《愤怒的回顾》（*looking Back in Anger*），该剧“上演后曾轰动一时，成了1956年伦敦舞台上的一颗炸弹。在伦敦，在巴黎、哥本哈根、柏林、纽约等处演出，场场满座，评论界辩论得很激烈……”

这一席话引起了冰心的兴趣，冰心就找来一本《愤怒的回顾》，一口气读了下去。冰心从书中看到战后英国青年的真实生活状况，在愤怒之后，只感到无能为力，冰心思考着，殖民主义崩溃的前夕，英国的青年向何处去？

在接待单位的安排下，冰心和英国女议员进行了座谈，议员们谈到在议会上辩论的娼妓问题。冰心向女议员们介绍了中华人民共和国成立后妇女地位提高的情况。

正在牛津大学教书的吴世昌先生，20世纪20年代末就读于燕京，以“燕京布衣”闻名，曾给冰心留下了深刻的印象。他得知中国文化访问团到英国进行友好访问的消息，表示愿意接待代表团到牛津访问，他与当时在牛津讲学的华籍教授，共同出钱筹备欢迎酒会。

冰心同吴世昌见面后，共叙师生情谊。代表团访问剑桥大学后，剑桥女子学院设晚宴款待冰心。饭后，冰心在女教授的陪同下，参观了校园。

冰心随团乘火车北上，到达苏格兰首府爱丁堡访问了爱丁堡大学，受到校长的接待。接着他们又前往格拉斯哥，这是苏格兰的最大城市和艺术中心。英中友好协会为代表团举行欢迎会，会上，由苏格兰最有名的管乐队穿着民族服装，为代表团演奏。代表团接下来访问了英国第二大港口利物浦，然后返回伦敦。

塔什干会议

1958年10月3日，以茅盾为团长，周扬、巴金为副团长的中国作家代表团赴塔什干访问。代表团的成员有萧三、刘白羽、郭小川、杨朔、许广平、戈宝权、谢冰心、赵树理等。

飞机从北京出发，在乌兰巴托和鄂木斯克短暂停留后，飞往莫斯科。在机场，冰心见到前来迎接的刘晓大使和巴金，顿感无比亲切和温暖。当晚住进莫斯科的北京饭店727房间。

10月4日代表团从莫斯科飞往塔什干，住进塔什干新旅馆。这是一座八层楼的建筑，是特地为亚非作家会议赶建起来的，正对着亚非作家会议的会场——那伐伊剧场。

刚到不久，冰心就接受了塔斯社记者的采访。冰心从文化交流的角度谈了对塔什干的印象：

“塔什干是古代‘丝绸之路’上的一个美丽而重要的城市。我想象中的塔什干，大路的旁边，有几处山色围绕、浓荫如画的歇马凉亭，不时有头戴白巾，身穿长袍的人们，牵着一串串的昂头徐步的骆驼，负载着珠宝、香料、围巾、地毯，在悠扬的铃铎声，缓缓地从西方走来；对面车尘起处，又有一簇簇人马，拥着几辆大车，里面尽是些绸缎、茶叶、纸张、瓷器，他们在这中途的凉亭相遇，合掌作揖，欢然古道……”

冰心先生对塔什干这样美好的想象，充分表达了她对亚非人民友好历史的深刻理解。

亚非作家会议的中心议题，是要讨论“亚非各国文学与文化的发展及其在为人类进步、民族独立斗争中，在反对殖民主义、保卫自由与世界和平的斗争中的作用”。可是会议尚未开幕，有的国家作家代表团提出要取消反殖民主义。中国代表团就加紧工作，冰心还去看望了印度代表团团长安纳德，又同茅盾、许广平一起接待了日本代表团，找各国的作家谈话，强调要反对摧残文化与友谊的殖民主义。

10月8日，亚非作家会议开幕。周恩来总理发来贺电：“亚非作家会议的召开，标志着亚非人民团结友好、文化交流、保卫和平事业的进一步发展。”

茅盾作了《为民族独立和人类进步事业而斗争的中国文学》的发言，周扬作了《肃清殖民主义对文化的毒害影响，发展与西方文化的交流》的讲演。冰心被选为儿童文学组主席，主持讨论、通过了四个提案，提交大会秘书处。

夜晚，冰心与季羡林、叶君健到中亚列宁大学，参加泰戈尔诗歌晚会。晚会组织者向中国作家赠送了帽子和书籍。在高尔基剧场，举办诗歌朗诵会。冰心没有时间准备，直到晚上，在剧场，才写完《歌唱塔什干》一诗：

飞过了千重水，万重山，
我们来到美丽的塔什干；
满街的林影里神话般灯彩辉煌，
清新的空气里浮动着玫瑰的芳香；
…………
我们的欢聚经过多少阻碍和困难，
如今我们再也不感到寂寞和孤单；
我们大家的墨汁像长江，
　　　　笔杆像泰山；
丝绸大路上万众腾欢……
我们歌唱过万隆的光明，
　　　　开罗的勇敢，
我们也要歌唱团结的塔什干，
　　　　美丽的塔什干！

亚非作家会议结束后，中国作家代表团赴乌兹别克共和国各地参观。在乌兹别克共和国的重要城市费尔干纳城，冰心受到了乌兹别克最高苏维埃副主席阿列摩娃·哈莱达的亲切款待。这位年轻的主席陪同中国作家代表团参观纺织厂、孤儿院。

郑振铎（1898—1958）

郑振铎飞机失事遇难

中国作家代表团在格鲁吉亚首府第比利斯短暂停留后，便直飞莫斯科，住进乌克兰旅馆。

10月20日晚，代表团在柴可夫斯基音乐厅与苏联劳动人民会面，茅盾代表全体团员讲话。巴金、冰心都坐在主席台上，巴金轻轻对她说："告诉你一个不幸的消息，苏联飞机在卡纳什地区上空失事。郑振铎在机上，同机有16个中国人，还有苏联人、英国人。"

冰心听了十分震惊，回想起10月1日国庆，在观礼台上，她还和郑振铎站在一起，兴高采烈地观看整齐雄健的游行队伍。郑振铎兴奋地说，他要带文化代表团去阿富汗。冰心万万没有想到，谈话还不到一个月，他就遇难了。冰心和同团的许广平谈起中国文化代表团遇难的事，说到郑振铎："我跟郑振铎认识都快四十年了，他和我一位小学同学王世瑛顶要好的，给王世瑛写了许多信，都是大笔纵横，有时是厚厚的一叠。只是王家是福建有名的世家，王世瑛的父母嫌郑家贫寒，不同意他们的婚事。王世瑛抗战时期就故去了。”

就在作家代表团即将结束访问时，冰心接到戈宝全的电话，告诉她，国内来电要冰心留下，参加中苏友好访问团，冰心想到这是一项政治任务，应该竭力去完成，于是决定留在莫斯科，等待中苏友好访问团的到来。

参加中苏友好访问团

11月4日，冰心终于盼来了华北局书记刘澜涛率领的中苏友好访问团。次日，刘晓大使给全体团员介绍情况，宣布注意事项。

冰心和作家马烽、上海越剧演员王文娟等分在第三组（文化教育组）。代表团秘书长廖沫沙分给马烽一项任务：生活上多照顾冰心同志。马烽认为这是义不容辞的责任。随即全团到克里姆林宫，由苏联最高苏维埃主席团委员安德烈耶夫接见并合影。随后，坐车到郊外，登上列宁山，观看莫斯科全景。

11月7日，十月革命节，冰心随同中苏友好访问团登上了红场的观礼台。红场，原是15世纪90年代莫斯科一场大火留下的空旷场地，十月革命后，成为苏联人民举行庆祝活动、集会的场所。冰心观看了雄伟的阅兵式和群众游行的欢庆场面，心里十分激动。

11月8日，冰心随访问团来到莫斯科郊外的哥尔克村，这里有一座花园，是沙皇时代莫斯科卫戍司令的别墅，十月革命后收归国有。1923年起，列宁在这里休养。1924年1月列宁于此地逝世。

冰心随团还访问了乌克兰，以及白俄罗斯首都明斯克。

1958年11月29日，冰心回到北京。

二、人大代表活动

参加十三陵水库劳动

1958年，举国上下兴修水利、大炼钢铁。在北京，几万名有组织的群众开赴北京郊区延庆、昌平交界的十三陵，修建十三陵水库。机关、学校各级领导和群众都参加了这一热火朝天的体力劳动，周恩来总理等国家领导也来参加劳动，使得工地一片沸腾。

1958年三八妇女节，冰心和作协的干部和作家们来到十三陵水库工地参加劳动。冰心亲眼看到了劳动工地的热烈场面，深受民工忘我劳动的热情所感染。冰心还和民工十大队的姑娘聊天，了解到四位女健将以及青年“尖刀队”里的四名女尖兵的动人事迹，撰写了《大东流乡的四员女健将和女尖兵》。

七一的前一天，冰心又到十三陵水库水坝上，望见将会成为湖中小岛的小孤山好像一顶大草帽扣在湖底，忽然即兴赋诗《小孤山该叫草帽山》。晚上，冰心、田汉等六七位作家一起到坝前散步，坝上已是灯火通明，大家都很激动，冰心觉得此时此地，是一生中最难忘的日子。

7月1日，冰心参加了水库的落成典礼。她后来根据在工地的生活体验，写出了《十三陵工地的小五虎》《十三陵水库工地散记》等文章。

人大代表参观三门峡枢纽工程

1959—1960年是冰心写作热情继续高涨的年份，每年平均写了50多篇文章，十余万字。她的社会活动和采访工作也依然繁忙。

1958年冬和1959年2月，中共中央连续在郑州召开了两次会议，而河南省封丘县应举社又是在“一穷二白”的条件下以苦战来改变现状的典范。因此，郑州受到全国的瞩目。全国人民代表大会组织参观团到郑州参观。

1959年3月冰心、许广平等人大代表随团来到郑州，参观了东风渠和离渠头六里的黄河边上花园口灌溉中心。参观了河南登封县文家村。1958年春天，文家村在山顶高坡上修了四项水利工程，大大改变了穷乡村的面貌。参观了三门峡水利枢纽工程。1957年4月13日，三门峡水利枢纽工程正式开始施工。从全国各地来的征服黄河的战士在这里安了家，为这项工程服务的各种设施也迅速地修建起来：商业网、机械供应、副食品工业、俱乐部、医院、学校、剧院、电影院……

只有三万多居民的会兴镇，迅速发展成为一个中等规模的三门峡市。

国庆十周年

1959年，为庆祝中华人民共和国成立十周年，《人民日报》文艺部请冰心去青龙桥参观。在袁鹰和李方叔的陪同下，冰心从西直门火车站出发，过南口，来到青龙桥的康庄人民公社青龙桥生产队。冰心坐在炕上和生产队长李景祥交谈。李景祥向她介绍了这个村子新中国成立前后的变化和发展的远景。

在这些参观访问后，冰心相继写了《我们把春天吵醒了》《记幸福沟》《奇迹的三门峡市》《像蜜蜂一样劳动的人们》《再到青龙桥去》以及《再寄小读者》等多篇通讯。

中华人民共和国建国十周年前夕，在北京有十大建筑相继完工，它们是人民大会堂、中国历史博物馆、民族文化宫、北京工人体育场等。冰心参观了庄严的人民大会堂，并写了一篇短文《走进人民大会堂》。冰心后来把这篇文章放在《拾穗小札》中。

1959年秋，冰心应约在《北京晚报》上撰写专栏小品，总标题为《拾穗小札》，并作短序交代写作因缘和设想：

> 在生活里，尤其在目前的伟大时代里，往往会遇到一些情景：一次的参观访问，一次的看戏听歌，书报刊物的几句数行，友朋谈话中的三言两语，都会忽然地在你心灵中留下极其生动深刻的印象。这些印象，记下来也只是小块文章，但是不记下来又很可惜。我曾看见孩子们在秋收的田野上，随

《我们把春天吵醒了》，1960年1月百花文艺出版社出版。

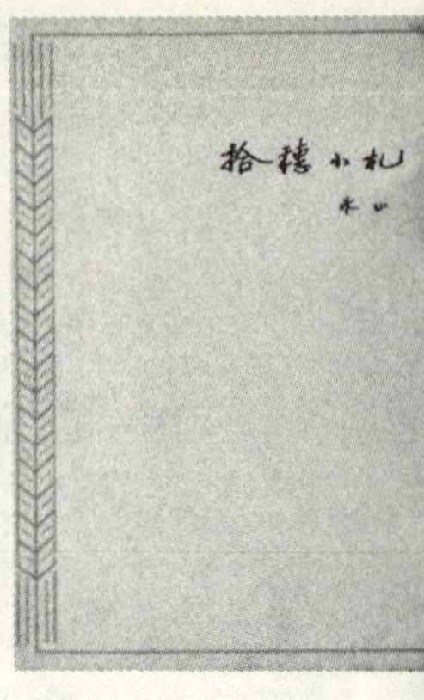

《拾穗小札》，1964年3月作家
社出版。

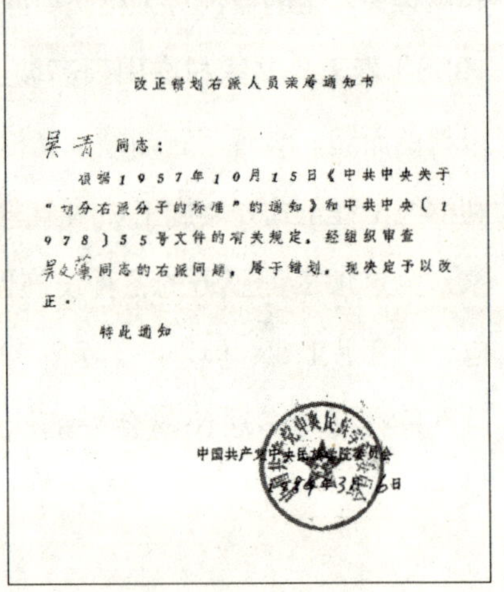
改正错划右派人员亲属通知书

吴青 同志：

根据1957年10月15日《中共中央关于"划分右派分子的标准"的通知》和中共中央〔1978〕55号文件的有关规定，经组织审查吴文藻同志的右派问题，属于错划，现决定予以改正。

特此通知

中国共产党中央民族学院委员会

1984年3月6日

吴文藻改正错划右派的通知书。

时俯拾，也还能拾到成筐的麦穗……这给我很大的启发，因作《拾穗小札》，札是札记的意思。我将看到就记，想起就记，我将把我心上眼前的饱满金黄的麦穗，一根一根地拣起来，攒到满筐，送进丰收的麦堆里，作为我自己微薄的奉献，是为序。

1963年春，她陆续写了50多篇，于1964年结集出版。

《拾穗小扎》内容广泛，形式多样，在歌颂新生活方面取得了明显的进展，因有生活的亲切感受，而写得得心应手，突出了个人特色。

冰心认为："文章写到有了风格，必须是作者自己对他所描述的人、物、情、景，有着浓厚真挚的感情，他的抑制不住冲口而出的，不是人云亦云东抄西抄的语言，乃是代表他自己的感情的独特的语言。这语言乃是他从多读书、善融化得来的鲜明、生动、有力，甚至有音乐性的语言。"（《关于散文》，《冰心全集》，第五卷，第183页）

湛江行

1961年12月，冰心应农垦部部长王震的邀请，赴雷州半岛参观新开垦的农场。同时应邀的还有赵朴初、周立波等。冰心、赵朴初、周立波来到种植园，巡视了从东南亚各地引进的油棕、咖啡等经济作物。接着又参观了湖光农场……

冰心从湛江回到北京，就忙着作出国准备。春节前又随中国作家代表团飞到广州。他们参观了广州花市。

吴文藻摘掉了右派帽子

1960年9月16日，中共中央、国务院发布关于确实表现改好了的右派分子的处理问题的决定："凡是已经改恶从善，并且在言论和行动上表现出确实是改好了的右派分子，对于这些人，今后不再当做资产阶级右派分子看待，即摘掉他们的右派分子帽子。他们所在的单位，应当根据他们在工作和学习中的表现作出结论，在群众中予以宣布。”

根据这个决定，吴文藻同一些知名人士一起第一批摘掉了右派分子的帽子。

时隔22年后，吴文藻的右派错划问题才得到复查结论：

关于吴文藻教授右派问题的复查结论

吴文藻，男，汉族，78岁，民进会员，江苏省江阴县人，家庭出身商人，本人成分教师，现在我院研究部工作。根据中央〔1978〕55号文件精神，现已复查：吴文藻教授的右派问题，属于错划，予以改正。撤消原处分决定，恢复政治名誉，恢复原高教二级工资待遇，工资从1978年10月计发。

中国共产党中央民族学院委员会

1979年3月28日

1980年7月25日，吴文藻收到这份结论，并于27日签字同意。

三、出访活动（二）

亚非作家会议常设理事会

1961年3月28日，亚非作家会议常设理事会紧急会议正式开幕。日本小说家石川达山任主席。巴金等八国代表团团长登上主席台。大会上各国代表发言后，会议转入小组会，冰心和李季参加文化交流组。大会期间，冰心见到日本年轻女作家有吉左和子。

3月30日，大会宣读了决议，各国代表热烈鼓掌，表示赞同。

大会闭幕后，冰心随中国作家代表团赴日本各地参观访问。首站是京都，在横滨受到三岛一带日中友好人员的欢迎。

日本作家陪中国作家代表团游览了日本第一大湖琵琶湖。在游艇上，冰心与女作家三宅艳子以及刘白羽在舱面上交谈。

中国作家代表团到达镰仓，日本作家堀田善卫前来迎接，陪同进餐，邀请中国朋友到他家做客。冰心即兴挥毫，写了《访堀田善卫先生居并赠》一诗：

海上青山山上楼，

此间景物最清幽。

先生心比海天阔，

东亚非洲一揽收。

堀田善卫全家都非常感谢冰心的赠诗。

在东京，冰心还参加了亚非作家会议的妇女代表和日本保卫人权妇女团体的座谈会。日本女作家深尾须磨子看到冰心进入会场，就跑过来和冰心紧紧地握手。

冰心还看望了老朋友仓石和前辈女作家野上弥生子。

出席开罗第二届亚非作家会议

1962年2月7日，中国作家代表团一行——茅盾、夏衍、冰心、严文井、叶君健等到达开罗，出席第二届亚非作家会议。会议在阿联国会大厦召开，主题是："作家在反帝反殖民主义、争取民族独立和保卫世界和平中的作用。"阿联文化和民族指导部部长奥加沙致开幕词。茅盾代表中国代表团作了"为风云变色时代的亚非文学的灿烂前景而祝福"的发言。

会议休息时，冰心和三宅艳子、松冈祥子一起交谈。冰心和三宅艳子分在文化交流组。小组讨论了翻译工作对加强亚非人民团结精神以及对促进他们之间的文化交流的作用。

会议期间，各国代表还应邀到"现代艺术馆"，参观阿联的"绘画与雕刻作品竞赛展览"。

冰心还参观了开罗博物馆。

冰心回国后，就投入中国作家代表团的总结工作。她还撰写了有关这次亚非作家会议的文章《尼罗河上的春天》。

冰心的《樱花赞》散文集，收录了《尼罗河上的春天》《一只木屐》等作品，进一步展示了冰心作品的风格魅力。

20世纪60年代初，冰心还发表了表现个人生活情怀的散文：《香山消夏录》和《海恋》。

《香山消夏录》写于1962年8月24日，9月19日发表于香港《大公

报》；同年9月18日写的《海恋》，发表在10月号《人民文学》。（《冰心全集》，第六卷，第114页）

《香山消夏录》是根据冰心一家在香山团聚的情况写成的：1962年夏，冰心一家五口到香山消夏五天，这是反右后第一次全家团聚。吴文藻已被摘掉右派帽子，虽还不能发挥专长，但毕竟不再被视为敌人了。1957年反右后，儿子吴平下放到塘沽盐场劳动，大女儿吴冰分配到兰州大学教书，全家分开四五年了，还没有一次团聚的机会，经过多次协商，终于约好到北京来相会。

《海恋》抒写了冰心内心深处的恋海情节。年逾花甲的冰心对大海仍一往深情，对久违的“海”更怀有刻骨铭心的恋情。随着阅历的加深，冰心真切地悟到海恋的真谛：

> 我爱了童年的“海”，是否就不爱大连湾和广州湾了呢？决不是的。我长大了，海也扩大了，她们也还是我

1962年2月，中国作家代表团出席第二届亚非作家会议的合影，右四为冰心，左五为团长茅盾。

1962年，冰心在第二届亚非作家会议上。

1962年11月百花文艺出版社出版《樱花赞》。

们自己的海！至于日本海和地中海——当我见到参加反对美军基地运动的日本内滩的儿童、参加反抗英法侵略战争的阿联塞得港的儿童的时候，我拉着他们温暖的小手，望着他们背后蔚蓝的大海……多么可爱的日本和阿联的儿童，多么可爱的日本海和地中海呵！

冰心把“海”与爱国主义和国际主义有机地统一起来，这也是耐人寻味的。

陪日本作家三宅艳子在中国参观访问

1963年7月16日至23日，第二届亚非作家会议执委会在印度尼西亚的巴厘岛召开。会后部分作家到中国访问。

8月10日，首都各界在全国政协礼堂集会，欢迎参加执委会后来华访问的各国作家。日本作家三宅艳子在会上作了热情洋溢的发言。她的发言得到中国朋友的赞赏。她是第一次访问中国，她最大的心愿是请求冰心女士陪她参观访问。冰心听说后欣然同意。冰心陪三宅艳子游览了长城。

8月17日，冰心冒着酷暑，陪她到了上海，剧作家杜宣也同行。在上海火车站的月台上，巴金、孔罗荪、茹志鹃和杜宣的夫人都前来迎接。在上海，冰心和三宅艳子在罗荪的陪同下，参观了国棉二厂、虹口公园、鲁迅纪念馆。巴金和夫人萧珊在华侨饭店宴请冰心，特地为她上了一桌福建菜。随后，冰心陪三宅艳子参观上海大世界。

冰心和三宅艳子乘火车南行，经过浙江、江西、湖南等省，抵达广州，最后三宅艳子由深圳罗湖口岸出境回国。

中国作家代表团访问日本

1963年秋，应日中文化协会之邀，中国作家代表团访问日本。巴金任团长，冰心任副团长，团员有马烽、严文井和许觉民。

到达东京后，日本方面派大冢净为中国作家当翻译。他的中文很好，是在中国学的，1956年才回到日本。日中交流协会为中国作家代表团安排了十分愉快的日程。他们参观了日本本州西部的奈良。

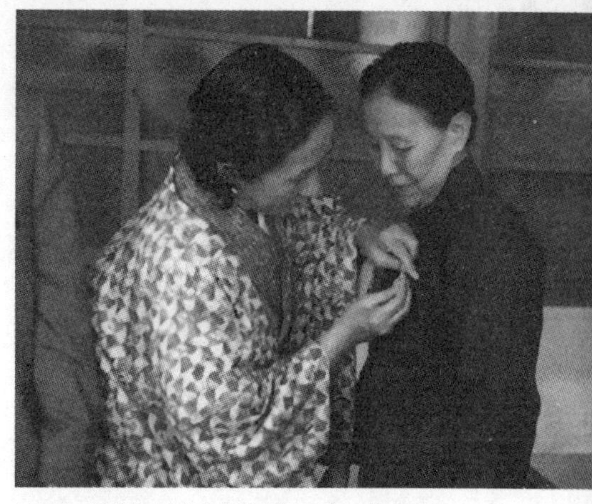

1963年，冰心随中国作家代表团出访日本。图为日本友人为冰心佩戴纪念章。

奈良是一座文化古都，先后有七代天皇在此建都，名胜古迹甚多，1950年被定为国际文化名城。代表团参观了世界最大的木结构寺庙东大寺。11月8日代表团参观了兴福寺，观赏了显示日本室町时代建筑特征的五重塔，仿造天平时代建筑的国宝馆。他们还参观了日本最早的佛教律宗戒院——唐招提寺。

第十七章

“文化大革命”中的生活

一、“文革”初期的冰心与吴文藻

“破四旧”、“横扫一切牛鬼蛇神”

1966年，史无前例的“文化大革命”爆发了。这场风暴席卷中国大地，从1966年至1976年，浩劫与灾难持续了十年之久。它从“破四旧”开始，以“横扫一切牛鬼蛇神”的极“左”方式展开。

1966年4月，林彪支持江青炮制的《江青同志召集部队文艺工作座谈会纪要》传达后，文艺界引起了强烈的震动。《纪要》指出，文艺界“被一条与毛主席思想相对立的反党反社会主义的黑线专了我们的政……有一批反党反社会主义的毒草……要坚决进行一场文化战线上的社会主义大革命，彻底搞掉这条黑线”。

没有几天，《北京日报》以大字标题，批判《燕山夜话》和《三家村札记》，接着各报都开始对“三家村”进行批判，矛头直指邓拓、吴晗、廖沫沙，说他们把《前线》《北京日报》《北京晚报》作为反党工具，射出了大量毒箭，猖狂向党进攻。

《人民日报》以“横扫一切牛鬼蛇神”的醒目标题刊登文章，指出要“把所谓资产阶级的‘专家’、‘学者’、‘权威’、‘祖师爷’打得落花流水，使他们威风扫地”。

6月2日，《人民日报》刊登了北大聂元梓等七人的大字报。学生们开始到各个学校串联，转抄大字报。于是，大字报就铺天盖地贴满各大学的校园。随着清华大学附属中学、北京大学附属中学出生的革命干部、工人、贫下中农家庭的一些学生成立“红卫兵”、“红旗战斗小组”，各高校也纷纷建立“红卫兵”、“赤卫队”等组织。

8月，中共中央八届十一中全会通过了《中国共产党中央委员会关于无产阶级文化大革命的决定》。接着，毛泽东在天安门城楼接见来北京大串联的各地红卫兵。在京的造反派走上街头，横扫“四旧”。

民院“抗大”红卫兵上门“破四旧”

最早来到冰心、吴文藻的和平楼208室寓所的是中央民族学院预科一部的“抗大”红卫兵，以赵有信为首的几个红卫兵让冰心、吴文藻自己先把一些“四旧”清理一下，等他们下次再来时清理上缴。

1966年8月27日，红卫兵以“破四旧”为由，“拿走了几本不符合毛泽东思想的书，有《警世通言》等，《关帝庙灵签》，苏联修正主义作家作品等”。他们说，如有其他“四旧”，随时可以交给他们，并留下他们办公室的电话分机：443。“这是第一次抄家。”

8月28日，吴青和我回到家里，吴平和陈凌霞也回来了，大家一起聊到“文化大革命”的形势和各自单位的情况。在民院，吴文藻肯定会是横扫的重点对象，不过当时还处在开始阶段，所谓“破四旧”。冰心在日记中有这样一段记载：

> 晨，宗生小妹都回家，大家谈文化大革命……必须彻底破旧立新。我们又买了红纸，重新写了林彪语录，我们将毛主席像挂在客厅当中，两边也贴上语录。午饭后小妹夫妇回校，凌霞晚饭后走，宗生买不到回津车票，定明早行。我向预科一部红卫兵汇报宗生不走事（电话）。

8月29日，“晨，有红卫兵叫文藻去参加每晨四小时的劳动。下午文藻即去报到”。

在这种形势下，冰心亦考虑自己如何参加“文化大革命”。8月30日晨，她给作协领导发了一封信，请求停发工资，并把自己全部定期存款、出国衣装、接受的礼物交给国家。

民院“抗大”红卫兵全面抄家

8月31日，冰心在她的日记中这样写道：“下午三时，北京外国语学院毛泽东思想赤卫队第四分队队员十人左右，来家检查书籍中之不符合毛泽东思想者（那有封建主义、资本主义、修正主义毒素的），还有其它违禁物品。最后带走了些文藻日记本，上有蒋介石照片者等等，并留下问题八条，贴了大字报等。这是青少年横扫我们思想上的牛鬼蛇神，一定好好接受，和他们一起对自己闹革命。”

9月1日，民院“抗大”红卫兵来到和平楼208室，全面抄家。他们拿走照片、纪念品、手表、半导体袖珍收音机、皮鞋、衣物等。然后把箱子、柜子等物品搬到中间的客厅，门上贴上封条。

谢冰心、吴文藻资产阶级生活展览会

9月6日，“抗大”红卫兵将所抄的物品，其中有三块手表、出国访问穿着的旗袍、丝袜、皮鞋、相册、照片、纪念品等，全部陈列展览。这就是所谓“谢冰心资产阶级生活方式展览”。展出的不少物品是从其他教授家里抄来的，如银元、手表、皮鞋等，也都归在谢冰心的名下。

展览开幕的当天，冰心被勒令挂上一个大三合板的牌子，上面写着“资产阶级黑作家谢冰心”，“谢冰心”三个字上打上红叉叉。冰心站在展室门口，顶着烈日，达数小时，接受红卫兵的责问和批判。

造反派要冰心交代这些东西的来历，冰心说，这里有许多东西都

1964年，冰心与“咱们的五个孩子”在一起。

不是她的，比如一大盆银元，还有手表，只有一只是她的……不等冰心把话说完，造反派便挥动拳头，高声呼喊“不许谢冰心抵赖！”“打倒谢冰心！”等，根本没有让冰心解释。

中央民院大批判开始

中央民族学院是北京高校最早开始大批判的院校之一，大批判首先从北京大学（聂元梓）开始，然后是地质学院（王大宾），再就是民族学院，当时民院紧跟北大，有“民小仨”之称。民院首领大批判旗帜的是历史系。历史系开始对吴晗的新编历史剧《海瑞罢官》、彭真的“二月提纲”等的批判。历史系教授傅乐焕（台湾的名教授傅斯年是他的堂叔）首先受到批判，追查他的《中国历史地图册》与吴晗的关系，因为吴晗任主编，他被吓得不知如何是好，不久就自杀身亡。历史系的沈家驹教授在运动开始不久也在家自缢身亡。

被勒令到中国作家协会集训

1966年8月18日，冰心被造反派揪到中国作家协会所在地北京东总部胡同22号，当时作家协会领导和一些著名作家也都在场，他们分别回答造反派提出的问题。当轮到冰心回答问题时，由于紧张，她把“报社”说成了“报馆”，造反派便说，这是她“自然暴露”，是“顽固坚持国民党立场的表现”。冰心解释说，她是反对国民党的。但造反派不依，说“你反对国民党，怎么又用国民党的语言？”冰心认为，那不是国民党的专用语言，只是一个旧词，造反派认为她是在狡辩，要她低头认罪。

1966年10月6日，中国作家协会革命委员会勒令冰心到东城区顶银胡同47号中国作家协会宿舍“集训”。这原是陈白尘的住宅，集中在这里的有李季、张光年、严文井、张天翼、刘白羽等。

在顶银胡同，这些知名作家，除了不时挨批斗外，学毛选、写交代材料，再就是干体力活，监管人员想到什么杂务，就派他们去干。中国作家协会冬天取暖用的煤，就储存在这里，这些作家就成了砸煤工、搬煤工。冰心也默默地跟着干活。

1966年11月7日，为了便于监管、批斗，中国作家协会造反派便将顶银胡同的“牛棚”，移到中国文联大楼四楼401办公室。作家们除了挨批斗外，还要承担四楼的清洁卫生工作。冰心就负责打扫厕所。

那时文联大楼成了红卫兵大串联的热点，从北京各院校和全国各地来的红卫兵来看热闹，看大字报的人很多，从四面八方来的造反派不时地揪文艺界名人示众。他们把冰心以前的作品全部当成大毒草进行批判。

小同庆的看望

一天，冰心在文联大楼的食堂搞卫生，当她正在用抹布抹饭桌时，忽然身后传来脆而柔的童音："谢奶奶，我看您来啦。您可好啊？"

冰心不相信自己的耳朵。在这种时候，还有孩子这样呼叫她吗？她小心地侧转身一瞧。噢，原来是小同庆——五个孤儿中的一个女孩子。

冰心环顾一下四周，悄声问道："你怎么敢冒这个风险？孩子。"

"谢奶奶，我不怕。"周同庆坚定地说，"您不是坏人。您也别怕。要相信群众，相信党。"

孩子的一句话，一句普普通通的真话，使冰心感动得流下了泪！

20世纪60年代初，冰心曾在周明的陪同下采访周同山五兄妹"孤儿不孤"的感人事迹，撰写了报告文学《咱们的五个孩子》，发表在《人民文学》1964年6月号。在多次采访他们的过程中，冰心和五个孤儿建立了深厚的感情，成了亲密无间的亲戚关系。她不断地关心五个孩子的学习、生活和成长，给他们不断送了好多书籍和生活用品。她接孩子们到她家里过节。她也时常去看望他们，嘘寒问暖，鼓励他们天天向上。孩子们一见到她的面，总是亲切地呼叫："谢奶奶好！谢奶奶好！"她常常拉着孩子们的小手问长问短。她多么爱这些孩子啊！

委托周明把存款上缴国家

1967年夏季的一天，冰心已被打成"黑帮"，当她在文联大楼四楼扫地时，见到《人民文学》的周明，她把周明叫到楼梯的拐弯处，看见周围没有人，悄悄地把几张银行存款单交给他，请他上缴国家，并悄声交代他说："这几万元存款，本是人民发给我的薪俸。我没有多少用处，子女们也都各有工资，更不需要。取之于民，还之于民吧，国家还可以拿这钱投资搞建设。"临分手时，她还叮嘱周明："这件事，你帮我办了，只让经手人知道。千万不要告诉别人，我不是为别的，不希望张扬。"

后来这笔款又被退了回来，因为那时无人经管这些事。她又不是党员，否则还可把它作为党费上缴！

作协造反派的批斗

1967年11月的一天晚上，造反派单独批斗冰心，要她交代有关在日本的问题：与哪些日本人有过哪些交往，在出国访问时与他们谈过什么等。

在这些日子里，冰心拖着疲惫的身躯，每天奔走于西郊和东城之间。她也和其他作家一样，接受造反派的监督，写交代材料。

1968年夏，造反派把作协的"牛鬼蛇神"带到北京南郊红星公社参加夏收。冰心也积极参加。造反派举行了一次批斗会，在土台上，一边站着农村的地主、富农，一边站着作协最知名的作家、评论家和领导人。他们是冰心、张天翼、臧克家、张光年、李季、郭小川、侯金镜、冯牧、陈白尘、严文井、张僖等。造反派批评说："这些当精神贵族的作家是没有土地的地主，没有工厂的资本家。"

他们批冰心是"司徒雷登的干女儿"。冰心解释说："我不是他的干女儿，我只认识这个人。外国人没有干女儿这一说，也不兴认干女儿。"接着是造反派的"打倒司徒雷登的干女儿谢冰心！"的口号声，冰心只得闭口不言，由于站的时间太长，冰心头上的汗水直往下流，有点支持不住。这个时候，有人大声喊道：“谢冰心滚下去！”冰心慢慢离开土台，有人指点她到草垛那边休息。冰心坐下来，方才明白，是那位喊她滚下来的人帮了她。

1968年秋，在北郊良种场，全国文联和中国作家协会的著名作家、文艺家在此劳动。造反派在此召开批判大会，批斗的人数众多。被批斗的人自报家门，冰心也是其中之一。有一位作家说，“我是贫农出身，我是热爱毛主席的”，立即遭到拳打脚踢。

吴文藻在民院接受批判

吴文藻作为“反动学术权威”，早就进了中央民族学院的“牛棚”。1967年，军宣队来到中央民族学院。军宣队的负责人是李克农的儿子李力。李克农是安排吴文藻和冰心回国的领导人，冰心从日本回国，第一次宴请就是李克农出面招待的。李力了解吴文藻和冰心在日本的情况，对吴文藻的批判尺度把握得十分恰当，这也减轻了冰心的心理压力。

冰心的二弟谢为杰是化工部的总工程师，无疑也逃不了反动学术权威的厄运，随时被拉出来批斗。冰心的三弟谢为楫地处西北，竟被打成“现行反革命”。

二、下放"五七"干校

1968年元旦，《人民日报》发表社论《迎接无产阶级文化大革命的全面胜利》，社论指出：必须"深入开展革命大批判……深入开展各单位的、各部门的斗、批、改……"中国作家协会成立了斗批改委员会。

冰心下放湖北咸宁"五七"干校

1968年3月9日，作协斗批改委员会宣布了对冰心等作家的管理条例。

1969年2月8日，作协造反派召开大会，宣布冰心等九人放到群众中监督审查批判。

1969年9月，中国文联各协会为贯彻执行"广大干部下放劳动"的最高指示，分别在湖北咸宁和天津静海办了"五七"干校，各协会的人员分别到两处干校搞斗批改。冰心属于老弱之列，暂时没有随大批人员到干校。"在文联大楼留守的，除了几个专案组以外，剩下的有：邵荃麟，属专案组管辖，没有丝毫行动自由。冰心、张天翼、陈白尘较自由，冰心可以每天回家，张天翼已无家可归，住在大楼，张光年、陈白尘住一间房间。"（陈白尘：《云梦断忆》，生活·读书·新知三联书店，1984年）

11月20日，《人民日报》发表《坚持干部参加集体生产劳动》

的社论，各大专院校的教职员工和干部，连老弱病残的，也都下放到“五七”干校劳动。

11月16日，中国作家协会召开会议，宣布冰心去湖北咸宁“五七”干校。

就在临行前，冰心的牙出了毛病，我们立刻帮她联系到灯市口锡蜡胡同的口腔医院去看牙。

吴文藻暂留北京石棉厂劳动

中央民族学院第一批到“五七”干校的干部群众已经到沙洋。留在北京的一部分人就安排在东郊的石棉厂劳动。

吴文藻每天一早就挤车去石棉厂劳动，晚上才能回来。一次，吴文藻在美术馆一站被挤摔下车，头部摔伤，送到积水潭医院缝了好几针，后由电车公司的人护送回家。民院也派人来看望吴文藻。我们见到他的头上裹满白纱布，十分难受，担心会不会出更大的问题。小外孙李丹看到姥爷这个样子，都流出了眼泪。

冰心也是自顾不暇。1970年元旦过后，就得把带去干校的行李送到中国作家协会，所以家里人都忙着帮着准备。

冰心抵达咸宁“五七”干校

1970年1月5日，冰心登上前往湖北咸宁的火车，中国作家协会同行的共七人，全部坐硬座。火车过武汉不久，就抵达咸宁。冰心到达咸宁后，托运的行李还未到，她只得留在中转站等行李。晚上，冰心乘机到二弟媳李文玲居住的小学去避寒，因为那里有锯末生的炉子，可以取暖，不过，还要返回中转站集体宿舍过夜。

当时在中转站工作的王宏纬同志对冰心有下面一段回忆：

1969年秋，我到湖北咸宁向阳湖干校不久，由于患病须经常到医院打针，蒙连队和干校领导的照顾，被调到干校驻咸宁中转站工作。

一天，我正在忙一些杂务，忽然听见外面人声嘈杂，心想这可能是又一批学员来了，走出屋外一看，果然不出所料。接着，在熙熙攘攘的人群中，出现了一位熟悉的女性老者的身影：她就是冰心老人。

“文革”开始后，冰心老人也被冲进了作协机关的“牛棚”，挨过批斗，但在当年作协机关大举南迁，要到向阳湖落户时，她没有同行。我当时想，这也许由于她是少数最有影响的党外老作家之一的缘故。冰心老人当时已年届古稀，身体瘦弱，任何见过她的人，都会感到她是那样弱不禁风，何况她又没有在作协机关担任过任何实际职务。但是，今天她还是来了。

冰心老人也看到了我。她静静地站在那里，一双眼睛依然和多年前我在接待外宾工作中初次见到她时那样明亮，神态也总是那样安详。她向我谈论着旅途的见闻和遇到的种种不便，既无不满之情，也无抱怨之意，娓娓动听，仿佛在讲述别人的故事。考虑到她旅途劳累，我不好意思让她长时间讲下去，便安排她到招待所暂歇。

不一会，中转站有一辆车要开往向阳湖，我急忙到招待所请冰心老人上车。这时，我发现有几个当地的女青年，将她团团围在桌边不知干什么。我催促着，她边走边笑着说，那几个姑娘要我帮她们填几张表格，我照办了，临了她们还夸奖说：“这老太太的字真写得不错呢！”我会心地笑了。她朝向阳湖疾驰而去，带着一脸幽默。

大约过了一两个月，没想到冰心老人在一天上午，忽然又出现在中转站。听说是周总理指示，要调她回京。我送她上火车，发现她并不显得特别高兴或兴奋。在这次见面过程中，冰心老人并没有多说话，那双眼睛依然是那么明亮，态度还是那样安详。到了车站，她想起一件小事要我帮忙："你能不能帮我买两个面包？"这时，我才发现她满嘴的牙全没了，也不知在连队的这些日子是怎么过来的。我立即到街上寻觅，走遍了咸宁县城关唯一一条大街的所有食品店，还是一无所获——现在有些年轻人可能不太理解，当时的市场供应就是这个样子。我急忙回宿舍将前一天买的两个面包取来，送给了冰心老人。尽管已不太新鲜，老人家还是欣然接受了。在我告别时，她要将怀里的一个黄橙橙的柑橘送给我。柑橘在那时也是不可多得的东西，我觉得这应当留给她，但她的眼神告诉我：接受要远比拒绝为好。

冰心老人缓缓地北上而去了。我长时间地凝视着她远去的方向，伫立在那里。直到今天，那个黄橙橙的柑橘仍然留在我的记忆里。

（王宏纬：《邂逅冰心》，载严纲、谢永旺、萧德生编《中国作家协会在干校》，作家出版社，2006年，第86—87页）

1970年1月9日，冰心乘吉普车到达咸宁鲁家湾干校。在这简陋的原劳改农场，集中了北京文艺界很多名人，作家中有冯雪峰、沈从文、张天翼、臧克家、楼适夷、严文井、李季、郭小川、孟超、韦君宜、侯金镜、张光年等。冰心被安排在五连，到连部后，张兆和把冰心带到老乡家，一间屋子住六人。

冰心到干校第二天，先去参观猪圈，接着下沙地捡石子，为在一个斜坡上垒起"毛主席万岁"五个大字。后来，冰心的劳动地点转到菜地，她和大家一起为菜地松土，又在紫菜苔周围挖月牙形的坑，用以积肥。后来，连部又派冰心、臧克家、张天翼等轮流看菜园。每天轮流坐在田埂上，手里拿着细长的竹竿，防范着鸡来吃菜，同时也防外面的人来拔菜。

在干校，各种批判会也是接二连三。冰心来后不久，就赶上在韩家湾的土坡上召开批判张天翼的大会。

冰心初到干校，给北京家里人写信，叙述了干校的生活情况：

亲爱的家里人：

到此后只接到Daddy和宗生的来信，不知大妹和小妹如何？其实湖北离江西很近，但我另寄信，话还不能说全，而且生活很紧张，没有工夫。

我的行李终于在16号的晚上到达了，这次是刘得风同志押了许多东西来的，我的行李也在其中。一切完整，只是皮箱的把手，拉断了一个。现在许多东西已取出来了。昨晚已吃了炼乳，今早吃了肉松，不过这些东西未到之前，我也过得不错，路上带来的一盒梳打饼干，至今还未吃完。

我们现在的劳动是管菜地，加肥，挖地等等。整天在户外，屋里很挤也很冷。大家带的被褥都很厚，这里很湿，很潮，稍一天晴就晒被窝，夜里躺下去是冷冰冰的。我晚上盖三床被也不觉得热。现在自己东西到了，公家的两床被和同屋人的一床被一床褥都还了。我想北京家里的棉花票不知有五斤否？棉花票如有四斤或五斤（我记得我的补助，两次已有两斤）请即寄来。寄来这里可以换成本地棉花票。四斤的可以买四斤棉絮，如有五斤票可以买六斤的棉絮，如此类推，那我可以把现在的棉被絮，换下来做褥子，我的上下都太薄了。

到此后感想很多。今天是大礼拜（每两星期有一整天休息），大家都在洗衣等，我因昨天整天在菜地弯腰，又理行李铺床等有点累，并且要到四五里外河边挑水或提水，我也不好意思让别人去，因为大家都忙自己的。我认好离家最近的“水井”，以后有空我单独去洗。有自来水或有水井处真不知农民生活的紧张。我们这屋，或说这班，为贫下中农做事有替他们挑水一项，女同志也轮流每天一挑。我和张兆和因岁数大些，只搞环境卫生，替房东扫地，每天一起来先扫。7—8时天天读，9时上工，中间休息一次，12时下班，下午一时半又上班，中间休息（休息时也是在田头读报），五时半下班。吃晚饭。不劳动的日子，就只吃两顿（9时，4时）。星期也如此……

我在此总算不错，没有着过凉，就是累也是睡一夜就好了。饮食也没成大问题……我要努力以赴，向同志们学习、向贫下中农学习，生命从70岁开始，就让它好好开始磨炼吧。

今天星期，料想钢钢在家，一个人闷些吧？山山、江江也都在家，我想大妹那边，一定和这边差不多，一定是大洗大搞，丹丹和农民孩子一样在外面跑，他倒是开始得早，对他有好处的。真是想你们。信看完快快转吧！

今晚得大妹一信！

娘

一月十八日

作家丁宁对冰心在干校的生活有这样一段回忆：

冰心老人来得晚些，也被派到菜地，常沉默着，干活认真细致。一个菜叶也不肯丢，衣服总保持洁洁净净。有一次在菜地我到她跟前说："休息一下吧。"她微微伸伸腰，说：多么广阔的世界，比咱们那个小小"沙笼"好得多呢（指动乱初期我俩被关一起的小屋），只是雪里蕻面不可得了（被关在一起时，我俩每顿饭煮雪里蕻面）。冰心爱大自然，我告她这里山上桂树很多，花开时香飘十里。她说，这儿与芙蓉国毗邻，荷花也多呢。大约她从未去欣赏过。（丁宁：《忆向阳湖》，载严纲、谢永旺、萧德生编《中国作家协会在干校》，作家出版社，2006年版）

冰心、郭小川结伴去武汉治牙

冰心在北京拔了牙，还需继续治疗，她和郭小川两人向队部打了报告。2月1日早晨，请假获准后，冰心、郭小川结伴去武汉。从干校到咸宁，他们走了足足四小时，然后再乘火车到武汉。

2月5日，是阴历的除夕，在武汉的招待所住的，除了一位所长、一名炊事员，就只有冰心和郭小川两人，两人正好有机会一起聊天。郭小川叙述起自己半生的际遇："我的老家是河北丰宁县的凤山镇，母亲很苦，父亲当教员，他千方百计把我弄到蒙藏学校读书，因为我年纪小，尽受欺负。再大一点，就参加抗日救亡运动。1937年9月，参加八路军359旅，做过司令部的机要秘书，那时的旅长兼政委是王震同志，我就在他直接领导下工作，他给我很大的关怀和帮助。1941年在延安马列学院文艺理论研究室学习，参加了延安整风运动，听过毛主席的《在延安文艺座谈会上的讲话》。抗战胜利后，调回丰宁县当县长，那时清匪反霸，尽打游击……"

郭小川在干校写过很多诗歌，"四人帮"对他恨之入骨，千方百计地整他。咸宁干校撤销后，大部分人都回了北京，郭小川却被分配到天津的团泊洼干校。王震知道郭小川的情况之后，就请纪登奎给予关照，纪登奎就让当时河南省委书记刘建勋对他加以保护，设法把他请到河南来，让他到林县红旗渠去考察、创作。"四人帮"垮台，郭小川欣喜不已，想要立刻返回北京。刘建勋请人帮他买好票，把他安排住在安阳的一个招待所。不料，那天晚上他服了安眠药后，抽着烟就睡着了，烟点燃了枕头，引起火灾，他的头发也被烧去，人从床上摔到地下。凌晨3点，烟雾从房里冒出来，人们发现郭小川已窒息身亡。

除夕那天，冰心和他一聊，不觉已到了深夜。在外出治牙期间，郭小川像照顾大姐姐一样照顾冰心。冰心拔了牙，牙龈肿了，郭小川赶忙陪她上医院看急诊。冰心的表针掉了，郭小川又陪大姐去修表。

冰心和郭小川到医院拆了线，就乘火车回咸宁，然后回到干校，作协的人见到他们，开玩笑地称他们是“无耻（齿）之人”，把他们都逗乐了。刚回干校，晚上李季来说：“北京让你回去，跟吴文藻一起去民院沙洋干校。”

冰心转往民院湖北沙洋“五七”干校

第二天，作家协会的两个头头来找冰心，说是“中央民族学院下干校的时间很紧了，让你快走，你去搭军车走吧”。他们帮冰心收拾行李，用军用吉普送冰心到咸宁，转乘火车回北京。

1970年2月12日，冰心回到北京。到家后的第二天，冰心就到中央民族学院报到。

1970年5月30日，中央民族学院革委会在小礼堂开会，宣布下放干部名单。6月6日，中央民族学院下放人员集中出发，登上南下的列车。第二天列车到达汉口，午后，下放人员登上了红旗号轮船。作为特殊照顾，学校为冰心和吴文藻安排了一个卧铺，让他们轮流休息。轮船开到潜江县，大队人马转乘大卡车前往沙洋。

沙洋干校，原是一所劳改农场，住房条件很差，大部分人都住在一间大房间里，睡通铺。冰心和吴文藻受到照顾两人一间，这是一排南北朝向的平房，一道由东向西的墙把房间一分为二，这堵墙只是简单的隔离，上半部是相通的，南北房各开一门，冰心、吴文藻住南屋，北屋住的是林耀华和饶毓苏夫妇。讲起话来，两家都可以听得见。

冰心被分在一连一排二班的素菜组。所有人员每天5点半起床，6点半开始劳动。下午“天天读”后再上工，直到7点半。晚上8点半到10点搞运动，开会汇报。

冰心刚到沙洋，正赶上麦收季节，她先去麦地拾麦穗；到打麦场捡豆子，到棉花地里拔草。冰心在给吴冰信中，这样写道：

最亲爱的大妹：

……我们是六号离开北京，八号下午安抵潜江。一路上组织上极照顾，我们都很好……这里条件一切都比咸宁好得多。我们到后有许多熟人，林（耀华）、费（孝通）、饶毓苏等都在，都来接我们。（在校门口）招呼喝姜汤，洗脚等，十分殷勤。我们都和新来的同志们分住集体宿舍，七八人或六七人一屋。行李托运还未到，到后或许再分配屋子，现在还不知道。我们是五时半起床，六时早饭，十一时十分以后即可吃午饭，下午二时半上工，六时下工。我和Daddy现在都是拣豆种，是最轻的活。这里大有发展，机器很多。现在农作很忙，麦收等等还有大批判，一时也说不完。我和Daddy到后眠食俱佳，精神健旺，大家都说我们不像七十岁的人。

娘

70年6月11日

7月下旬，冰心随吴文藻重新分回历史系五连二班，对他们的劳动、生活，冰心在给吴冰的信中，有这样一段描述：

最亲爱的大妹：

……我们这里很热，特别是早晨6时半—11时半（只在10时以后，下午3—4时间——吴文藻插）在田地上劳动，晒得汗流如雨，有时又下雨。我住的屋子又潮，又朝西，我的床在门口，太阳晒得着，雨也淋得着。我们干校定22号整编，重新编队。我们要归口（归历史系），可能调换屋子。劳动是搞西红柿，打杈绑架。累倒不太累，只是露水重，泥多，又脏衣服，墨绿色洗不掉。我们上下午都有劳动，晚上还有会，蚊子多等……但这一切都是预料之中，锻炼锻炼就是这个意思。我们身体都还好，自己知道保重，请放心。（我们下定决心，一定能坚持下来，同群众共甘苦，是我们选择的，所以精神变物质，决不会有病的。——吴文藻插）……

娘

70年7月19日

五连的分工是种棉花，从此，农活由菜地转到棉花地。冰心经历了从营养钵育苗到种植、施肥、打药、采摘的棉花生长全过程。到了夏天，一望无际的棉田，绽放的白棉桃，真是美不胜收，丰收景象令冰心欣喜。下面的一首宝塔诗，表达冰心的喜悦心情：

看

棉田

绿茵茵

一望无边

长势喜煞人

多施肥勤打药

整枝打叶又打尖

1970年11月24日，新的“最高指示”转达下来，不但要求全军“利用冬季实行长途野营训练”，而且大、中、小学学生利用寒假也“可以实行野营训练一个月”。民院干校当然不甘落后，积极贯彻“最高指示”。

1971年1月12日，干校的千里野营拉练开始。冰心5点半就起床，参加大家的拉练。冰心还参加修公路，砖厂劳动。

在干校，除了繁重的体力劳动外，就是无休止的政治运动，批判会，讲用会，一个接着一个。先是批判“下乡镀金论”，接着是讨论走一辈子“五七”道路，动员到农村插队。冰心奉命做会议记录，写大字报，抄大字报。

1971年4月中旬，干校搞了个文化室，将一些书报陈列出来供人们借阅。革委会的负责人让冰心管理文化室。每天晚上，她按时开门，把文化室搞得井井有条。

三、由干校返京

1971年8月4日，干校五连召开全体大会，郑重宣布回北京中央民族学院的名单。吴文藻、冰心、费孝通等人都在名单中。大会结束后，各班进行讨论，给返京人员做在干校的鉴定。大家一致肯定吴文藻和冰心在干校的表现，冰心听了十分感动。

8月7日，冰心和吴文藻离开沙洋。临行前，许多人都来送别，也有不少人要托他们捎信回北京。当晚9点，冰心和吴文藻从汉口登上了北上的火车，告别了整整14个月的沙洋干校生活。

翻译尼克松的《六次危机》和海斯、穆恩、韦兰的《世界史》

冰心、吴文藻、费孝通、林耀华、饶毓苏等人提前先后从干校返回北京的直接原因是，中国邀请美国总统尼克松访华。

7月9日，在北京，周恩来总理同美国总统安全事务助理基辛格博士举行会谈。7月16日，中美两国发表公报。公报宣布尼克松总统曾表示希望访问中国，周恩来总理代表中国政府邀请尼克松总统于1972年5月以前的适当时间访问中国。尼克松总统愉快地接受了这一邀请。

鉴于美国总统尼克松即将访华，为了了解西方，了解尼克松，中央决定翻译尼克松的《六次危机》和美国海斯、穆恩、韦兰合著的《世界史》。当时大学已停办，知识分子都在“五七”干校劳动改造。为此，中央领导指示，将吴文藻、冰心、费孝通等学贯中西的学者抽调回来。

11月6日，中央民族学院研究室接受翻译美国总统尼克松的《六次危机》中的两章的任务。研究室研究决定先由冰心先生通读，然后分成几个部分，让大家分头翻译。稿子译完后，大家传阅，交换意见，最后由冰心和吴文藻定稿。

1973年冰心回京后，在中央民族学院住处前的照片。

《六次危机》译完后，中央民族学院革委会主任李力召开研究室会议，征求大家意见，是否同意接受外单位请求翻译美国海斯、穆恩、韦兰合著的《世界史》的任务。经过讨论，大家表

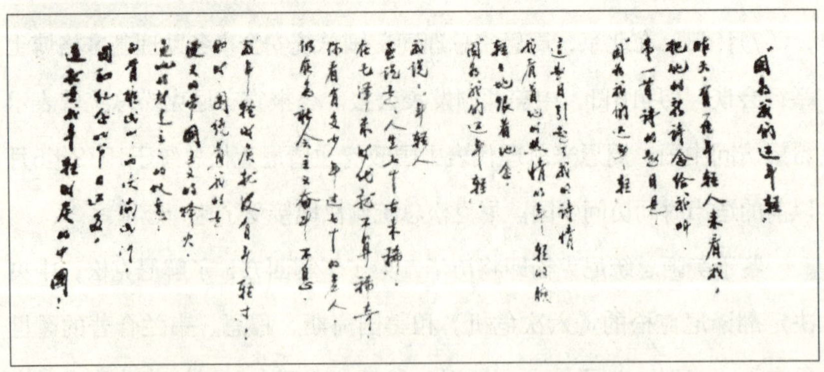

冰心手书的《因为我们还年轻》。

示同意。于是，吴文藻、费孝通、林耀华等教授开始着手翻译《世界史》。该书作为内部参考书，由生活·读书·新知三联书店出版。

《世界史》任务完成后，李力又来到研究室，让他们翻译韦尔斯的《世界史纲》。《世界史纲》是一部生物发展和人类文明的简史，一部民族形成和社会发展的历史。文字生动，还附有一百多幅插图，图文并茂。该书由吴文藻、谢冰心、费孝通、邝平章、李文谨、陈观胜、李培茱、徐先伟译出，1982年10月由人民出版社出版。

冰心曾回忆这段译书岁月：

> 那时中国作家协会还没有恢复，我很高兴地参加了这本巨著的翻译工作，从攻读原文和参考书籍里，我得到了不少学问和知识。那几年我们的翻译工作，是十年动乱的岁月中，最宁静、最惬意的日子！我们都在民院研究室的三楼，伏案疾书，我和文藻的书桌是相对的，其余的人都在我们隔壁或旁边。文藻和我每天早上八点上办公室，十二点回家吃午饭，饭后两时又回办公室，下午六点才回家。那时我们的生活“规律”极了，大家都感到安定而没有虚度了光阴！现在回想起来，也亏得那时是“百举俱废”的时期，否则把我们这几个后来都是很忙的人召集在一起，来翻一部洋洋数百万言的大书，也不是一件容易的事。（《我的老伴——吴文藻》，《冰心全集》，第八卷，第47页）

诗歌《因为我们还年轻》

冰心从沙洋“五七”干校归来后，就成了中央民族学院的一员，参加学院的各项活动。1971年12月21日，中央民族学院招收的工农兵学员到校，冰心接到通知，到学校大门口参加拍摄欢迎新同学的电影。12月24日冰心应邀参加藏族学生朗姆的忆苦报告，冰心很感动。第二天，革委会主任李力恳切地要求冰心与少数民族学生接触，写出他们的家史。

冰心利用工作之余，找少数民族学生交谈，先后找过一名藏族女学生、一名云南怒族青年，还有维吾尔族、锡伯族、景颇族、畲族、门巴族等许多少数民族的学员。冰心体验到：“我们伟大的祖国是一个多民族的统一国家，而北京中央民族学院就是伟大祖国的缩影。它像一座百花齐放的花园。”和这些少数民族学员的接触中，冰心体会到：“少数民族的变化最大，进步最快，故事多，人物也突出。”她以这些少数民族学生的生活为素材，写了报告文学《四个大学生》《益西曲珍的话》等。

1972年3月，领导开始布置冰心写纪念毛泽东《在延安文艺座谈会上的讲话》发表30周年的文章。3月20日，冰心想了很久，忽然想起一首诗歌的题目：《因为我们还年轻》。4月28日，诗歌首先在中央民族学院的墙报上贴出来：

昨天有一位年轻诗人来看我，
把他的新诗念给我听。
第一首诗的题目是：
《因为我们还年轻》
这个题目引起我的诗情，
我看着他热情的年轻的脸
我轻轻地跟着他念，
“因为我们还年轻”；

我说：“年轻人！
虽说是‘人生七十古来稀’，在毛泽东时代就不算稀奇；
……

我年轻时候就没有年轻过！

那时，围绕着我的是：

连天的帝国主义的烽火，

遍地的封建主义的妖魔，

白骨成山，血泪淌成河；

国耻纪念比节日还多，

这就是我年轻时候的中国！

……

因此，年轻人，你是早晨八九点钟的太阳，

我也不是那金色的黄昏。

……

1972年夏，一位中国新闻社记者来采访冰心，问到上面那首长诗的内容，冰心概括地告诉他，“写了我一生的思想过程”。谈起创作，冰心兴奋地说：“少数民族的语言非常美，比喻很生动，例如，‘我们的心永远像火塘一样温暖’，‘我们每个人都是保卫边疆的战士，每一个竹楼都是哨所’，就是很生动丰富的语言。”

1972年12月17日，香港《大公报》发表了冰心自“文革”以来创作的第一篇诗作《因为我们还年轻》，同时发表了中国新闻社记者所拍的冰心在书房写字的照片和撰写的《作家谢冰心女士访问记》，首次向世人尤其是向海外人士报道了冰心的情况。

记者对冰心的客厅作了这样的描写：“会客厅的南墙挂着毛主席的画像，东墙是一幅国画《三湾之春》，西面立着两个书橱，里面摆着《列宁选集》《毛泽东选集》《鲁迅选集》和许多书籍杂志。书橱前放着一架国产电视机。”

后来，美籍华人、世界著名学者赵浩生来拜望冰心，他是冰心早年的小读者，作为《中央日报》的记者曾访问过冰心，也很敬仰冰心，在他的请求下，冰心用毛笔欣然给他书写了这首七十四行诗。赵浩生激动不已，后一直珍藏着这幅手迹，又把它装裱，挂在他书房的墙上。这幅手迹后被拍成照片，连同他在美国寓所的摄像由人带到北京送给冰心。1999年年初，当中国作家刘毅然为拍摄冰心传记片时，拜会了到中国访问的赵浩生。赵浩生居然能够背诵冰心当年为他书写的诗歌！

四、外事活动

与海伦·斯诺会见

1972年，中国人民的老朋友，也是冰心的老朋友，美国著名女作家海伦·福斯特·斯诺再次来中国访问，冰心见到她，十分高兴，两位老友畅叙别后的一切。她们第一次见面还是在1935年的燕京大学。那时斯诺夫妇的住地和吴文藻、冰心的住地相距不远。冰心是通过赫伯特·良的介绍和斯诺夫人认识的。斯诺夫人第一次到冰心家做客，冰心还留她吃晚饭。1936年，冰心翻译了海伦的一首长诗《古老的北京》。

参加欢迎日本首相田中角荣访华活动

1972年8月11日，日本外相大平正芳会晤上海舞剧团团长孙平化和中国中日备忘录贸易办事处驻东京办事处首席代表肖向前，正式转告：田中角荣要为实现中日邦交正常化访问中国。8月12日，中国外长姬鹏飞宣布，周恩来总理欢迎并邀请田中角荣访华。9月14日，冰心接到通知，请她到机场迎接日本小阪代表团。

9月18日，周恩来总理在人民大会堂会见小阪代表团，晚上设宴招待，冰心应邀参加宴会。由于早到了一些，冰心就在外厅休息。这时，总理出来见到冰心，就亲切地请她先进去。总理说："冰心同志，进来喝杯茶。"在大厅的墙上，有一幅延安的油画，总理就问冰心："去过延安没有？”

冰心说：“还没有呢，我真想在我还能走动的时候去拜谒一次。”

总理就笑问道：“你多大年纪了？”

冰心说：“我都72岁了！”

总理又笑了，说：“我比你还大两岁呢！”接着，总理语重心长地说：“冰心同志，你我年纪都不小了，对党对人民就只能是‘鞠躬尽瘁’这四个字啊！”

冰心后来说，那时，她还不知道总理重病在身，还没有体会到“鞠躬尽瘁”四个字的沉痛意义。

9月25日，田中角荣访华。冰心到机场迎接田中角荣首相、大平正芳外相和二阶堂进官房长官等，晚上应邀参加宴会。

10月23日，冰心应邀到人民大会堂宴会厅，参加中日友好协会为庆祝中日邦交正常化而举行的宴会，又见到了周总理。随后，冰心撰写了《樱花与友谊》，描述了二十多年来，中日两国人民“在风里雨里、冰里雪里，并肩携手一砖一石地铺出了这条中日邦交正常化的道路”。

《樱花与友谊》发表后，引起了关注。1973年1月11日香港《大公报》发表了《樱花与友谊》，1973年7月13日香港《文汇报》转载了《樱花与友谊》。

参加中日友协代表团访日

中日恢复邦交的第二年，又是樱花时节，冰心参加以廖承志为团长的中日友好协会访日代表团，这是冰心第四次出访日本。由于这是中日邦交正常化后第一个到日本访问的55人大型代表团，受到了日本朝野和人民的热烈欢迎。冰心回国后所写的《中日友谊源远流长》中，记述了这次为期一个月（1973年4月16日至5月18日）的访问：

“日本各地邀请的函电，雪花般飞来。我们在万分欢喜感激之余，只好人分四路，分头拜访了日本四十七个都、道、府、县中的三十八个。我们进行了不下五百次的参观、访问、会晤、座谈和集会。我们接触了数以万计的工人、农民、渔民、青年、妇女，以及文化、艺术、科学、教育、新闻、体育、宗教、政界和经济界人士。”

1973年，冰心参加中日友好协会访日，这是在田中首相举办的赏樱会上，左一为楚图南。

冰心参加从大阪到山口这一路，同行的有楚图南、荣毅仁、李季、张瑞芳、周一良等。他们从大阪出发，沿途每到一站，都有许多日本朋友在车窗外摇旗欢呼，有的通过窗口和他们握手。

在长崎，冰心和代表团其他成员观看了为欢迎中国朋友而演出的舞龙。

在冲绳岛那坝市岛酒会上，观赏了古装歌舞，内容是牛郎织女的故事。这种舞蹈“是古琉球流传下来的，当时是为迎接唐代使节时演出的”。

参加接待日本关西各界代表团

1972年5月，日本关西各界代表团40多人（主要是经济界人士）访华。接待部门安排了访问中央民族学院。穿着民族服装的各民族学生，唱歌跳舞欢迎日本代表团。接待临结束时，安排了冰心讲话。在和代表团告别时，有一位日本女士走到冰心身边，用中国话说：“我读过您的作品，它使我非常感动。”这位女士叫八尾昌里。

五、人大代表活动

参加1974年国庆招待会，出席1975年第四届全国人大会议

在恢复了外事活动的同时，冰心也开始参加国内的一些政治和文化活动。1974年，她荣幸地参加了周总理主持的国庆招待会。

1975年1月13日，第四届全国人民代表大会第一次会议在北京开幕。冰心又继续当选为全国人大代表，出席了预备会议和全体会议，聆听周总理所作的《政府工作报告》。那天，周总理站在主席台入场的门口，和代表一一握手。冰心走上前去，握住总理的手，周总理微笑着问："冰心同志，身体好吗？"

"我身体很好，谢谢总理关心。"

总理又叮咛了一句："要好好保重啊！"

人代会闭幕后，由于周总理病情日益加重，中央决定由副总理邓小平主持日常工作。通过抓铁道行业的整顿，来带动其他行业的整顿，因而全国人大代表视察工作的重点便是铁道行业。

赴西南考察

1975年6月，冰心、叶圣陶、胡愈之、赵朴初等部分代表赴西南参观考察，视察了三条新铁路：成昆、昆黔和湘黔。从北京先到成都，视察了成都周边地区。后来到了重庆，冰心抽空上了歌乐山，寻找抗战时

住过的林家庙5号，可是“欲寻旧迹已茫然”。

在云南视察时，冰心和赵朴初一起到呈贡，在民政局同志的陪同下，参观了呈贡中学原址和“古城魁阁”以及她当年居住过的“默庐”。

冰心还到贵州的第二大城市遵义，参观了遵义会议会址。从贵州又到湖南韶山，参观毛泽东同志的旧居。冰心还到山西的大寨视察、访问。

1975年6月，冰心（中）和胡愈之夫妇等人大代表赴西南考察途中。

六、“文革”后期

参加周恩来总理遗体告别

1976年1月9日，冰心从广播里突然听到周恩来总理逝世的消息，心里悲痛至极，泪如泉涌。这时，民主党派也恢复了活动，早上，冰心和吴文藻到工商联参加政治学习，会上人人垂泪，讲话时都泣不成声。

1月10日下午，冰心到北京医院向周恩来总理的遗体告别，她怀着悲痛的心情，向周总理致最后的敬意。1月15日，冰心参加了周恩来总理的追悼会。她看到邓颖超大姐悲痛的神情，心里格外伤感。在归途中，看到从天安门到八宝山沿途道路两旁人山人海，群众目送、哭别总理。

冰心珍藏的周恩来纪念邮票。

冰心回到家里，把意大利

摄影家为总理拍摄的一幅照片放在镜框里，挂在客厅酒柜的上端。在总理的遗像下，摆上了一座香炉和一瓶鲜花，以此来供奉敬爱的总理。后来，民院艺术系的张正恒知道冰心喜爱这幅照片，就按照片画了一幅油画。在冰心的客厅里，这幅总理画像一直挂在那里，而且总有鲜花相伴!

清明节前夕，为了悼念周总理，大批工人、大专学校的学生、教师、机关干部自发地来到天安门广场，在人民英雄纪念碑前献花圈、花篮，张贴传单，朗诵诗词，发表演说，抒发对人民的好总理的悼念之情。4月4日，首都人民的悼念活动达到高潮，数十万群众不顾禁令，拥向天安门广场。

江青等人对群众纪念周总理的行动惊恐万状，于是在中共中央政治局会议上提出：清明已过，要连夜移走花圈，要抓发表“反革命”演说的人。会议决定连夜清理天安门广场的花圈和标语，布置工人民兵和公安人员围住纪念碑，阻止群众去送花圈、贴标语和发表演说。

4月5日，广大群众继续拥向天安门，与民兵、警察和解放军战士发生冲突。他们中不少人被殴打、逮捕。

这些天，冰心一直牵挂着天安门群众的安危。

向朱德委员长遗体告别

1976年7月6日，收音机里又传来全国人大常委会委员长朱德逝世的消息。冰心不胜哀痛。7月8日，冰心和吴文藻来到北京医院向朱德委员长遗体告别。冰心缓缓走向康克清大姐，康大姐同冰心握手，并嘱咐冰心要好好保重。

到人民大会堂瞻仰毛主席的遗容

没有想到仅仅过了两个月，9月9日，毛主席逝世了。9月14日，冰心和吴文藻一起到人民大会堂瞻仰毛主席遗容，和这位当代伟人告别。

接二连三的令人哀痛的事件震撼着祖国大地。江青反革命集团加紧了篡党夺权的阴谋活动。1976年10月6日，党中央政治局采取果断措施，一举粉碎了王洪文、张春桥、江青、姚文元的反革命阴谋，打倒了“四人帮”，结束了“文化大革命”这场历史性的灾难。

第十八章
生命从八十岁开始

一、恢复创作

粉碎“四人帮”以后

粉碎“四人帮”之后，冰心和吴文藻思想上得到又一次解放。他们虽已年近八十，仍然老骥伏枥，加倍努力学习和工作。冰心不断地出席各种会议，撰写文章，批判和反思“四人帮”的罪行。吴文藻则重新开始恢复中断了二十几年的社会学的研究。1973年年底，吴文藻在达特默斯的同学劳伦斯给吴文藻写了一封长信，还给他寄来了17部从1959年到1973年出版的社会学重要著作。吴文藻加紧阅读这些著作，为中国重新恢复社会学学科作准备。

冰心在人民日报社召开的批判“四人帮”的大会上说：“我们坐在这儿，控诉和批判‘四人帮’炮制的‘文艺黑线专政’论，我不由得想起这些年受到‘四人帮’残酷迫害的老同志、老朋友，想起老舍、郭小川、侯金镜、马可、孙维世这些同志。他们已不在人世，不能同我们一起揭发、批判‘四人帮’搞的‘文艺黑线专政’的罪行了。” “党中央粉碎‘四人帮’，我们文艺工作者得到了第二次解放；现在深入揭批‘文艺黑线专政’论，又砸开了‘四人帮’强加在我们身上的精神枷锁。我们要拿出革命加拼命的劲头，加倍地工作，为繁荣社会主义的文艺创作贡献自己的力量！”

想念巴金

粉碎“四人帮”以后，冰心首先想到的是巴金。1976年11月12日，冰心在给女作家赵清阁的信中，特地问及“巴金如何？他住在哪里？”不久，冰心托人给巴金捎去一信。巴金在回信中写道：

冰心大姐：

昨天陶（立璠）同志来，交给我您的信；前些时候在出版社编辑室开会，遇见韩侍桁，他说赵清阁告诉他，您给赵写信问到我的情况，总之，很感谢您的关心。算起来11年了！这中间也常常想到您。可是在“四人帮”的严密控制下，我也不便写信，也不愿给别人、也给自己带来麻烦。“四人帮”中的张、姚两个坏蛋千方百计整我，想把我赶出文艺界。我能活到今天也不容易。但是我有信心要看他们的垮台，我果然看到了。

我现在在上海人民出版社编译室挂钩，每星期去两个半天参加学习……我自己在翻译一部书，就是赫尔岑的《回忆录》，大约有一百二十三十万字，每天译几百千把字……

巴金 三月十一日（1977年）

（《世纪之交——冰心与巴金》，团结出版社，1999年，第155页）

冰心收到巴金的信后，欣喜万分，立即就给他回信：“你在翻译赫尔岑的《回忆录》，那太好了。若是眼睛不好，千万不要过分劳神。”

参加万人诗歌晚会，采访劳动模范张秉贵

1978年1月1日，冰心应邀在中央人民广播电台向海外同胞祝贺新年。

1月，《诗刊》发表了《毛主席给陈毅同志谈诗的一封信》，文艺界组织学习座谈，冰心应邀出席，并作了发言。不久，《诗刊》也召

开座谈会，并在首都工人体育场举行万人诗歌晚会，冰心用英语朗诵了泰戈尔的诗，这是冰心在“文化大革命”后，第一次在国内这么大的公共场合露面，引起了很大的反响。

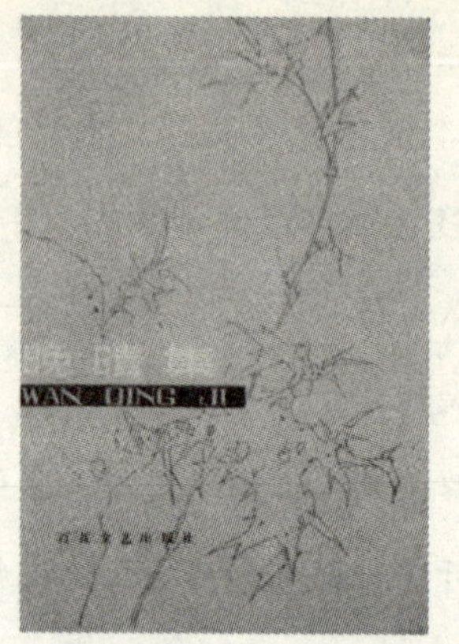

1980年9月百花文艺出版社出版《晚晴集》。

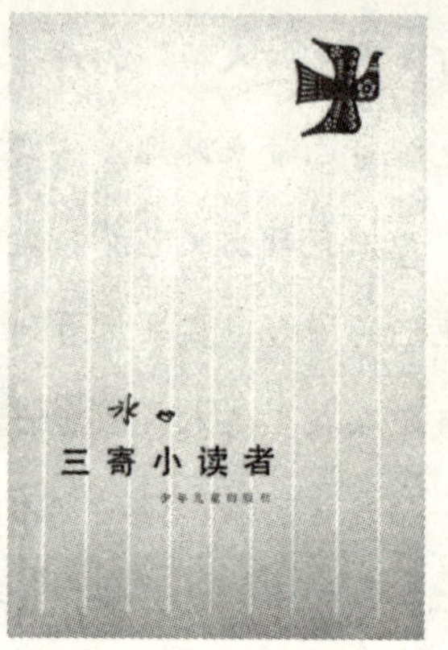

《三寄小读者》最后于1991年7月由少年儿童出版社出版。

1978年6月20日，全国财贸学大庆学大寨会议在北京召开，冰心应邀参加会议，听到百货大楼劳模张秉贵等人所作的先进事迹的报告，会下冰心对先进人物进行了采访。

6月27日，冰心在周明同志的陪同下见到张秉贵同志，并对他进行采访。事后，冰心阅读了各条战线上的青年人给张秉贵的信，了解到张秉贵在接待顾客时如何“照亮了每一个站在柜台外面人的心”。7月13日，冰心撰写了报告文学《颂“一团火”》，发表于《人民文学》1978年第8期。

开始写《三寄小读者》

粉碎“四人帮”之后，冰心首先关怀的是少年儿童的成长。

就在她参加北京大学建校80周年纪念大会（1978年5月4日）后的第二天，冰心开始了《再寄小读者》20年之后的《三寄小读者》（实际上应为《四寄小读者》）的写作。

冰心这次写《寄小读者》的心情较之过去多了几分“宁静”和“感喟”。她亲切地对小朋友说：“到了本世纪末，你们正是年富力强时节，正在以灿烂的青春，贡献给壮丽的事业。做个历史的主人，这负担真是不轻啊！”

在通讯四——《书是我们的好朋友》中，冰心着重回答读者来信中提出的怎样才能写好作文：

> 创作来源于生活，没有生活中的真情实事，写出来的东西就不鲜明，不生动；没有生活中的真正感人的情境，写出来的东西就不感人。古人说“情文相生”，也就是说真挚的感情，产生了真挚的文字。那么，从真实的生活中，把使你喜欢或使你难过的事情，形象地反映出来，自然就会写成一篇比较好的文章。

这篇通讯发表后，很快就被选入小学课本，受到数以亿计的新一代小读者的喜爱。

冰心十分关注儿童文学事业的发展。1978年冰心和熊塞声共同主编《1949—1979儿童文学剧本选》，冰心为这套选本写了序言。

撰写《从“五四”到“四五”》等纪念文章

为纪念五四运动60周年，冰心撰写了《回忆“五四”》，接着，又写了《从“五四”到“四五”》，来悼念周恩来总理，来要求民主与科学。

冰心接着写了一系列纪念性文章，如《腊八粥》《追念黎锦熙教授》《追念闻一多先生》《追念罗莘田先生》《纪念印度伟大诗人泰戈尔》等，接着又应《人民日报》袁鹰之约为“天安门事件”平反而举办的“丙辰清明记事”征文，撰写了《等待》，记述了她女儿吴青带着外孙到天安门广场去，她和吴文藻到紫竹院公园边走边等待吴青回来的事。

撰写《我的故乡》《我的童年》等回忆文章

冰心应《福建文学》之约，为家乡文学期刊撰写了《我的故乡》，接着，冰心开始撰写长篇回忆文章《我的童年》《我到了北京》《我入了贝满中斋》《我的大学生活》《留美三年的回忆》《回国后的头三年》等。

百花文艺出版社约请冰心将近期新作结集出版，冰心欣然应允，并题名为《晚晴集》，她在后记中这样写道：

> 粉碎“四人帮”，一声霹雳，雨过天晴，山川又明丽了，空气又清新了，我心里积压的情感又涌到笔尖……这本集子里忆悼的作品多了一些，恐怕也是自然规律，自己年纪大了，朋辈自然也多“老成凋谢”，再加上“四人帮”文艺专政的十年，雨打风吹，就显得零落了……四个现代化的新长征，给我们带来了文艺的春天。……我愿和我健在的老友和新生的力量在一起，在文艺园地上继往开来，开出一个柳暗花明的局面！

冰心听说被迫停刊十年的《儿童文学》复刊，十分高兴。她主动地向小读者推荐《儿童文学》中发表的佳作：王愿坚的《伟大战士的足迹》、白桦的《小溪流奔向大海》、胡奇的《老玉米》、柯岩的《陈景润叔叔的来信》。还特别介绍了新作家的作品，如刘心武的《玻璃亮晶晶》、韩静霆的《捕蛇将军的后代》、李凤杰的《诚实》、谷应的《阿灼的小刀》等。

出席文联大会

1979年11月，冰心在文联大会上。

1979年10月30日，中国文学艺术工作者第四次代表大会在北京召开，冰心作为文学界的代表参加会议，并被选入主席团。大会由中国文联主席茅盾致开幕词，中共中央副主席邓小平亲临致辞。中国文联副主席周扬作了《继往开来，繁荣社会主义新时期的文艺》的报告。

11月16日，中国文联四届全国委员会第一次会议上，冰心被选为第四届全国委员会委员。会议选举茅盾为中国文联名誉主席，周扬为主席，巴金、冰心等十人为副主席。

1979年10月，中国民主促进会召开了第四次全国代表大会，冰心被选为第六届民进中央副主席。

二、创作新起点

《空巢》获优秀短篇小说奖

20世纪80年代，冰心进入了创作新高峰。1980年1月，冰心创作了短篇小说《空巢》，作品描述新时期改革开放给社会生活带来的重大影响。小说在《北方文学》1980年3月号发表后，引起了很大反响。在1980年全国优秀短篇小说评选中，被评为优秀短篇小说。

1981年3月24日，在全国政协礼堂举行“1980年全国短篇小说评选发奖大会”，小女儿吴青替母亲前去领奖。中国文联主席周扬在大会上作了重要讲话，中国作家协会副主席张光年向大会致辞。会后，周扬、夏衍、张光年都十分关心冰心的身体情况，让吴青问候她的母亲。

与冰心同时获奖的女作家益希卓玛、叶文玲、张抗抗一起来看望冰心。叶文玲告诉冰心：短篇小说评奖，1978年，女作家两人获奖；1979年，女作家三人获奖；1980年，女作家四人获奖。冰心微笑着说：“女作家得奖一年比一年多，是妇女解放进步的标志。”冰心在三位女作家的纪念册上题词，给益希卓玛题写了：“读万卷书，行万里路。”给叶文玲题写的是：“淡泊以明志，宁静以致远。”给张抗抗的题词为：“学然后知不足。”

巴金、冰心、林林率中国作家代表团访日

1980年春天，由巴金为团长，冰心、林林为副团长的中国作家代表团，将赴日本访问。行前，冰心考虑到这个代表团是日本首相大平正芳邀请的，要准备一份礼物，于是冰心就请吴作人、萧淑芳夫妇作画送给大平正芳。他们欣然同意，并很快把画绘好，交给冰心。冰心十分感谢他们的支持。

1980年9月，于北京医院中养病的冰心。

1980年，冰心随团参谒“周恩来总理诗碑”，即兴和诗一首。

位于京都岚山龟山公园内的“周恩来总理诗碑”。

4月1日，中国作家代表团起程飞往日本，同行的有女作家草明，诗人林林、公木，作家邓友梅，巴金的女儿李小林，冰心的女儿吴青，以及作协外联部的陈喜儒。

在东京，大平正芳首相会见了代表团全体成员，他很重情谊，像老朋友一样和中国作家交谈。他对中国的书画一直十分喜爱，对冰心赠与他吴作人的画表示感谢，并请冰心转达对吴作人先生的问候。

在国策研究会、国际会馆，冰心和巴金分别作了“我和小读

者”和“我和文学”的演讲。他们的演讲很快就在日本报刊上发表。

冰心看望了日本女作家有吉左和子，到了她的新居，见到了她的母亲和女儿。

京都是日本的文化中心，有“千年古都”之称。冰心到了京都后，即与巴金在依田义贤的陪同下，到岚山的龟山公园，参谒“周恩来总理诗碑”。在青色坚硬的鞍马石上刻着周恩来青年时代写的《雨中岚山》：

雨中二次游岚山，
两岸苍松，夹着几株樱。
到尽处突现一高山，
流出泉水绿如许，绕石照人，
潇潇雨，雾蒙浓；
一线阳光穿云出，愈见娇妍。
人间的万象真理，愈求愈模糊；
——模糊中偶然见到一点光明，
真愈觉娇妍。

这首诗是周恩来同志1917—1919年在日本求学期间写成的，表达了他寻求救国之路的迷茫心情。

冰心参谒诗碑后，步周恩来早期诗作《大江歌罢掉东头》的原韵，当众挥毫，写下了当时感受：

高歌直下大江东，
力挽狂澜济世穷。
仰首默吟低首拜，
岚山一石一英雄。

在京都，冰心应邀在京都大学文化讲演会上作了演讲。

1980年4月12日，冰心从京都来到奈良，奈良市市长来迎接中国作家代表团。下午冰心一行就到了唐招提寺。这是一座肃穆庄严的伟大建筑，这里有供奉着鉴真和尚的佛堂。

鉴真，俗姓淳于，14岁随父出家扬州大云寺，中年以后在扬州大明寺做住持，传戒讲律，兴建寺塔。唐开元、天宝年间，鉴真受日本遣唐使丹比治广成和日僧荣睿、普照的邀请，东渡日本，历尽艰辛，经过五次失败，先后十年，终于在天宝十二年（753年）东渡成功。鉴真在日本传经讲学，兴建寺院，传授中国医药、雕刻、绘画、书法、建筑等文化。辛勤工作十年，763年圆寂于日本唐招提寺，骨塔存在寺后的松林中。鉴真和尚为中日友好交流立下了不朽的功勋。

冰心和代表团参拜了鉴真和尚的佛堂，又到鉴真的骨塔前，献了一束雪白的鲜花。

冰心随代表团到了大阪，又到了德岛，参观了农场，晚上还和德岛的作家座谈，并观看了当地的阿波舞。

4月17日，中国作家代表团从奈良回国，日本友人西园寺官一、三宅艳子等特地从东京赶来送行。

冰心一到上海，报纸、刊物的编辑和记者们都来采访、约稿，中国作家协会上海分会邀请冰心参加座谈会，上海电视台来采访，许多作家来看望。

4月21日，冰心从上海飞回北京，巴金、杜宣等人到机场送行。

翻译马耳他总统诗集《燃灯者》

访问回来不久，冰心就接受人民文学出版社的约稿，翻译马耳他总统安东布蒂吉格的诗集《燃灯者》。这部诗集是耿彪同志率我国政府代表团访问马耳他时总统亲自赠送的，耿彪同志转请冰心翻译。冰心不顾访日后的劳累，立即着手翻译，很快译完了“序”和58首诗。

突发脑血栓

1980年6月12日凌晨4点半左右，冰心想起床去洗手间，拿手电筒时发现右手没有劲，就把沈阿姨（生妹）叫起来，沈阿姨心里很着急，不知道怎么办，也就等到天亮再说。

住在后面一排11单元的民院民语系的倪大白老师，从他的房子阳台看谢先生家一早屋子就亮着灯，还传出打电话声，就怀疑出了什么事，上来一看，果然是谢先生身体不适。沈生妹告诉倪老师我们外语学院的住址，他就急忙赶来外院敲开我们的门，把情况告诉我们。

吴青和我立刻回家，打电话和北京医院联系。北京医院的急救车一路鸣笛，飞驰而来，很快就来到民族学院家属院。我们急忙整理好必要的生活用品，放入一只手提皮箱里，就陪妈妈一起来到北京医院。妈妈住下后，经过检查，是患了脑血栓。

在医护人员的护理下，冰心的病逐渐地康复。中国文联、中国作家协会、中国民主促进会等有关负责人都来看望。来看望的还有她的老朋友雷洁琼、赵朴初，他们都是民进的领导。冰心的福建老乡杨成武将军也特地来慰问。邓颖超大姐闻讯，请她的秘书前来探望，并送来黄色的“和平”月季花。

巴金正好来北京准备出访，在女儿李小林的陪同下，到北京医院看望冰心。同一天下午，还有金近、王路遥、刘剑青、张僖、陈荒煤等作家来看望。

叶圣陶老人写信给吴文藻询问病情：“谓闻人言冰心同志抱病，而不得其详，彼此萦念不已。”剧作家曹禺听说冰心住院，即写信给冰心：“听说你生病，比较重，我十分着急。”

冰心在康复中就开始试笔，给叶圣陶老人写了一封信，请他放心。在冰心的要求下，8月8日就出院了。

右腿股骨颈骨折

回家以后，冰心就开始练步，早上拄着拐杖在楼门前的小道上散步。9月6日，冰心走到楼另一侧大门前停下来时，有个小朋友在她后面叫了声奶奶，冰心回过头来看她时，没有站稳，就摔坐在地下，此时费孝通的女婿张荣华正站在边上，赶紧把她扶起，将她背回家。

第二天，我们和北京医院联系，又一次把妈妈送进医院。医生会诊后，诊断为股骨颈骨折。治疗方案有两种选择：一是保守疗法，用牵引的办法，另一种就是动手术，用一个不锈钢的钉子把股骨颈固定起来。冰心性子急，哪里愿意躺在床上待上好几个月！经过骨科、神经科、内科医生研究手术方案，并向中组部、文化部写了报告，决定9月10日动手术。

手术很顺利。手术后，吴青由作家协会出面向外语学院借调来照料母亲。一次，吴青帮医生推X光机，左脚第二趾不慎被机器的轮子碾成粉碎性骨折。吴青忍着伤痛，仍坚持守护在妈妈身边。有女儿在身边，冰心很放心，也很高兴。

撰文《生命从八十岁开始》

1980年10月5日，是冰心的八十大寿，北京医院北楼204病房，前来祝寿的宾客络绎不绝。《中国少年报》聪聪等三人，代表一千一百多万各族小读者，给冰心献花。他们站在冰心周围，一起照了相。吴青正准备把花插进花瓶时，冰心说：“替我把玫瑰花都送给赵丹，剩下的再插在花瓶里。”吴青送完花回来，对妈妈说：“赵丹很高兴，说谢谢你，并祝贺你八十大寿。”

《儿童文学》编辑部送来一幅杨永青画的画，画面上是一个绾着丫角，系着红肚兜的小孩子，扛着两个特大的红寿桃。上款是“冰心

1980年10月5日，《儿童文学》杂志社送给冰心的祝寿图。

同志八十大寿”，下款是“儿童文学编辑部敬祝”。冰心看到画面上那个微微张开笑口的可爱的小娃娃，感到十分高兴，也受到了鼓舞，就在病房里，写下了《生命从八十岁开始》一文：

> ……我病后有许多老朋友来信，又是安慰，又是责难，说：“你以后千万不能再不服老了！”所以，我在复一位朋友的信里说：“孔子说他常觉得‘不知老之将至’，我是‘无知’到了不知老之已至的地步！”
>
> 这无知要感谢我的千千万万的小读者！自从我二十三岁起写《寄小读者》以来，断断续续地写了将近六十年。正是许多小读者们读《寄小读者》后的来信，这热情的回响，使我永远年轻！
>
> ……我希望在1981年我完全康复之后，再努力给小朋友写些东西。西谚云：“生命从四十岁开始”。我想从1981年起，病好后再好好练字，练习走路。“生命从八十岁开始”，努力和小朋友们一同前进！（《冰心全集》，第七卷，第205页）

《生命从八十岁开始》成了冰心80岁以后创作新高峰的起点。

严斥日本文部省

1982年6月，日本文部省在审定中、小学历史课本中，把“侵略华北”改成“进入华北”，把“对中国的全面侵略”改成“对中国的全面进攻”等，企图抹杀日本军国主义的侵华罪行。中国外交部对此表明了中国政府的立场。冰心听到这一消息后，立即写了《不要污染日本子孙后代的心灵》，严厉地斥责日本文部省：

> 教科书是负担教育培养子孙万代的责任的，日本文部省怎能“一手掩尽天下目”……
>
> 我年轻时就是含垢忍辱地生活在多灾多难的中国土地上！比节日还多的国耻纪念，绝大多数都是日本军国主义者造成的。……
>
> ……我再重复一句：请不要污染日本子孙万代的心灵！……中日两国人民是决不允许的。

为《台声》题词

1982年7月24日，廖承志就祖国和平统一问题致信蒋经国先生，陈述“评价历史，展望未来，应天下为公，以国家民族利益为最高原则”。.

1982年7月29日，中国民主促进会举行座谈会，冰心作了书面发言。随后，冰心应《台声》之请，为《台声》题写了：“《台声》是联系我国内外台湾同胞的坚强纽带……”

1982年9月1日，中国共产党第十二次全国代表大会在北京召开，冰心应邀参加，但因行动不便未能出席会议。她阅读了胡耀邦同志的《全面开创社会主义现代化建设的新局面》。9月7日，她写了一篇书面发言。

三、痛悼好友

茅盾逝世

1981年3月28日早晨，冰心从广播中听到茅盾3月27日在北京逝世的消息，不禁眼泪夺眶而出。8点钟，她接到上海《文汇报》约写悼念茅公的文章，立刻就写了《悼念茅公》。在文章中，她回忆起与茅盾的几十年的交往，也表达了对他的怀念之情。

茅盾（1896—1981）。这是他在1938年的照片。

1981年4月，夏衍和阳翰笙一起来看望冰心，他们共同怀念茅盾，谈起和茅公的交往和为人。

宋庆龄逝世

1981年5月29日，中华人民共和国名誉主席宋庆龄在北京逝世。冰心闻讯后极为悲痛，联想到宋庆龄一生热爱儿童——她担任中国人民保卫儿童全国委员会主席，中国福利会会长，创办《儿童时代》，对儿童的教育和福利事业作出了不朽贡献，冰心以一个小学生的口气，撰写了一首诗——《献给我们挚爱的宋奶奶》。

林巧稚逝世

1983年4月23日早晨，冰心从广播里听到她的知己老友林巧稚大夫逝世的消息，她放下餐具，不禁泪流满面。

1978年，林巧稚得了脑血栓住院，冰心去看她时，她坐在椅子上，仍像一位值班大夫那样，不等冰心说完问询她的话，林巧稚就问起“我们的孩子”和冰心的工作和健康，冰心的三个孩子都是在协和医院由林巧稚大夫亲自接生的。

1980年夏，冰心得了脑血栓住进北京医院，林巧稚的学生告诉冰心，“林大夫的脑病重犯了，这次比较严重，卧床不起”。

冰心在同林巧稚的60年交往中，深深感到林巧稚就像一团火焰，一块磁石，她把自己所有的技术和感情都贡献给了周围的一切人。冰心后来写了《悼念林巧稚大夫》（《冰心全集》，第七卷，第377页），怀念这位杰出的女性。

四、搬新居迎友人

搬入民院“教授楼”

1981年，冰心病后需要有人照顾，小女儿吴青一家就搬到和平楼208室，冰心把最大的那间卧室让给吴青一家，冰心和吴文藻就住在靠门口的一间9平方米的小屋，除了两张单人床和书柜之外，只有在南窗下放一张两屉桌。

冰心的住房情况，国务院副总理杨静仁了解后，批示拨专款给冰心建造一座小楼，冰心很感谢领导关怀，但也很感不安，因为很多老百姓的住房十分紧张，冰心没有同意。后来民族学院计划修建一座教授楼，原计划给冰心建楼的费用也就划入教授楼的费用中了。在教授楼盖好之前，民院将12单元一层暂借给冰心使用。1983年12月，冰心迁入教授楼34单元3、4号。这是二层的两个套间，冰心住3号，四间一套的套间，吴青一家住4号，三间一套，为了照顾方便，两套之间有门相通。

冰心和吴文藻的套间，一进门的右侧是朝南的客厅，进入客厅向右，是通道隔开的一间屋子。客厅的东墙上悬挂着周恩来总理的油画像，下面是黑褐色的椭圆形立柜，上面放着一瓶鲜花，西墙上悬挂着著名画家吴作人的熊猫图，两旁是梁启超雄劲巨笔撰写的对联：

世事沧桑心事定

胸中海岳梦中飞

这是1924年冰心集清朝诗人龚自珍的诗句，请梁启超先生写的。

靠客厅西墙是一排沙发，南窗前是一张方桌，门的两侧有两组书柜，这些家具都是从和平楼搬过来的。

走道尽头有朝南和朝北的两间房间，通阳台朝南的房间是冰心和吴文藻的卧室兼书房，窗前两张写字台上，靠阳台门的书桌是冰心用的，桌上放着台灯、小钟、砚台等。冰心坐椅的后面是两组书柜，书柜里放的是冰心常用的书籍，还放着一些照片，如小相框里巴金的照片，镶嵌在旧相框里的冰心在威尔斯利女子学院时的照片，还有孩子们送的一些自制的小礼物。

书柜顶端放着赵朴初祝寿词的像框：

中间小谢
又清发
南极老人
应寿昌

乙巳中秋前三日
集太白句为
冰心大姊寿

赵朴初

十三年前近日曾自度冰轮引曲奉赠附录于后以博一笑
寿昌南极老人生日日堪称庆况值难逢生日真中秋又为才人
闰酒盈樽祝康宁文心长似海潮生万里清波滟滟冰轮净五色笔
百花馨藻绘江山岁岁春　　　朴初再拜

西墙一侧有一个书架和一个五斗柜。吴文藻的书桌在冰心的对面，靠南墙的书架，放满了他购置的学术著作。这样的布局为冰心和吴文藻提供了一个较“和平楼”更为舒适的生活和工作环境。

给孩子更多的爱

1983年1月，天津新蕾出版社准备出版《老舍儿童文学作品选》，请冰心作序，冰心毫不犹豫地答应了。冰心写道：

老舍先生是一个热爱孩子的作家，他永远保持一颗澄澈的童心。在我们的朋友中，他是最能和孩子们说到一起的一个。无论是说笑话也好，谈正经的也好，他总是和孩子们平起平坐，说出自己最真实，最发自内心的话。看了他的儿童文学作品，就像我从旁听到他和我们的孩子们说笑一样，那样地利索、生动，幽默中带着很深的道理。

在纪念老舍诞辰八十五周年时，冰心写了纪念文章。

1983年立春之日，冰心应《中国青年报》之约，为青年写了《新春寄语》。她写道：

青年是属于未来的，

青年是我们的希望！

我们都热爱我们可爱的祖国，

这是我们每一个中国人安身立命的第一件大事。

我希望青年们多多好好地读书，深入学习研究关于我们祖国历史的一切。

1983年4月，福建少年儿童出版社为了繁荣儿童文学创作，商议创办一个儿童文学丛刊，刊名《牵牛花》，散文家郭风写信给冰心，请她为这个刊物写一篇发刊词，冰心以《我的祝愿》为题，写了文章。

为了给孩子们筹集福利基金，邮电部发行《儿童》附捐邮票。邮电部门的同志告诉冰心，这套邮票预计可以为孩子们筹集福利基金60万元。12月17日，冰心为此写了一篇《集邮爱好者的福音》。

北京市召开表彰少年儿童先进工作者的会议，冰心特地为会议写了一首诗。会议组织者拿到这首诗，非常激动，他们把这首诗作为给30万少年儿童工作者的献词，印在颁发给少年儿童先进工作者的奖状上。

作家、画家冯骥才的来访

1983年6月，作家、画家冯骥才新当选为全国政协委员，来北京开全国政协会议。6月15日，中国民主促进会秘书长葛志成特地陪冯骥才到冰心家中探望。冰心笑着说，欢迎他加入民进。冯骥才后来被选为民进副主席。

冯骥才一米九一的个儿，跪下来都要比冰心高！冯骥才告诉冰心，他高中毕业后，当过天津篮球队中锋，后来因为手臂受伤，才到天津书画社工作，曾在天津市举办过个人画展，1979年才开始当专业作家。冯骥才从书包里拿出《雾里看伦敦》《意大利小提琴》两本新书送给冰心，冰心回赠了新出版的《冰心散文选》。

这一天正巧是端午节，冰心和吴文藻请冯骥才、葛志成一起吃粽子。大家吃着粽子，冰心说："你们不知道吧，今天是我同文藻结婚五十四周年纪念日啊！"冯骥才问："您还记得当年的情景吗？"冰心说："记得，那时候，我29岁，已经在燕大教了三年书，我们的婚礼简单得很……"冯骥才也谈起他在十年动乱中结婚，那时家里被抄，还住着红卫兵。

冯骥才谈起在上海见到巴金的情况。

贺叶圣陶九十大寿

1984年，叶圣陶90岁，巴金80岁，冰心写了《贺叶巴两位》（《冰心全集》，第七卷，第438页），向他们祝寿。冰心说：

> 叶老是一个十分关怀后辈的人。我和叶老认识以后，还没有到

他家去拜谒过，因为：一来在公共场合常常会看到他，二来我怕登门拜访会影响他的休息，但在前年春天，我因病住院时，叶老跑到医院来看我，正巧我已出院回家，叶老又同至善同志到西郊我家里来看我……叶老又是一位十分谦和的老人，每逢我赠送他一本书或一封信的时候，他必定亲自作复……

同年6月，叶圣陶生病住进北京医院，冰心获悉，即前往探视。叶圣陶作《七绝》两首表示感谢：

一

正候高轩看海棠，却于病舍接容光；
出门停笔为常习，如此友情永不忘。

二

令爱吴青语我云，研修应试岂同论，
片言举手要寻根，教改诚宜属首轮。

冰心大姐偕令爱惠顾病院 敬酬二绝即希正之

1983年夏，《冰心散文选》由人民文学出版社出版。冰心收到样书后，立刻即题签送给叶老。叶圣陶收到书后，十分高兴，作了一首《五律》：

爱诵冰心作，今逾六十年。
嘉庐初识面，京市每联肩。
书出必相赠，目昏只自怜。
悉存签名本，念此始欣然。

我们家的"一等公民"

1984年2月4日，我们邻居宋蜀华、黄浦家的猫一次产下了四只可爱的小猫。小猫满月后，吴青和我就去抱了过来，把它们放在妈妈的桌

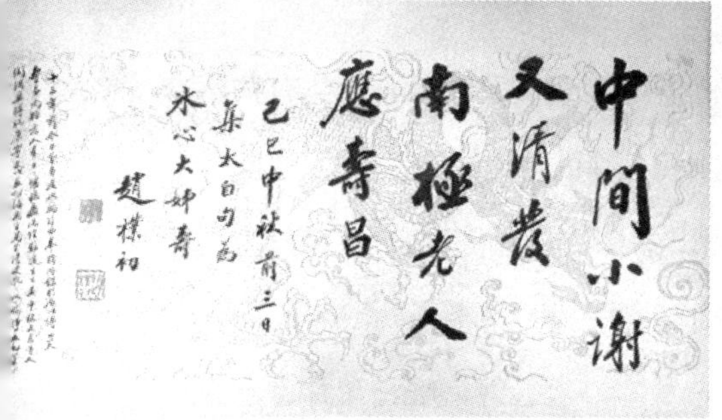

赵朴初赠与冰心的祝寿词。

0年代，冰心在教授楼的客厅。

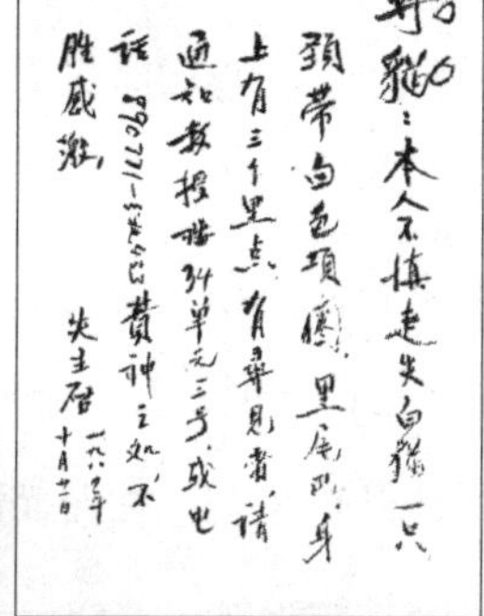

寻猫：本人不慎走失白猫一只，颈带白色项圈，黑尾，身上有三个黑点，有寻见者，请通知教授楼34单元三号，或电话890771-[illegible]，费神之处，不胜感激，

失主启 一九八[illegible]年十月廿日

寻猫启事

心家里的“一等公民”咪咪。

子上，让妈妈看，经过大家的观察，发现了其中最活泼的一只，于是就选中了这只猫，后来取名为咪咪。为了让它适应新环境，也为了和它培养感情，我们多次把它抱过来。但我们最后把它抱回家来，还是等到猫的主人宋蜀华教授的肯首，那已是4月宋蜀华从日内瓦开会回来以后的事。

我们为咪咪准备了一只方形的塑料盆作便盆，当时商店里还没有猫砂卖，蜂窝煤的炉灰就是当时的猫砂了。菜市场卖的河鱼小白条，还有去掉头的鳕鱼就成了它的主食，我们常常和蔬菜一起煮熟喂它吃。

咪咪非常活跃，淘气，也犯了很多错误。一次，它跳到我们那边的高书柜上，把放在上面的一方大砚台弄掉下来，正巧砸在它的尾巴上，尾巴受了重创。冰心看到这种情况，心痛得流下了眼泪。我们立刻打电话给民院医务室的管大夫，他让我们把咪咪的尾巴用纱布包扎一下，说过几天就会好的。

管大夫是一位眼科大夫，是我们的近邻。吴文藻和冰心身体有些不适，都会请他过来。下沙洋干校的时候，他除了给人看病，还“劁”（阉割）过猪，我们这只咪咪就请他帮助阉割的。

咪咪实在可爱，和冰心亲得不得了。早上9时和下午两时，冰心休息后，咪咪总会跳上冰心的书桌，面对着冰心坐着等待喂它鱼片，吃完了，就满足地蜷卧在冰心的旁边，有时候它会用毛茸茸的头来顶冰心。

咪咪是一只喜欢抢镜头的猫！每当客人来看望冰心，它会很快跳到桌上，守在冰心的边上，所以冰心的照片或是冰心和朋友的合影中常会有它的身影。

晚上看电视，咪咪会伏在冰心的怀里，或趴在她的边上。有一次，冰心大女儿吴冰吃完晚饭，坐在妈妈边上看电视，这时候咪咪走了过来，冰心就叫吴冰让开，给咪咪坐。吴冰开玩笑说，她连猫都不如，成了二等公民了。俨然，咪咪成了我们家的“一等公民”。

一天，夏衍伯伯和他女儿沈宁来看冰心，还把别人送他的猫饼干带来一些给咪咪，但当时咪咪还不领情，对这种洋货不适应，闻了闻就走开了！夏伯伯说，这只白猫侧身上有三小块黑色印记，尾巴又是黑的，在猫书上对这种形象和毛色有“鞭打绣球”和“挂印拖枪”的美称，身上的黑点是“印”，黑尾巴是“枪”。有人还说：这种“形象和毛色，应该说是‘雪中送炭’”。总之，咪咪是越来越神气了。

一天下午，吴青和儿子陈钢把咪咪带到楼下去玩，不料，咪咪跑丢了，院子里到处找都找不到，天都黑了，还是不见咪咪的踪影，只好回到楼上。冰心听说猫丢了，心急如焚，眼泪都流出来了。立刻用毛笔写了一张寻猫启事，把它贴了出去：

寻猫：本人不慎走失白猫一只，颈带白色项圈，黑尾巴，身上有三个黑点，有寻见者，请通知教授楼34单元3号，或电话：890771分机433，费神之处，不胜感激！

失主启　一九八四年十月廿一日

第二天一早，吴青在对面的楼门前发现了咪咪，赶紧把它抱了回来，冰心见了，又哭了一场。

咪咪和我们一起生活了整整15年，给妈妈带来很多乐趣。妈妈对咪咪的爱是不言而喻的。在《明子和咪子》（1984年5月18日）的文章中（《冰心全集》，第八卷，第477页），她第一次描写了这只活泼可爱的小猫。冰心多次发表过关于咪咪的文章，如《养猫》（1988年10月28日阳光满室之晨）（《冰心全集》，第八卷，第329页）、《我喜爱小动物》（1989年3月9日晨）（《冰心全集》，第八卷，第372页）、《咪咪和客人之间》（1991年7月3日清晨）（《冰心全集》，第八卷，第573页）、《三喜临门》（最初发表于《随笔》1992年第4期）（《冰心全集》，第八卷，第621页）和《我家的咪咪不是波斯猫》（1993年8月10日）（《冰心全集》，第八卷，第663页）。

1988年，冰心的外孙陈钢从罗慎仪（冰心、吴文藻的好友罗莘田的女儿）家抱来一只纯白的蓝眼睛的波斯猫，因为它有个“奔儿头”，我们就叫它“奔儿奔儿”。它比咪咪小得多，而且十分淘气，常常跳到蜷卧在床上的咪咪身上，去逗它，咬它！咪咪是老实的，实在被咬急了，才弓起身子来回咬一口，这一口当然也不轻！

“我讨厌‘奔儿奔儿’，因为它欺负咪咪，我从来不给它鱼片吃。吴青他们都笑说偏心！”（《我喜爱小动物》，《冰心全集》，第八卷，第372页）“奔儿奔儿”有时候还是可以吃到一点鱼干，但比起咪咪的待遇，就要差多了。

祝贺中国女排“三连冠”

1984年7月28日，第23届奥林匹克运动会在美国洛杉矶开幕，中国体育代表团参加了奥运会。冰心十分关心中国运动员参加的比赛。

8月8日，中国女排与美国队争夺冠亚军，赢得了冠军，夺得了奥运会的金牌，赢得了连获世界杯、世界锦标赛和奥运会三次冠军的“三连冠”！冰心从电视机里目睹了这场实况转播，心中无比激动，第二天一早就挥笔写下了《使我感动和鼓舞的女排“三连冠”》（《冰心全集》，第八卷，第492页）。

中国女排为祖国赢得了荣誉，冰心为这些优秀女排队员感到骄傲，并填了一首词《浣溪沙·今日北京》。

干女儿浦丽琳应约来京

冰心的干女儿浦丽琳，40年代随父母到台湾，后获奖学金赴美留学。在校期间，她以“心笛”为笔名在美国旧金山的《少年中国晨报》发表诗作，她的诗作受到胡适先生的关注，胡适给报纸编辑写信表扬并鼓励了心笛，胡适先生的信随后全文被刊登出来。后来，丽琳到纽约市读书与工作，应一些留学生与学人之邀，一起成立了白马文艺社（White Horse literary Society）。丽琳就成了白马文艺社里最年轻的诗人。

1983年，丽琳和女儿凌丹随旅游团来到北京，她们抽出一天时间来看干妈。自从南京一别，事隔40多年，再一次重逢，大家都备感亲切。冰心说，这样匆忙就走了，以后要再来，下次来在这里多住些日子。

1984年8月，应冰心之约，丽琳从美国来到北京，住在我们家里。冰心询问了她的父亲和兄弟们的情况，冰心、吴文藻像对待自己女儿一样，使她感受到母爱和家庭的温暖。冰心和丽琳的母亲是好朋友，她对丽琳说："你真像你母亲，她是个老实人。"

冰心还特意向她引见了一些文艺界的朋友。一次，冰心请了邓友梅等一些年轻作家来家里，丽琳和他们一起交流文艺界创作的情况。丽琳告诉干妈，老作家丁玲和她的先生陈明在美国访问时，曾到过她家，参加丽琳的先生杨超凡的外国留学生圣诞日自助餐聚会，丁玲告别时，和丽琳说，如果到北京，一定告诉她。于是冰心就给丁玲打了个电话，丁玲说她会过来。丽琳就又一次见到这位仰慕已久的老作家。丁玲后来又请丽琳到她家吃饭，这令丽琳感到十分高兴。

丽琳在南加州大学图书馆工作。她说："在国外工作，真是非常紧张，在图书馆做信息咨询工作，每天八小时，每两小时才有15分钟休息，工作时间就是要你的全部生命、精力去换取工作效益。下班以后，买菜，回家做饭，做各种家务，非常疲倦。"当时国家图书馆已破土动工，离中央民族学院很近，冰心还劝说她，将来回国可以到这座图书馆工作。

浦丽琳在家里住了四周，就要回美国洛杉矶去，冰心舍不得她走，但浦丽琳工作的商学院就要开学，无法挽留。早饭后，丽琳向干妈告别，冰心紧紧抱住丽琳，依依不舍，还伤心地放声哭了起来。我们把丽琳送下楼去，丽琳也是难分难舍，去机场一路，一直暗暗泪流。

丽琳回去以后，冰心根据她的经历，写了一篇短篇小说《桥》（1984年9月16日，《冰心全集》，第七卷，第502页）。1989年5月，冰心为干女儿丽琳即将出版的诗集《褶梦》写了序言。

第十九章

关于女人和男人

一、《关于女人和男人》出版

《关于女人》《关于男人》姊妹集

《关于男人》，1988年人民文学出版社出版。

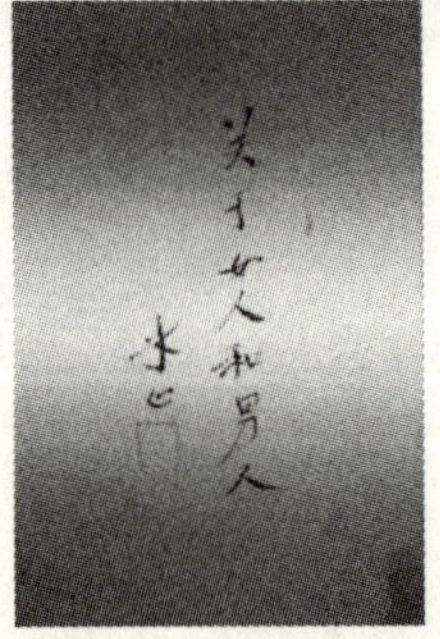

《关于女人和男人》，1992年人民文学出版社出版。

1984年11月5日，冰心开始撰写一组“关于男人”的散文，先写的《我的祖父》和《我的父亲》，在《中国作家》杂志（1985年第1期）发表，接着她又写了《我的舅舅》《我的表兄们》《我的三个弟弟》《追忆吴雷川校长》《一位最可爱可佩的作家》等。最后，这组文章以《关于男人》冠名结集出版，成了《关于女人》姊妹集。

1992年，人民文学出版社又把《关于男人》和《关于女人》合编成一本书《关于女人和男人》，冰心为这本书写了序：

> 这两本书记载了几十年来我的人际关系中的悲欢离合，死生流转，我一般不愿意再去翻看，因为每次开卷都有我所敬爱眷恋的每一

个人的声音笑貌，栩栩地涌现在我的眼前，使得我心魂悸动！

这次我让我的二女婿陈恕来做这个工作，并让他在我的或别的作家文集中，找出我写的一些人物，都放在集子里面，我只写了这本书名《关于女人和男人》。

冰心

1992年3月25日晨急就

祝贺作协四大召开

1984年12月29日，中国作家协会第四次代表大会在北京召开。胡耀邦、万里等领导人出席了开幕式，胡启立代表中共中央书记处向大会致祝词，张光年代表中国作家协会作了《新时期社会主义文学在阔步前进》的报告。会上宣读了冰心的贺词《预祝大会圆满成功》：

我因为行动不便，不能参加这次盛大的作家代表大会，这不但失去了和许多老友重逢的机会，而且见不到许许多多年轻的文坛新星……作为一个妇女，我特别兴奋的是：文学新人中，女作家人才辈出。真如光年同志所说的“文坛女秀，群星灿烂，群凤朝阳”。我每次打开书刊，首先阅读的就是女作家们从她们“敏锐的头脑、细致的笔触”写出的种种文学形式的作品——特别是报告文学。我相信女作家大量涌现的潮流，还是正在开始，还在奔腾澎湃地开始……

各地作家代表的来访

福建的作家们在开会期间，和冰心约好，来家里拜访。福建作家代表团团长许怀中，“左联”老作家马宁，散文家郭风、何为等向冰心贺新年，并带来漳州的水仙花球送给冰心。

女诗人舒婷说："您这样高龄，思维和观察事物还那样敏锐，文笔仍那样清新，我们之间相差50多岁，可没有代沟之感。"冰心又对《福建文学》的主编苗凤浦说："你们约我为家乡的文学刊物写稿，今天与舒婷的会见就是一个好题目嘛！"

许怀中原来在厦门大学任教，后调任福建省文化厅厅长，他向冰心介绍了上任一年多来福建的文学情况。冰心说："你是文人从政，内行当家，一定能为福建文艺事业开拓繁荣的新局面。"

福建的作家团刚走，从上海来北京参加作协代表大会的诗人宫玺和几个朋友就进门了。冰心从书房走出来，请他们在沙发上坐下，亲自揭开一个圆形的脱胎漆盒的盖子，请他们吃里面装的各色各样的糖果。宫玺告诉冰心，会开得很好，很受鼓舞。

他们正说得高兴时，戏剧家赵清阁来了。老朋友相见，不亦乐乎。冰心请她喝口热茶，说："你总给我寄茶叶来……"赵清阁说："我就怕寄来后，新茶变旧茶，就不好喝了。"

因为出租车司机在下面等，赵清阁就匆忙告别了。

赵清阁走后，冰心又问宫玺，上海来了多少代表。宫玺说，来了59名，其中有几位是特邀代表。冰心说："啊，你们上海真不少。茹志鹃要带她的女儿来，她我早就熟悉的。她的女儿王安忆，我还没有见过呢！"宫玺说："今天，度过了一个愉快的元旦。1985年的新年是最难忘的！"

那几天，文艺界的老朋友来看冰心的人络绎不绝，一段时间就有好几批客人。冰心有些疲倦，但还是很高兴。

鼓励教师终身从事教育事业

1985年，第六届全国人大常务委员会第九次会议通过了国务院关于设立教师节的议案，确定每年9月10日为教师节，国家各级政府每年要开展表彰教师功绩的活动，提高教师的社会责任感和社会对教师神圣事业的认识，帮助教师解决实际困难，以鼓励教师终身从事教育事业。冰心得知这个喜讯，欣然提笔为《语文报》写了题词：

教师们是最值得尊敬的人，他们为着祖国和人类的未来，为了把你们造就成为祖国的四个现代化的合格接班人，而呕尽了心血！我希望你们不负他们的培育。

冰心还为教师节写了《希望一年三百六十五天都尊师》，文章结束的一段说：

教师节到了，这是我们新中国的第一个教师节，我很高兴，人民终于觉悟了，知道了尊重教师的必要。我希望全国人民都来尊师，不仅仅是学生尊师，希望不要仅仅在教师节这一天才尊师，要一年三百六十五天都尊师，把今年的教师节作为天天尊师、人人尊师的开始。

第六届人民代表大会第四次会议，通过了《中华人民共和国义务教育法》。冰心对中新社专稿部前来采访的记者耿军说：

这部法规是我们这一辈知识分子盼望已久的。中国有句古话："民以邦为本，本固邦宁"，"邦"就是国家。民之国固，与基础教育有很大关系。老百姓在解决温饱问题之后，还是必须学文化，有了文化，物质文明又能大幅度提高，这是相辅相成的……提起日本，我感慨就很多……日本科技之所以发达，就在于非常注意基础教育。

1985年2月18日，冰心开始写《伏枥杂记》，在《北京晚报》上连载，相继发表了《春节忆春联》《从春联想到联句》《从联句想到集句》和《漫谈集句》等。冰心文思仍十分敏捷，作品接续不断发表。

吴文藻在北京医院

1985年6月，已近期末，吴文藻仍拖着十分虚弱的身体，集中全部精力仔细审阅完几份民族学专业研究生毕业论文，写出意见并参加了答辩会。1985年7月，中央民族学院开始放暑假，吴文藻却顾不上休息。

他在7月18日的日记中写道：“校中已放暑假，我将继续用功。”

7月19日，他写道：“上午看Parsons的两本小书，均论全社会，重新翻阅，特别注意西欧工业发达国家与苏联、非西方社会对照来看。看新到US News杂志，看参（考消）息国外对我经改看法。”这几天，他还在看他的三个研究生的论文。

7月22日：“（周）（一）阴，清晨（宗）黎去承德度假。傍晚阵雨，稍凉下。重阅lenski's末一章，因天暗黑，看电视映演秋瑾片。回信中国民俗学会；看新到编译参考。”

1985年，吴文藻逝世。这是在北京医院，大家向吴文藻遗体告别。

遗嘱

一、尸体火化后，骨灰撒在附近通海河流。如不便，不必拘泥。

二、外地亲戚闻讯后，请勿来京，就地志哀即可。

三、不必为我举行追悼会、遗体告别仪式。

四、遗下衣物、存款，如我比娘先走，由娘全权处理。银行存款可酌情将一部分分给儿女（包括外孙儿辈），或由儿女商定是否将全数捐公为好。

五、遗书除由儿女选取可用者外，一律仍捐给民族学院图书馆。有关专业书籍让费孝通优先选取，余均以便于同业人员利用存放适当单位保管。（过去我捐民族学院图书馆的书籍、打印外文参考资料等因未整编目，利用率甚低。）

六、关于遗稿、积累资料、摘记卡片等未及整理供参考用者，可酌删，其余作废纸抛弃。（过去费过心血的两宗成书稿件：西洋社会思想史和中国家族制度，均在文革期间散失。）

吴文藻手书的遗嘱。

吴文藻夏港故居全貌，现已修缮完毕。

7月23日："（二）阴转晴，管大夫来给莹打针。10:00许，续看lenski's 书末一章，午后看完。晚8:30后小咪（缪竞智）来住一夜，替我验血压正常，头晕系酷暑而起。"

7月24日："（三）阴，胸闷，因天气引起，重阅《细小是美丽的》（Small is Beautiful）书中技术节……燕京校友来访，莹询凌叔华事。小咪（缪竞智）晚来。黎清晨回家。因疲乏多休息。"

7月25日："（四）阴，晴，翻阅资料，特别查现代化。"

7月26日："（五）晴，一早起来，8:30车到北京医院检查。右脑袋，右手臂摔地一跤。想取手杖，没拿到，遂坠地。神经科留住几天，住3楼306老房间。"

吴文藻摔倒后，立即从民院叫车被送进北京医院。经神经科医生检查，决定留院观察。

7月27日："晚起住院第一天，适遇周末，休息半天，昏迷滑睡。陈钢陪住。午后姥姥（冰心）由大姐（陈玙）陪同来相见。5:00去。"

从住院开始，吴文藻一直接受各种检查，如CT、心电图等，以及一些治疗。

7月31日："（三）晴 上午理发，打针（西地黄） 中医来看后打，午后去看牙科试用药剂，黎带冰及老马……来做心电图。"

8月1日："（四）晴 ……午睡未成，不到2时即去一层做CT〔过去做（过）一次〕。下楼前背部忽觉刺痛，先后重约一分钟，即不感刺痛厉害……"

8月2日："（五）抽血、假牙……"

吴文藻经过治疗，病情保持稳定，但到了8月3日，病情突然逆转，开始昏迷。

1985年8月5日，我从爱尔兰回国，吴青到机场接我，告诉我爹爹的情况。

第二天，冰心、吴青和我就去北京医院。我见爹爹安详地躺在病床上，过去握住他的手，和他说："我已从爱尔兰回来，如果你能听见我讲话，你就捏一下我的手。"这时，他轻轻地捏了一下我的手，说明他还是有一些反应的，但是无力睁开眼睛，也无力说话了。

吴文藻因为脑血栓，昏迷过去，从此再没有苏醒过来。儿子吴平，女儿吴冰、吴青三家轮流去医院照顾，后来还请来一名助工帮助。吴文藻后又因肺部感染，使病情更加复杂。

9月24日清晨，吴平在医院值班，他照例帮父亲用热毛巾擦身、翻身，但发现父亲出气有点粗，后来有一口痰咳不出来，呼吸也就停止了。赶紧请来大夫，大夫表示也没有办法了。吴平立刻通知家里，父亲已于6点20分辞世。

我们把吴文藻去世的消息告诉中央民族学院的领导，民院领导赶到家里来慰问冰心，说："吴先生去世，我们很痛心，现已报告杨静仁副总理……请冰心同志节哀。"同来的严玉明处长留下来，和冰心商量安排吴先生后事的问题。冰心说："文藻留有遗嘱，不要开追悼会，不要遗体告别，也不要什么仪式，民院就派几个代表就行了。文藻的几个学生费孝通、林耀华和几个孩子去告别就行了。我自己也不去，中央民委、中调部、统战部、中央民族学院的领导也不要参加了。"

冰心的二弟谢为杰和弟媳李文玲来到家里，谢为杰紧紧握住姐姐的手，尚未开口，就泪流满面。冰心没有谈文藻的事，就问李文玲："你的手怎么啦？"李文玲答："昨天下午摔了一跤，骨折了。"

冰心看到二弟哭得很伤心，反而劝慰他："不要太伤心了，你最近眼睛又不好。"冰心坚持不让他们到医院告别。

民院严玉明同志和北京医院取得联系，遗体告别就定于9月27日在北京医院的告别室举行。费孝通、林耀华、瞿同祖、宋蜀华和我们子女、表姐、表弟及下一代都参加了告别式。我们订了一个精致的花篮，冰心亲自在白色的丝绸上写下挽词：

献给文藻

婉莹并第二三代的孩子们泣上

中央民族学院给吴文藻的生前好友发了讣告，《人民日报》刊登了吴文藻教授逝世的消息，吊唁的函电纷纷地寄到家里。陈岱孙、臧克家、胡乔木、周培源、千家驹、柯灵、白桦、凌叔华、顾毓秀等先后来信，唁电更是不计其数，其中有一封来信盛赞老人："终身从事教育及著述，对中国社会学之发展与贡献，厥功甚伟。著作等身，桃李满天下。" 不少吊唁信函都对吴文藻的逝世表示无限的惋惜，认为"他的逝世是我国学术界的重大损失"。

根据吴文藻的遗愿，冰心把吴文藻一生节俭积攒下来的三万元存款捐给中央民族学院，作为人类学、社会学研究生的奖学金，并把他珍藏多年的图书资料捐献给中央民族学院。

中央民族学院于1985设立了吴文藻文化人类学奖学基金，1986年开始颁奖，首届获奖者五人，其中一等奖两人：庄孔韶、祁庆富，二等奖两人：王庆仁、张海洋，三等奖一人：刘宝明。从1986年至今已有百余人获得了此项奖金。

1996年11月19日，我国民族学、社会学、人类学先驱吴文藻先生诞辰95周年纪念会在中央民族大学举行。

吴先生的学生、全国人大常务委员会副委员长费孝通出席了纪念会，并作了发言。

费老深情地回忆，1931年他到燕京大学社会学系就读时，吴文藻就是他的老师。他们师生之间感情深厚，学生们常到吴先生家里做客。吴先生追求真理、严谨治学、深入实际的精神对他影响很深。今天看到吴先生的亲属和弟子济济一堂，他就像回到家里一样！

吴文藻的女儿吴青教授宣读了冰心的致辞。费孝通、雷洁琼出席了纪念会并讲话。吴文藻家乡——江苏省江阴市夏港镇的代表也在会上发了言。全国人大民委、国家民委等有关人员和吴文藻的亲朋好友以及几代学生共500多人参加了会议。（《光明日报·家庭周刊》1996年11月22日）

为了纪念我国现代社会学的奠基人吴文藻教授，江阴市文化局准备修缮夏港镇吴文藻的故居。

2002年夏，吴青和我应邀参加江阴徐霞客纪念馆开馆仪式，活动结束后，我们来到夏港的吴文藻故居。故居老房年久失修，已经十分破旧，但三间平房还完整地保存下来，实属不易。

故居周围的小村古朴风貌依稀尚存，街道两旁的老式住房和院落给人一种凝重的历史感。沿着那窄窄的石板路东行不远，就看见了一座伟岸高耸的，具有民族风格的中国式石拱桥，那就是已有四百多年历史的万安桥。这座又大又漂亮的三道石拱凌空横跨在直通长江、湍急清澈的夏港河上。那桥上每一块巨石上都刻着字，雕着花。桥头有古石牌坊，不远的地方还有解放战争渡江战役纪念碑。吴文藻故居已于2007年修缮完毕，这将成为夏港古镇又一座人文景观！

二、老朋友重逢

与邓颖超月季花园重逢

陈于化和夫人杨伯荔早在60年代就是我们和平楼的近邻。70年代初，出于对月季花的热爱，他们在楼下的院子里种了不少月季花，在月季花盛开的季节，花儿争奇斗艳，美不胜收。冰心知道他们喜欢玫瑰花，就介绍他们去找蒋恩钿（1908—1975）女士了解如何种花。在《月季花》的序言中，冰心先生写道："三十年代初期，我在清华大学兼课时，蒋恩钿同志曾经听过我的课，我们交上了朋友。"

陈于化和杨伯荔立即给蒋女士写信（大约在1975年5月），蒋女士接信后给他们回信，并给他们寄去种月季花的英文书籍，但不幸的是蒋女士在同年6月23日因手术失败辞世。为了完成母亲生前未了的玫瑰花事业，从事钢铁研究的陈棣先生继续和陈于化、杨伯荔保持联系和合作。

蒋恩钿女士毕业于1933年清华大学西洋文学系，与钱钟书、曹禺同班，和杨绛是苏州振华女中的校友。她从1951年开始从事中国月季花的种植工作，和把当时仅仅少数人能接触到的近代杂交茶香月季品种推向了社会。她广泛研读了中国和西方的历史性资料，明确提出四个中国原生月季品种在200年前到了欧洲，才培育出今天全球风行的近代月季。这样严谨充实考据出的结论，打破了近代月季（玫瑰）仅仅是西方花卉的错误概念，使得在50年代的政治气氛中，月季花园依然能得到了有力的推动和发展。蒋恩钿的工作得到世界月季花联合会的高度评价，为了纪念她，决定将法国梅昂（Meilland）家族的新获奖品种以她的名字命名为“恩钿女士”月季。2009年4月28日，江苏太仓举行恩钿月季公园的开幕仪式。

我们搬到教授楼后，陈于化夫妇也随杨百荔的父亲杨承志教授搬进教授楼，我们仍然是近邻，但搬家后，他们失去了栽种月季花的花坛。好在他们在北京工业学院开创了月季花的事业——北方月季花公司。

1957年反右开始时，陈于化被打成右派，当时他还是北京工业学院四年级学生，后来留校，下放工厂劳动，平反后，恢复教学工作。1983年年初，他开始萌发了开发月季花的想法，他找到了高他一年级的同学沈龙朱——沈从文的长子，沈龙朱反右时也同遭厄运，平反后仍留在学校电子厂工作。他们再加上马衡杰师傅就开始了月季花公司的创业之路。

1986年5月，月季花公司的花园满园春色，怒放的月季花一望无际。陈于化就特邀冰心和邓颖超大姐来花园赏花。

5月18日一早，北方月季花公司派车来接冰心，吴青、谢宗慈、陈玙、陈钢和陈恕陪同前往理工学院的月季园，月季花公司的工作人员都来迎接。

邓颖超大姐在她的秘书赵炜的陪同下从月季园的另一侧迎过来。

冰心见到邓大姐就说：“我真想你！”

邓颖超拉着冰心的手：“我也想你，又惦记你。”说着转身从赵炜手中拿过一束淡黄色月季“和平”：“这是我在院子里栽种的月季，特地带一束给你，祝贺你86岁生日，愿你像花一样永远年轻。”

冰心激动地接过花束，连声说：“谢谢，谢谢！我生日还早呢！”

“那就预祝吧。”邓大姐说。

冰心说：“你那么忙，还想着我。”

邓大姐说：“我很敬佩你，你为儿童、为人民写了那么多好作品。”

冰心和邓颖超一起走进鲜花丛中，并且合影留念。

1987年5月，邓颖超再次来到北方月季花公司赏花，冰心由于赶写一篇文章，不能前往。邓大姐到了月季园，发现冰心没有来，便询问冰心情况。陈于化说：“可以马上派车接冰心来。”邓颖超立即制止：“冰心的腿不好，下楼不方便，还是我去看她。”

邓颖超让赵炜给冰心打电话，问此时是否可以前往探望。

冰心接到电话，十分惊喜。邓大姐很快就来到冰心寓所，冰心扶着助步器在房门口迎候，一见面就问：“我最近写给你的信收到了吗？”

“收到了，大前天我让赵炜给你送花来，我忙得连条子也没

冰心和邓颖超在月季园中的合影。

冰心和叶圣陶在海棠花下的合影。

1987年，冰心来到叶圣陶叶老的家里，两位老人亲切交谈。

来得及写，很抱歉。我还看过你写的谈如何赏花的文章，最近又看到《人民日报》上《冰心不老》的文章，还看到你的照片。我说，冰心的确不老，冰心是个乐观者。”

冰心把女婿陈恕、外孙陈钢介绍给邓颖超。邓颖超关心地问：“吴青还在外语学院吗？”

“我们两人都还在外语学院。”陈恕回答说。

邓颖超转对冰心说：“你对他们来说是一个很好的、经常的、鼓舞他们的力量。”

“那我可不敢当。”

“我不是抬高你，也用不着抬高你，你已经很高了，有多少年的成就。”

临分别时，邓颖超和冰心、大姐陈玙、陈钢和陈恕一起合影留念。

与叶圣陶相聚海棠花下

叶老和冰心都是中国民主促进会的副主席。民进中央开会时，民进不少领导人如雷洁琼、赵朴初、杨东莼、林汉达、徐伯昕、许广平、葛志成等经常有机会见面，切磋民进各方面的问题，相处得十分融洽。

叶老曾多次邀冰心去他家看看，但总是因为各自都忙，叶老身体也不好，冰心一直没有去成。1987年4月终于在民进中央张志正同志的安排下，两位老人在叶老家十分高兴地见面了。

1987年4月22日，冰心在吴青、陈恕、外孙陈钢以及张志正的陪同下来到叶老家。叶老的长子叶至善和他的孙媳妇已经在大门口迎候。冰心扶着助步器走进宽敞整洁的四合院的外院，又进入内院。93岁的叶老满面笑容地从雪白的海棠花树下的长凳上站起。两位老人紧紧握手，互致问候。叶老连声说：“欢迎，欢迎！大驾光临，贵客，贵客。”

冰心指着叶老又长又白的寿眉说："叶老的精神很好，老寿星啊！"

冰心又对叶至善说："第一次到这里来，这院子真美，花也很美。"

叶老和冰心在海棠花下合了影，两位老人在叶至善的陪同下来到客厅，叶老刚刚坐下，就用左手轻轻拍拍沙发的左扶手说："按老规矩，左为上，客人要坐在我这里，我该坐到右边去。"他用手指指自己的右耳，笑着说："不恭了，不恭了，我的右耳还好一些。"

冰心连连摆手，笑说："哪里，哪里，见到叶老，我很高兴，难得啊！"

冰心向叶老献上一只小月季花篮。叶老嘱至善取出一个镜框给冰心看，冰心看着镜框里叶老的肖像称赞说："画得好像啊！"

"这不是画的，是绣的，我的老家苏州的一位老太太绣的，也70多岁了。"叶老说。

叶老的孙媳妇从庭院里剪了三朵鲜红的郁金香，插在一个绛紫色的小瓷瓶里，双手捧到冰心的面前："爷爷让我把花送给冰心奶奶。"

冰心高兴地接过花瓶，说："三朵郁金花，真美，真好。三朵好，我有三个孩子嘛。还有，按我们福建人的规矩，送礼送三不送四，也不知是什么道理。"

冰心参观了叶老的书房兼卧室，见了至善的夫人。指点着挂在墙上的叶老的母亲和夫人的照片。冰心指着叶圣陶夫人青年时代的一张照片说："很好看的样子。"

"那是妈妈结婚第七天照的。"叶至善笑呵呵地说。

冰心对至善说："那时还没有你呢！"引得满屋笑声。

冰心握住叶老的手，说："叶老多保重，健康长寿！"

就在我写以上这段回忆的时候，叶至善同志于2006年3月4日逝世的消息传来，令我们备感沉痛。

叶至善，1918年4月出生于江苏省苏州市，1944年起，在四川省广汉县立中学、蜀华中学任教。1945年进开明书店，帮助父亲叶圣陶编辑《开明少年》月刊和《开明少年丛书》。1952年编辑《中学生》月刊。1953年开明书店与青年出版社合并成立中国青年出版社，任编辑部主任。1956年中国少年儿童出版社成立，任首任社长兼总编辑。他花了十多年的时间编辑和修订了《叶圣陶文集》（二十五卷本），为后人研究叶圣陶留下了翔实可靠的资料。特别是晚年，他用尽心力写就《父亲长长的一生》，倾注了他对父亲的无限深情。

三、畅谈文学创作

作家刘心武的《公共汽车咏叹调》

1985年12月，冰心在《北京日报》上读到刘心武的《公共汽车咏叹调》，接着又读了原载《人民文学》的这篇作品，立刻给刘心武写了一封信：

“读了你的《公共汽车咏叹调》，我十分感动。你是一个大写的‘北京人’！作为一个老北京的老百姓，我更感谢你……我有好几年没出门了，唯一的度日方法就是看书看报，但是从我眼下掠过的文艺刊物中，很少找到像你那样一个心眼倾注关心‘人民’的作品……”

1986年1月13日，冰心以《一个大写的“北京人”》为题写了一篇评论文章。

几天后，刘心武来探望冰心，应刘心武的要求，冰心把这篇还未发表的文章的复写稿给刘心武看：“刘心武就是一个不大讲理论，也不写宣言，而只是关心他周围的当地当时的人民所关心的事的作家。他欢畅自由地在人海中游泳。他接触到成千上万的公共汽车司售人员……”（《冰心全集》，第八卷，第3页）

刘心武边看边说：“评价太高了，实在不敢当！我在《文学评论》去年第四期上，发表过一篇所谓的理论文章……”

冰心含笑着说：“我是个没有学问的人，不会讲理论，也不爱看理论文章。我只爱看能写出来好故事的作品，而这故事确实是来源于当时当地的千千万万人民的生活的。”

刘心武告诉冰心他今年的写作计划。

和青少年谈写作

1987年，人民文学出版社当代文学第二编辑室约请了40多位知名作家、艺术家给当代青少年写一封信或一篇文章，谈理想、追求、道德、情操、读书、写作、友谊爱情等各种人生问题。冰心以“世纪同龄人”的身份和青少年谈“我长大了也想做一个作家”的问题：

> 据我自己的知识和经验，一个人不能因为要成为一个作家才勉强写作的。他或她必须对生活中所接触的事物，有满腔按捺不住的意见和情感，非发泄不可的时候，才拿起笔来，用自己熟悉的语文，说出自己的真情实感，直到写出的文字能够得到读者普遍的同情和共鸣后，人们才会承认你是一个作家。
>
> 我记得巴金爷爷曾说过：“好的作品把我们的思想引到高的境界；艺术的魅力使我精神振奋……一直到死，人都需要光和热。”

入世才人粲若花

冰心对女作家特别青睐。1987年，冰心应《人民日报·海外版》编辑的约请，以古诗句《入世才人粲若花》为题写了一篇关于女作家的文章。

冰心回忆起前辈女作家袁昌英、陈衡哲，与她同时的黄卢隐、苏雪林、冯沅君，再往后的凌叔华、丁玲、杨刚、韩素音等。冰心特别提到林徽因，说她是所见到的女作家中最俏美灵秀的一个，她的诗文真是文如其人。

冰心还回忆起从日本回国后与杨沫、草明、茹志鹃的交往。

冰心很喜欢张洁的《沉重的翅膀》，也曾为她初期作品写过序。冰心认为谌容是女作家中最有幽默感的。她认为宗璞的散文有水仙那样的清香。

冰心说，杨绛是个多才多艺的人，她不但有著作，而且有译作。冰心特别欣赏的《干校六记》。多才多艺的人还有黄宗英。她演巴金《家》中的梅表姐，还写了《小丫扛大旗》等极有风趣的文章。

冰心还称赞了许许多多海内外女作家，她认为，中国女作家的“才”，并不在男作家之下。

（《冰心全集》，第七卷，第139页）

为“宋庆龄儿童文学奖”捐款

宋庆龄基金会副主席吴全衡专程来向冰心赠送《宋庆龄》画册，并告诉冰心宋庆龄基金会于六一国际儿童节，宣布设立了“宋庆龄儿童文学奖”，目的是引起社会各界对少年儿童文化生

冰心为宋庆龄基金会捐款。

活的重视、关心、支持，并促进儿童文学创作的繁荣。冰心听了非常高兴。冰心说：“这是一项很有意义的事情，现在好的儿童文学作品不多，确应鼓励那些能为孩子们写出好作品的作者。”

冰心随后说，将于6月20日向宋庆龄基金会捐款一万元，用以支持“宋庆龄文学奖”的工作，为繁荣儿童文学创作尽力。

6月20日，冰心将一万元捐款交给宋庆龄基金会基金部副主任方祖浩，并说：“我非常赞成这个奖，现在有茅盾奖、鲁迅奖，就是没有儿童奖，这是个创举，对儿童文学创作将是个很大的促进力量。”

1986年7月3日，《中国盲童文学杂志》的主编徐伯伦告诉冰心，他们将要在北京举办第一届全国夏令营，各地推选的代表要到北京来，这个消息使冰心感到很高兴。第二天，冰心就写了《给盲童小朋友的一封信》。盲童的家长和老师把这封信念给盲童小朋友们听，给了孩子们极大的鼓励和安慰。

四、晚年的创作

冰心晚年的小说创作与她早年的“问题小说”遥相呼应，在更高的视点上，从家庭问题中开掘出引人深思的问题。《空巢》《桥》《远来的和尚》等作品涉及海外华人移民的家庭问题；《万般皆上品……》《落价》《干涉》等作品触及国内知识分子家庭的生活难题，是针对知识贬值和知识分子贫困化问题而发的诤言。这些作品寓意深刻发人深省。

作者手迹

1980年1月，冰心创作的短篇小说《空巢》手稿。

《空巢》

《空巢》发表于《北方文学》1980年3月“女作家专号”。小说描述了原是大学同学和留美博士的老梁和老陈（我）在新中国成立前夕分开后的心路历程。

老梁带着妻子迁居美国，夫妇都找到工作，攒钱买房子，供儿子上大学。到了儿子成家独立出去后，夫人美博去世了，老梁也退休了，一人待在家里，打发着“却入空巢里，啁啾终业悲”的孤独岁月。

老陈一家留在北京，虽遭历次运动的折磨，但从没有失去生活的信念。落实政策后，老陈到了退休年龄，反倒忙了起来，带研究生等。一家三代挤在一起，虽然清苦，却生活得和乐而充实。

两个家庭形成了鲜明的对比。（《冰心全集》，第七卷，第132页）

《万般皆上品……》

1987年7月的一个清晨，冰心写下了一篇轰动京城的小小说《万般皆上品……——一个副教授的独白》。冰心把这篇文章给了《北京日报》，编辑李辉看到后，十分喜欢，准备作为“一分钟小说”编入第三版。可是，当时报社领导刚刚收到有关上级文件，要求不要多登知识分子问题的文章。晚报负责人准备抽掉这篇小说，在编辑坚持下，删去了有关物价上涨等内容，终于在1987年7月25日《北京晚报》上刊登出来。

《北京晚报》编辑部收到了不少读者来信。中国人民大学哲学系副教授齐长路在7月26日的信中写道：“冰心老人，您可敬可佩，敢于在晚年为我们的国家、民族说几句逆耳之言！很希望能在这方面看到您更多的有益工作！如果这真的能打动一些人的心，那岂不甚好！谢谢！不是代表知识界，而是为我们的国家和民族！”（《冰心全集》，第八卷，第212页）

《我请求》

不久，冰心收到《人民文学》1987年第9期，第一篇文章《神圣忧思录——中小学教育危机纪实》深深地吸引着她，她按捺不住激动的心情，立刻写下了《我请求》一文，《人民日报》发表后，也同样引起了强烈的反响。不少的读者来信表示赞同冰心的看法，称赞她为民请命，勇于干预生活。人们称她为知识分子的良知，中华民族的希望。（《冰心全集》，第八卷，第235页）

《落价》《远来的和尚》

这一段时间，冰心连续写了好几篇有关文教事业和改变知识分子现状的文章：《落价》《远来的和尚》（《冰心全集》，第八卷，第337页）等。

短篇小说《落价》通过小保姆的变阔和原主人的清贫的鲜明对比，道出了社会上流行的调侃："……现在人人都在说，一切东西都在天天涨价，只有两样东西落价，一样是'破烂'，一样是知识……"揭示了社会上一些不合理的现象。（《冰心全集》，第八卷，第301页）

《远来的和尚》讲述了社会对归国知识分子和留居海外的知识分子所给予的不同待遇。一些爱国的知识分子，很早就放弃了国外的职位，丰厚的薪俸，优裕、舒适的生活条件，回到国内，全心全意为祖国建设服务。林兰英，一个很有成就的专家，回国后，就跟普通人一样，没有得到什么照顾。吴兴华刚回国不久，就被打成右派，想做的事都无法做了。而另外一些人，他们隔一段时间回来一次，回来就受到接待、宴请，还受到中央领导人接见，到了外国，又成了抬高身价的资本……特别是有的人加入了外国国籍，成了外籍华人，似乎比国内知识分子又高了一等。小说对那些装腔作势、沽名钓誉的人，作了辛辣的嘲讽。（《冰心全集》，第八卷，第294页）

短篇小说《干涉》

《干涉》发表于《人民文学》1988年9月号，以老人再婚问题揭示子女的隐秘心理。杨谦教授在夫人病逝十年后，认识了远在上海、早已丧夫的柳青教授，两人志同道合，情投意合，欲确立恋爱关系。与父亲同住的大女儿晓岚发觉这件事，她潜意识中的私心就暴露出来："假如爸爸真的和柳教授结了婚，我们就必须把这房子让出来……我必须干涉爸爸的这段婚姻！"杨教授只好对柳教授叹气说："恐怕我们只能像铁路上的两条铁轨，尽管一路并肩同行，可是永远也不会在一起。"杨教授不愿意伤害父女的感情，才努力克制了自己的爱情。但晓岚竟然不惜牺牲老人晚年的幸福，以维护自己的既得利益。

冰心提出老人再婚引发的新老冲突，希望引起社会的关注，也希望像晓岚这样一代年轻人能引以为戒。（《冰心全集》，第八卷，第311页）

"冰心文学创作生涯七十年展览"

1988年7月由中国现代文学馆和北京图书馆联合举办的"冰心文学创作生涯七十年展览"在北京图书馆主楼北侧的展厅开幕。在著名书法家赵朴初题写的"冰心文学创作生涯七十年展览"的横匾下，摆满色彩缤纷的花篮。中国文艺界联合会、中国作家协会、中华文学基金会以及中国民族促进会中央委员会等单位都赠送了花篮，两旁垂挂着大红的缎带："风雨七十载，巨笔已如椽"，"敬贺冰心老从事文学创作七十年"等。

展室入口，竖立着北京出版社王晖同志创作的冰心巨幅全身油画像，周围的墙上悬挂着冰心各个历史时期的珍贵照片，明亮的玻璃框里，陈列着字画、手稿、奖状、奖章，以及各种版本的作品。

国家领导人，中央各有关部门的负责人，著名的作家、诗人、画家、学者、演员、社会活动家以及冰心的学生、晚辈、读者，纷纷前来祝贺。中国作家协会主席巴金打来长途电话，向冰心祝贺，还托人送来盆花，红绸带上写着“献给冰心姐”。

在签名簿上，年逾花甲的作家黄宗江特意在名字前写上了“小读者之一”。同样称自己为“小读者”的还有唐达成、臧克家。

北京图书馆馆长任继愈主持了开幕式。

中国作家协会党组书记唐达成在致辞时说：“冰心七十年漫长的创作生涯，比我们在座的许多同志的年龄还要长。回想我们从事文学工作时，谁没有读过她的作品，谁没有受过她的教诲和熏陶，谁没有为她博大宽厚的心胸和冰清玉洁的情操所吸引呢？甚至在她80岁时，她还以小说《空巢》震撼文坛，帮助我们理解人生的真谛。”

著名老作家萧乾在讲话中说：“冰心大姐在我心目中，她

1988年7月，冰心出席“冰心文学创作生涯七十年展览”，右一为艾青。

1990年11月，冰心文学创作七十年学术研讨会在福州召开。

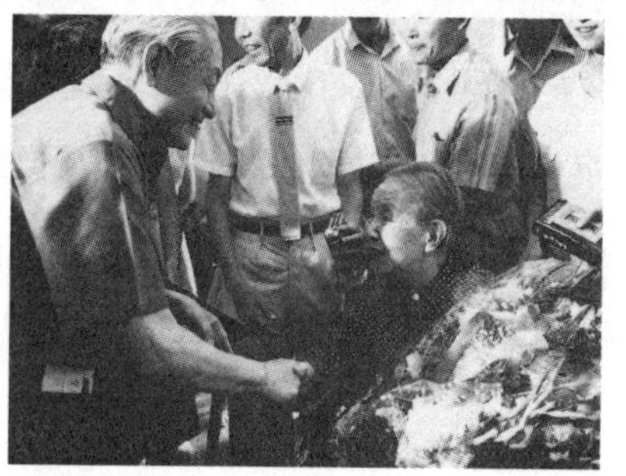

在“冰心文学创作生涯七十年展览”上，冰心和赵朴初亲切握手。

冰心文学创作生涯七十年展览

请柬

赵朴初题写的“冰心文学创作七十年展览”请柬。

完美得够得上一位‘圣者’……80年代的冰心大姐，还有巴金，是知识分子的良知的光辉代表。尽管她年奔九十……她的笔片刻也没有停过。在热情扶持青年创作之余，她仍然在写着其重要性绝不亚于《寄小读者》或《超人》的醒世文章……她的文章照例不长，可篇篇有分量。在为民请命、在干预生活上，她豁得出去……在老年知识分子当中，还有冰心大姐这样敢于讲点不中听的话的作家，这是中华民族的希望。她永远不老，她那枝笔也永远不老，因为她的心紧紧贴着人民群众。”

冰心自从1980年右腿股骨颈骨折后，就很少参加社会活动，这次参加“七十年展览”也算是个例外。她是在开幕式结束时，由现代文学馆的工作人员用车接到北京图书馆展厅楼前，再把她连轮椅一起抬上几十层台阶，才来到大厅的。在轮椅上的冰心首先和在轮椅上的著名诗人艾青相遇，他们紧紧地握手，互致问候。接着冰心亲切地与雷洁琼、赵朴初、张光年、刘白羽、魏巍、杨犁、凤子、宗璞、张洁一一握手。大厅里的人群簇拥在冰心周围，期待着挤上去向她说一句祝福的话，握一握她那纤秀温暖的手，他们都想多看她一眼，久久舍不得离开。

中国现代文学馆副馆长、老舍之子舒乙推着冰心的轮椅，向她介绍展馆陈列图片，冰心十分高兴地在大厅观看了展览。活动结束后，吴青、陈恕陪冰心在图书馆主楼右侧的草坪上稍事休息后，才离开了北京图书馆。

冰心文学创作七十年学术研讨会

1990年11月，福建省文联、中国现代文学馆和中国作家协会福建省分会在福州召开了冰心文学创作七十年学术研讨会。中国作家协会福建省分会主席郭风在开幕词中说：“冰心同志的文学活动，是我国现当代文学史上出现的一种十分美丽的、十分灿烂的文学景象。……冰心的人格力量和她的文学作品所构成的精神财富，可否以一句话加以概括，这便是‘冰心景象’！”

会议收到中国文联党组书记林默涵的贺词，他赞扬冰心“才若闽江水，德比鼓山峰”，中国作家协会党组书记马烽称这次讨论会是一件千载难逢的大喜事。

与会专家、学者们就文学史上出现的冰心文学现象加以研究和讨论。他们认为，冰心文学现象是以它的开创性为最重要的标志，这种开创性首先表现在文体上。诗集《繁星》《春水》开创了新诗的小诗文体；短篇小说集《超人》开创了社会问题小说文体；散文集《寄小读者》开创了诗体散文体。冰心文体的开创性在不同的文学时期，在文学界和读者中都具有深远影响。

大家还认为，冰心在80高龄后，在近十年的时间里，创作了十大类作品，累计在250篇以上。冰心又开始写“问题小说”，揭示社会的弊病，她的创作又进入了一个新高潮。

五、对中国民主促进会的希冀

谈民主监督

1989年11月，中国民主促进会第六次全国代表大会第三次会议在北京召开，冰心在会上被推举为民进中央名誉主席。在会议期间，许多新闻单位都到家里采访，冰心愉快地接受了《人民日报》记者袁建达的采访。袁建达问冰心：

“谢老，您被推举为名誉主席，有什么想法？”

“我老了，做不了什么事情了。但有一个想法，非讲不可。这就是：民主党派要同共产党肝胆相照，荣辱与共。同时，还要敢于民主监督。民主党派不要光是中共一号召，就举手同意，要认真、负责地对中共和政府的某些腐败现象进行批评、监督，真正地发挥民主党派的作用。”

“您对民进的同志有什么希望？”记者又问。

“民进有良好的传统，就是注重教育。民进的成员大多是教育、出版、文化界的知识分子，希望他们为发展中国的教育、文化事业多作贡献。”

新当选的三位副主席楚庄、冯骥才、邓伟志来寓所看望冰心，冰心就民主党派自身建设问题说：

“民主党派用的是纳税人的钱，用的是人民的钱。一定要为纳税人服务，为人民群众说话，不为人民说话，就不成其为民主党派，就没有存在的必要。”

祝贺《民主》创刊

1989年4月，中国民主促进会中央委员会决定创办《民主》月刊，主编毛启邠写信给民进中央名誉主席冰心：

“作为民主党派的杂志，主要是促进社会主义民主政治，推动各项改革……我们刊物取名《民主》是继承解放前民进马老（叙伦）、郑振铎、徐伯昕同志那时办《民主》的传统。”

冰心在《祝贺〈民主〉月刊创刊》中写道：

“……民主拿通俗话来说，就是人民大众都有议论国家大小事务的权力，但是人民必须对于国家的大小事务，都听得见，看得见，才能有正确发表意见的可能。……我认为，对整个国家来说，透明度越高，凝聚力就越大，这样才能万众一心地把国家搞得繁荣昌盛起来！”

10月，《民主》出版了第一、二两期，冰心读后，特别挑出这两期中的文章，进行分析，针对所涉及的问题，撰文表述了自己的看法。

“为政不在多言”

1989年是五四运动70周年，为纪念这场对中国影响深远的思想解放运动，许多报刊都对这次运动的直接参加者冰心进行了采访。

共青团中央主办的《中国青运》的记者前来请冰心谈谈五四运动的意义和应当怎样继承发扬五四精神。冰心说：

“‘五四’时有两个口号，民主和科学。……在科学方面发展较明显，学科学，用科学的人多了；在民主方面也有进步，特别是比‘反右’和‘文革’时期动乱好多了，但总起来说还不能说进步快。民主简单说来就是使人民敢说真话，对国家政策敢于直率评价。可以说民主程度是国家建设的一个重要方面，直接关系着国家民族强盛的问题。”

冰心对年青一代提出了希望：

“我希望国人，特别是年轻人……要有志气。……团员、团干部，在为祖国建设作贡献方面应比别人更多地认识到历史责任。现在社会上许多人‘向钱看’，你们怎么样？我希望你们不要局限于这个环境中，要像‘五四’时的青年那样有爱国、强国的热情。

“我希望我们能真正地尊重科学，更好地实行民主，青年要加强紧迫感，危机感和责任感，为国家出力。”（陈泰生：《五四老人谈五四》，载《中国青运》1989年第2期）

冰心还接受了《文艺报》的记者晓蓉的采访。冰心动情地对记者说：

“‘五四’70周年前夕，敬爱的耀邦同志离我们而去了。我心里非常难过。每每提起，都要落泪。他虽然死了，虽死犹生。因为他永远活在人民心里，活在中国文化人心里，活在我们作家心里。

“我还记得70年前在天安门前的华表。纪念‘五四’时有必要重提它最初是作什么用的。古时，华表叫做‘谤木’，就是立在领导门口，老百姓有什么意见就贴在上面。古人说，‘天听自我民听，天视自我明视’，就是说，民意代表天意。天的声音你怎么听得到呢？你就听人民的声音吧！天正在注目什么呢？你就看看人民的眼光吧！可是后来华表像石狮子一样成了装饰品了！”（晓蓉：《冰心：民主落后于科学的原因值得反思》，载《文艺报》1989年4月29日）

冰心对前来采访的《科技日报》的记者说：

“70年前‘五四’运动，我们就提出科学与民主，为什么现在还不行，就是没有重视教育的力量。没有教育，就没有知识，而没有知识就根本谈不到科学与民主。其实民主也是科学中的一种，不懂科学只能是唯命是从。封建主义在中国始终没有被打倒过，科学观念太薄弱。

“我记得古人说过：‘为政不在多言’。中央教育工作座谈会已开过，说的话就要抓紧落实。……如果不重视‘士’，不重视科学、教育、文化，德先生、赛先生就成了空谈，现代化也会流于纸上谈兵。”

（黎玉华：《一片冰心在玉壶》，载《科技日报》1989年5月5日）

六、情系台湾

遥寄台湾文友

1989年春节前夕，应台湾报刊约稿，冰心撰写了《寄给台湾笔会的文友们》：

“我们海峡两岸的文艺工作者，永远是行进在人生大道上的十二亿同胞们的吹鼓手和拉拉队。

“让我们在海峡两边一同拿起手中的如椽大笔，写出真挚深刻的文艺作品，来提醒引导海峡两岸的十二亿同胞一同伸出爱国热情的双手，愈伸愈长，愈伸愈远，直到把九百六十万平方公里山河连在一片。”

《团结报》的记者顾坚来访，谈到她在访美期间听说，冰心已应邀去台湾访问。冰心说：

“台湾邀我去参观访问，我回了信，告诉他们：待到春暖花开时，如果身体允许，可以在家人陪同下去台湾。”“台湾还有我的不少学生呢！”

范光陵邀冰心访台

台湾中华工商管理学会理事长范光陵邀冰心访台，得到冰心的答复后，于1989年3月向台湾“教育部”提出申请，延宕了近五个月，到了8月14日才获核准。范光陵立即将这一消息告诉冰心，冰心表示很高兴去台湾。同时受到邀请的还有上海工业大学校长“力学之父”钱伟长及其夫人孔祥英。

9月12日，范光陵亲自来到北京，再次邀请冰心和钱伟长夫妇，并协助办理赴台的各项手续。由于手续的拖延，加之后来冰心身体不佳，这次台湾之行未能实现。

1991年9月15日，范光陵再次拜访冰心，冰心书写了：“莫放春秋佳日过，最难风雨归人来。”

台湾作家的来访

就在顾坚来访的当天，台湾的几位儿童作家，由中国儿童文学家王一地陪同，来到冰心寓所。台湾作家带了台湾儿歌集，赠送给冰心。冰心微笑着说：“台湾的孩子真有福气，看这么漂亮的书。台湾孩子喜欢读书吗？大家要为孩子们多想想，多写东西。”

七、九十大寿

李铁映、贺敬之前来贺寿

1989年，冰心迎来了九十大寿。

1989年的金秋，冰心迎来了89岁生日，按照北方人过生日“庆九”的习俗，大家都来庆贺她的九十大寿。

中共中央政治局委员、国务委员、国家教委主任李铁映，在文化部部长贺敬之的陪同下，来到冰心寓所。他代表党中央、国务院向冰心祝寿。冰心披着用金字绘着“福”字和万寿图的大红丝质方巾，来到客厅，李铁映送给她一盆桂花，祝冰心的作品像“桂花一样长久飘香于中国文坛”。

冰心乘这个机会向李铁映讲了教育问题：

“从周总理到邓小平同志都强调‘教育是立国之本’，是国家兴旺发达的基石……一个国家，一个民族如果不尊重知识，不尊重人才，不重视和发展教育，就没有前途；教育的落后必然是愚昧，而愚昧是贫穷的根源。”

李铁映表示非常赞同冰心的观点，并且说：“中央正在抓这个问题，要改变教育落后的局面。”

临行前，李铁映说：“祝您活到一百岁，跨三个世纪。”

巴金、赵朴初、胡絜青、胡乔木、艾青、张光年、萧乾等前来贺寿

在上海的中国作家协会主席巴金，专门请人送来一只由90朵玫瑰和柏树叶组成的大花篮，还附了一封贺信：“九十岁！ 您并不老！您的文章还打动千万读者的心。最近我常常想，您好像一盏明亮的灯，看见灯光，我们就心安了……”

全国人大副委员长、中国民主促进会主席雷洁琼，一进门就以清脆响亮的声音祝福冰心：“祝你健康长寿，多创作，多奉献。”

冰心亲切地作答：“你一来就雷声隆隆！”说得满屋欢笑起来。

全国政协副主席、著名书法家赵朴初集李白诗句，以雄浑遒劲的笔法书写了：“中间小谢又清发，南极老人应寿昌。”

老舍夫人、女画家胡絜青为冰心精心绘制了一幅祝寿图。绿叶映衬着九只鲜红的桃子，并题诗：“瑶池果熟三千岁，海屋寿添九十春。”

著名理论家胡乔木送来亲笔写的贺书：“文坛祖母，冰心老人，九十大寿，一片天真。”

著名诗人艾青抱病前来祝寿，冰心亲切地抚着艾青的膝盖说：“你身体不好，怎么还要来！”她让女儿吴青斟上加饭酒，与艾青共饮一杯。

全国人大常委会副委员长、民盟中央主席费孝通，也抱病来向师母祝寿，送来一束玫瑰花和近作《杂写戊集》。

诗人张光年写来贺诗："冰心心肠热，心花传世多，预约十年后，再献祝寿歌。"

著名作家萧乾给冰心送来一尊寿星，并附了一张条子："这世界真不公平，我走遍了市场，竟买不到一尊女寿星，只好送你一尊寿翁。"

年轻诗人李小雨也送来一尊小寿翁。

生日过后，冰心为《散文世界》的"想到就写"专栏又写了一篇文章，表叙了对九十岁生日的感慨。11月16日，她还写了一篇文章《市场上买不到一尊女寿星》：

> 市场上买不到一尊女寿星，这便是数千年来重男轻女的一个铁证！虽然不但在中国，在全世界上妇女的寿命一般也长过男子。我想这可能是塑像或捏像的工匠是男人，他们不会想起去塑或捏一尊女像……（《冰心全集》，第八卷，第430页）

中国第一尊女寿星

这篇文章发表在广州《随笔》杂志1990年第2期上。江西景德镇市雕塑瓷厂高级陶艺工艺美术师张正海偶然读到这篇作品后，很有感慨。出于对冰心老人的热爱，以及对她男女平等思想的颂扬，张正海设计制作了一尊女寿星瓷雕。

为了让这尊女寿星更加光彩夺目，张正海邀请本厂彩绘名师许堂婆为女寿星描金添彩，具有东方特色的瓷雕女寿星就这样制作完成。该厂美术助理设计师黄笑英闻讯，也特意绘制了一把饰以古梅画面的取名为"冰心玉壶"的小瓷壶，献给冰心。

12月中旬，中国民主建国会景德镇市支部和妇女支部的同志将这两件作品送到民建市委会。民建市委立即订盒包装，邮寄民进中央，并附函恳请民进中央将礼物转赠冰心先生。（余建民：《一文引新作， 千里寄深情》，载《景德镇日报》1991年1月23日）

民进中央收到礼物后，立刻派人送往冰心寓所，冰心对女寿星和玉壶爱不释手，赞不绝口。

冰心在四天后写了一篇文章《我得到了中国第一尊女寿星》（《冰心全集》，第八卷，第530页），仔细地描绘了女寿星的风采。

冰心和吴青观赏“中国第一尊女寿星”。

孙立人将军与夫人。

孙立人从台北发来祝寿贺电

1990年，为庆祝冰心九十周岁华诞，中国民主促进会妇女委员会举办了学习杰出女性冰心的大型座谈会。会后还演出了精彩的文艺节目：歌唱家李光羲、杜声显、陈小琴演唱了《长江之歌》《叫我如何不想她》《我爱我的小花猫》《祝寿歌》；中国最佳金奖主持人陈铎和小演员白雪朗诵了冰心的散文《霞》和诗歌《别踩了这朵花》。

会后，中共中央统战部副部长万绍芬，驱车前往冰心寓所，给冰心送来书和鲜花以及专门定做的大蛋糕。许多朋友、亲戚因恐寿诞正日人多，都提前来祝贺。

10月5日那天，冰心的客厅高朋满座。中共中央统战部副部长宋堃代表丁关根部长送来一只绘有龙凤祥云的瓷瓶。作家邓友梅送来龟形石砚，叶至善、楚庄送来仙鹤画盘。

贺函、贺电、贺卡像雪片似的飞来，堆满了冰心的案头。孙立人将军从台北发来贺电：

谢婉莹夫人：

海内存知己，天涯若比邻，欣逢九十大寿，敬祝福如东海，寿比南山。

弟　孙立人　拜贺

读着孙立人的贺电，冰心不禁感叹："33年，这是多长的时间啊。此中苦衷可想而知。"

孙立人与吴文藻原是清华留美预备学校同班同学，1923年，冰心与他们同船赴美留学，但那时冰心并不认识他。冰心和吴文藻与他的相熟，是在40年代初期。那时冰心和吴文藻在重庆，他在滇缅抗日前线屡立奇功，特别是在英国军队节节败退之后，孙立人"以不满一千的兵力，击败十倍于我的敌人，救出十倍于我的友军"，在世界上振起中国军人的勇敢气魄！孙立人常常要来重庆述职，期间，他就来找清华同学谈心，文藻曾把他带回歌乐山寓所，这时冰心才得见孙将军的风采。在谈到他在滇缅路上的战绩时，真是谈笑风生，神采奕奕！他使他们感到骄傲！

1949年，孙立人出任台湾防卫司令，从此冰心与孙立人音信断绝。

冰心从台湾回来的友人处得知，孙立人到台湾后，第二年升任台湾陆军总司令，1954年调任参军长，因一名部属准备发动兵变的罪名而被贬黜，被软禁33年，直到1988年蒋经国去世后，才获得自由，这时他已是88岁的憔悴老人了。1990年3月，冰心通过台湾的许迪教授捎去一封信和一盒福建茶叶。不几天，就收到孙立人的回信：

婉莹嫂夫人大鉴：

许迪先生来舍，朗读手书，其于立人尤殷殷垂注，闻之至为感篆。回忆同舟东渡，转瞬遂近七十年。昔日少年，俱各衰迈，而文藻兄且已下世。人事无常真不可把玩也！立人两三年来，身体状况大不如前，虽行动尚不需人扶持，而步履迟缓不复轻快；有时脑内空空，思维难以集中，比来除定时赴医院作复健运动外，甚少出门矣。故人天末，何时能一造访，畅话平昔，殆未可必然亦终期所愿之得偿也。言不尽意，诸维　珍卫顺候　著安　弟孙立人拜启

一九九〇，五，十五

在冰心90生日时，又得到他的贺电：寿比南山　弟孙立人拜贺。不料过了一个半月，有一位年轻朋友给我寄来一张香港《明报》的剪报，上面载“因兵变案软禁三十三年，抗日名将孙立人病逝”。记者写的“昨日”是11月21日！

屡次替孙立人和冰心之间传递信息和相片等的台湾许迪教授，前些日子又给冰心来信说：“孙立人将军的丧礼确是倍极哀荣，自动前往吊唁者一万余人，今后在台湾大概不可能再有同样的感人场面了……”（《悼念孙立人将军》，载《中国作家》1991年第3期，《冰心全集》，第八卷，第537页）

第二十章

故乡深情

一、福建乡亲来访

习近平、龚雄拜年

1991年2月12日，中共福州市委书记习近平，福州市副市长龚雄，代表冰心家乡的人民，到冰心寓所，给冰心拜年。

冰心说："感谢家乡亲人的关怀，请你们转达我对家乡人民的问候和祝福。"

习近平说："家乡变化很大，家乡人民都想念您，等到春暖花开的时候，回家乡看一看。"

这时，随行的一位同志取出相机准备拍照。冰心忙问："这相机哪里产的？"

"进口的。"

冰心对坐在身边的习近平说：

"许多人来看我，每次用的照相机，多是外国进口的。听说福建有一家照相机厂，希望好好组织攻关，生产出优质名牌的相机。我真希望，今后大家来看我时，用的是福州制造的名牌相机。"

"我们一定把您的愿望转告照相机厂，请他们很好地组织攻关，尽快实现您老的愿望。"（史作新：《浓浓乡情拳拳心》，载《福州晚报》1991年6月4日）

福建代表来访

1991年3月11日，参加全国青年业余文艺创作者会议的福建代表12人，来寓所拜望了冰心。他们工作在不同行业，多年来都是利用业余时间创作。冰心见到故乡来的人，感到十分亲切，关心地和他们交谈。冰心说：

“我的经验没有你们多，你们写戏，写这写那，很多都是我不曾写过的。但如果要我对文艺新人说几句话，我想说，不要为写作而写作……要有真实情感，只要有真情实感就一定能写好。”

福州鼓山中学校长王德雄代表全校师生给冰心写信，请冰心为鼓山中学题写校名。冰心欣然命笔，为鼓山中学题写了校名。

王德雄校长收到冰心的墨宝后，激动万分，立刻奔走相告，全校师生决心不辜负冰心老人的关怀，把学校办得更好。王校长于1991年5月23日给冰心写了感谢信。

陈光毅拜访

1992年5月，中共福建省委书记陈光毅拜访冰心，告诉冰心，这两年搞改革开放，福州变化很大，并热切地希望冰心能回家乡一趟。

福州市政府决定对西湖进行整治，重新绿化，并清理湖水的淤泥问题。冰心得知这个消息，特为整治西湖写下题词：

“勤劳勇敢的福州人民，已着手整治疏浚我们美丽而受到污染的西湖了，消息传来使我欢喜而兴奋……”

福建会馆

福州市在北京西直门内半壁街建造了一座福建会馆，为庆贺会馆落成，他们请冰心题写贺词：

群贤毕至，少长咸集；乡音无改，言无不尽，聚议桑梓之改革，纵谈八闽之开放，亦一乐也！敬贺福州会馆新馆新楼落成！

1992年12月24日，冰心研究会在福州成立。

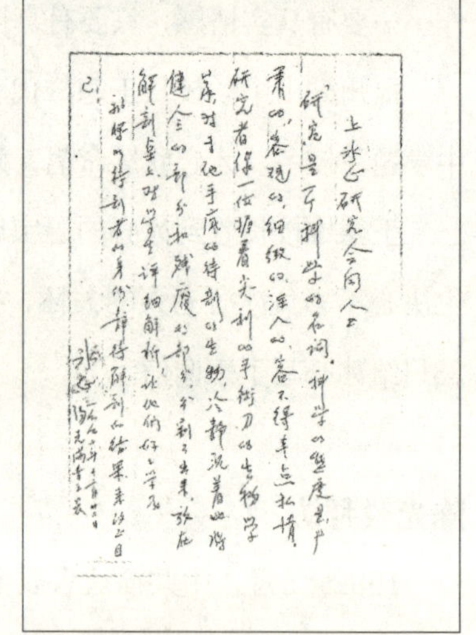
上冰心研究会同人书

研究是科学的名词，科学的态度是严肃的，客观的，细致的，深入的，容不得半点私情。研究者像一位拿着尖利的手术刀的生物学家，对于他手底的待剖的生物，冷静沉着地将健全的部分和残废的部分，分割了出来，放在解剖桌上，对学生详细解析，让他们好好学习，[illegible]

冰心 [illegible]

冰心为研究会而作的《上冰心研究会同人书》。

冰心研究会成立

1992年的一天，福建省文联理论研究室的王炳根同志和福建省文联副主席张贤华谈起他萌生成立冰心研究会的念头，得到了张贤华的支持。后来，王炳根在北京参加一个文学研讨会时，又和《人民文学》副主编周明谈起此事，周明也认为这是一件好事。王炳根又和张锲、舒乙、吴泰昌研究，他们也表示赞成。接着，王炳根与吴青联系，吴青说，妈妈不一定会同意。果然，冰心不太赞成，她说，她是一个平凡的人，她现在还没有死，死后是会有人骂她的。这时，周明便和冰心调侃起来，说，您是一个高尚的人，一个纯洁的人，谁要骂你，谁就是坏蛋！此后张锲、舒乙、吴泰昌等都为创建冰心研究会做过解释。王炳根再去探望冰心，谈到成立研究会时，冰心就没有表示异议，只是建议成立大会可在故乡福州开。她还说，巴金的研讨会也是在四川开的。

1992年12月24日，冰心研究会在福州省画院召开大会，宣告冰心研究会成立。张锲、舒乙、吴泰昌、周明、吴青、陈恕、陈钢、李幸等从北京前来参加成立大会。福建省文联许怀中、张贤华以及福州省委潘心诚等100余人参加了会议。

冰心研究会由巴金任会长，王蒙、许怀中、萧乾、张洁、张锲、余元桂、郭风、张贤华、卓如等15人任副会长，叶飞、叶至善、何少川、阳翰笙、赵朴初、夏衍、胡絜青、韩素音（英国）、海伦·福斯特·斯诺（美国）、雷洁琼、楚图南为顾问。

巴金从上海发来贺电，贺电说：

冰心大姐是五四新文学运动的最后一位元老，她写作了近一个世纪，把自己全部的爱奉献给一代一代的青年，她以她的一生呕心沥血，为中国的文学事业作出了巨大的贡献，她是中国知识界的良知。我敬重她的人品并以她为榜样。

中国作协的贺电说：

冰心是文坛泰斗，是我国现代文学史上最有影响的文学前辈之一。她的作品文笔清丽、意蕴隽永，显示了女作家特有的思想情感和审美意识，具有独特的艺术风格和很高的艺术表现力，在新文学史上写下了辉煌一页，对中国现当代文学作出了卓越的贡献。

萧乾在贺信中说：

老年的冰心更勇敢、更辉煌，她那一支向书写人间之爱的笔，就挥向邪恶势力及腐败的风气，真是光芒万丈。

张锲在大会上作了热情洋溢的发言：

凡是有泉水的地方，凡是有炊烟的地方，凡是机器轰鸣的地方，凡是有车船行走的地方，就有人知道冰心这个名字，就有人读过冰心的著作，就有人了解冰心的事迹。在中国，冰心是个家喻户晓的名字；在世界，冰心是个被人争相传颂的名字。冰心属于中国，属于全人类……

舒乙在讲话中说：

她最正直、最无私、最透明、最远见，也最坦诚。她拿出所有的东西，包括她靠勤劳赚来的为数不多的稿费，全部奉献给了这个国家。她为我们这个社会，树立了一个摸得着、看得见、实实在在的道德典范，成为无数中国男女效仿的榜样和崇拜的对象。我之所以感到有许多话要说，完全是因为我们当今发展的社会，是多么需要像冰心先生这样一种强大的、健康的、崇高的精神支柱呀！

在大会发言最后，吴青向大会宣读了冰心先生的《上冰心研究会同人书》：

“研究”是一个科学的名词，科学的态度是：严肃的，客观的，细致的，深入的，容不得半点私情。研究者像一位握着尖锐的手术刀的生物学家，对于他手底下待剖的生物，冷静沉着地将健全的部分和残废的部分，分割了出来，放在解剖桌上，对学生详细解释，让他们好好学习。

冰心

一九九二年十二二十二日 阳光满案之晨

冰心研究会的成立，为研究、弘扬冰心爱祖国、爱人民的精神奠定了坚实基础。研究会在组织开展研究和宣传活动，如召开了学术会议，编辑和联系出版冰心作品、冰心研究资料、论文、音像等，整理冰心手稿、手迹图片、音像、版本以及有关研究资料的收集方面，做了大量的工作，为冰心文学馆的建立铺平了道路。

二、文艺界友人访冰心

夏衍、红线女访冰心

1990年初春的一天，电影界元老夏衍和著名粤剧演员红线女来到冰心寓所。红线女送上一瓶从广州带来的开心果，并亲手打开瓶盖，请冰心品尝。冰心说："味道不错。"红线女又请冰心吃第二颗，并笑说："好事成双嘛，今年春节我就吃了两颗，我想开心地活着。"

夏衍接着说："胡耀邦给你送过荔枝。那是广东省委送给他的，他分赠给几位老人，我也收到一份。耀邦生前曾多次向我询问你的情况。"

冰心说："你我都属鼠，但我的生日是阴历八月，你是阴历九月，我比你大。"

夏衍笑说："也就差了12天！"

冰心回答道："我在年龄问题上是分秒必争的，一点不能马虎。"

钟敬文教授访冰心

钟敬文是北京师范大学的教授，著名的民间文艺学家、民俗学家、散文学家。他青年时代就爱读冰心的作品。他喜爱冰心作品中歌颂母爱、赞美自然、崇尚人道主义的高尚思想，以及她简练、清丽的创作风格。他十分敬重冰心的为人，在冰心九十大寿时，他写下了三首诗：

赠冰心女士三绝

其一

自然母爱两萦心，文字澄鲜见性真。

谁意雷霆动地日，女儿曾现健儿身[①]。

其二

涛翻艺海势汹汹，一代清才角众雄。

我是文场跛行客，相随安得拟云龙[②]。

其三

繁星璀璨春波媚，哲理诗情濯我魂。

白首回思余味在，心香一缕祝生辰。

一天，钟敬文教授来到冰心的寓所，亲自把祝寿的诗献给冰心。冰心非常感动，一再道谢。钟敬文教授告辞时，冰心将《冰心文集》题签赠送给他。

钟敬文教授九十华诞时，冰心写了祝词："春长在"[③]。

霍懋征、陈铎、杜声显三八节访冰心

三八妇女节，特级教师霍懋征、著名主持人陈铎、歌唱家杜声显来到冰心寓所，献给冰心一个由90朵玫瑰组成的大花篮。冰心看着玫瑰花篮说：

"谢谢，太感谢你们了！今天是三八妇女节，我们做女人，要自尊、自爱、自强，就像玫瑰，要有自己的风骨！"

"我们是民进会员，大多数都是教育工作者。现在义务教育还不能

① 投身五四爱国运动。——诗作者原注。

② 三十年代中叶，郁达夫先生编辑新文学大系散文二集，评论拙作，谓可以接踵冰心女士及另一位前辈学者之作，语颇溢美，愧不敢当。韩愈《醉留东野》句云："我愿身为云，东野变为龙，四方上下逐东野……"但此处反其意用之——诗作者原注。

③ 钟敬文：《春长在》，载《世纪之爱冰心》，团结出版社1999年版。

普及，很多边远山区的孩子们不能上学。中国的教育还赶不上印度的教育。我们国家要加大教育的投资，科学兴国，否则到了下个世纪，我们的祖国就会变成文化沙漠。”冰心说着难过地哭了。

因恐冰心过分激动，霍懋征就指着杜声显，对冰心说：“这位是民进的新会员，专门为少年儿童唱歌。他已为孩子们举办了三百多场独唱音乐会。”

冰心看着高大魁梧的杜声显说：“这么大的个子给孩子唱歌！”

杜声显应答说，“我唱首儿童歌曲《我爱我的小花猫》给您听吧！”

冰心高兴地笑着，连声说：“好，好，真好听！”冰心还欣然为杜声显题了词：“给孩子们唱歌是最大的快乐！赠杜声显先生。”

马来西亚华文作家访冰心

1991年5月30日上午，以云里风为团长的马来西亚华文作家协会代表团一行25人来到冰心的寓所。这次访问是北京外国语大学吴宗玉教授事先联系并由他陪同前来。

云里风告诉冰心他们访华的目的，还送上一本特刊，冰心翻阅后高兴地说：

“太好了，太好了，我真高兴你们也能用华文写作。”

团员们轮流上前和冰心握手，并拍照留念，有的把带来的著作送给她。武良之从衣袋里掏出冰心的一本散文集《我们这里没有冬天》，请冰心为她签名留念。孟沙把带来的纪念册拿给冰心，请她题字留念。团员们还要求冰心在她的名片上签名。冰心一口气签了二十几个名字。

云里风代表全体成员向冰心致谢，冰心在他们告别时说：

“我要告诉你们，荣幸的是我，希望你们回去之后，代我向马来西亚的朋友们问候，告诉他们我的身体还很健康。”①

冰心和民俗学家钟敬文。

铁凝看望冰心

1991年5月24日，铁凝在周明的陪同下来看望冰心。

作家铁凝将红、黄、白色玫瑰组成的花束献给冰心。

冰心坐在卧室的书桌前，看到铁凝进来，就说：“铁凝你好吗？我看你很好。”

铁凝把特地在花店选购的由红、黄、白色玫瑰组成的花束献给冰心，周明举起相机要拍照，冰心说：“来，让我拿着花。”

冰心请铁凝喝茶，又请她吃自己喜欢吃的“利口乐”糖，然后说：“搬把椅子坐在我身边吧，这样离我近些。”

冰心魂牵梦萦的“家”——中剪子巷。

冰心清澈的目光落在铁凝的身上，在这样的气氛下，一切客套都是多余的。铁凝告诉冰心自己不知说什么好。冰心说：“那就安静地坐一会儿。”

铁凝在这安静之中，从老人身上获得了一种可以触摸的生命激情。此刻，冰心的爱猫咪咪跳上桌子，冰心愉悦地说：“它喜欢你。”

由咪咪引出了一些轻松的话题，谈到了一些年轻的作家，谈到喜欢和不喜欢的人……

---

① 云里风：《访中国文学界慈母冰心女士》，《南洋商报》1991年7月3日。

告辞时，铁凝说："我不想打搅您，又想看见您，有机会我会再来看你。"

冰心说："只要我活着，你就来看我吧。"

铁凝回河北保定不久，就给冰心写了一封信，谈到她在保定西部山区的生活。冰心回信说："你要好好地珍惜你的青春，你的才华！你有机会和农民接触，太好了！我从小和山东的农民在一起，他们真朴实，真可爱！你能好好地写他（她）们吗？我想你会的，我对你抱有无限的希望。"

铁凝感慨地说："能够令人敬佩的作家是幸运的，能够令人敬佩而又令人可以亲近的作家则可以拥有双倍的自豪。冰心先生不仅以她的智慧、才情，她对人类的爱心和她不曾迟钝、不曾倦怠的笔，赢得了一代又一代读者，她身上散发出的那种无以言说的母性的光辉和人格力量，更给许多年轻人以他人无法替代的感染。"①

《我的家在哪里？》

冰心在《说梦》（最初发表于《人民日报·海外版》1986年9月15日）中说：

"我从1980年秋天得病后，不良于行，已有六年之久不参加社会活动了，但我几乎每夜都做着极其欢快而绚丽的梦。

"这些好梦要归功于我每天收到的、相识或不相识的海内外朋友的来信和赠书，以及种种的中外日报月刊。"

除了《说梦》，冰心还陆续写了《痴人说梦》（1988年10月31日晨）、《病榻呓语》（1988年3月15日晨）和《我梦中的小翠鸟》（1990年6月16日晌晴之晨）。

《我的家在哪里？》（载《中国文化》1992年第6期）是冰心应主编刘梦

---

① 铁凝：《冰心姥姥：您好》，《河北日报》1992年10月6日。

溪先生约写的几篇文章中的一篇。

冰心一生云游四方，四海为家，独独最爱北平东城一个叫中剪子巷的胡同，这里就是她度过少女时代的地方。她住在中剪子巷，念了中学、大学，写了“问题小说”，写了《繁星》《春水》诗集。所以，她最想念中剪子巷，在梦里常常想“回家”。

一天夜里，冰心忽然梦见自己在大街旁边喊“洋车”。一辆洋车跑过来了，车夫问冰心：

“你要上哪儿呀?”

“我要回家，回中剪子巷。”

车夫把她举上车去，拉起就走，穿过许多黄土铺地的大街小巷，走遍了北京城，车夫褂子背后都汗湿透了，还没有走到中剪子巷!

冰心忽然醒了，睁开眼，看到墙上挂着的吴文藻的相片，都不认识了，迷惑地问：“这是谁呀?剪子巷里没有他！”冰心想道：“只有住着我的父母和弟弟们的中剪子巷才是我灵魂深处永久的家。”

“这时，我在枕上不禁回溯这九十年来所走过的甜、酸、苦、辣的生命道路，真是‘万千恩怨集今朝’”，冰心的眼泪涌了出来。

冰心联想起前天刚对一位年轻朋友戏说：“我这个人真是‘一无所有’！从我身上是无‘权’可夺，无‘官’可罢，地道的无顾无虑，无牵无挂，抽身便走的人。万万没有想到我还有一个我自己不知道的，牵不断，割不断的朝思暮想的‘家’！”

文章虽短，意犹未尽！萧乾撰文评论说：“读了冰心大姐的新作《我的家在哪里？》，仿佛握到了一颗使人爱不释手的水晶，玲珑剔透，似在素淡的月色或绰绰灯影下看人生，映照出的是一个小而完美的穹苍：大姐走过的和正在走着的灿烂旅程。”

三、设立以“冰心”命名的奖项

冰心儿童图书奖

1990年春，北京作协会员、著名儿童文学作家葛翠林，到北京饭店看望英国作家韩素音。韩素音对她说：“今年冰心九十大寿，我们怎样祝贺她？”

葛翠林说：“冰心一生爱孩子，她的作品受到几代读者的欢迎，设立一项冰心奖，鼓励支持为孩子们创作、出版好书，这是件很有意义的事，也是对冰心老人九十大寿最好的祝贺。”

韩素音非常赞同这个想法。于是她们研究了一个方案，径直就奔向冰心老人家中，谈笑中，逐渐描画出一张令人兴奋的事业蓝图。韩素音当即撕下一张支票给葛翠林，笑说：“这事就交给你了。”

冰心笑说：“这不成了校友办事业，我坐享其成了吗？”

冰心20世纪20年代入燕京大学，韩素音30年代就读燕大，葛翠林40年代在燕大社会学系读书，她们就是不同年代的校友。

葛翠林着手筹办冰心奖的工作。吴作人答应担任冰心奖的副主任，还亲笔题写了“冰心奖”几个大字；全国人大常委会副委员长雷洁琼任冰心奖评委会主席，并亲自主持了新闻发布会；胡絜青题词祝贺，并和萧淑芳、杨沫、叶君健、吴全衡、宗璞一起任冰心奖评委会副主席。原北京市企业文化建设协会常务副会长郝真同志，则努力使各项筹备工作一一落实，并争取到社会各界的支持。

1990年10月30日，首届“冰心儿童图书奖”在北京人民大会堂举行发奖仪式。11月1日，冰心写了《关于“冰心儿童图书奖”》，文中提出了她的希望：“……评奖是鼓励儿童文学不断前进的巨大动力，使儿童文学的作家、画家和出版社，都有努力的方向和期望，我祝愿将来每年一次的‘冰心儿童图书奖’每年都不断地‘更上一层楼’！”

每年冰心生日前后，冰心奖举行颁奖大会，第一至第五届冰心奖颁奖大会在人民大会堂举行，第六至第十届冰心奖颁奖大会在钓鱼台芳菲苑举行，第十一届以后冰心奖颁奖大会在中国现代文学馆举行。2002年还在北京平谷区建立了冰心奖陈列室和冰心奖图书馆。

在浙江少年儿童出版社的热情支持下，冰心奖增设了新作奖，获奖作品由浙江少年儿童出版社出版获奖作品集，在每年十月冰心奖颁奖大会上，向参加颁奖大会的人们赠送新书，在冰心奖儿童图书馆陈列展览，并由冰心奖评委会向海内外推荐，进行交流。

多年来，冰心奖取得了可喜的成绩，冰心新作奖已经成为广大儿童文学作者瞩目的事项。获奖作者不仅有边远地区、少数民族工作者，有学生、教师、工人、农民、科技工作者、文化工作者，也有港、澳、台的作者，还有新加坡、马来西亚、新西兰、瑞士、澳大利亚以及美国的华人作者。

世界福州十邑同乡会“冰心文学奖”

由14个国家和地区的福州同乡会联合组成的世界福州十邑同乡总会，在美国旧金山假日酒店召开第三届常务理事会，会议由总会会长张晓卿主持。为了表彰同乡女作家冰心的文学贡献，鼓励世界各地华文文学创作，增进世界华文作家的联系，促进海外各地华人对中华文化的重视与学习，会议决定以冰心为名，设立一个“冰心文学奖”。1995年6月10日，在新加坡召开了“冰心文学奖”工作委员会会议，制定了章程。规定每两年举办一次文学作品评奖活动，每次一种文学题材，第一届定为散文。

“冰心文学奖”的信息发出后，引起了世界华人极大的关注，截稿时收到了19个国家和地区1211篇散文。经过三轮评选，最后由终审评委评出获奖作品。

1996年9月27日，世界福州十邑同乡会总会文教主任叶松英，“冰心文学奖”工委会主任新加坡作家原甸和终审评委到北京医院看望冰心，告诉她说以她名字命名的文学奖，具有强大的号召力，不仅来稿的面广，而且质量高……

冰心听后，很是高兴，希望大家都喜欢华文创作。

9月28日，在北京举行了“冰心文学奖”成绩揭晓仪式。全国人大副委员长费孝通、全国政协副主席钱伟长以及张廷发、凌青等领导人出席会议，首都文艺界知名人士和来自新加

冰心儿童图书奖设立大会，雷洁琼主持。

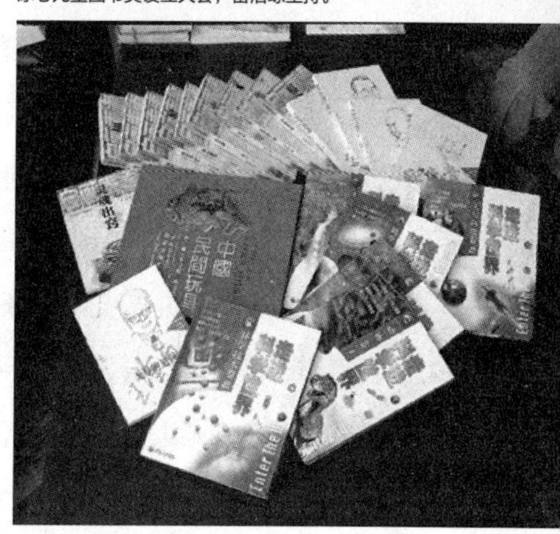
冰心儿童图书奖部分获奖作品。

坡、马来西亚的企业界、文化界知名人士70余人参加。

会议宣布了评奖结果，总会会长、拿督张晓卿讲了话，他说："冰心文学奖"的创设，从构思到具体工作的落实，最让我们感动和兴奋的，是冰心老人为我们带来的鼓励和祝福以及她老人家母亲一般伟大的慈爱。是她高尚的人格在驱策、感召着我们、为我们的文化事业贡献一份力量……

1996年12月7日晚，在泰国曼谷举行了隆重的颁奖典礼。从世界各地前来参加第四届世界福州十邑同乡会的代表一千多人出席了颁奖典礼。吴青、陈恕、王炳根等应邀参加颁奖典礼，吴青在颁奖典礼上作了发言。

1998年11月22日，在北京举行了第二届"冰心文学奖"颁奖仪式，来自五湖四海的2700多名嘉宾参加了颁奖典礼。

2007年11月11日，世界福州十邑同乡总会在福州举办了第五届"冰心文学奖"（儿童文学）颁奖仪式。前一天（11月10日）下午，由世界福州十邑同乡总会发起，中国冰心研究会主办的全国冰心文学系列讲座，在福建师范大学旗山校区举行了隆重的开幕仪式。

开幕式后进行了首场讲座，由舒乙先生主讲《冰心的风骨》，讲述了冰心是一个大爱之人，也是一个进步的人，独立的人，智力超群的人，坚强的人；方锡德先生主讲《佚文〈惆怅〉：冰心唯一一部爱情小说的意义》。《惆怅》的出现，不仅丰富性了冰心的文学形象，改变了过去对冰心文学创作的单纯理解，也引发了人们对文学史叙述模式的更多思考。

吴青女士深情描述了"我的妈妈冰心"的动人故事；萩野脩二先生讲述了"冰心在日本"的有关情况，介绍了冰心九次在日本逗留和旅居的情况，以及与日本作家的交往；骆明先生主讲《冰心在新加坡的影响》；盛英女士主讲《冰心：一个大写的女人》。

四、向“希望工程”和灾区捐款

20世纪90年代初，共青团中央中国青少年发展基金会发起建立了我国第一个救助贫困地区失学儿童基金，资助那些品学兼优却因家庭经济困难而辍学的孩子，让他们重返校园。邓小平亲自为“希望工程”题名。冰心立即向“希望工程”捐款，并连续三年捐款资助辍学儿童。

1992年11月18日下午，中国青少年发展基金会秘书长徐永光一行，按约定时间来到冰心家，大家刚刚坐下，冰心就吩咐（陈玙）大姐，将一万元现金拿出来。基金会办工室主任顾晓今立即给冰心献上一束鲜花，徐永光对冰心的捐助表示感谢，并给冰心颁发了捐赠证书。徐永光说：“‘希望工程’现在救助了23万失学儿童，这些捐赠者和受助学生的名字都已输入电脑。”徐永光又说，“来您这里以前，我们查了您的第一次捐款，那是三千元，可以使65个失学儿童复学。”

第二天，冰心给广州花城出版社《随笔》主编写信：“你说的稿酬五千四百三十八角二分，我早已收到，并已凑成一万元捐给了‘希望工程’。昨天他们来取了。金钱到底是身外之物，留着也是累赘。”

1993年，冰心又毫不犹豫地拿出一万元捐给“希望工程”。她说：“西北的孩子想读书没钱，这钱可以帮助几十个孩子。”

赈灾解囊

1991年夏，华东地区遭受了百年罕见的洪涝灾害。冰心看到安徽的灾情最重，淮河两岸一片汪洋，她为遭受洪涝灾害的千百万百姓的生活而担忧。当全国动员救助灾民的活动刚开始，冰心就捐款一万元给安徽灾区。她是国内作家中向灾区捐款万元的第一人。

为了不给别的作家带来压力，冰心和中国国际减灾十年委员会接受救灾办公室联系，希望不要留捐款人的真实姓名，就说是无名氏。办公室工作人员回答说："我们接受捐款，都要写明捐赠者的姓名，不署名，容易被人贪污。"

冰心无奈，只好将现金让吴青送到接受救灾捐赠办公室。因恐小女儿骑自行车不安全，又让外孙陈钢陪同。吴青母子二人从西郊骑车到西皇城根南街9号。民政部的接待人员在接受冰心捐款时，激动地说："我们从小就读谢老的作品，她告诉我们对普通民众要有爱心、同情心。老人家91岁高龄了，又用实际行动给我们做出了表率！"

1990年冬天，福建长乐遭到大风暴的袭击，加上涨潮，县城都进了水，横岭乡的横岭小学的校舍受到破坏。冰心赶忙汇去自己的稿费，作为修复校舍之用。

1992年，吴青和陈恕到福建长乐横岭乡去探望乡亲。回到北京，吴青描述了乡村的巨大变化，同时提到，由于教育经费短缺，学校的条件还是很差。横岭小学不仅校舍破旧不堪，连教室里的桌椅板凳都不齐全，现有的课桌椅都摇摇晃晃，桌面坑坑洼洼，墙上的黑板都剥落了，不好用。冰心听了十分难受，决定向横岭小学捐助一笔钱作为维修费用。

我们立即和将要离任的福州市人民政府驻京办事处主任张庆建同志取得联系，请他在回福州前到家里来一趟。

老人见到家乡来的人总是格外亲切，一阵寒暄之后，就让我们把准备好的给横岭小学的钱拿出来，交给张庆建。冰心对张庆建说：

“我一直惦记着那个偏远的小学。前不久得了一笔稿费，我又凑了一些，共两万元，请你带给横岭小学。”

张庆建接过这包钱，一再表示感谢，并答应一定把这件事办好。

冰心写了一封信给长乐县政府：

“我女儿吴青一家，去年到了福建，看到我的故乡横岭小学，校舍破损，课室黑板桌椅等，都破旧不堪，我听了心里十分难过！兹将稿费所得两万元人民币，为横岭小学修理校舍，添置课桌椅之用，钱数不多，但愿能用到急需之处……”

长乐县隆重地举行了“冰心先生教育赠款仪式”。长乐县政府当场决定出资5万元，金峰镇出资10万元，加上冰心捐赠的2万元，共计17万元，用来重新改造和修建横岭小学。

1998年8月，长江遭受特大洪灾，冰心先为灾区捐款两千元。8月31日，冰心了解到灾情严重，再一次捐出一万元，通过中国作家协会转给灾区。

感谢北京医院的医护人员

1993年10月1日，冰心因突感不适被送进北京医院，经过医生检查，诊断为“带状疱疹”。 就在冰心住院的第五天，10月5日，迎来了93岁生日。尽管院方严格限制访客，但祝寿者从早到晚仍络绎不绝。来访者既有亲朋好友，也有丁关根、王兆国、雷洁琼等领导同志。

经过一月的精心治疗，冰心已基本上痊愈，可以出院。在出院前，冰心为了感谢北京医院的医护人员，特别为他们在留言簿上用毛笔工工整整地写下248个字的留言：

由毛泽东主席亲笔题名的北京医院，无疑是中国第一座大医院，院址有南北二楼，床位有八百多人，医护人员有一千多人。我有幸和它有了医疗关系。

今年十月一日，我闹腹痛，进院就医，由主任医生沈谨女士为我诊视，断定腹痛与我左脚上的带状疱疹有关。经她和她手下的青年男医师们：如刘德平住院医师、李福绥主治医师为我治疗，并利用晚间休暇来和我闲谈，还有女理疗医师李晶，也是福建长乐人，送我一瓶鱼丸佐餐。凡此种种都使感动，董春晖护士长为首的护士们，个个笑脸迎人、对患者。尤其沈谨主任那样的主帅人物，慰抚扶侍无微不至，使我为妇女自豪。今将出院，就写下这些来表达我的眷恋和感激。

冰心 书于北京医院北楼317病室

一九九三年十月三十一日

1993年11月2日下午，就要出院的冰心高兴得午觉都没有睡好。下午我们一到，冰心就忙叫吴青为她穿衣梳理，打点行装。两点三十分，二三十名医护人员抬着一个大鲜花篮来和冰心告别，并簇拥着老人合影留念。

《冰心全集》出版

海峡文艺出版社社长兼总编辑林正让给冰心写了一封言辞恳切的信，希望同意他们出版《冰心全集》，并希望卓如同志来做全集的编辑工作。冰心知道卓如为她编辑了《冰心文集》（六卷本），再编全集是有条件的，只要得到上海文艺出版社的同意，她就可以授权海峡文艺出版社出版《冰心全集》。

1993年12月8日早晨，冰心为《冰心全集》写了自序：

海峡文艺出版社要出我的全集，我想也好，海峡文艺出版社是我的故乡——福建的出版机构，临老有点东西献给故乡父老兄弟姐妹，让他们评评点点，看一个福建人在中国的北方长大，到底有什么特点？到底有什么好处？有什么坏处？也让我多认识自己。

1995年8月25日，中共福建省委常委、宣传部长赵学敏代表福建省委、福建省人民政府来京来看望冰心。海峡文艺出版社正、副社长林正让、林秀平将刚刚出版的《冰心全集》呈献给冰心。冰心翻看着全集，连声说：“谢谢，谢谢！”

1995年8月26日，在人民大会堂召开了《冰心全集》出版座谈会。出席座谈会的有全国人大常务委员会副委员长费孝通、雷洁琼、卢嘉锡，全国政协副主席赵朴初，中宣部副部长兼中国作家协会党组书记翟泰丰，中宣部副部长徐光春，中国版协出席宋木文，以及曾任国家领导人和福建省主要领导的老同志叶飞、杨成武、项南。出席座谈会的作家、评论家有：萧乾、张锲、李準、陈建功、刘心武、李国文、霍达、林斤澜、梁晓声、严家炎、谢冕等。英国女作家韩素音也参加了座谈会。

1993年10月，冰心为北京医院书写感谢留言。

冰心写给北京医院的感谢留言。

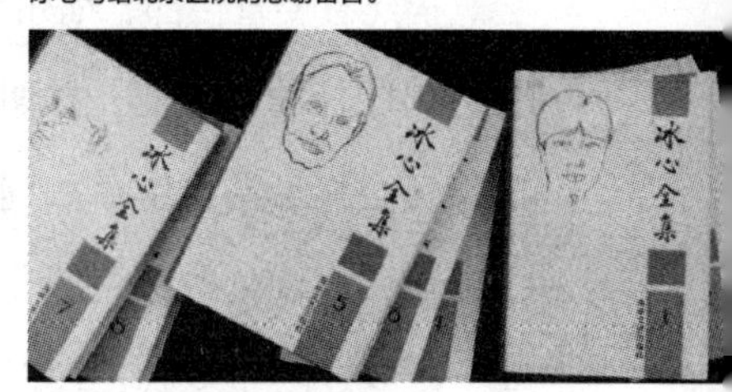

1994年12月，海峡文艺出版社出版的《冰心全集》。

中共中央政治局委员、书记处书记、中宣部部长丁关根委托翟泰丰对《冰心全集》的出版表示祝贺，对为出版《冰心全集》而付出辛勤劳动的福建出版界的同志们表示衷心的感谢。他高度评价了冰心作品充溢着纯洁真诚的情操，充溢着对我们伟大祖国、伟大人民、伟大民族的真挚的情操，充溢着对少年儿童温馨的爱。《冰心全集》的出版是对广大读者特别是青少年读者进行爱国主义教育的好教材。

巴金抱病为《冰心全集》的出版写了贺词："一代一代的青年读到冰心的书，懂得了爱：爱星星，爱大海，爱祖国，爱一切美好的事物。我希望年轻人多读一点冰心的书，都有一颗真诚的爱心。"

陈荒煤的贺信说："《冰心全集》的出版，也就是冰心老人奉献给我们青少年的一座永远辉煌的希望工程。"

著名作家萧乾、北大教授严家炎等都作了发言。

冰心的女儿吴青代母亲宣读了她的书面发言：

"我现在住在北京医院，不能参加《冰心全集》的出版座谈会。首先我要感谢前往参加座谈会的老朋友们，中共中央宣传部、中国作家协会、福建省委宣传部、福州市、长乐市的领导同志们。我还要感谢海峡文艺出版社的同志们，感谢他们为《冰心全集》所作的努力，我也要感谢《全集》的主编卓如同志，为了编辑这部《全集》，她十多年来不辞劳苦，四处收集资料，找到了多少篇连我自己都已经忘记了的文章……我还要重复我在1992年12月22日的《致冰心研究会同仁书》中所说的：……我将以待解剖者的身份静待解剖结果来改正自己！我要活到老，要不断地改正自己，才能写出较好的作品来。"

日后，冰心把《冰心全集》（八卷）的稿费10万元捐给了谢丽华、吴青在北京昌平创办的"农家女实用技能培训学校"，以支持贫困地区妇女和辍学女童。

五、荣获嘉奖

荣获黎巴嫩国家雪松骑士勋章

1995年3月7日下午，北京医院三楼小会议厅里充满了温馨和喜悦的气氛。“黎巴嫩授予冰心国家级雪松骑士勋章仪式”就在这里举行。全国人大副委员长雷洁琼，全国政协副主席赵朴初，中宣部副部长翟泰丰，文化部副部长陈昌本，统战部副部长刘延东，外交部部长助理王昌义，中国民主促进会中央副主席楚庄，中国作家协会副主席张光年、陈荒煤、王蒙，中央文史馆馆长萧乾，北京医院院长吴蔚然等坐在主席台上。

黎巴嫩共和国驻华大使法利德·萨马哈，宣读了黎巴嫩总统埃利亚斯·赫拉维签署的第6146号命令，授予冰心黎巴嫩国家级雪松骑士勋章，以表彰她为中黎文化交流事业所作的突出贡献，并将勋章亲手佩戴在冰心的胸前。大使按照阿拉伯人的习俗，弯腰亲吻了冰心的手，冰心露出了慈祥的微笑。全场响起了热烈的、经久不息的掌声。

法利德大使情绪激昂地说：“我们今天颁发勋章，是为中华民族的优秀品质加冕。如此象征性地在谢冰心女士身上得到体现的这些品质是由兼收并蓄、坚韧不拔、顽强拼搏和诗一般的温馨汇在一起的一种民族精神。从年轻时起，冰心便已敏锐地感受到另一位著名的思想家、伟大的黎巴嫩作家纪伯伦的深奥哲理和诗一般的呼唤。多亏了这位伟大的女士，纪伯伦的声音和他的人文思想才能得以不仅在黎巴嫩和美国，而且在中国传播。今天我们是为她再次聚会，为她而在医院里举行仪式。多亏了她，这所医院暂时成了文化的殿堂，文学的论坛，因为只要冰心在那里，我们就能感受到文化的存在和思维力量的存在，就能感受到爱的独特存在。正是她所翻译的纪伯伦的《先知》一书中，有这样一段论述爱的话：‘当爱向你们召唤的时候，跟随着她，虽然她的路程艰险而陡峻……当她对你们说话的时候，信从她，虽然她的声音也许会把你们的梦魂击碎，如同北风吹荒了林园。’亲爱的朋友们，要赞扬冰心，单靠语言是不够的，它们听起来就像苍海中的小溪一样乏力。所以，我最好就此打住。此处无声胜有声。”

冰心的女儿吴青代表母亲宣读了书面讲话。

文化部副部长陈昌本、中国作家协会书记处书记邓友梅先后在仪式上讲话。

出席授勋仪式的还有：袁鹰、张僖、张锲、金坚范、高洪波、吴泰昌、周明、舒乙、葛翠林、陈祖芬、纪鹏、刘梦溪、卓如、伊红、吴冰、李志昌、陈恕等。

1995年4月，冰心又获得了由韩素音女士发起设立的“彩虹翻译奖”的最高荣誉奖。

荣获“内藤寿七郎育儿奖”

1998年，中国关心下一代专家委员会和中日两国育儿研究会联合发起“教育与爱·培育温暖的心灵”的育儿活动。在日本，以被誉为“育儿之神”的内藤寿七郎博士、企业家葛西健藏和“漫画大王”手塚治虫为代表的关注儿童发展和社会进步的人士，看到日本经济发展的同时出现的种种社会问题，提出了“培育温暖的心灵才是幸福的根本”的主张，创立了“内藤寿七郎育儿奖”，以表彰对孩子们作出贡献的人们。

为使中日两国人民的友谊代

经评委会评审，一致推举冰心、严仁英、周华康、于蓝四人为第一届获奖者。

10月22日，中国关心下一代专家委员会等单位为了表彰四位获奖者的贡献，发扬他们的精神，在北京官园少年儿童活动中心举办“爱的心迹”图片展。展览会上还展出了赵朴初先生祝贺冰心获奖题写的条幅：“期颐寿者永怀赤子之心”。

10月23日晚，在北京钓鱼台举行了颁奖仪式，在主席台就座的领导有王光英等，吴青代母亲领了奖牌、奖状以及奖金。会后我们把奖牌、奖状等带到北京医院给冰心看，她看了很高兴。对于奖金，冰心表示要把它捐献给中国农村的教育事业。经母亲同意，吴青把这三万元人民币奖金交给四川乐山妇联，作为贷款资助师范学校学生，等他们毕业后，做好教师工作。

1995年3月7日，黎巴嫩大使法利德·萨马哈为冰心佩戴黎巴嫩国家级雪松骑士勋章。

冰心所获的黎巴嫩国家级雪松骑士勋章。

黎巴嫩国家级雪松骑士勋章的获奖证书。

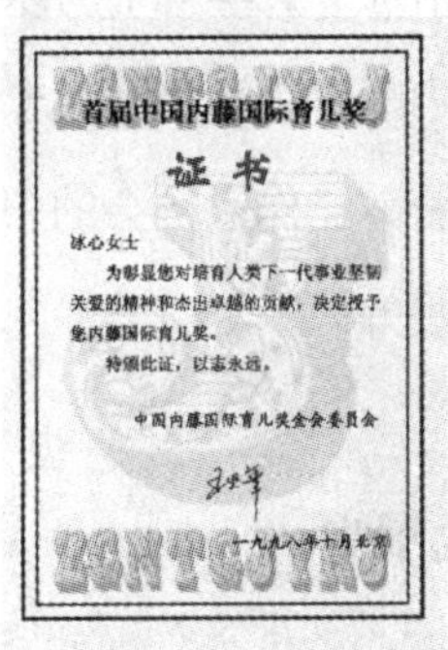

首届中国内藤国际育儿奖

证书

冰心女士

为彰显您对培育人类下一代事业坚韧关爱的精神和杰出卓越的贡献，决定授予您内藤国际育儿奖。

特颁此证，以志永远。

中国内藤国际育儿奖金会委员会

一九九八年十月北京

冰心荣获“内藤寿七郎育儿奖”。

六、九十五、九十九华诞

1995年10月5日，冰心九十五华诞，有关领导、友人纷纷前来祝寿。这一天，北京医院304病房放满了祝寿的花篮，有些花篮只有分放到病房附近走廊的两侧。

统战部副部长刘延东带着江泽民同志送给冰心的大花篮来到病房向冰心祝寿，并且告诉她："江泽民总书记赞赏冰心把《冰心全集》的稿费全部捐给农村妇女教育发展事业；江泽民总书记还表示，冰心老人作为世纪同龄人，对中华文化所作的贡献人们是不会忘记的。"

老朋友雷洁琼一大早就来向冰心祝寿，并欢叙旧情。

巴金也请中国作协吴殿熙同志送来由95朵玫瑰组成的精致花篮。

赵朴初、萧乾、作家协会的领导以及文艺界的朋友们都来祝冰心生日快乐，健康长寿。

对外孙陈钢的嘱咐

1995年，冰心的外孙陈钢要到美国攻读工商管理硕士学位。他来到医院看望姥姥时，冰心正在打点滴，却一再叮嘱："好好去留学读书，无论家里发生什么情况，都不许中途回来。"

陈钢进入美国康尼狄格州哈特福特大学学习后，常常给姥姥写信。冰心身体状况已不是太好，还是给他写了几封短信：

亲爱的陈钢：

我听你母亲说，你有时想我会流出眼泪，使我很感动，我也很想你。想到你到了美国，完成了终身志向，就要利用一切时间来追求你的意愿，例如你想学什么东西，把它切实地学回来，也要把中国的好东西，交给他们。例如中国人的好品德，庄重。亲你一口！

姥姥　冰心

1995年4月24日

钢钢：

我想你，我知道你也想。不过不久我们便见面了。

我看你考试的分数都有进步，我很高兴。

姥姥

（一九）九五年十二月七日

1996年《华声月报》记者陈国华来看望冰心，当问及冰心有什么话要对外孙陈钢说时，冰心说："我常常在梦中见到钢钢，我希望他一要专心学习、持之以恒；二要多交朋友，不局限在中国人的圈子里，才能视野开阔，养成大器。"（《华声月报》1996年11月1日）

1996年暑期，陈钢回国探亲。8月20日下午2时，陈钢和母亲吴青来到304病房，陈钢放轻脚步走到姥姥床前。半睡中的姥姥睁开双眼，见到外孙顿时激动了，她拉着陈钢的手，连连在他脸颊上亲吻。陈钢给姥姥从美国带回一只可容液体的枕头和四件蓝色的棉织大围嘴。

陈钢说："姥姥，这种枕头可以解暑降温，吃饭时戴上大围嘴，就不会弄脏衣服了。我选择蓝色的，是因为您最喜欢大海。"

冰心关心地问陈钢的学习情况，"一定要好好读书，不要贪玩。我在美国读书时，学习成绩从没得B$^-$。"

冰心和外孙陈钢。

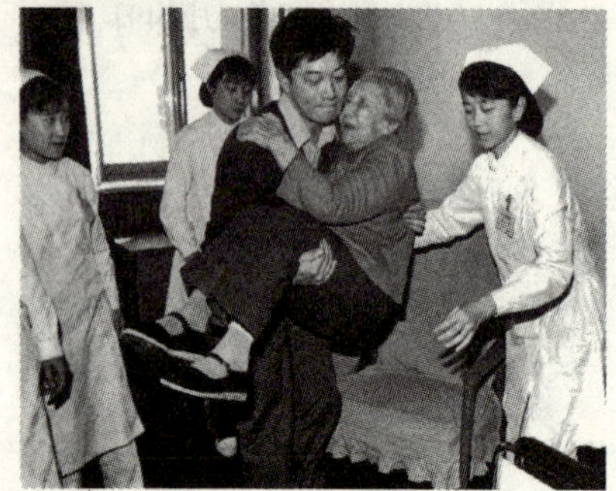

1995年，外孙陈钢接冰心出院。

冰心叮嘱陈钢："千万不要嫉妒人，我一生从不与别人争抢什么。要记住诸葛亮的两句话：'淡泊以明志，宁静以致远'。中国人有自己的骨气和地位，与外国人在一起要平等相待，不能做奴才。我从不怕外国人，你越有骨气，越不怕他，他越尊敬你。"

冰心问陈钢何时开学，何时返美，并说："我要坚持活到一百岁，等你学成回国。那时，咱们一起回家，咱们还住在一起。我96岁了，别的都无所谓了，有所谓的就是你尽早学成回国服务。"

陈钢告诉姥姥："我们去八宝山给姥爷扫墓了。"

冰心叫吴青坐到身边："除了钢钢的学习，我还有件心事今天托付你们，我百年之后，要与文藻合葬在一起。

"文藻的骨灰盒上写上'江苏江阴吴文藻教授灵骨'，我的骨灰盒上要写上'福建长乐谢婉莹'，墓碑上刻'吴文藻、谢冰心墓'。现在知道谢婉莹的没有几个人，大家都知道谢冰心。我考虑过了，墓碑上的字请赵（朴初）舅舅写最合适。"

吴青问："墓碑用什么石料？"

冰心略微思索后回答："用汉白玉。我喜欢洁白。"

交谈间，北京画院67岁的一级美术师陈淑光女士，将自己雕塑的一尊冰心半身像送到病房。冰心为感谢刘开渠的这位弟子，执意要用毛笔签字答谢。

陈钢到赵朴初老人病房借毛笔之际，转述了姥姥的心事。赵朴老动情地说："我和谢大姐的友情有40多年。从感情上讲，大姐在世时，我真不忍心写这碑文。但是，大姐托付的事、她的心事，我一定要认真办。"

下午6时，陈钢向姥姥道别。冰心向已快走到门口的陈钢大声说："记住，好好学习，不做奴才！"

99虚岁华诞

1998年10月5日是冰心99虚岁华诞，恰好又是阴历的中秋节，是一个双吉的日子。中宣部部长丁关根受总书记的委托，来北京医院探望冰心，也来祝贺冰心的生日。

全国政协副主席、统战部部长王兆国代表全国政协主席李瑞环也来向老人贺寿，并送来99朵玫瑰花组成的花篮。

在杭州疗养的巴金托人送来99朵玫瑰的花篮。冰心的老友雷洁琼、赵朴初，安全部的老部长罗青长，歌唱家王昆等也都来贺寿。

吴青和外孙陈钢，将一个三层大蛋糕捧到冰心面前，唱起了生日快乐歌，然后吹灭了蜡烛。吴青将一小块蛋糕轻轻地放在冰心的口中，冰心缓缓吃下后，说："我爱你们，我爱你们。"

支持巴金倡议建立中国现代文学馆

为了弘扬中华文化，巴金倡议建立中国现代文学馆。为了使中国现代文学馆有一个固定的馆舍，巴金写信给江泽民总书记：

“希望能将最迫切的建馆问题提到议事日程上来并获得批准。文学馆将是我一生最后一个工作，绝不是为我自己，我愿意把我最后的精力献给中国现代文学馆，它是表现中国人民美好心灵的丰富矿藏，我不愿看见它夭折。前面有困难，需要大家支持，也希望得到您的帮助。”

冰心闻讯后表示支持，给邹家华副总理写了一封信：

“中国现代文学馆是我的老朋友巴金先生倡议建立的，我是他的热情的支持者。我已把我的大部分藏书和文稿捐给了文学馆。文学馆很需要一个新馆舍来收藏‘五四’运动以来所有我国现代作家的创作成果，这是我们国家和民族的重要文化窗口，需要国家的支持和帮助，恳请您能批准文学馆提出的立项建馆的申请。我愿意在我有生之年看到新馆的建成和揭幕。”

江泽民总书记接到巴金的信后，立即写信给邹家华和北京市负责人：

“……世界不论哪个国家，总是要拿点钱出来支持文艺工作的，务望予以支持。”

邹家华副总理对冰心的来信和江泽民总书记的信非常重视，指示国家计委与中国作协商谈并落实新馆立项和建设问题。首都规划建设委员会负责人也表示，坚决按总书记的意见办，决定投资9600万人民币，在北京修建总面积2.4万平方米的中国现代文学馆。

1996年11月25日，举行了江泽民主席亲笔题写的中国现代文学馆的揭彩仪式，文学馆同时奠基。冰心写信祝贺文学馆奠基。

1999年国庆节前夕，坐落在朝阳区芍药居小区的中国现代文学馆落成。文学馆占地46亩，建筑面积3万平方米。1999年9月28日，首都文学界和建筑设计施工单位举行了庆祝竣工的仪式。

1996年12月16日，第六次全国文代会和第五次全国作家代表大会在北京人民大会堂隆重开幕。

12月19日，作协全国代表大会第五次会议选出全国委员180名。12日30日全委会的第一次会议上，冰心被选为名誉主席。

香港回归，我心痛快

在香港回归前夕，新华社记者闵捷采访冰心。当问及她对“九七”香港回归的感受时，冰心说：“我很高兴，我从心里高兴。那里有很多爱国的同胞。”记者问她届时是否愿意到香港去看看，她笑着说：“我愿意去，就怕去不了，那里还有很多我的朋友。”

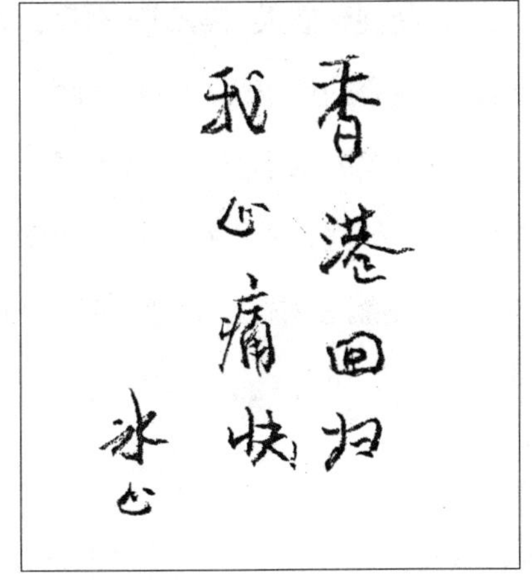

冰心手书的“香港回归　我心痛快！”。

1997年6月29日，为了让冰心观看香港回归中英交接仪式的实况转播，冰心的大女儿吴冰、女婿李志昌、最小的外孙李冰把家里的电视搬到冰心的病房。李志昌后来还把中英交接仪式的录像送到病房，放给冰心看。

统战部的工作人员秦润波看望冰心，和她谈到香港回归，老人说香港有我的很多老朋友，我很高兴能亲眼看到香港回归，冰心在病榻上一笔一画地书写了："香港回归，我心痛快！"中直工委在中国美术馆举办"迎香港回归、十五大书画展"，经与陈恕商议，秦润波特为展览书写了冰心的"香港回归，我心痛快！"这句话。（《中国妇女报》1997年6月17日）

在香港回归前，冰心接到巴金的来信："冰心大姐：我很想念您！为香港回归欢呼！"

在香港回归当天早晨，中新社记者任晨鸣兴致勃勃地来到医院病房，给冰心送来香港特区区旗和中华人民共和国国旗，冰心看了特别兴奋，夸紫荆花的图案非常漂亮。她欣喜地说："我是最幸福的人！亲眼看到了香港回归。"冰心坐在轮椅上，手里举着特区区旗和国旗，任晨鸣立即捕捉到老人兴奋的一刹那，后来任晨鸣为香港回归制作了一个年历，把冰心的这张照片放在里面。

苏州丝绸工学院举办香港周，庆祝香港回归，他们特聘冰心为"香港周"的顾问，并发行了一枚纪念封，"经组委会一致同意，把编号为0002号的纪念封寄予谢老惠存（0001号纪念封寄给江泽民主席）"。

第二十一章

在北京医院最后的日子

一、国家领导人的探望

每到节气对老人都是个“坎”，冰心这次病就在立春的第二天，即1999年2月5日。她是下午开始发烧的，虽然烧不算高，但从此她精神一直不好。2月13日夜里，冰心突然发高烧，心跳加剧，出现病危症状。 1999年2月14日医院就报病危。变化这样快是我们始料不及的，但我们总希望妈妈还能转危为安，渡过这次危机。1995年和1997年两次危机不是都闯过来了吗？从去年她生日以来不是还比较稳定吗？果然，后来出现了一点转机。

下午吴青守候在母亲身边，用英语给母亲唱《平安夜》，祝愿她平安度过虎年，跨进兔年。

下午4点多钟，朱镕基总理突然来了。他轻轻地走到冰心身边，右手抚胸，轻声地对冰心说：“我来看望您老人家，表达我的心意。”

吴青大声地对母亲说：“娘，朱镕基总理来看你来了！”

朱镕基总理看到冰心正在闭目养神，忙摆手说：“不要打搅她，我是来表达我的心意。”

这时冰心已经睁开眼睛，她那慈祥的目光凝视着朱镕基总理，用微弱的声音说：“谢谢！”

朱镕基总理急忙向老人示意，请她静静休息。

主管医疗的沈谨大夫向朱镕基总理介绍了冰心的病情和采取的医疗

措施，目前病情已有控制，尚属稳定。朱镕基总理说：“谢谢你们，感谢医院和医护人员对冰心的精心治疗。”

吴青想请朱总理题字，朱总理立刻应允，并在探望病人的签名本上，写下：“祝冰心老人健康长寿。”

2月15日，冰心老人迈入了卯兔年，成了百岁老人。大年初一，冰心的儿子吴平高兴地带来鲜花，给母亲拜年，吴平在生日贺卡上写着：“庆贺妈妈百岁大寿！！！”

2月20日，冰心由病危转成病重。

2月24日下午3点，冰心因“急性心力衰竭，肾功能衰竭，休克，酸碱平衡紊乱”，主管医生张永强签署病危通知单。医院同时向中共中央统战部、全国政协、中国作家协会等有关部门发出病危通知。我们立即报告了中国作协、中央统战部，并通知了我们的亲属和亲友。刘延东首先从统战部赶来，王蒙从政协会上赶来。

当日，国家副主席胡锦涛代表江泽民总书记到北京医院看望冰心。国务院副总理温家宝也到北京医院看望冰心老人。

2月25日，全国政协主席李瑞环、国务院副总理李岚清分别到医院看望冰心。李瑞环主席还听取了医院对冰心的病情汇报。

2月28日下午，冰心燕大的老学生林启武、朱宣慈夫妇来探望老人，他们在留言簿上写道：“敬爱的老师，愿您战胜病痛，永远健康，把更多的爱洒向人间。像春天的花朵代代相传，永远常在。”

北京大学张玮英、侯仁之教授来北京医院看望冰心，在来访簿上写下：“老师说‘生命从八十开始’，我们努力工作，不敢忘记。现在都已年过八十，还在努力工作。老师的话，一直记在心上。祝老师健康长寿。还有10多年前，老师写的《我请求》那篇文章，我们捧读之后，都为之泪下！又及。1999年2月28日 张玮英 侯仁之。”

二、逝 世

2月28日，轮到冰心大女儿吴冰在医院值班，我们和她保持电话联系，及时了解母亲的情况。

2月28日下午，冰心研究会的秘书长王炳根从福建抵达北京，5时来到我们家。我们向他介绍冰心的身体情况。晚饭后，他和我们商量第二天什么时间去北京医院看望冰心。

这时，我们的猫咪咪烦躁不安地在屋里来回走着，还在妈妈穿过的布鞋上来回地蹭，不时地喊叫。吴青预感母亲情况可能不好，连忙打电话。吴冰回答说，还好。过了一会儿，吴冰突然来电话说："娘不好，你们快来！"

我们和王炳根一起立刻乘车赶往医院。当我们赶到医院时，已是晚上9点13分，下了车我们就直冲楼道，进入308病房，吴青直奔病床，过去抱住妈妈。只听医生说，别太激动，别太激动，老人走的时候，没有什么痛苦。谢老是在晚上9点钟走的。

冰心的儿子吴平、大女婿李志昌、孙子和外孙接到消息后，都分头赶到医院。

接着，医务人员开始收拾冰心身边的各种仪器。妈妈身上的氧气管、鼻饲管等也都已经拔掉。吴冰站在床的另一侧，用手帕擦着眼泪，说妈妈走时，没有什么痛苦。

妈妈平静地侧身躺着。吴青和我过去和妈妈话别，我贴着妈妈的脸，吴青从被子下握着妈妈的手，妈妈的手还是暖暖的！就像睡着了！我们和她说：“钢钢上午还从美国发来传真，为姥姥祝福祈祷，他相信姥姥的生命力的顽强，期待着金秋十月为姥姥百岁华诞举行生日聚会。”我们还和妈妈说，我们代表钢钢为她送行。

就在我们来医院不久，中国作协的吴殿熙和中国作协党组书记吉狄马加赶来医院。我用吴殿熙的手机和陈钢通了话，告诉他姥姥去世的消息，他立刻泣不成声，我尽量地安慰他。后来，统战部的领导也都赶来，在床边向冰心鞠躬告别。他们立即商议冰心先生善后事宜。

之后，吴冰、李志昌和李冰三人向妈妈、姥姥告别，他们先是贴着妈妈的脸，后俯身凝视着那张慈祥的脸；再就是吴平和他的儿子吴山向妈妈、奶奶告别，他们还代表在澳大利亚的儿媳陈凌霞和孙女吴江向妈妈、奶奶告别。

王炳根最后向老人告别，为老人送行。

这时候，我赶紧赶回民族大学取回妈妈的照片，供新华社和《人民日报》当天夜里发消息。

晚上11点15分，护士把老人抬上推车，覆盖上白布，我们随即一起缓缓地把她推离住了四年多的病房。

温家宝总理后来回忆：“记得那年冰心老人去世的时候，我在夜里赶到了北京医院，向老人作最后的告别，她的女儿拿出一个笔记本让我签个名。我非常尊敬老人的为人，喜爱她的作品。她是一个有风骨的人，同时又是一个有爱心、有感情的人。”（引自温家宝在中国作家协会第七次全国代表大会上的发言“同文学艺术家谈心”，2006年11月13日）

第二天清晨6点30分的新闻节目播出了妈妈逝世的消息，《人民日报》等报刊都刊登了新华社的通稿，报道了文坛世纪老人冰心昨天晚上

9时在北京与世长辞，享年99岁。

我们接到的第一个电话就是老宋（玉娥）从妈妈的第二故乡烟台打来的，她为在烟台筹建冰心纪念馆一直在奔波。全国各地和海外亲友有的发电报，有的打电话表示哀悼。早晨我们几乎每一分钟就接到一个电话。陈钢从美国转发来刘再复的唁电：

中国伟大的现代散文之母

冰心永垂不朽

您的名字永远代表着光明

刘再复 敬挽 于美国科罗拉多大学

1999年2月28日

3月1日清晨，我们北京外国语大学的老朋友李松林送来挽联：

宇宙音容宛在

神州德泽永存

这个不幸的消息，迅速传遍国内外。海内外的朋友们和她拥有的几代广大读者，都沉浸在极度悲痛和深情缅怀中。

连日来，从祖国各地，从全世界，通过各种形式（电话、电报、传真、E－mail）发来的唁电、唁函像雪片一样飞来，表达着对冰心的崇敬、哀恸之情。

老作家赵清阁从上海发来唁电中说：

惊悉冰心仙逝，吾人悲痛。多年至交，遽而永诀，能不失声一哭。

著名诗人臧克家在悼念文章中说：

文坛世纪老人冰心安详地走了，撇下她心爱的祖国和她的亿万读者，远行了！她慈祥的面容，宽广的胸怀，高尚的人品，将永远铭刻在我的记忆里；她用圣洁的爱和纯真的情铸成的作品，将永远地流传下去，直到千年万代！

92岁高龄的赵朴初老人，从北京医院的病榻上起身，眼含着泪花，情凝笔端，挥笔写下：

冰心大姐千古

万口诵嘉言爱就是一切

四方传妙笔文可耀千秋

女作家铁凝悲痛地说：

先生留给世界的至真至善至美的文字，先生对于文坛晚辈广博深厚的爱心让我一生铭记。冰心姥姥，我很想您！

湖南省文联主席、作家谭谈在电报中说：

世上任何事情都会老去，唯有爱心永远年轻。冰心奶奶的爱心将永远活在我们心里。

诗人宫玺献上挽联：

文坛痛失老祖母，学界争燃小橘灯。

全世界的华文文坛为之哀悼。美国旧金山诗人王性初的唁电说：

冰心姨婆那盏心灵之灯，将永远闪亮在全世界善良人们的心中。

美国耶鲁大学中国论坛、全美作家联谊会会长冰凌唁电称："百岁人生，一世辉煌！"

泰国华文作家协会会长司马攻、美籍华人作家赵浩生、香港著名作家金庸均发来唁电，表达哀思。

《台港文学选刊》全体同仁写了长长的挽联：

百年热望，执金笔，点点繁星闪耀中华文学天空；一朝临永诀，文坛上下共惊，巨痛中，追隽永诗意，重将明灯高擎。一片冰心，倾玉壶，绵绵春水滋润读者心灵大地；几番梦魂归，海内海外谐振，长怀时，承博大爱心，还把香泽广播。

前来北京出席全国九届人大二次会议的34位香港特别行政区的人大代表，怀着对冰心深切的悼念之情，一一在挽联上签名，挽联写道：

她的人格是一股清流。她的爱心温暖了读者的心。冰心是中国人的骄傲。我们永远怀念她。

位于北京西郊的冰心寓所，前来吊唁的人群从清晨到夜晚络绎不绝。人们怀着崇敬的心情，向冰心的巨幅照片行礼，默哀，献上冰心喜爱的玫瑰花篮、花束，表达深沉的哀思。从90多岁的老人，到十几岁的少年儿童，从领导干部到普通读者，有的千里迢迢，专程赶来，捧上一瓣心香；有的抱着病躯，举步艰难，也无法劝阻前来。

著名作家魏巍，独自从西山八大处来到冰心寓所，送来挽联：

一颗善良美丽的星辰陨落了，而她的光芒，将永远留在几代中国人的心里……

钟敬文教授送来了挽联：

“五四”风云，诞此文坛英杰；炎黄苗裔，增他国际光华。

留言簿上写满了许多称赞冰心的语言：

文坛慈母，世纪烛光，她永远地活在我们心中。

一位普通读者，以前没有见过冰心老人，这次为了能在灵堂向这位敬爱的老人告别，清早从很远的地方赶来，花了五个多小时才找到冰心的寓所。这位自称是“冰心的小读者”已年逾七旬，他头一天来到冰心灵堂，在遗像前深深地鞠了三个躬，敬献了自己的一首挽诗。第二天，他又来了，这一次，他又为冰心献上了一条洁白的哈达。

冰心得到那么多普通老百姓发自内心的敬爱，是因为她的文品和人品，她的那充满温暖的爱心感动着无数人。正如著名作家马烽挽联所称：“人品文品洁如白玉，爱心童心纯似赤金。”

冰心治丧办公室组建

冰心2月28日逝世之后，中国作协于3月1日组建了冰心治丧办公室。张锲同志任领导小组组长，吉狄马加同志任领导小组副组长，总联络员秦友苏。工作班子设三个小组：文件组、新闻组、联络组。

文件组3月1日晚连夜拟就《关于冰心治丧活动安排的报告》，并于3月2日上报中央。随后，起草了冰心同志的生平，报中央统战部。新闻组组织纪念冰心的文章，在两期《文艺报》上刊出，表达了对冰心同志的深情缅怀。联络组根据我们家属的请求，从3月2日起每天安排两名工作人员到家里来协助我们接待来宾、接听电话。

冰心去世后的第二天，我们的朋友谢丽华、杨浪就请他们的朋友一起来我们家，协助我们接待来宾，中国作协工作组来人之后，他们就撤出了。

情况通报（第一号）1999年3月5日

冰心同志去世消息发布后，自3月1日至4日17时，中国作协共收到个人、单位、集体打（发）来的唁电（传）共计126个（封），其中有：

李铁映办，乔石办，李岚清办，尉健行（中办），温家宝（中办），习仲勋秘书，荣毅仁（中办）及孙家正，原中央统战部副部长童小鹏，原中宣部副部长徐惟诚，福建省委、省政府、省人大、省政协领导陈明义、贺国强、袁启彤、游德馨，全国妇联，国家民委，13个省市区作协、文联，中国作协副主席铁凝，名誉副主席欧阳山，还有马识途，红线女，碧野，陈世旭，各地和北京的出版社、中学、大学、小学新闻单位等，国际友人研究会的黄华、爱泼斯坦等，还有日本、美国、泰国、新加坡、菲律宾等国的国际友人、华人作家、香港作家等，其中有日本的中岛健藏夫人、井上靖夫人、西园寺公一夫人及子女。

截止3月3日12:30，民进中央收到唁电、电话48个（封）。

据在冰心家值班的工作人员汇报：自3月2日至3月4日17时，共接到慰问电话250余个，其中有叶选平、彭冲、贾庆林、李志坚、张福森等；前往冰心家看望家属的各方面人士络绎不绝，其中有：雷洁琼、楚庄、万绍芬以及福建省的领导同志。

情况通报（第三号）1999年3月11日 12:00

3月8日下午，中央统战部、全国政协、国家安全部、民进中央、中国作协五家单位同冰心家属，在中国作协办公大楼三楼会议室召开了冰心先生治丧工作第二次协调会议。会后，冰心治丧办公室联络组就有关工作进行了详细的研究，制定了联络组工作时间表。现将从3月12日起的工作安排通报如下：

3月12日（周四）①印制完成冰心先生治丧讣告及讣告专用信封；

②……

3月19日（周五）①早八时工作人员到八宝山革命公墓第一告别室布置送别仪式现场；

②早八点陪同冰心先生家属到北京医院迎护冰心先生灵柩至八宝山墓；

③上午十时举行冰心先生送别仪式；

④下午遗体火化、取骨灰。

冰心对死看得很坦然。早在1990年10月14日，她就立下遗嘱：

我如果已经昏迷，千万不要抢救，请医生打一针安定，让我安静地死去；遗体交北京医院解剖；不要遗体告别，不开追悼会；骨灰放在文藻的骨灰盒内，一同洒在通海的河内；存款，除了分给吴平、吴冰、吴青的，其余部分都捐给现代文学馆；我身后如有稿费寄来，都捐给文学馆；书籍里面，没有上下款的，可以捐给民进图书馆（工具书你们可以留下）。

这份遗嘱根据后来情况的变化，又作了相应的改动。

冰心逝世后，根据治丧小组的协商，决定采用一种特殊的方式向老人送别。冰心一生最喜爱玫瑰，用它来送别是最好不过了。多年给冰心送花的陈于化，立即从云南调来了一千枝玫瑰，在送别仪式的前一天，由飞机空运来北京。冰心的家乡福州也送来两千枝玫瑰。中新社的耿军从境外一家专供白宫使用的玫瑰花公司调来了两百枝玫瑰。

外孙陈钢从美国赶回，带回了表现大海的音乐资料，请著名音乐家李焕之的儿子李大康和徐丽英合成了一组四个乐章的送别曲：大海、生命、光明、晚霞。

送别冰心

3月19日，北京的天空阴沉沉的，寒风轻轻地呜咽着，这是送别文学大师冰心的日子。

八宝山送别大厅的门前悬挂着一条大红色的横幅，上面写着“送别冰心”四个醒目的大字。厅内的正面墙上悬挂着冰心围着白色披肩，脸上露出微笑的巨幅照片，这是外孙陈钢为姥姥生前拍摄的，由中新社摄影部主任贾国荣为告别活动制作放大的，色彩十分鲜艳。海蓝色的帏帘上，写着冰心的名言：“有了爱就有了一切。”

送别厅内摆满了花篮。冰心老人安卧在鲜花丛中，身上还洒满了鲜红的晒干了的玫瑰花瓣，这是吴青长期积累下来的，她知道妈妈喜欢！

国家领导人江泽民、李鹏、朱镕基、胡锦涛、尉健行、李铁映、贾

1999年3月19日，在八宝山的会场，“送别冰心”。

“送别冰心”会场上，巴金送来的花篮。

庆林、温家宝、曾庆红、万里、乔石、荣毅仁、丁关根、丁石孙、成思危、叶选平、卢嘉锡、习仲勋、彭冲、费孝通、孙起孟、杨静仁等送了花圈。还有许多崇敬老人的友人和读者也送来花圈。

冰心的灵台前面是儿孙们用鲜花组成的心字的大花篮，还有巴金女儿李小林委托中国作协替巴老送来的花篮。

告别式开始，大厅里回荡起大海的波涛声、清脆悠扬的小号声、海鸥的飞鸣声。人们排着队，徐徐地走向大厅，每人手里拿着红玫瑰，走向冰心，向她献上一枝玫瑰。在送别的行列中，有国家领导人李瑞环、李岚清、刘延东等，有冰心生前好友、亲属，有她的学生，有她的无数的小读者；有出席中国作家协会和中国文联全委会的几百名委员、主席团成员；有福建省文联、冰心文学馆的代表，有从日本专程赶来的女作家冈田祥子、在美国

冰心大师千古
萬口誦嘉言愛就是一切
四方傳妙筆文可耀千秋

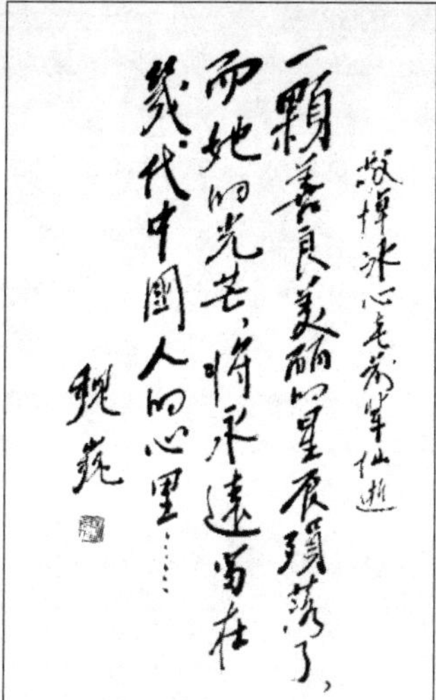

赵朴初送别冰心的挽联。　作家魏巍送别冰心的挽联。

冰心和吴文藻的骨灰盒安置在家中，旁边供着冰心最喜欢的玫瑰花。

威尔斯利女子学院任过教的英国人柯马凯、美国公使威廉·麦克希尔（Bill Machill）的夫人、黎巴嫩大使的代表；送别的人群中还有青年学生的代表，有从冰心老家长乐来的乡亲和少先队员的代表，他们向冰心祖母献上签了名的红领巾。

辛勤耕耘了近一个世纪的冰心，走完了自己璀璨的人生之路，但她把对人类的爱心永远留在了人间。

就在我们护送冰心的遗体去火化时，天空开始飘起了雪花，苍天知人意，也在为老人送别。

第二十二章
永远的怀念

一、纪念画册、纪念文集出版

为纪念冰心，香港林翠芬女士编辑出版了《冰心温暖人间——一个世纪的影集》（主编：林翠芬，美术设计：水禾田，明窗出版有限公司，1999年）。影集收集了上百帧冰心的照片和合影以及追思、怀念文章。

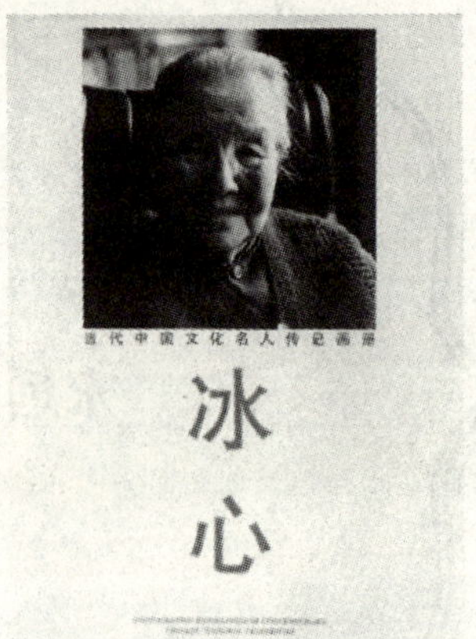

1995年浙江摄影出版社出版的传记画册《冰心》。

1999年，香港明窗出版有限公司出版的《冰心温暖人间——一个世纪的影集》纪念画册。

中国民主促进会副主席楚庄同志向我们征集了海外报刊发表的纪念冰心的文章连同他们收集的国内报刊的纪念文章，由开明出版社结集出版，冠名为《永远的冰心》（1999年6月）。

中华文学基金会的李朝全、凌玮清同志收集了冰心逝世后海内外报章杂志发表的纪念文章，由团结出版社结集出版，冠名为《世纪之爱：冰心》（1999年10

月第一版）。他们还出版了冰心与巴金的通信集《世纪之交：巴金与冰心》（1999年10月），《世纪之交：巴金与冰心》（新版）（2006年1月）。

河北少年儿童出版社出版《百年冰心》（2000年8月）画册，它是继福建教育出版社出版的《冰心》（1990年1月）和浙江摄影出版社出版当代中国文化名人传记画册《冰心》（1995年10月）后的大型画册。

二、纪念园和纪念馆的建立

中国文化名人雕塑纪念园

为了纪念和怀念冰心和中国的文化名人，中国作家协会中华文学基金会张锲同志和位于居庸关的华人怀思堂的白亚男总经理协商，在华人怀思堂的东侧的驼峰上建立中国文化名人雕塑纪念园。

在此立碑的文化名人有茅盾、叶圣陶、冰心、夏衍、田汉、徐悲鸿、曹禺。

2002年10月21日下午揭幕式在长城怀思堂前广场举行。文化部、中国文联、中国作协、中华文学基金会的负责人，怀思堂的负责人以及这些名人的亲属，新闻单位的记者等出席了揭幕式。揭幕式后，与会的代表参观了中国文化名人的生平展览。

谢冰心和吴文藻头像的巨型雕塑，由北京工艺美术学院的张德蒂教授创作而成。在头像的下侧刻有赵朴初先生的手书：谢冰心1900—1999、吴文藻1901—1985。塑像底座左上方有根据丰子恺为冰心的《寄小读者》（1926）初版创作的图案铸成的黄铜像。巨型雕塑背面镶有雕塑的铭文牌，里面安放着冰心和吴文藻的骨灰。

2002年10月21日上午9时40分，冰心、吴文藻的骨灰由小女儿吴青怀抱，在儿子吴平、媳妇陈凌霞、女儿吴冰、女婿李志昌、二女婿陈恕，孙子吴山、外孙李冰及其他亲属的护送下，从中华文学基金会的文采阁起程，前往八达岭北京长城华人怀思堂。

同车护送前往的还有专程从福建赶来的冰心研究会秘书长、冰心文学馆常务副馆长王炳根，福建省文联副秘书长、冰心研究会常务理事林灼铭，美国《中外论坛》主编、《美华文学》副主编、冰心研究会常务理事王性初等，冰心研究专家、冰心文学馆客座研究员卓如、李玲也同车护送前往。冰心生前曾经写过的报告文学《我们的五个孩子》中的五个孩子五家人的代表与专程前来的福建长乐市委副书记李金福等已在八达岭下迎候。

八达岭阳光明媚，秋风习习，怀抱的群山，红叶遍野，长眠在此的冰心、吴文藻，将与长城与大地共存。

福建省副省长、冰心研究会副会长潘心城，福建省文联，冰心文学馆，中共长乐市委，长乐市政府等送了花篮。

冰心和吴文藻的另一部分骨灰安放在中国现代文学馆冰心塑像一侧的墓碑中。冰心塑像是雕塑大师钱绍武按照冰心1923年在美国拍摄的一幅照片创作而成。

冰心文学馆“冰心生平与创作展览”（新布展）

2004年4月，冰心的儿女协商决定把冰心寓所的全部遗物捐赠给冰心文学馆。本希望把冰心的寓所作为故居保留下来，但北京市文物局认为，在一座楼的一个单元中把寓所变作故居不妥，所以这个方案只有放弃。此时，冰心文学馆正在筹备重新布置冰心生平展览厅，而且希望复原冰心的卧室、书房和客厅，这样，他们先后派出三批工作人员，前来进行整理和接收工作，陆续以3个10吨的集装箱，包括门窗、家具等全部遗物由北京运回长乐冰心文学馆。

省有关领导和部门为改造展厅以及奖励家属拨专款90万。福州市财政和长乐市财政分别拨给专项50万元与20万元，用于展厅改造。

2005年，冰心获亚非作协杰出女性奖。

冰心文学馆的展厅改造分两步进行，首先是建立和健全珍藏室，包括书架、藏画柜、文件箱、恒温、恒湿与安全设备等，在设备基本到位后，即着手开箱进行整理文物的登记。展厅改造工程从3月动工，经过180天的努力，至8月初基本完成。

位于烟台山的冰心纪念馆，2008年8月3日开馆。

改造后的展厅，增加了序厅。序厅由《冰心玫瑰》油画、《五四冰心》《小橘灯》《樱花赞》《寄小读者》《冰心与猫》5件巨幅浮雕、2件冰心手迹木雕、冰心的英文简介、冰心文学馆中文简介等组成。在展厅的中央，复制了冰心在北京中央民族大学的故居（包括门、窗暖气片、冰心使用过的桌椅、沙发、书柜等）。在11个单元的展览中均增加了大量实物，包括民国初福州的皮箱、20年代冰心结婚时其舅舅赠的脱胎漆托盘、20年代在美国留学使用的暖手壶和文具、20

冰心文学馆展出的复原冰心故居。

福州三山陵园展出的冰心铜像。

年代梁启超为冰心书写的集龚定庵诗句楹联、30年代在燕京大学使用过的古铜托盘、40年代在日本穿过的貂皮大衣，50年代的实物就更多。展览中同时增加了大量的手稿和著作版本，其中有40年代旅居日本时学习日本花道的笔记本、50年代还乡日记与旅欧日记、“文革”中冰心记录的家庭账本、“五七”干校劳动改造时给家里人的信、《寄小读者》《关于女人》《回忆五四》《我的故乡》《祖父与灯火管制》的手稿等。

改造后的“冰心生平与创作展览”，通过珍贵的文物、图片、手稿以及说明文字等，不仅“真实地再现冰心不平凡的一生和她所创造的辉煌的文学成就”，而且“还在历史、地域、时代、民族传统、社会文化等方面与冰心之间的相互影响的宏大背景下，展示出具有浓厚历史感和浓郁文化感和富有仁爱之心的冰心”。（刘东方：《以冰心精神设计冰心展览》，《爱心》第24期）

冰心荣获《亚非杰出女性奖》

2005年3月，亚非作家协会为表彰投身本国文化和人类事业，并在该领域作出杰出贡献、为之奋斗终身的作家冰心女士，特颁发荣誉证书和徽章。中国驻埃及大使馆吴思科大使出席了亚非杰出女性授奖仪式，并代冰心接受荣誉证书和徽章。

2005年8月，吴青和陈恕赴约旦参加世界经济论坛会议。会议结束后，我们前往埃及开罗访问，来到中国驻埃及大使馆文化处，受到文化处的热情接待。我们替母亲领回了荣誉证书和徽章。

江苏盐城二小《小号手报》创刊20周年暨冰心塑像揭幕仪式

2005年6月4日，吴青和陈恕应江苏盐城二小的邀请参加他们《小号手报》创刊20周年暨冰心塑像揭幕仪式。冰心生前亲自为《小号手报》题了刊名，小记者们在冰心在家时，每年还来探望冰心。2006年还有小记者在老师的带领下来到中央民族大学家属院看望吴青。

海安县蒋荣华同志创建“中国少年儿童碑廊”，“德让博物馆”落成

2005年2月6日我们又应邀参加“中国少年儿童碑廊”及“德让博物馆”落成仪式。冰心于1995年12月14日为蒋荣华题写“中国少年儿童碑廊”，经过蒋荣华的多年努力，并在当地政府的帮助下，碑廊终于在2004年年底建成。该碑廊以及“德让博物馆”成为海安县爱国主义教育基地，已对外开放。在“冰心园”里，有125张冰心的肖像，和冰心的塑像。

福州三才女冰心、庐隐、林徽因铜像在三山陵园落成

2007年5月23日，为了纪念中国现代文学史上杰出的三位福州籍女作家——冰心、庐隐、林徽因，由福州市文学艺术界联合会、冰心研究会、冰心文学馆主办，福州三山陵园有限公司承办的福州三才女铜像落成揭幕仪式在三山陵园隆重举行。省文联主席许怀中先生，省文联副主席、省作家协会主席陈章武先生，市政协副主席陈震宙先生，市政协副主席王聪深先生，市委宣传部副部长吕英女士，冰心研究会会长、冰心文学馆馆长王炳根先生，《福建文学》主编黄文山先生，冰心的女儿北京外国语大学教授吴青女士、女婿陈恕先生，庐隐的外孙女陈少薇女士，高士其的儿子高志其先生，市文联主席陈章汉先生，市作协主席黄安榕女士，三山陵园有限公司董事长林军先生，以及省市文艺界、新闻界代表和学生代表等100多人参加了揭幕仪式，仪式由陈章汉先生主持。

王聪深副主席在铜像揭幕仪式上讲话，代表福州市委、市政府，向

参加揭幕仪式的领导和来宾表示热烈的欢迎和诚挚的敬意。许怀中主席在揭幕仪式上说，为文学大师冰心、庐隐、林徽因雕塑铜像，供大家瞻仰，是我们对她们最好的纪念，旨在营造一种尊重知识、尊重人才的社会氛围，营造一个良好的城市人文环境。

吴青在揭幕仪式上发言："纪念这三位女性最重要的就是纪念她们的精神，她们都是受到五四运动的影响，接受并传递了新思想。女人先是人，才是女人；男人先是人，才是男人，因此男女是平等的，尤其在全球化的情况下，每一个女性都应该认真地想一想自己的人生价值，如何向这三位女性学习，成为有独立人格，有独立思想，并且有社会责任感的人。冰心的名言'有了爱就有了一切'，承担着一种社会责任感，希望我们的民族、我们的国家能够更好。三位女作家都很喜欢玫瑰花，尤其是大红的玫瑰花，因为玫瑰花非常的美，尤其是红色的，但是它有刺，玫瑰花是唯一带刺的花，这说明一个人活着要有正义，有风骨，不是人云亦云，人活着是要有人格的。"

许怀中、陈章武、吕英、王聪深、王炳根等，共同为"三才女"铜像揭幕，并以闽江水浇灌环绕三才女铜像的花草绿树，表达故乡人民对三才女的无比钦敬和缅怀之情。三才女亲属代表和全体来宾依次向铜像敬献了充满爱心的玫瑰花。冰心的女儿吴青在母亲的铜像前含泪留影。

"三才女"铜像高均为两米左右。冰心铜像一手拿着玫瑰花，一手拿着钟爱的书卷，充满希望地坐于自然石上，石头侧面刻着冰心的诗句"我愿大家像海既虚怀又广博"。林徽因铜像一手捧着书卷，一手持着笔，端庄典雅地坐于自然石上，纪念墙上刻着林徽因的诗句"献出我最热的一滴眼泪、我的信仰、挚诚和爱的力量"。庐隐铜像双手自然地放于书卷上，自信坚定地坐于石椅上，背面墙上刻着庐隐的诗句"繁华如梦，问流水残瓣，何处驻芳踪"。冰心铜像由我国著名雕塑家田世信先生设计创作。田世信是一位始终坚持自己的创作信念并一直进行着变革探索的艺术家，现为中央美术学院雕塑研究所教授，中国美术家协会雕塑艺术委员会副主任，首都规划建设专家咨询组织专家。

烟台冰心纪念馆开馆

2008年8月3日由烟台市人民政府在烟台山冰心纪念馆举行开馆揭幕仪式，烟台市市长、中国作家协副主席陈建功、宣传部副部长、冰心家属代表吴青相继发言。

“烟台冰心纪念馆”设立在烟台山南坡的东海关税务司官邸。该官邸坐北朝南，总建筑面积为514平方米，主体高10.32米，位于烟台山东西领事路之间的南山坡，坐北朝南，于2006年被列入国家级文物保护单位。冰心曾于1903年、1917年、1935年三次来烟台，其中第一次与父亲谢葆璋先生来烟台一住就是八年，度过了自己美好的童年时光，烟台山一带是她幼年成长游玩的重要地段。烟台山文物管理处从2007年冬季开始施工，一度脏乱不堪的东海关税务司官邸周边面貌为之一变。在南庭院，种上了玫瑰，与有着百年树龄的冬青、石榴相映成趣。在纪念馆东侧，是冰心牡丹园，从菏泽、洛阳等地采购来的600多株荷包牡丹含苞待放。

冰心纪念馆由赵朴初先生15年前提写馆名。纪念馆共分4个部分，即大海的女儿、割不断的乡情、无尽的眷恋和永远的冰心。纪念馆拥有千幅图片，其中60多件珍贵文物由冰心先生的女儿吴青女士捐赠，还有老舍先生的儿子舒乙先生捐赠的两幅铜雕塑《大海的女儿》和《晚年的冰心》以及有关部门捐赠的冰心先生的专著、手稿等文物。

三、弘扬冰心爱心的多彩活动

冰心文学第二届学术研讨会

2003年11月15日，在福建冰心文学馆，中国作协、福建省文联、福建师大、冰心研究会、冰心文学馆、中共长乐市委、市政府联合召开冰心文学第二届学术研讨会。中共福建省委常委、宣传部长荆福生，中国作协党组成员、书记处书记田滋茂，福建省文联党组书记、副主席陈济谋，冰心女儿吴青，福建师范大学副校长汪文顶，长乐市委书记林彬等出席开幕式。自上海、苏州、厦门和美国、日本的专家学者四十余人参加了研讨。

冰心女儿吴青回忆起1999年召开冰心文学首届学术研讨会，动情地说："我的妈妈冰心离开我们已经四年又八个多月了，但是她热爱科学民主的精神，她对中华民族和人民的爱，永远是我们的榜样。'有了爱，就有了一切。'爱是永恒的。"

"为期4天的学术研讨会以6个单元展开，分别由苏州大学范伯群教授、王炳根研究员、厦门大学朱水涌教授、福建师范大学孙绍振教授、北京《文艺报》编审吴泰昌、冰心文学馆客座教授李玲担任。研讨的话题涉及冰心的性别意识、冰心的宗教意识、冰心的非文本研究、冰心和巴金的关系、冰心在女性和教育方面的成就、冰心文学精神的文化价值和当代意义、冰心的佚文等多方面，共收到与会者论文24篇。"（王

燊、林芝、君瑜：《冰心文学第二届学术研讨会在福建召开》）

纪念冰心诞辰105周年

为纪念冰心诞辰105周年，福建冰心文学馆举行纪念大会，并为重新布置的展览举行揭幕剪彩。省委常委、省委宣传部领导，省政协副主席潘心诚，中国作家协会副主席、书记处书记、中国现代文学馆馆长陈建功，北京外国语大学校长郝平出席大会并讲话。来自北京、上海等地的作家、学者和省市文艺界、教育界代表200余人出席了大会。冰心研究会秘书长，冰心文学馆常委副馆长王炳根主持了纪念会和揭幕仪式。

省委宣传部领导发表纪念讲话，高度评价冰心：她创作的动力与源泉，就在于她一生始终拥有着一颗博大的爱心，一颗爱祖国、爱人民的赤诚之心，她的作品教育一代又一代的读者，她的爱心精神影响了千千万万的人。他说：纪念冰心诞辰105周年，要进一步做好冰心的研究和宣传工作，发扬和光大冰心的文学遗产和爱心精神，使之成为我省精神文明建设和构建和谐社会的重要内容。

陈建功副主席说："重新修葺后的冰心文学馆，风格典雅，美轮美奂，与时俱进，进入现代一流展览馆的行列。"并说，"在冰心家属的慷慨捐助下，悉数接收冰心的遗物，可以称之为'石破天惊'的大手笔。这一大规模的接收整理举动，为今天揭幕的'冰心生平与创作展览'奠定了坚实的基础。"

纪念会上，冰心的女儿吴青正式捐献了梁启超的字与吴作人的画等冰心遗物，此前他们已将全部遗物捐献给冰心文学馆。

为了表达对冰心家人捐献的谢意，福建省颁发给他们20万元奖金，冰心的儿子吴平代表家人又将这笔奖金捐给了基金会，用于冰心的研究与宣传，长乐市企业界也为冰心基金会认捐50万元，省领导为他们颁发了荣誉证书。

“冰心生平与创作展览”在揭幕剪彩后，即向公众开放，当天便接待观众500余人。

当晚，举行了“永远的冰心”纪念专题音乐诗歌晚会。

冰心佚文与遗稿发布会

由冰心研究会、冰心文学馆举行的“冰心佚文与遗稿发布会”于2006年9月10日上午10时在北京中国现代文学馆举行。中国作家协会副主席、书记处书记、中国现代文学馆馆长陈建功，冰心的女儿吴青、女婿陈恕，天津市作协研究员盛英，南开大学教授刘家鸣，北京大学教授方锡德，北京中国社科院文学研究所研究员卓如，原《文艺报》副主编、顾问吴泰昌，中国现代文学馆常务副馆长李荣胜，原副馆长周明，研究员傅光明、刘慧英，展览交流部主任唐文一等出席了会议，专程从日本前来的爱知大学国际问题研究所研究员虞萍、关西大学非常勤讲师牧野格子、京都立命馆大学非常勤讲师岩崎菜子出席了会议，正在清华大学中文系做访问教授的斯洛伐克的著名汉学家马利安·高利克出席了发布会。

陈建功先生对冰心佚文与与遗稿发布会的召开表示祝贺。他说：“冰心文学馆对冰心先生的感情以及对冰心研究的严谨，给中国现代文学馆也给我本人很有启发。你们对冰心先生的感情，和学术的严谨性，给中国现代文学馆所有的员工很大的鼓舞和感动，我们应该向炳根研究冰心一样，来对待中国现代文学的其他作家。”

吴青女士对国内外前来参加发布会的朋友们表示感谢。她认为作为冰心家人，最重要的就是将冰心的东西全部拿出来。她深情描述，“在纸的碎片中可能都有妈妈的东西，我们就是在用过的信封的背面发现了妈妈写《甲午海战》的遗稿。”“在佚文中发现妈妈对日本、对日本人民的看法，对日本侵略者的痛恨和对日本人民的情感。感谢日本学者找到并翻译了当时日本记者对冰心一系列的采访。”

当天下午还举行了“冰心佚文《惆怅》研讨会”。

冰心文学第三届国际研讨会

2008年8月1日至4日由中国现代文学馆、烟台市人民政府、福建省文联、鲁东大学共同主办冰心文学第三届国际研讨会在鲁东大学召开。

冰心生平、著作年表简编

1900年

10月5日（农历庚子年闰八月十二日）生于福建省福州府城隆普营，名谢婉莹。

1901年

随父母移居上海，住在昌寿里。

1903年

全家迁居山东烟台，父亲改任烟台海军练营营长，并开始兴建烟台水师学堂校舍，住在烟台海军采办厅。

1905年

舅舅杨子敬举家从福建福州迁到烟台。

1906年

六月二十三日（农历），大弟谢为涵出生。海军学堂建设开工。

1907年

冰心非常喜欢听舅舅杨子敬讲《三国志》故事，自己看《三国演义》，接着冰心开始偷偷地写小说，第一部是《落草山英雄传》，写到第三回便停止了。

1908年

八月十日（农历），二弟谢为杰出生。烟台海军学校新校区落成。清政府海军事务处决定在新校区正式成立烟台海军学校。谢葆璋辞去海军练营管带之职，专任烟台海军学校校长，江中清为教务长，叶幼峰为庶务长。

1909年

表舅王逢逢先生担任塾师，由于表舅的循循善诱，冰心开始热爱诗，学对对子，看诗韵，课外习作七绝。

1910年

冰心开始接触当时为儿童写的文学作品，如《无猫国》《大拇指》等，并把《大拇指》的故事讲给弟弟们和小朋友们听。

九月十九日（农历），三弟谢为楫出生。

1911年

父亲离任，全家迁回故乡。先乘轮船从烟台到上海，住在虹口。冬，回到福建福州，住在城内南后街杨桥巷口万兴桶石店后。

1912年

秋，冰心以第一名的优异成绩考入福州女子师范预科。

父亲谢葆璋到北京中华民国海军部任职。

1913年

父亲升任海军部军学司司长。初秋，冰心同母亲和三个弟弟由舅舅护送到北京，住东城铁狮子胡同中剪子卷14号。没有正式读书，阅读母亲订阅的《妇女杂志》《小说月报》。

1914年

秋，以优异成绩考取北京贝满女子中学（今为北京166中学）。

1915年

日本向袁世凯政府提出灭亡中国的“二十一条”，5月7日提出最后通牒，遭到中国人民的强烈反对。贝满女中的学生列队到中央公园（今中山公园）交爱国捐，冰心参加了这次爱国学生活动。

1918年

夏，于贝满女子中学毕业，获第一名。秋，升入协和女子大学理预科。

1919年

5月，参加五四爱国运动，被选为学生会的文书，并参加北京女学界联合会的宣传股，负责写宣传文章和开展宣传活动。

8月25日，北京《晨报》发表了女学生谢婉莹的第一篇文章《二十一日听审的感想》，直接参与营救被捕爱国学生的活动。

9月18日—22日，北京《晨报》连载了她的第一篇小说《两个家庭》。第一次以“冰心”为笔名。

10月7日—12日，《晨报》连载她的第二篇短篇小说《斯人独憔悴》。不久，作品被改编为三幕话剧，公演后获得好评。

10月30日—11月3日，《晨报》连载实事小说《秋雨秋风愁煞人》。

11月11日，在《晨报》发表文艺剩言《我做小说，何曾悲观呢？》。

11月22日—26日，《晨报》连载短篇小说《去国》。

12月1日，《晨报》纪念增刊发表散文《晨报……学生……劳动者》。

1920年

1月6日—7日，《晨报》连载短篇小说《庄鸿的姊姊》。

1月29日，在《晨报》发表短篇小说《一篇小说的结局》。

3月11日—13日，《晨报》连载短篇小说《最后的安息》。

3月15日，北京协和女子大学合并到燕京大学，称燕大女校。是日召开燕京大学男女校联欢大会。会后，写了《燕京大学男女校联欢会志盛》，刊登在《燕大季刊》第一卷第一期上。同刊还发表了短篇小说《世界上有的是快乐……光明》，署名均为谢婉莹。

4月6日—7日，《晨报》连载短篇小说《骰子》。

5月20日—21日，《晨报》连载短篇小说《还乡》。

5月21日，加入“燕大季刊社”，担任编辑。秋，被选为编辑副主任。

6月10日，《晨报》发表短篇小说《一个兵丁》。

8月1日，《晨报》发表短篇小说《一个奇异的梦》。

8月9日，《晨报》发表短篇小说《一个军官的笔记》。

8月28日，《晨报》发表短文《一只小鸟》，是中国现代散文史上最早的叙事散文。

9月，《燕大季刊》第一卷第三期刊登了谢婉莹的散文《遥寄印度哲人泰戈尔》（阙名）、《画一涛》；短篇小说《一个忧郁的青年》；杂感《译书的我见》《解放以后责任就来了》《怎样补救我们四周干燥的空气》。

9月12日和29日，《晨报》发表短篇小说《是谁断送了你》《三儿》。

11月27日，参加比利时作家梅德林克的剧本《青鸟》的演出。这次演出是因北方五省发生大旱灾，燕京大学为了赈灾，女校和男校共同组织文艺募捐会，冰心把英文剧本译成中文。开演那天，募款1200元左右。

12月，《燕大季刊》第一卷第四期发表了她最早的诗作《影响》《天籁》《秋》，署名婉莹。还发表了《文学家的造就》《圈儿》《我》等文。

12月21日，《晨报》发表短篇小说《鱼儿》。

1921年

由许地山、瞿世英介绍加入文学研究会。

1月，在该会刊物——革新后的《小说月报》第十二卷第一号上发表散文《笑》，被奉为早期白话散文中的范例。

4月，《小说月报》第十二卷第四号发表了短篇小说《超人》，同期还发表了谈文学创作的《文艺丛谈》。

4月20日—21日，《晨报》连载短篇小说《月光》。

5月13日，《晨报》发表杂感《石像》。

6月，《燕大季刊》第二卷第一、二期合刊发表《自由—真理—服务》《五月一号》《法律以外的自由》《是非》《提笔以前怎样安放你自己》《除夕的梦》等文，以及短篇小说《海上》，署名谢婉莹、婉莹。

6月，第二次到卧佛寺参加夏令会。20日写了《山中杂感》，25日《晨报》发表时，孙伏园先生以记者的名义，写了一段按语："这篇小文，很饶诗趣，把他一行行的分写了放在诗栏里也没有不可……"从此开始立意作诗。

6月29日，《晨报》发表了《青年的烦闷》。

夏，燕京大学理预科毕业。转入文本科二年级。

7月5日和22日，《晨报》先后发表了散文诗《图画》《回忆》。

7月，《小说月报》发表短篇小说《爱的实现》。

8月4日、11日、15日，《晨报》先后发表了《非完全则宁无》（一）（二）（三）。

9月20日，《晨报》发表了两首诗《迎神曲》《送神曲》。

10月19日，《晨报副镌》发表了冰心的《介绍一位艺术家》。

11月，《小说月报》第十二卷第十一号发表了冰心的两个短篇小说《最后的使者》《离家的一年》。

12月27日，《晨报副镌》发表了冰心的诗《病的诗人》（一）。

12月1日，《晨报副镌》发表短篇小说《一个不重要的兵丁》。

12月24日，《晨报副镌》发表冰心的诗《诗的女神》。同年，《燕大青年会赈灾专刊》一书出版，收入谢婉莹撰写的《发刊词》和《旱灾纪念日募捐纪事》。

同年祖父谢銮恩逝世。

1922年

1月1日、6日—26日，《晨报副镌》连续刊登冰心的小诗《繁星》。

1月，《小说月报》第十三卷第一号发表短篇小说《烦闷》。

1—3月，北京《晨报副镌》和上海《时事新报·学灯》发表了冰心的《假如我是个作家》《将来的女神》等诗，《十字架的园里》等散文，以及短文《论文学批评》。

3月21日—6月30日，《晨报副镌》间续刊登冰心的小诗《春水》。

3月23日—11月23日，先后在《晨报副镌》《时事新报·学灯》上发表《玫瑰的荫下》《不忘》等18首诗。

4月，《小说月报》第十三卷第四号发表短篇小说《疯人笔记》。

6月，《小说月报》第十三卷第六号发表短篇小说《遗书》。

9月，《小说月报》第十三卷第九号发表短篇小说《寂寞》。

10月，《小说月报》第十三卷第十号发表散文《往事》。

10月26日，《晨报副镌》发表散文《到青龙桥去》。

1923年

1月，诗集《繁星》由商务印书馆出版。

2月26日，《燕大周刊》创刊，发表论文《中国新诗的将来》。

2—3月，《晨报副镌》发表《致词》《信誓》等诗。

4月，《小说月报》第十四卷第四号发表散文《梦》。15日，为《燕京大学一九二三年同级录》撰写序言。

4月24日，《燕京大学周刊》第八期发表论文《论文学复古》。

5月，短篇小说、散文集《超人》由商务印书馆出版。诗集《春水》由新潮社出版。同月20日，毕业论文《元代的戏曲》脱稿，交导师周作人先生。

夏，以优异成绩毕业于燕京大学文本科，得文学士学位。同时获金钥匙荣誉奖。

7月25日，开始为《晨报副镌》儿童世界专栏撰写《寄儿童世界的小读者》通讯，29日开始刊登。通讯延续到1926年9月，共计29篇。

8月，赴美国留学。3日离开北京，前往上海。17日乘约克逊号邮船离沪。船上结识清华毕业生吴文藻，播下爱情的种子。旅途中写了《纸船》《乡愁》《惆怅》等诗篇。

9月9日，到达波士顿。

9月17日，开始在威尔斯利女子学院研究院学习。

11月下旬，因病住学校的圣卜生疗养院。

12月15日，转到沙穰青山疗养院。

12月1日，《晨报副镌》发表散文《好梦》；17日、22日，连载《远道》（诗）。

1924年

2月12日，《晨报副镌》发表诗《倦旅》。

3月，《小说月报》第十五卷第三号发表短篇小说《悟》。

5月，《燕大周刊》第45期发表散文《忆淑敏》

6月，《小说月报》第十五卷第六号发表短篇小说《六一姊》。

7月，《小说月报》第十五卷第七号发表散文《往事》（二）。

7月5日，病愈，离开沙穰青山疗养院，前往默特佛、自由、伍岛等地游览。8月17日返波士顿，回威尔斯利女子学院继续学习。

8月8日—10日，《晨报副镌》连载散文《山中杂记》。

9月，《小说月报》第十五卷第九号发表短篇小说《别后》。

10月，《燕大周刊》第48—49期连载《介绍一本书——“北京的尘沙”》。

1925年

3月28日，波士顿一带的中国留学生在“美术剧院”用英文演《琵琶记》，冰心负责设计服装，并饰剧中的宰相之女。中国古典名剧的公演博得了好评。

开始把李清照的词翻译成英文诗。

6月22日，《语丝》第三十二期发表诗《赴敌》。

夏，到康奈尔大学暑期学校补习法语。6月18日前往银湾、绮色佳等地游览。

7、8月，做散文《绮色佳》（一）（二）（三），刊《留美学生季报》1926年5月20日第十一卷第二号。

9月2日，到雪拉鸠斯，参加美东中国学生年会。14日，回到威尔斯利女子学院。

11月，感恩节在惠波车中戏做小说《姑姑》，载《睿湖》1929年6月第1期。

12月12日，作诗《相思》。

1926年

1月，《小说月报》第十七卷第一号发表短篇小说《剧后》。

3月10日，到惠登大学讲演。

5月，通讯集《寄小读者》由北新书局出版。

6月，用英文撰写的硕士论文《李易安女士词的翻译和编辑》脱稿。

父亲谢葆璋升任海军部次长。

7月，毕业于美国威尔斯利女子学院研究院，得硕士学位。离美回国，7月27日抵上海，7月30日撰写《寄儿童世界小读者》通讯二十八，载《晨报副镌》1926年8月7日。

8月2日，回到北京。31日撰写《寄儿童世界小读者》通讯二十九，载《晨报副镌》1926年9月6日。

9月，回母校燕京大学国文系任教。

11月，应北京大学之邀，作《中西戏剧之比较》讲演。

1927年

3月20日，作《寄小读者·四版自序》，载《晨报副镌》1927年3月24日。

6月，任《燕京学报》编委。

同月，《燕京学报》第一卷第一期刊登学士论文《元代的戏曲》，署名谢婉莹。

同年，任燕大委员会委员。

同年，父亲谢葆璋到上海，任海道测量局局长兼全国海岸巡防处处长。家迁往上海。

1928年

先后为学生导演田汉的《咖啡店之一夜》、泰戈尔的《齐德拉》。

5月，“济南惨案”发生后，写了充满激情的诗篇：《我爱，归来吧，我爱！》。

1929年

2月，吴文藻获美国哥伦比亚大学博士学位，同时获十年间最优秀的外国留学生荣誉奖，回到北平。在燕京大学社会学系任教，同时，在清华大学兼授两门课。

5月，《燕大月刊》第四卷第三、四期发表诗篇《我曾》。

6月15日，与吴文藻博士在燕京大学临湖轩举行婚礼。住妙峰山大觉寺的客房，后回上海、江苏江阴省亲。

8月，回北平，迁入燕南园66号新建的住宅。

10月24日，为三弟谢为楫（笔名冰季）的小说集《幻醉及其他》作序。该书1930年10月由中华书局出版。

11月20日，创作小说《第一次宴会》，载《新月》1930年第2卷第6、7号合刊。

本年燕京大学教职员组织剧社。取名“热闹”，业余演尤金·奥尼尔的英文剧《马可·波罗》，冰心饰剧中的公主。

1930年

在北平女子文理学院任教。

1月，《小说月报》第21卷第1号发表短篇小说《三年》。短篇小说、散文集《往事》，由开明书店出版。

母杨福慈在上海病逝。

3月，开始翻译黎巴嫩作家纪伯伦的《先知》。

12月5日，写诗《我再也不能承受这样的温存》。

1931年

2月6日，生长子宗生（吴平）。

父亲谢葆璋退休回到北平。

6月30日，完成纪念母亲的长篇散文《南归》，9月由北新书局出版。

7月16日，从燕京大学乘校车进城。在车中作诗《惊爱如同一阵风》，载《北斗》第2期。

7月30日，作诗《我劝你》，载《北斗》创刊号。

8月5日，完成小说《分》，载《新月》第3卷第11期。

8月23日，译完叙利亚作家纪伯伦的《先知》，写了序言，9月由新月书店出版。

1932年

4月，在香山撰写《冰心全集·自序》，以《我的文学生涯》为题，载《青年界》第2卷第3号。

夏，在病榻上写了散文《寻常百姓》，刊《文学》第3卷第1期。

7月，北新书局出版小说集《姑姑》。

8月，北新书局出版冰心全集之二《冰心诗集》。

9月，北新书局出版冰心全集之三《冰心散文集》。

12月，诗、散文集《闲情》，由北新书局出版。

1933年

在清华大学任教。

1月，北新书局出版冰心全集之一《冰心小说集》。

9月27日—10月21日，《天津大公报·文艺副刊》连载小说《我们太太的客厅》。

10月，北新书局出版小说集《去国》。

11月1日，为林培志的小说集《娜拉的出路》作序。

11月28日，小说《冬儿姑娘》，载《文学季刊》1934年1月创刊号。

1934年

1月，《文学》第二卷第一期发表散文《新年试笔》。

7月，《文学季刊》第三期发表小说《相片》。应平绥铁路局局长沈昌之约，参加平绥沿线旅行团，经平绥全线，历时六星期。

1935年

2月，《平绥沿线旅行纪》由平绥铁路管理局出版。

5月1日，生长女宗远（吴冰）。

5月，北新书局出版短篇小说集《冬儿姑娘》。

1936年

1月，《青年界》第九卷第一号发表散文《二老财》。

4月，《人间世》第二期发表《一封公开信》。

4月27日，上海《大公报》发表散文《胰皂泡》。

5月，《自由评论》第二十五、二十六期合刊发表诗《一句话》。

6月，《宇宙风》第十八期发表散文《一日的春光》。

6月，《青年界》第十卷第一号发表散文《记萨镇冰先生》。

6月7日，中国文艺家协会宣告成立，发表宣言，冰心在宣言上签名。

暑期，赴欧美游历，先后到达日本、美国、英国、意大利、法国、德国、苏联等国家。

7月，《文季月刊》第一卷第二期发表短篇小说《西风》。

10月1日，同鲁迅、郭沫若、茅盾、巴金等21人，发表《文艺界同人为团结御侮与言论自由宣言》。

1937年

6月29日，从欧洲回到北平。

11月9日，生次女宗黎（吴青）。

1938年

暑期离开北平，9月到达云南省昆明市。

1939年

夏，由昆明迁到呈贡县。

秋，在呈贡简易师范学校义务教课。为学校填写校歌词。

1940年

2月，香港《大公报》发表散文《默庐试笔》。

8月4日，父亲谢葆璋病逝于北平。

冬，举家迁到四川省重庆市。任宋美龄妇女指导委员会文化事业组组长。

12月7日，文协假中法比瑞同学会举行茶话会，欢迎茅盾、冰心、巴金等来渝作家。第一次见到周恩来同志。

1941年

1—12月，以“男士”为笔名，在《星期评论》上相继发表《关于女人》，共九篇。

3月，以社会贤达身份担任国民参政会第二届参政员。但未出席在重庆召开的第一次大会。

3月15日，被选为中华全国文艺界抗敌协会第三届理事。辞去妇女指导委员会文化事业组组长职务，退还工资，迁居歌乐山。

12月21日，写《悼沈骊英女士》，载《妇女新运》1942年第四卷第一期。

1942年

3月27日，写《我的童年》，载《妇女新运》第四卷第四期。

11月，《妇女新运》发表诗《生命》。

11月24日，为罗常培的《蜀道难》作序。

12月12日，开始撰写《再寄小读者》通讯。共四篇。

1943年

夏，继续撰写《关于女人》七篇。

9月，天地出版社出版《关于女人》一书。

开明书店出版《冰心著作集》（小说集、散文集、诗集三卷）。

1944年

8月，大弟谢为涵病逝于北平。

1945年

2月22日，全国文化界进步人士在《新华日报》（重庆版）上发表《文化界对时局进言》，冰心在“进言”上签名。

1946年

1月，《妇女文化》第一卷第一、三、五期刊登译诗《吉檀迦利》。

4月，离开重庆，5月1日到达南京。

7月，回到北平。

11月9日，到日本东京。

1947年

2月，《世纪评论》第一卷第五期发表散文《无家乐》。

7月，散文《丢不掉的珍宝》在《妇女月刊》第六卷第二期上发表。

7月，回国到南京参加第四届国民参政会，先后在南京和北平作关于旅日生活和日本问题的演讲。

8月，短篇小说《无题》，收入赵清阁编《无题集》，10月，晨光出版公司出版。

1948年

3月，被选为东京燕京大学校友会主席。

6月，在日本东方学会东京支部和东京大学文学部中国文学研究室共同主持下，作关于如何欣赏中国文学的演讲，连续五次。

1949年

受日本东京大学（原帝国大学）之聘，讲授中国文学。

9月，东京大日本雄辩会讲谈社刊行《如何欣赏中国文学》（日文）。

1951年

6月12日，在日本自由学园讲《诗人与政治》。

秋，在周恩来总理的关怀下，有关部门作了周密的安排，全家回到祖国。

1952年

初夏，周恩来总理在中南海西花厅接见了吴文藻和冰心，听取了他们在日本为祖国工作的情况汇报。

1953年

由丁玲、老舍介绍加入中国作家协会。

创作中篇小说《陶奇的暑期日记》。

9月23日—10月4日，出席在北京怀仁堂召开的中国文学艺术工作者代表大会，同时参加了全国文协会员代表大会。

11月14日，撰诗《我得了一条红领巾》。

11月21日，《北京日报》发表散文《莫斯科的丁香和北京的菊花》。

11月27日，参加中印友好协会访问团前往印度，访问了印度的19个城市和许多乡村。

1954年

1月12日，离开印度，经缅甸回国，2月4日到达广州。回来后写了《印度之行》，载《新观察》1954年5、6月第10—12期。

3月，参加政协全国委员会组织的宪法（草案）座谈会。

9月，人民文学出版社出版了《冰心小说散文选集》，为选集写了《自序》。

9月，被选为第一届全国人民代表大会代表。15日参加第一次会议。

10月9日，《北京日报》发表散文《伟大的保证，伟大的关怀》。

1955年

1月，中国青年出版社出版译作《印度童话集》。4月人民文学出版社出版《吉檀迦利》。

4月2日，赴印度出席亚洲国家会议，22日离印回国。回来后写了《印度重游记》。

6月29日，赴瑞士洛桑参加世界母亲大会。

8月2日，参加中国代表团到日本出席禁止原子弹和氢弹世界大会，并慰问日本的原子弹受害者。8月28日回到广州。撰写了《访日观感》《广岛——控诉的城市》等散文。

10月，提出为儿童创作更多更好的文学作品，建议每位作家写一篇儿童文学作品。

12月，作为全国人民代表大会代表回福建视察。

12月30日，在上海参加了少年儿童文学创作座谈会，并发言。

1956年

2月，担任中国亚洲团结委员会委员。

5月，中篇小说《陶奇的暑期日记》由少年儿童出版社出版。

6月，《人民日报》《光明日报》分别发表了《一个母亲的建议》《一位专家，几万儿童》。

6月，《人民文学》发表散文《还乡杂记》。

7月，加入中国民主促进会。

8月，当选为中国民主促进会第四届中央委员会委员。

9月，翻译泰戈尔的短篇小说《喀布尔人》《素拔》《弃绝》，发表在《译文》第九期上。

11月11日，《北京日报》刊登《一个埃及的引水员》（诗）。

11月，在《文艺报》第二十一期发表《勇敢地向前吧，埃及的弟兄姐妹们》。

12月，翻译印度安·波利塔的《许愿的夜晚》，并写了译后记，载于《译文》十二月号。

1957年

1月31日，《中国少年报》发表短篇小说《小橘灯》。

2月，为《一九五六年儿童文学选》撰写序言。该书由人民文学出版社出版。

春，到南京、镇江、扬州、无锡、宜兴、苏州等地参观。

4月6日，《人民日报》发表散文《观舞记》。

4月25日，《中国少年报》发表诗《别踩了这朵花》。

5月，《文艺报》第六期发表《试谈短篇小说》。

6月，《诗刊》第六期发表《西郊短简》。

7月，《收获》创刊号发表诗《我的秘密》。

8月，翻译印度萨·奈都的诗选并写了译后记，载《译文》八月号。

10月1日，发表广播讲话《国庆寄语海外的母亲们》。

10月21日，《人民日报》发表诗《莫斯科的上空》。

10月25日，作诗《十月革命的一声炮响》，载《北京文艺》1957年11月号。

11月21日，到北京工艺美术研究所访问老艺人郎绍安。写了《面人郎访问记》。

12月20日，参加中国代表团赴埃及，出席亚非人民团结大会。

1958年

2月，《诗刊》第二期发表《春风得意马蹄疾》。

2月26日，《人民日报》发表《我们这里没有冬天》。

3月11日，开始撰写《再寄小读者》通讯，到1960年，共写21篇，先后在《人民日报》《儿童时代》上发表。

3月21日，《北京日报》发表散文《北京的声音》。

3月21日，参加中国文化代表团，到西欧访问，先到瑞士、继抵意大利，访问了罗马、威尼斯等大小20个城市。

4月22日，转到英国，访问了伦敦和格拉斯哥、爱丁堡等城市。

4月，散文集《归来以后》由作家出版社出版。

5月，人民文学出版社出版了她和石真合译的《泰戈尔诗选》。

6月，到十三陵水库工地参加劳动、进行采访，写了《一个最高尚的人》《十三陵工地的小五虎》《大东流乡的四员女健将和女尖兵》《十三陵水库工地散记》等。

10月，到苏联的乌兹别克共和国首都塔什干参加亚非国家作家会议，写了《塔什干的盛会》，载于10月7日《光明日报》。

11月，参加中国劳动人民代表观礼团，参加十月社会主义革命41周年典礼。

11月，当选为中国民主促进会第五届中央委员会常委。

12月29日，写《悼念罗常培先生》，载《中国语文》1959年1月号。

1959年

2月6日，写散文《我们把春天吵醒了》，载《人民日报》1959年2月8日。

3月1日，散文《像真理一样朴素的湖》，载《北京日报》1959年3月1日。

3月，到河南的郑州、登封、三门峡等地参观。

4月，《诗刊》第四期发表《我是怎样写〈繁星〉和〈春水〉的》。

4月，被选为第二届全国人民代表大会代表。

5月，《人民文学》发表《回忆“五四”》。

6月，译泰戈尔短篇小说《夜中》《吉莉巴拉》，载《世界文学》六月号。

7月，《文艺报》《北京日报》发表《关于散文》《京戏和演京戏的孩子》等。

9月25日，开始为《北京晚报》撰写《拾穗小札》，直到1962年，陆续发表了50多篇。

9月下旬，写了《再到青龙桥去》，载10月8日《人民日报》。

10月，短篇小说《回国以前》，载《人民文学》十月号。

11月9日，写《悼靳以》，载《人民文学》十二月号。

1960年

1月，《北京文艺》发表散文《像蜜蜂一样劳动的人们》。

1月，百花文艺出版社出版散文集《我们把春天吵醒了》。

3月，到湖北参观工厂和水利枢纽工程。

3月30日—4月10日，参加第二届全国人民代表大会第二次会议。撰写散文《我喜欢福建厅》。

4月，作家出版社出版诗、散文、小说合集《小橘灯》。

7月22日—8月13日，出席第三次全国文学艺术界代表大会，被选为中国作家协会理事。

1961年

2、3月，先后在《文艺报》《文汇报》《人民文学》发表《玉工的启发》《谈散文》《古战场变成了大果园》等文。

3月24日，参加中国作家代表团出席在日本东京召开的亚非作家会议常设委员会紧急会议。

5月，翻译泰戈尔的《孟加拉风光》，载《新港》五月号。

5月15日，参加中国文联等团体联合举办的纪念世界文化名人——印度诗人罗宾德拉纳特·泰戈尔诞生一百周年纪念。

6月，任中国民主促进会中央联络委员会主任委员。

6月，散文《樱花赞》《中野绿子和小慧》《一寸法师》分别载《人民文学》《人民日报》《民间文学》。

10月，散文《每逢佳节》《人民坐在"罗圈椅上"》分别载《文汇报》《光明日报》。

12月，应王震部长之约，到湛江农场参观访问。

1962年

2月12日，参加中国作家代表团，到埃及开罗，出席第二届亚非作家会议。

4月，散文《尼罗河上的春天》，载《人民文学》四月号；《亚非作家的战斗友谊》载4月8日《文汇报》。

7月，在《上海文学》发表散文《一只木屐》。

10月，《人民文学》发表散文《海恋》。

11月，百花文艺出版社出版散文集《樱花赞》。

12月，翻译《加纳诗选》，载《世界文学》。

1963年

1月，翻译黎巴嫩哈·纪伯伦的散文诗《沙与沫》，部分载《世界文学》一月号。短篇小说《在火车上》，载《儿童文学丛刊》第一期。

4月，《一九五九—— 一九六一年儿童文学选集》序言，刊《文艺报》第四期。

5月，在《人民文学》五月号发表散文《湛江十日》。

8月17日，陪同日本女作家三宅艳子到上海、苏州、广州参观访问。

9月，翻译美国威·爱·伯·杜波依斯的《加纳在召唤》，载《世界文学》九月号。

9月30日，《人民日报》发表散文《三到青龙桥》。

11月5日，参加中国作家代表团赴日本访问。

11月，翻译阿尔巴尼亚拉齐·帕拉希米的《巡逻》，载《世界文学》。

1964年

1月，陪同日本女作家松冈洋子到济南、合肥、上海、广州、新会参观访问。

2月11日，散文《春天在招手》刊于《人民日报》。

3月，作家出版社出版散文集《拾穗小札》。翻译朝鲜诗三首、尼泊尔诗二首，分别载《世界文学》一、二月号和四月号。

6月，报告文学《咱们的五个孩子》载《人民文学》。翻译北美印第安人民间故事《渔夫和北风》，载《儿童文学丛刊》第三期。

12月，当选为第三届全国人民代表大会代表。

1965年

5月，作家出版社出版了与孙用合译的《马亨德拉涛抄》。

6月，《戏剧报》第五期发表诗词各一首。

11月30日，《光明日报》发表散文《战友》。

1966年

“文化大革命”初期，受到抄家、批斗等迫害。不久，得到周恩来总理的保护，解除了她的一些困境。

1970年

1月5日，到湖北咸宁作家协会的“五七”干校。

6月，到湖北沙洋中央民族学院“五七”干校。

1971年

8月，离开湖北沙洋，回到北京。

1972年

开始与吴文藻、费孝通等合译英国赫·乔·威尔斯的《世界史纲》和美国海斯、穆恩、韦兰的《世界史》上、中、下三册。

创作《因为我们还年青》（诗）。

1973年

1月，发表散文《樱花和友谊》。

4月16日，参加中日友好协会访日代表团访问日本，5月8日回国。

7月，发表散文《中日友谊源远流长》。

1975年

1月，当选第四届全国人民代表大会代表。

1月，到北京、天津等地参观访问。

6月，到四川、云南、贵州、湖南四省参观。

1976年

7月，《人民文学》发表散文《毛主席的光辉永远引导我们前进》。

11月10日，香港《大公报》发表《人民的胜利》。

1977年

1月，在《人民文学》上发表散文《永远活在我们心中的周总理》。

6月，散文《乌兰托娅的话》，载《天津文艺》第六期。

11月，短篇小说《记一件最难忘的事情》，载《儿童文学丛刊》第二期。

12月4日，《人民日报》发表《对“文艺黑线专政”论的流毒不可低估》。

1978年

2月，被选为第五届全国人民代表大会代表。

3月，被选为第五届政协全国委员会常委。

6月，开始撰写《三寄小读者》通讯，载《儿童时代》，到1980年2月，共发表通讯10篇。《悼郭老》《老舍和孩子们》《追念振铎》，分别载《人民文学》第七期、《人民戏剧》第七期、《文艺报》第六期。

9月，被选为中国妇女第四次全国代表大会代表。

1979年

1月，参加全国诗歌创作座谈会。

3月，散文《腊八粥》，载《新港》三月号。

5月，散文《我的故乡》《从“五四”到“四五”》，分别刊于《福建文艺》第四、五期合刊，《文艺研究》创刊号。

7月18日，《人民日报》发表散文《等待》。

9月，《文艺论丛》第八辑刊登《回忆“五四”》。

10月，被选为中国文联副主席、中国作家协会第三届理事会理事。

10月，当选中国民主促进会第六届中央委员会副主席。

1980年

1月，散文《近在眼前的地平线》《我的童年》，分别载《西藏文艺》第一期，《朝花儿童文学丛刊》第一期。

3月，《北方文学》发表短篇小说《空巢》。

4月，任中国作家访日代表团副团长，赴日本访问。

5月2日，《北京晚报》发表散文《光辉灿烂的虹桥》。

9月，百花文艺出版社出版《晚晴集》。荣获全国少年儿童文艺创作荣誉奖。

12月，《儿童时代》第二十四期发表《生命从八十岁开始》。

1981年

3月，《空巢》被评为优秀作品，获全国优秀短篇小说奖。

4月日，《悼念茅公》，载《文汇报》。

6月2日，诗《献给我们挚爱的宋奶奶—记一个小学生的话》，刊于《光明日报》。

7月，任中国儿童和少年福利基金会副会长。

8月，人民文学出版社出版译诗《燃灯者》（马耳他安东·布蒂吉格著）。《童年杂忆》《我到了北京》，分别载《新文学史料》第三期、《收获》第六期。

12月，翻译黎巴嫩纪伯伦的散文诗集《沙与沫》，全文载《外国文学季刊》第二期。

1982年

1月，散文《我和玫瑰花》，载《八小时以外》第一期。

2月9日，《人民日报》发表《我所钦佩的叶圣陶先生》。

3月24日，《灯光》《为〈东方少年〉创刊而写》，载《光明日报》。

4月，《我的第一篇文章》《紫竹林怎么样了》《书给了我快乐和益处》，分别载《人民日报》4月26日，《天津日报·文艺》第二期、《辅导员》第四期。

6月1日，《人民日报》发表《冰心文集·序》。为延边朝鲜文文学丛刊《阿里郎》题词。

8月25日，《北京晚报》发表《我喜欢短小精悍的作品》。

9月22日，《光明日报》发表《肝胆相照荣辱与共》；《文艺报》第九期发表《不要污染日本子孙万代的心灵》。

27日，《人民日报》发表《垂柳集·序》。

28日，为《台声》题词：“《台声》是联系我国内外台湾同胞的坚强纽带，她将发出我们十亿（包括台湾同胞在内）的各族人民的声音，鼓励我们同心协力，为完成祖国统一的神圣事业而奋斗到底！”

10月，《祖父和灯火管制》，载《福建文学》第十期。

11月1日，为《小说月报》创刊三周年题词：“希望《小说月报》在已有的成绩上，更多选一些青年作家在深入新生活中，写出的入情入理，引人向上的作品！”《文艺报》第十一期发表《井上靖西域小说集·序》。

1983年

1月15日，写《老舍儿童作品选·序》。

2月，《杨永青和他的儿童画》，载《儿童文学》第二期；12日，《中国青年报》发表题词：“《中国青年报》是中国青年最知心最有益的朋友。”17日写散文《绿的歌》。

3月2日，《文汇报》发表《情发于中》。

4月1日，写《老舍的散文》；27日为福建的儿童刊物写发刊词《我的祝愿》，刊《牵牛花》创刊号。

5月19日，《人民日报》发表《悼念林巧稚大夫》。散文集《我的故乡》，由福建人民出版社出版。

6月26日，《华声报》发表《悼念廖公》。

8月，《少年之友》第四期发表《我的中学时代》。

10月，《文艺报》第十期发表《他还在不停地写作》。10日，写《我也谈淡翻泽》。

11月，当选中国民主促进会第七届中央委员会副主席。21日，为《美的甘泉》写序。29日，为《窗外之窗》写序。

12月31日，《人民日报》发表《八四书愿》。

1984年

1月1日，《北京日报》发表《给〈小苗〉小读者的贺年信》。

2月29日，《文汇报》发表《贺叶巴两位》。

3月，《文艺报》发表《纪念老舍八十五岁诞辰》。

4月2日，《人民日报》发表《〈自然·生活·哲理〉序》。

5月，《明子和咪子》《我的期待》，载《人民日报》。

6月，《寄〈小学生报〉的小读者》《"六一"寄语》《我家的对联》分别载《小学生报》《教工》《艺术世界》。

7月，《我入了贝满中斋》《花瓶》，分别载《收获》《北京晚报》。

9月，《光明日报》发表《愿中国妇女实现更多"零的突破"》。

10月，任北京第一六六中学名誉校长。被聘为《作家生活报》顾问。中国散文诗学会总顾问。《国庆三十五周年感言》《桥》《今日上海》，分别载《红旗》《中国妇女报》《文汇报》。为《人民文学之友》题词。

11月2日，三弟谢为楫病逝于兰州。

12月，《旅游》发表《天南地北的花》。为"爱我中华，修我长城"书画义卖捐赠书法作品。被聘为小作家协会顾问。

1985年

1月，开始在《中国作家》上发表《关于男人》。又发表《健·美·新》《美的北京街头》《寄家乡小读者》，分别载《北京日报》《散文世界》《小学生周报》。任《女作家》编委。

2月，开始在《北京晚报》发表《伏枥杂记》。《意外的收获》《童年的春节》分别刊于《瞭望》《农民日报》。

3月，《旅行家》第3期发表《忆烟台》。

4月，《我的祝贺》，载《儿童时代》。

6月，为《陈伯吹传》写序。

7月，《致海外朋友和同胞》《〈忆故知〉序》，分别载《人民日报》（海外版）、《文艺报》。

8月，《介绍〈今夜月色好〉》，载《文艺报》。

9月24日，冰心女士的丈夫，著名社会学家和民族学家吴文藻教授病逝。

10月，《文艺报》发表《我注意寻看安忆的作品）。

12月，《喜读袁鹰的〈秋水〉集》《一股"黄山的人字瀑"》，分别载《文艺报》《文汇报》。

1986年

1月，撰写《一个大写的北京人》《论婚姻与家庭》，分别载《人民文学》1986年第2期；《婚姻与家庭》1986年第5期。

1月12日，二弟谢为杰病逝于北京。

3月，写《悼丁玲》《两栖动物》，分别载《文艺报》1986年第11期，《散文世界》1986年第六期。

4月，写《班主任》贺词，载《班主任》1986年第4期。《我的老伴》（抗战前部分），载《中国作家》1986年第四期。4月23日，被聘为中国翻译工作者协会第二届名誉理事。

5月，写《秀才不出门》《“六一”节寄小读者》《漫谈赏花与玩猫》，分别刊于《北京日报》1986年6月17日，《北京日报》1986年5月21日，《北京晚报》1986年6月3日。5月18日，应邀到东方玫瑰花公司参观，与邓颖超大姐同赏了月季花。

5月14日，被聘为中国老年基金会理事。

6月，写《我的祝愿》《中学生散文选评·序》，分别载《文汇报》1986年7月5日；《散文世界》1987年第3期。

7月，写《当教师的快乐》《我很喜欢陈祖德这一家子——喜读〈超越自我〉》，分别载《人民日报》1986年9月24日；《光明日报》1986年10月18日。

8月，写《忆天翼》，载《光明日报》1986年10月18日。

10月，写《孩子心中的文革·序》，刊《北京晚报》1986年11月7日。

11月，撰写《我的老伴——吴文藻》，载《中国作家》1987年第2期。

12月，写《一代崇高的女性——纪念吴贻芳先生》《介绍三篇好小说》，分别载《吴贻芳纪念集》（江苏教育出版社，1987年8月）、《文艺报》1987年1月10日。

12月20日，被选为欧美同学会名誉副会长。

12月27日，《人民日报》（海外版）发表《我向文学馆捐赠字画的经过》。

1987年

1月，写《英雄就是这样的一个人》，载《西安晚报》1987年2月8日。《散文世界》第一期刊登《谈巴金的〈随想录〉》。

2月，写《入世才人粲若花》《给当代青少年的信》《旧梦重温》，先后刊载于《人民日报》1987年3月7日、《人生的太阳》（人民文学出版社1988年2月出版）、《光明日报》1987年3月22日。

3月，写《春的消息》《话说“相思”》载《人民政协报》1987年3月31日；《人民日报》1987年4月9日。

4月，应邀到叶圣陶先生家观海棠花。写《回忆“七七”》，载《群言》1987年第7期。

4月，《关于男人》荣获《散文选刊》首届优秀散文荣誉奖。

5月，写《谈〈雅舍小品选〉》《海伦·斯诺的一首长诗》《我读〈神州学人〉》《中国高中学生优秀作文选·序》，分别载《人民日报（海外版）》1987年5月30日、《文艺报》1987年5月30日、《神州学人》1987年第三期、《中国高中学生优秀作文选》（中国青年出版社1987年12月出版）。

5月，被聘为华人世界基金会幼儿教育顾问。

6月，撰写《在美留学的三年》《记富奶奶……一个高尚的人》，分别载《收获》1987年第4期、《人民文学》1987年第7期。

7月，撰写《我的三个弟弟》《万般皆上品……》，载《中国作家》1987年第6期、《北京晚报》1987年7月25日。

8月，写《关于男人·序》，载《新文学史料》1987年第4期。

9月，写《评〈春天的问候〉》《介绍三篇小说和三篇散文》，分别载《北京晚报》1987年9月20日、《文艺报》1987年第42期。

10月，写《悼念梁实秋先生》《我请求》，分别载《人民日报》1987年11月10日、1987年11月14日。

10月12日，受聘为宋庆龄儿童文学奖评委会顾问。

10月25日，中国共产党召开第十三次全国代表大会，冰心被邀请为来宾。

11月，写《我的朋友阳翰笙》《忆实秋》《我回国后的头三年》，分别载《光明日报》1987年11月22日、《文汇报》1988年1月29日、《收获》1988年第2期。

11月，福州市文联聘请担任《榕花》顾问。

12月，撰写《宫玺的〈人生小品〉序》《追念何其芳同志》《我的母亲》，分别载《文艺报》1988年6月18日、1988年1月2日，《人民政协报》1988年3月8日。

12月，被聘为《炎黄子孙》顾问、北京大学首届文化艺术节顾问、《小学生阅读报》顾问。

1988年

1月14日，被《儿童创造》聘为顾问。

1月，写《多一点自己的儿童电视剧》《话说短文》《序〈天上人间〉》，相继载《人民日报》1988年2月6日、1988年2月14日，《羊城晚报》1988年3月4日。

2月，撰写《哀悼叶老》《海棠花下》，先后载《光明日报》1988年2月28日、《北京晚报》1988年3月4日。《人民日报》2月4日发表《又想起了老舍先生》。

3月，写《病榻呓语》，载《人民日报》1988年5月10日。

4月，人民文学出版社出版泰戈尔的《回忆录　附　我的童年》，收入翻译的《回忆录》。相继被聘为《小博士文库》和《中国历代才女诗鉴赏辞典》顾问。

5月，撰写《介绍我最喜爱的两篇散文》《落价》，分别载《文汇月刊》1988年第9期：《收获》1988年第5期。

6月13日，荣获第四届中国福利会妇幼事业樟树奖。

6月30日，《人民日报》，发表《我感谢——人民日报创刊四十周年感言》。《人民文学》发表《远来的和尚》。

7月12日—31日，在新建的北京图书馆举办冰心文学创作生涯七十年展览。

8月，北京日报出版社出版《为孩子们呼喊》一书。该书由冰心主编并作序。

9月，《人民文学》载短篇小说《干涉》。被聘为中国少年百科全书委员会顾问。

10月，共青团中央、全国青年联合会聘为全国大型募捐义演顾问。《小学课外活动报》聘请为长期顾问。《喜读〈炎黄子孙〉》发表于《北京晚报》。

11月，在中国民主促进会第六次代表大会第三次全体会议上，被推举为中国民主促进会中央名誉主席。

12月，任《人生咨询》编委。

1989年

1月，开始在《散文世界》发表《想到就写》，相继发表了《痴人说梦》《一颗没人肯刻的图章》《埋在记忆最底层的一本书》《施者比受者更为有福》《无士则如何》《七十年前的五四》《真说出了我心里的话》《谢家墙上的对联》《我喜欢下雪的天》《又走了一个不该走的人》《开卷有益》《忆读书》《也有想到而写不了的时候》等。《施者比受者更为有福》荣获《羊城晚报》花地1988—1989年度佳作奖。

1月，中国作家协会主办新时期全国优秀散文（集）、杂文（集）评奖，担任评委会主任委员。

2月，《纪念老舍九十诞辰》《读蔡元培〈语言及文学论著〉后》，分别载《北京晚报》《人民政协报》。

3月，任福建省文学基金会会长。《人生与伴侣》杂志社聘请为顾问。

3月，《一位最可爱可佩的作家》《从评价〈群言〉说起》分别载《中国作家》《群言》。

4月，《远来的和尚》《落价》荣获《小说月报》1987—1988年优秀中、短篇小说"南车杯"百花奖。

5月，《话说散文》《记老友沙汀》，载《人民文学》《文学报》。

6月，《在巴黎的一百天》《痛悼胡耀邦同志》，载《三月风》《群言》。

8月，《祝贺〈民主〉月刊创刊》，载《民主》创刊号。

10月，《一饭难忘》《关于刘半农、刘天华兄弟》发表于《群言》《太湖》。

1990年

2月，《市场上买不到一尊女寿星》《再谈我家的对联》载《随笔》。

3月，《我家的茶事》载《随笔》。

4月，在《中国作家》发表《关于男人·怀念郭小川》。"冰心儿童图书奖"在北京设立。

8月，《故乡的风采》《〈穆斯林的葬礼〉外文版序》分别刊于《福建文学》《文艺报》。

9月，《教师节引起的联想》《农历七月八日晨下雨》《又想起了一首诗》载《群言》《文汇报》。

10月，《〈关于女人〉是怎样写出来的》载《妇女生活》。第一届"冰心儿童图书奖"在北京颁奖。

12月，《著名作家冰心来信》载《福建日报·武夷山下》。

1991年

1月，《漫谈"视听之娱"》载《文汇报》。

2月，获菲律宾椰风文艺社、福建文学编辑部联合举办的全国散文征文荣誉奖。

3月，《我感到了无上的幸福》《愿他睡得香甜安稳——悼念井上靖先生》《话说萝卜白菜》，分别载《民主》《文汇报》。

参观夏衍文学创作生涯六十年展览。

4月，作家出版社出版了《冰心近作选》。

5月，《关于"百花齐放百家争鸣"》，载《群言》。作《我从来没觉得"老"》，载《文汇报》。

6月，《悼念孙立人将军》，载《中国作家》。《一本家长和教师们必读的书》《话说客来》，分别载《光明日报》《今晚报》。

7月，作《咪咪和客人之间》《世纪印象》分别载《文汇报》《文艺争鸣》。为安徽灾区捐款1万元。

8月，《追念许地山先生》，发表于《新华日报》。作《说说我自己》，载《收获》。

9月，《〈华夏诸神〉读后》《我神游于阿里山、日月潭》《玻璃窗内外的喜悦》《再写萧乾》，分别载《人民日报》《文学报》《文汇报》。

10月，《纵谈“断句”》发表于《随笔》。

11月，作《“孝”字怎么写》《我们全家人的好朋友——沙汀》，分别载《随笔》《中国作家》。

在福建省福州市召开冰心创作七十年讨论会。

在第三次全国阿拉伯文学讨论会上，被推举为阿拉伯文学研究会名誉会长。

12月，《回忆中的胡适先生》载《新文学史料》；作《刘平的〈代笔〉——介绍一篇好小说》《“大雪”这天下了大雪》，分别载《书讯报》《散文》。

1992年

1月，作《〈许怀中散文新作选〉序》《关于文学研究会》《新春寄语》，分别载《福建日报》《中国现代文学研究丛刊》《科技日报》。

2月，百花文艺出版社出版了《冰心散文选集》。

3月，作《牵动了我童心的一文一画》《归去来兮》，分别载《散文天地》《民主》。

4月，作《中国人的严谨的亲属称呼》《三喜临门》，载《随笔》。

6月，香港勤+缘出版社出版《冰心九旬文选》。

7月，为“希望工程”捐款3000元。福建遭受水灾，向灾区捐款2500元。作《痛悼邓颖超大姐》，发表于《人民日报》。

8月，作《五行缺火》，载《随笔》。

9月，作《清朝两位诗人的诗》，载《扬子晚报》。

10月，《关于男人》系列散文获《中国作家》杂志社优秀散文特别奖。第三届“冰心儿童图书奖”在北京颁奖。

《和我们祖国同步》发表于《文艺报》。作《心灵深处的叶圣陶老人》，载《北京日报》11月16日。

《请大家都来读〈失落的小太阳——拐卖儿童纪实〉》，载《人民日报》1992年11月27日。

11月18日，第二次为“希望工程”捐款1万元。作家出版社出版了《冰心美文精粹》。

12月，在中国民主促进会第七次全国代表大会上，被推举为中国民主促进会名誉主席。冰心研究会成立，巴金任会长。

1993年

1月，《我的家在哪里？》，载《人民政协报》。

2月，香港勤+缘出版社出版陈恕编《关于女人》。

3月，冰心研究会创办的《爱心》杂志创刊，许怀中任主编，王炳根为副主编；香港勤+缘出版社出版陈恕编《关于男人》；作《请大家都来读》，载《文艺报》。

4月，第三次为“希望工程”捐款1万元；作《想到就写》，载《文汇报》。人民文学出版社出版《关于女人和男人》。

6月，《冰心名作欣赏》，浦漫汀主编，由中国和平出版社出版。

7月3日，《文艺报》发表了李保初的《略论冰心的创作观》

8月10日，将稿费两万元捐赠福建省长乐县金峰镇横岭小学。

9月，《南方周末》刊载《我家的咪咪不是波斯猫》。作《〈中国现代散文精华〉序》，载《中华散文》。

10月，“冰心生平与创作展览”在福建省福州市举办。

11月，作《给〈中华散文〉的一封信》，载《人民日报》。

12月，作《我永远感谢毛主席》，载《文艺报》。上海文艺出版社出版《冰心文集》第6卷。

1994年

1月2日，在《邓颖超文集》和《忆邓大姐》出版新闻发布会上作书面发言。

1月9日，《中国体育报》刊登《冰心——世事沧桑心事定》。

1月15日，《榕树》1994年第1期刊登了张斌的《洒向人间都是爱——“冰心生平与创作展览”观感》。

春，为中文版《纪伯伦全集》题字：“我最喜欢的纪伯伦的一句话：‘真正伟大的人是不压制人也不受人压制的人。’”

3月6日，作《我家的精品》。

3月15日，《福州晚报》开始连载朱犁的《冰心的故事》，至6月10日，共计45篇。《文学评论》1994年第2期刊登傅光明、许正林的《冰心散文：一个独特的艺术世界》。

3月21日—4月7日，因肾病住北京医院治疗。

3月25日，《华夏诗报》刊登李颖息的《访冰心老人小记》。

4月11日，为《雷洁琼文集》作序。

5月7日，《福建日报》刊登王自强、王炜中的《冰心塑像将屹立福州师范学校》。

6月10日，《民主》1994年第6期刊登赵振宇的《握着冰心老人的手》。

6月17日—21日，由冰心研究会发起和组织，株式会社佐藤国际机构主办，中国现代文学馆、福建省画院、福建省美术家协会、福建省书法家协会协办的“冰心作品书法与绘画大展“在福州举行。展出了冰心所收藏的和围绕冰心作品而创作的书法与绘画作品130余件。

6月25日，《文艺报》刊登了王一桃的《“有了爱便有了一切”——记九十四高龄的著名作家冰心》。

6月29日，《福建日报》刊登黄继蔡的《爱心之歌》——《冰心作品书法与绘画大展》作品选。

6月，《爱心》第2卷第5、6期刊登王灿的《留给人间爱与美——“冰心作品书法与绘画大展”新闻发布会》《“冰心作品书法与绘画大展”简介》《“冰心作品书法与绘画大展”作品选刊》，王炳根《就“冰心纪念馆”建设答记者问》《冢本幸司先生向冰心研究会赠款》，金水的《怀念烟台——冰心与烟台》，开始连载王炳根的《永远的爱心》。《四川文学》1994年第6期刊登刘元嘉的《踏雪访冰心》。

7月3日—6日，香港《大公报》《明报》《新报》《成报》及法国《欧州时报》相继刊登烟台金钩寨将兴建冰心纪念馆消息。

7月9日，《人民日报》刊登张掮中的《来自美国孩子的问候——冰心奶奶，您好！》

7月15日，作《纪念叶老诞辰一百周年》，载《民主》1994年第11期。

7月24日，《北京日报》刊登常瑞的《冰心老人的嘱托》。

7月29日，《福州晚报》刊登陈泳红的《京城访冰心》。

7月30日，获美国传记学会颁发的“国际文化荣誉证书”。

7月，为冰心奖五周年题词：给世界爱和美。

8月10日，《民主》1994年第8期刊登冰心的卷首语。

8月，第二届冰心儿童图书新作奖《获奖作品集》由浙江少年儿童出版社出版。

9月6日，在人民大会堂举行第五届冰心儿童图书奖颁奖仪式。24种图书获图书奖，23篇作品获第二届新作奖，16人获首届冰心艺术奖创作奖，58人获表演奖。获奖者年龄最小的仅4岁。9月7日，《人民日报》刊登《几代人同庆“冰心奖”五周年》。

9月17日，《文艺报》刊登那沙的《人格的力量——重读冰心六十年前的一篇自序有感》。

9月，福建少年儿童出版社出版了朱犁的《冰心的故事》。

10月4日，《光明日报》刊登秦润波的《鹤发童心——写在冰心老人94岁生日之际》。

10月6日，《北京晚报》刊登樊庆荣的《冰心老师给我一颗童心》。

10月8日，《文艺报》刊登吴泰昌的《冰心喜度九十五华诞》。

10月，山东画报出版社出版了王炳根的《永远的爱心——冰心》。

11月12日，《福州晚报》刊登袁华智、唐宏的《一片冰心在海军》。

11月15日，《湖南师大社会科学学报》1994年第3期刊登李子慧的《同曲异工的和鸣——冰心、巴金早期创作中“爱的哲学”比较》。

12月，《爱心》第2卷第7、8期出版，刊登巴金的《冰心大姐》，凤子的《冰心颂》，舒乙的《为一个作家举办的书画展》，红叶的《敬致冰心女士》，陈恕、吴青的《妈妈冰心喜度九十五华诞》，陈瑞统的《冰清玉洁铸爱心——冰心印象记》，林青的《培养跨世纪人才的摇篮——记福州光华私立学校》。

“中国现代名作家名著珍藏本”丛书，收入冰心的《温馨小说》，由上海文艺出版社出版。选编了冰心的短篇小说24篇，书前有卓如的“序”。

“伟大的爱”丛书收入朱犁的《冰心与孩子们》，由湖南少年儿童出版社出版。书前有钱正英的“序”。

1995年

1月16日，《福建日报》刊登白京兆的《她的心永远向着孩子们——寒冬时节访冰心老人》。

2月14日，《人民日报》刊登丁传陶的《胸中海岳梦中飞——读冰心先生条联》。

2月，解放军文艺出版社出版纪鹏的《诗林漫步》，内收《“生命从八十岁开始”的世纪同龄人——冰心侧记》《中国最早的女散文诗诗人冰心》。

3月7日，黎巴嫩驻华使馆和中国文化部举行授勋仪式，黎巴嫩大使法里德·萨玛赫先生代表黎巴嫩政府授予冰心黎巴嫩国家级雪松骑士勋章。

3月8日，《人民日报》刊登记者朱梦魁的报道《冰心荣获黎巴嫩雪松骑士勋章　丁关根表示祝贺》。

3月11日，《文艺报》第9期刊登记者绍俊写的《冰心戴上了黎巴嫩国家级雪松骑士勋章》、黎巴嫩驻华大使在授勋仪式上的讲话《我们是为中华民族的优秀品质加冕》、陈昌本的讲话《文学作品在中黎人民之间搭起了一座友好的彩桥》、邓友梅的讲话《全体中国作家为此感到荣幸》、冰心的讲话《这是给予12亿中国人民的荣誉》。

4月17日，为庆贺萧乾和文洁若翻译的《尤利西斯》出版写贺信。在19日召开的乔伊斯和《尤利西斯》研讨会上宣读。

4月21日，荣获“彩虹翻译奖”中的最高荣誉奖。

5月3日，《港台信息报》刊登沈谦的《冰心说：“梁实秋是朵‘鸡冠花’”》。

5月6日，《港台信息报》刊登任晨鸣的《冰心的爱心、静心、清心、童心》。

5月9日，《文化生活报》刊登王作勤的《冰心：让我亲亲你！——访病中冰心》。

5月15日，《光明日报》刊登袁旦庆的《要做一个堂堂正正的中国人——记冰心老人的赠言》。

5月31日，《光明日报》刊登邓映易的《我和冰心老人的一次会见》。

6月12日，《北京晚报》刊登朱宁的《“让我亲亲你”》。

6月24日，《福州晚报》记者李长青报道：《〈冰心全集〉在榕出版发行》，全集共8卷，400多万字，汇集冰心全部著作和译文1000多篇。

6月，《爱心》第3卷第9、10期出版。在“雪松骑士”勋章专辑中，选登了5篇文章，还刊登了郭风的《两封信——怀念冰心老人》、张诗剑的《冰心对〈香港文学报〉的祝贺》、杨昌江的《老柏摇新翠——论冰心新时期以来的创作》、於可训的《论“小诗”的兴起与“冰心体”》、刘屏的《冰心和她的父亲》。《世界福州十邑同乡总会设立“冰心文学奖”》，制定“冰心文学奖”章程。此外，还刊有黎巴嫩授予冰心“雪松骑士”勋章仪式剪影。

中国文联出版公司出版涂光群的《中国三代作家纪实》，内有《冰心的心》。

7月13日，《福建日报》刊登林正让的《世纪的缩影爱心的结晶——写在〈冰心全集〉出版前夕》。

7月15日，《文学评论》1995年第4期刊登陆华的《论中国现代女作家的创作追求》。

7月25日，《人民日报》刊登苏杰的《〈冰心全集〉在福州出版》。《华夏诗报》报道《“冰心文学奖工作委员会”在新加坡成立》。

8月2日，《光明日报》刊登韩小蕙的《’95冰心二题》。

8月4日，《文艺报》第30期刊登高少锋的《冰心作品前所未有的大展示——喜读〈冰心全集〉》。《港台信息报》刊登蔡中的《冰心的书呆子丈夫》。

8月25日，在北京钓鱼台举行第六届“冰心儿童图书奖”、第三届“冰心儿童图书新作奖”、第二届“冰心艺术奖”颁奖仪式。

8月26日，福建省委宣传部、福建新闻出版局和长乐市人民政府在北京人民大会堂举行《冰心全集》出版座谈会。

8月28日，《福建日报》报道《〈冰心全集〉出版座谈会在京举行》，费孝通、雷洁琼、卢嘉锡、赵朴初等出席，丁关根致信祝贺，冰心作书面发言，赵学敏代表省委、省政府向出席会议的领导表示感谢。

8月，第三届冰心儿童图书新作奖《获奖作品集》由浙江少年儿童出版社出版。

9月6日，《光明日报》刊登冰心在《冰心全集》出版座谈会上的书面发言《以待解剖者的身份静待解剖》。

9月13日，《光明日报》刊登王蒙的《冰心的风范》。

9月20日，《人民日报》刊登叶于的《勇敢的"待剖者"——听冰心老人一席话》。

9月，江苏文艺出版社出版了钱理群、谢茂松编的《冰心自传》。

10月4日，全国政协副主席、中央统战部部长王兆国到北京医院转达李瑞环对冰心九十五华诞的祝贺。

《冰心全集》的全部稿费捐赠给中国农村妇女教育发展事业。福建省文联、省新闻出版局、民进福建省委联合召开《冰心全集》研讨会。

《光明日报》刊登记者朱冬菊的《九十五朵玫瑰献给冰心》。

10月6日，《人民日报》刊登记者朱冬菊的《江泽民祝贺冰心九十五华诞》。

10月6日，《文艺报》第39期刊登江扬的《北京拜访冰心老人》和唐金海的《巴金与冰心》。

10月13日，《文艺报》第40期刊登应红的《世纪老人冰心喜度九十五华诞》。

10月21日，"冰心文学馆"在福建省长乐市奠基，福建省党政各部门的领导、社会各界人士300余人，参加了奠基仪式。

10月，随笔杂文选《世纪的回音》，列入中国当代名家杂文精品丛书，由宁夏人民出版社出版。

《当代中国文化名人传记画册·冰心》，由浙江摄影出版社出版。收入生平图片386幅，文献资料图片194幅。前有萧乾的《序》，后有编者范达明的编后记。

11月4日，《传记文学》1995年第11期刊登周明的《散记冰心》。

11月18日，《新闻出版报》刊登王振源的《难以忘怀的往事》。

11月25日，《华夏诗报》总第97期刊登《冰心喜度九十五华诞》。

11月，《中国现代文学研究丛刊》1995年第4期刊载陈文颖的《泰戈尔与冰心笔下的儿童》。

12月17日，《福建日报》刊登朱开平的《文传百代品重千秋——冰心老人二三事》。

12月，《国际人才》1995年第12期刊登陈伟源的《冰心和她的两个女儿》。《爱心》第3卷第11、12期出版，刊登了新华社记者的《走过世纪风雨依然一片冰心——江泽民主席祝贺冰心九十五华诞》《爱心》记者综述《辉煌的寿辰——冰心老人九十五华诞记》、陈子的《家乡厚礼文坛盛事——"冰心文学馆"奠基侧记》、习近平的贺信、林德冠的《为大师建馆为后人造福》、林义杰的《长乐人民的骄傲》、赵学敏的《中华文化的积累》、潘心城的《让冰心的文学精神走向全世界》、冰心的《我的感谢》、厚薄的《冰心的版本和读解——有关〈冰心全集〉出版、座谈的散记》、翟泰丰等的《文如其人 人如其文——〈冰心全集〉北京出版座谈会发言摘要》、冰心的《不断地改正自己》、郭风的《冰心的开拓性与艺术的独创性》、许怀中的《人品与文品的和谐统一》、王炳根的《她所创造的文化财富》、王光明的《大海的风景》。

12月，《冰心全集》荣获我国出版界的最高荣誉——第二届国家图书奖荣誉奖。

12月，傅光明编的《我梦中的小翠鸟》，列入名人名家书系，由人民日报出版社出版。

1996年

1月12日，给在美国留学的外孙陈钢写信，全信刊于《华声月报》第2期。

1月15日，《人民日报》发表张掮中的《九五华诞多福寿》。

1月16日，《福建日报》副刊“武夷山下”刊登尤廉的《冰心：穿越二十世纪的文坛泰斗——〈冰心全集〉编后断想》。

1月26日，《光明日报》“家庭周刊”第55期刊登柳琴的《文洁若触景生情写冰心》。

1月30日，第二届国家图书奖在北京人民大会堂颁奖，中华人民共和国新闻出版署为冰心和海峡文艺出版社颁发了国家图书奖获奖证书。

2月15日，《福建日报》刊载程力夫的《从送〈冰心全集〉说开去》。

2月20日，《福建日报》刊载朱立奇的《冰心老人的“自述”》、鲍国忠的诗《冰心之树长在南方》。

3月13日，福建省委副书记何少川、副省长潘心城、福建省文联主席许怀中、党组书记兼副主席林德冠、副主席陈奋武到北京医院，请冰心审定正在筹建中的冰心文学馆设计图。

4月3日，《港台信息报》载林海音的《敬老四题》（下）。

4月，林乐齐、郁华编的《冰心自述》，列入“世纪风铃丛书”，由团结出版社出版。

6月12日，《中华读书报》刊登北京市新华书店1996年5月畅销书榜，《冰心全集》上了畅销书排行榜。

7月15日，《文学评论》1996年第4期刊载李玲的《冰心小说探索》。

7月26日，《南方周末》刊载高莽的《世纪之光——冰心》。

8月9日，福建省委副书记何少川视察兴建中的冰心文学馆工地。

8月15日，《纵横》1996年第8期名人档案刊登《冰心：拥有万千“小读者”的文坛巨星》。

8月，陈恕编的《中学生文学精读·冰心》，由香港三联书店出版。

9月15日，《港台信息报》刊载黎子珍的《不做奴才——有感于冰心老人的“心事”》。

9月28日，世界福州十邑同乡总会主办的“冰心文学奖”（第一届散文奖）成绩揭晓仪式在北京举行。

10月6日，中新社发表了记者任晨鸣的报道《冰心欢度九十六华诞》。

10月12日，《港台信息报》刊载闵捷的《冰心九十七华诞话回归》。

10月，《爱心》第4卷第13、14期出版。在“冰心文学馆”专栏，全面介绍了冰心文学馆的设计、建筑工程进展情况，福建省领导和长乐市对冰心文学馆建设的关心和重视。刊载了林丰民的《冰心“爱的哲学”与纪伯伦爱的主题，卓如的《天地有正气江山不夕阳——五十年代冰心剪影》、李子云的《大海的女儿——读〈冰心〉传记画册》。在“冰心文学奖”专辑，刊登了张晓卿的《在“冰心文学奖”成绩揭晓仪式上的讲话》，原甸的《“冰心文学奖”是怎样办起来的》，冰心的《我的感谢》，汪曾祺、谢冕、李岫、王炳根的《评委感言》以及获奖作品。

11月19日，在纪念吴文藻诞辰九十五周年大会上，吴青代表冰心致辞。

11月25日，为中国现代文学馆新馆奠基写贺信。

12月7日，冰心文学奖（第一届散文奖）的颁奖典礼在泰国曼谷举行。来自世界各地的世界福州十邑同乡会第四届代表大会的代表一千多人出席了颁奖典礼。

12月16日，冰心当选为中国作家协会第五次全国代表大会的代表。在12月15日召开的预备会上，被选为主席团成员。

12月19日，冰心被推举为中国作家协会第五届全国委员会名誉主席。

1997年

1月11日，福建九州综合商社向冰心文学馆赠款100万元。

1月24日，世界福州十邑同乡总会会长、拿督张晓卿先生，向冰心文学馆赠款10万元。

1月31日，《南方周末》家庭生活版刊登陈恕、吴青的《冰心家：过年必喝腊八粥》。

3月，硕士论文《李易安词的翻译和编辑》改名《论李清照词》，由香港昆仑制作公司出版。书前有陈恕1996年9月写的“前言”。

4月，夏培卓、丁达主编《中华百名女杰》文学卷，收入卓如的《文坛泰斗——记冰心》，由中国国际广播出版社出版。

7月24日，福建省委副书记何少川、副省长潘心城到长乐冰心文学馆建设工地视察。

8月25日，冰心文学馆隆重举行开馆典礼。该馆占地12亩，建筑面积4414平方米。是国内首座为健在的作家建造的文学馆。

8月26日，《文艺报》发表任晨鸣的《冰心老人近事》。

9月，《文学评论》第5期刊登汪文顶的《冰心散文的审美价值》。《福建师大学报》（哲学社会科学版）第3期刊登陈苇的《女人：真善美的统一体——评冰心笔下的女性形象》。

“火凤凰青少年文库”收入卓如的《冰心作品赏析》，由海南出版社出版。

10月8日，《中华读书报》刊登庹修宏的《祝福冰心》。

10月30日，《北京晚报》刊登龚景云的《听冰心讲课》。

10月，民国女作家小说经典“虹影丛书”，收入冰心小说《相片》，由上海古籍出版社出版。

《学习探索》第5期刊登杨昌江的《论冰心新时期以来的创作》。

1998年

1月6日，《文艺报》报道：冰心文学馆开馆后，吸引了海内外诸多慕名而来的观众。

1月，《福建现代作家传记丛书·冰心传》，卓如著，由海峡文艺出版社出版。

4月9日，《北京晚报》刊载林凯的《寄冰心老人》。

4月，为庆祝福州建城2200年而编印的“可爱的福州丛书”之七《福州老照片》收入《冰心与照片》。

5月6日，冰心获首届中国内藤国际育儿奖。

7月，陈恕编《冰心译文集》，由译林出版社出版。

8月14日，《人民日报》刊登周明的《奇迹的冰心》。

8月，长江遭受特大洪灾，先后两次向灾区捐款12000元。

9月10日，《文艺报》报道第二届冰心文学奖（小说奖），评出一、二、三等奖和佳作奖。

10月3日，《文艺报》刊登葛翠琳的《大海与玫瑰》。

10月9日，《北京青年报》刊登任晨鸣的《冰心九十九岁华诞恰逢中秋佳节》。

10月10日，《湘泉之友》刊登张掮中的《冰心老人的祝愿：永远的爱心》。

10月11日，《北京青年报》庆祝冰心九十九岁华诞，刊登舒乙的《圣人一般的冰心先生》；闵捷的《九十九朵玫瑰的祝福》《冰心及家人》，同时选刊冰心的九幅照片。

10月22日，为表彰冰心等四位首届中国内藤国际育儿奖获奖者的卓越贡献，发扬其精神，举办“爱的心迹”图片展在北京开幕。

10月23日，由中日专家联合举办“爱的心迹”理论和实践研讨会在北京召开。在北京钓鱼台国宾馆举行首届中国内藤国际育儿奖颁奖大会。冰心的小女儿吴青代表冰心领奖。

11月1日，《作家爱心书屋报》刊登樊发稼的《冰心和她的〈寄小读者〉》。

11月21日，《海峡都市报》刊登陈咏民的《冰心的校友们》。

11月22日，由世界福州十邑同乡会总会主办的第二届冰心文学奖颁奖仪式在北京中国大饭店举行。来自五洲四海的2700多位嘉宾出席了颁奖仪式。

1999年

1月1日，《北京晚报》刊登：“世纪老人新年寄语：‘有了爱便有了一切’。”

2月24日，《中华读书报》刊登马嘶的《燕南园66号》。

2月28日，21时在北京医院逝世，享年99岁。

参考书目

卓如：《冰心全传》（上、下），河南教育出版社，2002年。

肖凤：《冰心传》，北京十月文艺出版社，1987年。

万近平、汪文顶：《冰心评传》，重庆出版社，2000年。

王炳根：《世纪情缘·冰心与吴文藻》，安徽人民出版社，1999年。

张锦贻：《冰心评传》，希望出版社，1998年。

郝平：《无奈的结局——司徒雷登与中国》，北京大学出版社，2002年。

李越森：《司徒雷登传》，中国广播电视出版社，2004年。

林孟熹：《司徒雷登与中国政局》，新华出版社，2002年。

陈礼颂：《司徒雷登日记》，陈礼颂译，傅泾波校阅，香港文史出版社，1982年

卓如主编：《冰心年谱》，海峡文艺出版社，1999年。

王炳根：《冰心：非文本解读》，海峡文艺出版社，2003年。

王炳根：《冰心：非文本解读》（续），中国文联出版社，2006年。

卓如主编：《冰心全集》（九卷），海峡文艺出版社，1994年。

严纲、谢永旺、萧德生：《中国作家协会在干校》，作家出版社，2006年。

吴文藻：《吴文藻人类学社会学研究文集》，民族出版社，1990年。

费孝通：《江村经济——中国农民的生活》，江苏人民出版社，1986年。

林耀华：《金翼》，生活·读书·新知三联书店，1989年。

（京）新登字083号

图书在版编目（CIP）数据
冰心全传／陈恕著. —北京：中国青年出版社，2011.8
ISBN 978-7-5153-0085-6
Ⅰ.①冰… Ⅱ.①陈… Ⅲ.①冰心（1900～1999）-传记
Ⅳ.①I286.6
中国版本图书馆CIP数据核字（2011）第134868号

责任编辑：王钦仁

出版发行：中国青年出版社
社址：北京东四12条21号
邮政编码：100708
网址：www.cyp.com.cn
编辑部电话：（010）57350507
门市部电话：（010）57350370
印刷：三河市君旺印装厂
经销：新华书店

开本：660×970　1/16
印张：33.5
字数：404千字
版次：2011年8月北京第1版
印次：2011年8月河北第1次印刷
印数：1-8800册
定价：45.00元